한권으로 끝내는

외국인 출입국사범심사 이론 및 실무

법학박사 · 행정사 김동근 · 변호사 최나리 共著

 법률출판사

머리말

국내체류 외국인 200만 시대, 이제 국내 어느 곳을 가더라도 외국인을 만나는 것이 그리 신기한 일이 아닐 정도로 우리 일상은 이미 외국인과 상당부분 교감을 이루며 살아가고 있다. 이렇듯 국가 간 담장이 낮아지고 그에 따른 외국인의 출입국은 그 어느 때보다더 다양 방법으로 다양한 곳 즉, 학교, 회사, 음식점, 상점, 공장 등에서 우리사회 전반에많은 영향을 미치고 있는 실정이다. 그만큼 대한민국 사회가 외국인과 가까워 졌다.

그만큼 외국인의 출입국 및 국내체류와 관련된 법적분쟁도 점차 늘어가고 있는 현실이기도 하다. 하지만 이러한 현실을 반영하여 외국인의 출입국 및 국내체류와 관련된 분쟁을 유효적절하게 해결하기 위한 길라잡이 역할을 하는 실무서적을 찾아보기 어려운 것이현실이다.

이 때문에 예전과 달리 외국인의 국내 출입국 및 체류관리에 관한 사항을 국가 행정의영역에서 보다 더 진지하게 논의할 필요성이 대두되었다. 하지만, 이러한 시대적 흐름과는 달리 아직까지도 우리나라 출입국관리법 특히 외국인의 사범심사의 중요도 및 관심도는 여타의 법률분야에 비하여 현저히 떨어지는 것이 현실이다.

이 책은 이러한 문제의식에서 출발하여 외국인 출입국사범심사에 관한 이론 및 실무에관한 이해도를 높이기 위하여 기본적인 이론 개관 및 특히 해당 이론과 관련된 각각의 신청서 및 관련 법조문들까지 통합하여 기재함으로써 누구라도 손쉽게 출입국사범심사 실무에서 활용할 수 있는 참고서를 만드는데 주안점을 두었다.

나아가 사범심사와 관련 대법원의 핵심판례 및 하급심 판례들 또한 모두 정리하여 각각사건의 내용에 따른 법원의 판단은 어떠한지도 쉽게 파악할 수 있도록 정리하였다는 데그 특징이 있기도 하다.

아무쪼록 이 책이 외국인 출입국사범심사 관련 실무종사자 또는 출입국관리법 및 외국인출입국관련 실무를 연구하려는 독자분들께 길라잡이 역할을 충분히 해낼 수 있기를 바라고, 다만 혹시라도 다소 미흡하거나 부족한 부분들에 대하여는 독자분들의 계속된 지도 편달을 바란다.

끝으로 이 책의 출간을 위하여 여러 실무자료들을 제공해 주신 이장영 행정사 및 이용석 행정사 등에게 본지를 빌어 감사의 마음을 표하는 바이며, 특히 코로나 등 여러 어려운 여건 속에서도 본서의 출판을 위하여 불철주야 노력하신 법률출판사 김용성 사장님을 비롯하여 편집자 및 여러 임직원들께도 깊은 감사를 드리는 바이다.

2023. 1.

저자 김 동 근 씀

차 례

제1장 출입국 사범심사 일반

제2장 출입국사범심사 후 행정처분 일반

제3장 출입국사범 구제절차 - 행정심판, 행정소송

제1장
출입국 사범심사 일반

제1절 출입국 사범심사의 개념 등

출입국사범(출입국관리법 제11조 제3항, 외국인이 범죄를 저질렀을 경우 해당 외국인 대한민국에 계속 체류할 필요가 있는지 심사)이란 출입국관리법 제93조의2, 제93조의 3, 제94조부터 제99조까지, 제99조의2, 제99조의3 및 제100조에 규정된 죄를 범하였 다고 인정되는 자를 말한다.

한편, 출입국관리법에서는 국내에 체류하는 외국인의 체류를 위한 관리를 주된 목적으 로 제정된 법으로써, 외국인이 체류기간 중 형법을 위반하는 범죄행위를 하는 경우 모 든 종류의 범죄뿐만 아니라 외국인이 입국 시 작성 또는 제출하는 입국서류를 허위로 조작하는 경우 및 여권을 위조하는 행위 등에 문제가 생기는 경우 또한 위반사항이라고 규정하고 있다.

1. 개념

외국인 체류가 늘어남에 따라 한국에서 거주하는 외국인들이 다양한 형사사건에 연루 되고 있다. 출입국 사범 심사란 만일 외국인이 출입국관리법 제46조 제1항 각호에 규 정된 강제퇴거명령 발령사유들 중 어느 하나에 해당된다고 의심되는 외국인에 대해 출 입국관리사무소에서 그와 관련된 사실을 조사하고(출입국관리법 제47조), 조사 후 강 제퇴거명령 발령사유가 존재하는지 여부에 대해 결정하는 절차(출입국관리법 제58조) 를 말한다.

출입국관리법 제46조(강제퇴거의 대상자)

① 지방출입국·외국인관서의 장은 이 장에 규정된 절차에 따라 다음 각 호의 어느 하나에 해당하는 외국인을 대한민국 밖으로 강제퇴거시킬 수 있다.

1. 제7조를 위반한 사람

2. 제7조의2를 위반한 외국인 또는 같은 조에 규정된 허위초청 등의 행위로 입국한 외국인

3. 제11조제1항 각 호의 어느 하나에 해당하는 입국금지 사유가 입국 후에 발견되거나 발생한 사람

4. 제12조제1항·제2항 또는 제12조의3을 위반한 사람

5. 제13조제2항에 따라 지방출입국·외국인관서의 장이 붙인 허가조건을 위반한 사람

6. 제14조제1항, 제14조의2제1항, 제15조제1항, 제16조제1항 또는 제16조의2제1항에 따른 허가를 받지 아니하고 상륙한 사람

7. 제14조제3항(제14조의2제3항에 따라 준용되는 경우를 포함한다), 제15조제2항, 제16조제2항 또는 제16조의2제2항에 따라 지방출입국·외국인관서의 장 또는 출입국관리공무원이 붙인 허가조건을 위반한 사람

8. 제17조제1항·제2항, 제18조, 제20조, 제23조, 제24조 또는 제25조를 위반한 사람

9. 제21조제1항 본문을 위반하여 허가를 받지 아니하고 근무처를 변경·추가하거나 같은 조 제2항을 위반하여 외국인을 고용·알선한 사람

10. 제22조에 따라 법무부장관이 정한 거소 또는 활동범위의 제한이나 그 밖의 준수사항을 위반한 사람

10의2. 제26조를 위반한 외국인

11. 제28조제1항 및 제2항을 위반하여 출국하려고 한 사람

12. 제31조에 따른 외국인등록 의무를 위반한 사람

12의2. 제33조의3을 위반한 외국인

13. 금고 이상의 형을 선고받고 석방된 사람

14. 제76조의4제1항 각 호의 어느 하나에 해당하는 사람

15. 그 밖에 제1호부터 제10호까지, 제10호의2, 제11호, 제12호, 제12호의2, 제13호 또는 제14호에 준하는 사람으로서 법무부령으로 정하는 사람

[외국인범죄 단속현황 - 경기남부경찰청 통계]

◉ 외국인 범죄 단속 현황

구분	2004년	2005년	2006년	2007년	2008년	2009년	2010년	2011년	2012년	2013년	2014년
살인	20	13	43	15	28	47	25	45	27	23	25
강도	61	55	39	34	44	80	90	40	73	24	38
성폭력	'8	16	22	34	34	39	52	95	99	144	'36
절도	272	212	262	336	393	745	523	437	479	555	595
폭력	811	589	721	1,043	1,443	1,695	2,192	2,930	3,034	3,195	3,177
지능범	397	664	1,428	1,451	1,916	1,67'	1,026	1,023	803	957	',131
마약류	53	45	5	80	372	536	499	82	79	84	'40
기타	'394	725	629	1,117	1,518	3,124	2,709	3,802	3,172	3,707	4,827
계	3,027	2,322	3,149	4,110	5,748	7,937	7,116	8,504	7,766	8,689	'0,069

이 절차는, 외국인이라면 어떤 비자(또는 체류자격)를 소지하였는지 여부와 무관하게 그 외국인에 대한 형사처벌이 출입국관리사무소에 통보되는 순간부터 동일하게 진행된다. 다만 대한민국 출입국관리사무소에서 영주권(F-5 체류자격)을 받은 외국인이 형사처벌을 받은 경우에는, 그 형사처벌의 정도가 대단히 중한 경우가 아니면 강제퇴거명령을 받지는 않는다.

2. 외국인 범죄 수사절차

가. 개관

대한민국에서 외국인이 범법행위를 통해 받을 수 있는 형사처벌의 종류는 통상 벌금형, 징역형, 그리고 징역형의 집행유예 등 3가지로 정리할 수 있다. 이들은 모두 법원에서 결정하는 형사처벌이며, 벌금형이 가장 경미한 처벌에 해당되고, 징역형의 집행유예가 그 다음이며, 징역형이 가장 중한 처벌에 해당된다.

[외국인 출입국사범의 유형]

> ▶ 형사범으로 벌금형의 선고를 받은 자
>
> – 형사처분 1회 3000만원 이상의 벌금형 또는 5년 중 부과된 벌금이 500만원 이상
>
> – 교통법규위반이나 과태료에 해당하는 처벌이 1회 500만원 이상 이거나 5년 안에 합산 벌금이 700만원 이상
>
> ▶ 불법취업한자
>
> ▶ 근무처를 위반하여 지정된 근무처가 아니 곳에서 근무한 자
>
> ▶ 다른 사람의 여권을 사용한 자
>
> ▶ 반사회적 범죄(마약, 성폭력, 살인)
>
> ▶ 폭력수반 범죄행위
>
> ▶ 유흥업 종사자
>
> ▶ 불법마사지
>
> ▶ 밀입국한 자
>
> ▶ 불법체류자
>
> ▶ 체류자격 변경허가를 받지 아니하고 근무한 자
>
> ▶ 체류자격외 활동을 한자
>
> ▶ 음주운전으로 인한 범칙금의 통고를 받은 자

그 외 법원으로부터 위와 같은 형사처벌을 받은 경우가 아니더라도, 검찰청으로부터 기소유예 또는 '공소권 없음' 등의 형사처분을 받은 경우라도 출입국 사범 심사를 받게 된다. 결국, 출입국관리사무소에서 형사범죄로 출입국 사범 심사를 받게 되는 일반적인 형태의 형사처벌 또는 형사처분은, '기소유예', '공소권 없음', '벌금형', '징역형의 집행유예', '징역형'의 5가지 정도이다.

> ▶기소유예는 죄는 인정되나 범법자의 연령이나 성행, 환경, 피해자에 대한 관계, 범행의 동기나 수단, 범행 후의 정황 등을 참작하여 기소를 하여 전과자를 만드는 것보다는 다시 한 번 성실한 삶의 기회를 주기 위하여 검사가 기소를 하지 않고 용서해주는 것을 말한다(형사소송법 제247조).
> ▶ 공소권 없음은 법적으로 기소를 할 수 없는 경우에 하는 것으로, 대개 피해자의 고소 또는 처벌의사가 있어야 처벌할 수 있는 범죄(단순 폭행 등)에 있어서 피해자가 가해자와 합의한 경우가 이에 해당된다(형사소송법 제327조).

출입국관리사무소에서는 위와 같은 형사범죄를 범한 외국인에 대하여, 출입국 사범 심사 과정에서 그 외국인의 범죄의 종류와 형사처벌 또는 형사처분의 정도에 따라 강제퇴거명령(출입국관리법 제59조 제2항) 또는 출국명령(출입국관리법 제68조 제1항)을 발령할 것인지, 아니면 용서해주고 계속 대한민국에 체류하는 것을 허가할 것인지를 결정하게 된다.

통상적으로 출입국 사범 심사를 할 때 어느 정도의 기간 동안 한국에 재입국하는 것을 금지할 것인지에 관해서도 결정을 하게 되는데, 다시 말해, 추방 여부의 결정과 추방 후 재입국 금지 기간 결정이 출입국 사범 심사 과정에서 함께 이루어지게 된다. 이때 입국 금지 기간은 출입국 사범 심사 결정 시에 결정되나, 입국금지 기간의 계산이 시작되는 것은 당해 외국인이 실제로 출국한 이후부터이다. 입국금지 기간이 만료되기 전에는, 특별한 사유가 인정되어 법무부장관으로부터 입국금지 해제 조치를 받지 않는 한 재입국이 불가능하다.

나. 수사절차

외국인의 출입국 사범에 대한 수사 및 사범심사 개시는 최초 해당사실에 대한 경찰조사가 실시되고 그 후 사건이 검찰에 송치된 후 검찰이 관련 사건을 기소할 경우 공판절차를 거쳐 최종 관련 행위에 대한 판결이 선고된 다음 그 사실이 외교부에 통지(출입국관리사무소)되면 사범심사 절차가 진행된다(경찰조사 → 검찰송치 → 재판기소 → 판결확정→ 사범심사). 외국인의 경우 사실상 수사절차의 개시가 사범심사의 시작이라고 생각하고 수사단계에서부터 적극적으로 사범심사를 준비한다는 생각으로 임하는 것이 중요하다.

한편, 외국인 또한 수사에 임할 경우 불리한 진술에 대한 진술거부권이 인정되며, 만일 수사진행 시 변호인의 입회를 원할 경우 그러한 사실을 수사기관에 고지한 후 변호인의 입회하에 조사를 진행할 수도 있다.

(1) 고소·고발 또는 사건의 발생

외국인이 대한민국에서 음주운전, 폭행, 마약, 성범죄, 절도 등의 범죄를 범하고 그 행위에 관한 피해자 등의 고소, 고발 또는 수사기관의 인지 등의 사유로 수사는 개시된다. 보통의 경우 수사는 불구속 수사가 원칙이지만 죄를 범하였다고 의심할만한 상당한 이유가 있거나, 정당한 사유없이 수사기관의 출석요구에 불응한 경우 구속 수사가 진행될 수 있음에 유의하여야 한다.

(가) 수사의 개시

'범죄피해자'는 수사기관에 '고소'를 할 수 있고 '누구든지' 범죄가 있다고 사료하는 때에는 수사기관에 '고발'할 수 있다. 반면에 수사기관이 스스로 범죄를 인지하여 형사입건을 할 수 있는데 이를 인지사건이라 한다. 여기서 고소란 ① 범죄의 피해자 또는 그와 일정한 관계가 있는 고소권자가 ② 수사기관에 대하여 ③ 범죄 사실을 신고하여 ④ 범인의 처벌을 구하는 의사표시를 말한다. 고소권은 헌법 제27조 제5항의 범죄피해자의 재판절차진술권을 구체적으로 실현하고 있는 것 중의 하나이다. 고소는 수사의 단서이지만 피해자의 구체적 사실을 바탕으로 한 범죄사실에 대한 진술이라는 점에서 다른 수사의 단서와는 달리 곧바로 수사가 개시된다.

고소	고발	진정 및 탄원
• 고소란 범죄의 피해자 또는 그와 일정한 관계가 있는 고소권자가 수사기관에 대하여 범죄사실을 신고하여 범인의 처벌을 구하는 의사 표시이다. • 고소는 고소권자에 의해 행하여져야 하고, 고소권이 없는자가 한 고소는 고소의 효력이 없으며, 자기 또는 배우자의 직계존속은 고소하지 못한다. • 형사소송법상 고소권자로는 피해자, 피해자의 법정대리인, 피해자의 배우자 및 친족, 지정 고소권자가 있다.(친고죄에 대해 고소할 자가 없는 경우 이해관계인의 신청이 있으면 검사는 10일 이내에 고소할 수 있는 자를 지정) • 고소는 제1심 판결 선고전까지 취소할 수 있으며, 고소를 취소한 자는 다시 고소하지 못한다.	• 고발이란 고소권자와 범인 이외의 사람이 수사기관에 대하여 범죄 사실을 신고하여 범인의 처벌을 구하는 의사표시이다. • 누구든지 범죄가 있다고 사료되는 경우 고발을 할 수 있으나 자기 또는 배우자의 직계존속은 고발하지 못한다. • 고발은 제1심 판결 선고전까지 취소 할 수 있으며, 고소와 달리 고발은 취소한 후에도 다시 고발할 수 있다.	• 진정이란 개인 또는 단체가 국가나 공공기관에 대하여 일정한 사정을 진술하여 유리한 조치를 취해 줄 것을 바라는 의사표시이다. • 탄원이란 개인 또는 단체가 국가나 공공기관에 대하여 일정한 사정을 진술하여 도와주기를 바라는 의사 표시이다. • 진정과 탄원은 고소 · 고발과 달리 대상에 대한 제한 규정이 없다.

(나) 고소기간

단순히 수사의 단서에 불과한 비친고죄의 고소의 경우에는 고소기간의 제한이 없다. 그러나 친고죄[1])의 경우에는 국가형벌권의 행사가 사인의 처벌희망의사표시의 유무에 의하여 장기간 좌우되는 폐단을 방지하기 위하여 고소기간의 제한을 둘 필요가 있다. 이에 형사소송법 제230조 제1항 본문은 친고죄에 대하여는 범인을 알게 된 날로부터 6월이 경과하면 고소하지 못하는 것으로 규정하고 있다. 여기서 '범인을 알게 된 날'이란 범인을 특정할 수 있을 정도로 알게 된 날을 의미하며 반드시 그 성명까지 알 필요는 없다. 또 범죄사실을 알게 된 것만으로써는 고소기간은 진행되지 아니한다. 그러나 범인을 아는 것은 고소권발생의 요건이 아니므로 범인을 알기 전에도 유효한 고소를 할 수 있다. 또 여기에 범인은 정범, 교사범, 종범의 여하를 불문하고 수인의 공범이 있는 경우에는 그 1인만을 알아도 된다.

또한 고소할 수 있는 자가 수인인 경우에는 각 고소권자에 대하여 개별로 '범인을 알게 된 날'을 결정하고 그중 1인에 대한 기간의 해태는 타인의 고소에 영향이 없다(형소법 231조). 또 형법 제241조의 간통죄의 경우에는 혼인이 해소되거나 이혼소송을 제기한 후가 아니면 고소할 수 없으므로 이때에는 혼인의 취소 또는 이혼소송의 제기사항을 소명하는 접수증명원이나 소송계속 중에 있는 계류증명원 등의 서면을 첨부하여 고소를 제기하여야 하며, 다만 급속을 요하는 경우는 먼저 고소를 제기하고 후에 이를 보완할 수도 있다.

(2) 수 사

형사소송법 제237조에 의하면 형사사건의 고소·고발은 검사 또는 사법경찰관에게 하도록 규정되어 있고, 사법경찰관(경찰서 등)에게 고소·고발을 한 경우에는 사법경찰관리 집무규칙 제45조에 따라 2개월 이내에 수사를 완료하지 못하면 검사에게 소정의 서식에 따른 수사기일연장 지휘 건의서를 제출하여 그 지휘를 받아야 한다.

---

1) 친고죄란 피해자의 명예보호나 침해이익의 경미성을 감안하여 피해자의 고소가 있을 때에만 공소를 제기할 수 있는 범죄를 가리킨다. 친고죄는 절대적 친고죄와 상대적 친고죄로 나뉜다. 사자의 명예훼손죄(형 제308조), 모욕죄(형 제311조) 등과 같이 신분관계를 묻지 않고 항상 친고죄인 범죄를 절대적 친고죄라 한다. 이에 대하여 절도죄(형 제347조), 공갈죄(형 제350조), 횡령배임죄(형 355조), 장물죄(형 제362조) 등과 같이 일정한 신분자 사이에만 친고죄로 인정되는 범죄를 상대적 친고죄라 한다. 2013. 6. 19부터 성범죄 친고죄 조항이 60년만에 폐지되면서 이제부터 피해자가 아니더라도 성범죄에 대한 처벌을 위한 인지수사 또는 고발이 가능하게 되었다.

기 관	기 한	비고
경찰단계	2개월	임의사항에 해당하나 연장시에는 검사에게 수사 기일 연장 건의서를 제출하여야 한다
검찰단계	3개월	임의사항에 해당하나 3개월 이내에 수사를 완료하여 공소제기 여부를 결정하여야 한다.

그리고 형사소송법 제238조는 "사법경찰관이 고소 또는 고발을 받은 때에는 신속히 조사하여 관계서류와 증거물을 검사에게 송부하여야 한다."라고 규정하고 있고, 같은 법제246조는 "공소는 검사가 제기하여 수행한다."라고 규정하고 있으므로, 모든 고소·고발사건은 검사에게 송치하여야 하고, 검사가 공소제기여부를 결정하는바, 이것은 검사의 기소독점주의의 원칙에 따른다(예외 : 재판상의 준기소절차 및 즉결심판).

[검찰송치]

피의자를 구속 송치하는 경우	피의자 신병, 수사기록 일체 및 증거자료를 검찰에 송치한다.
피의자를 불구속 송치하는 경우	피의자를 불구속한 상태로 수사기록 및 증거자료 등만 검찰에 송치한다.
피의자가 소재불명인 경우	피고소인, 피고발인 및 참고인 진술조서 등 수사기록과 함께 피의자를 기소중지의견으로 검찰에 송치한다.

고소·고발사건의 처리기간에 관하여는 구속사건과 불구속사건으로 나누어지는데 불구속사건의 경우 그 처리기간에 관하여는 같은 법 제257조는 "검사가 고소 또는 고발에 의하여 범죄를 수사할 때에는 고소 또는 고발을 수리한 날로부터 3월 이내에 수사를 완료하여 공소제기여부를 결정하여야 한다."라고 규정하고 있다.

그러므로 검사는 고소·고발을 수리한 날로부터 3개월 이내에 수사를 완료하여 공소제기여부를 결정하여야 할 것이나 위와 같은 공소제기 기간에 대한 규정은 훈시규정에 불과하여 3개월경과 후의 공소제기여부의 결정도 유효한 것이라 할 것이다.

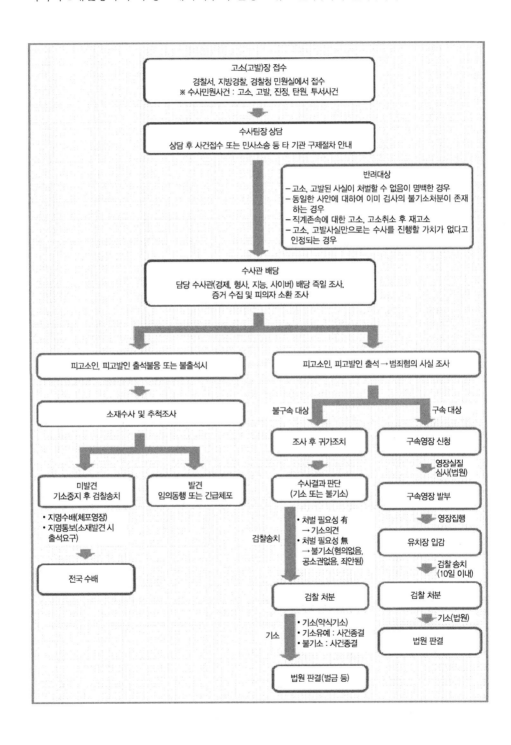

(3) 공소의 제기

검사가 수사를 하여 범죄의 혐의가 있으면 그 사람에게 형벌권을 행사하여 처벌해 달라고 법원에 청구하는 것을 '공소의 제기'라 한다('기소'라고도 한다). 이러한 공소의 제기는 검사만 할 수 있고(기소독점주의), 그 제기 여부도 오로지 검사의 재량에 달려있다(기소편의주의).[2] 검사가 독자적으로 수사한 사건이나 경찰로부터 송치 받은 사건을 수사한 결과 기소결정을 내릴 수도 있고 기소를 하지 않는다는 불기소 결정을 내릴 수도 있다.

구분	내 용		
기소	피의자의 형사사건에 대하여 법원의 심판을 구하는 행위		
불기소	피의자를 재판에 회부하지 않는 것	혐의없음	피의사실에 대한 증거가 불충분하거나 피의사실이 범죄를 구성하지 않을 때 실시하는 처분
		기소유예	증거는 충분하지만 범인의 성격, 연령, 처지, 범죄의 경중, 전과 등을 고려하여 불기소하는 처분
		공소권 없음	공소시효가 완성되거나 반의사불벌죄에서 범죄피해자가 처벌불원의 의사표시를 하거나 처벌의 의사표시를 철회하는 경우에 하는 처분

(4) 법원의 재판

형사소송절차는 검사의 공소제기를 기준으로 기소 전 단계와 기소 후 단계로 나뉜다.

(가) 기소 전 단계

기소 전 단계란 검사의 구속영장 청구부터 공소제기까지의 단계로서 검사의 구속영장 청구, 청구된 구속영장에 대한 실질심사, 체포 또는 구속의 적법 여부에 대한 체포·구속적부심사청구가 있다. 검사의 구속영장 청구 및 구속영장 실질심사에서 구속영장이

---

2) 우리나라에서는 검찰기소독점주의의 예외로서 10만원의 이하의 벌금 및 구류 사건에 대해 즉결심판을 청구할 수 있는 권한이 경찰서장에게 부여 되어 있다.

발부되거나 구속적부심사청구가 기각되면 피의자의 구속 상태는 유지되지만 구속영장이 발부되지 않거나 구속영장 실질심사에서 구속영장의 기각 및 구속적부심사청구가 인용되면 피의자는 석방된다.

(나) 기소 후 단계

기소 후 단계는 검사의 청구에 따라 구공판과 구약식으로 나뉘어지고, 임의절차로서 공판준비절차(참여재판 필수)가 마련되어 있으며 이상의 절차를 마친 후 변론종결과 판결선고까지를 포함하고 있다. 또한 변론종결시까지 배상명령청구와 보석청구가 각 가능하다. 검사가 약식명령을 청구하면 판사는 약식명령을 발령하거나 통상의 공판절차에 회부하여 재판할 수도 있다. 약식명령에 불복이 있는 사람은 약식명령의 고지를 받은 날로부터 7일 이내에 약식명령을 한 법원에 서면으로 정식재판청구를 할 수 있으며 이경우 통상의 공판절차에 의하여 다시 심판하게 된다.

1) 공판준비절차

검사가 공소장을 제출하면 법원은 공소장의 흠결유무를 심사하고 접수인 날인, 사건번호부여, 사건배당을 하고 피고인에게 공소장부본의 송달, 국선변호인선임고지, 공판정리의 지정과 통지 및 피고인을 소환하는 통지서를 보내는 공판준비절차를 한다. 공판준비절차는 공판준비명령, 검사의 공판준비서면 제출, 피고인, 변호인의 반박, 검사의 재반박, 공판준비기일진행(증거조사, 쟁점정리), 공판준비절차 종결의 단계를 거치며 공판준비절차가 종결되면 공판절차가 개시되게 된다.

2) 공판절차

공판절차는 재판장의 진술거부권 고지 및 인정신문, 모두진술, 쟁점 및 증거관계 등 정리, 피고인이 공소사실을 부인할 경우에는 증거조사 실시, 공소사실을 인정할 경우에는 간이공판절차회부, 피고인신문, 최종변론(검사, 변호인, 피고인), 변론종결, 선고의 단계를 거치게 된다.

(5) 판결의 선고 및 상소

(가) 판결선고 등

변호인과 피고인의 최후진술이 끝나면 변론을 종결되고 재판장은 판결선고기일을 지정한다. 판결선고기일에 피고인은 출석하여야 하고, 검사와 변호인은 출석하지 않아도 된다. 유죄의 형을 선고할 경우 재판장은 상소할 기간과 상소할 법원을 고지한다. 선고된 판결에 대하여 불복이 있는 사람은 판결의 선고일로부터 7일(판결 선고일은 기산하지 아니한다) 이내에 상소를 제기할 수 있다. 민사사건과 달리 판결등본의 송달과 관계없이 선고시부터 상소기간이 진행됨을 주의하여야 한다. 상소장 제출은 상소하고자 하는 법원에 제출하는 것이 아니라 판결을 선고한 원심법원에 제출하여야 한다. 검사에 대해서는 판결선고일로부터 3일 이내에 판결등본을 송부하고 피고인에 대하여는 선고 후 14일 이내에 판결등본을 송달한다.

(나) 형의 감경사유

양형은 구체적인 범죄의 피고인에게 선고할 특정한 형을 정하는 것이다. 양형의 조건은 형법 제51조(양형의 조건)에 있는데, 이는 선고형은 물론이고 처단형을 하는 때에도 적용된다.

(나) 형의 감경사유

양형은 구체적인 범죄의 피고인에게 선고할 특정한 형을 정하는 것이다. 양형의 조건은 형법 제51조(양형의 조건)에 있는데, 이는 선고형은 물론이고 처단형을 하는 때에도 적용된다.

형법 제51조(양형의 조건)

형을 정함에 있어서는 다음 사항을 참작하여야 한다.

1. 범인의 연령, 성행, 지능과 환경

2. 피해자에 대한 관계

3. 범행의 동기, 수단과 결과

4. 범행후의 정황

통상 양형은 피고인이 범한 범죄의 법정형에 대해 법률상 또는 재판상 가중 또는 감경을 하여 선고가능 한 형벌의 범위인 처단형을 정하고, 그 범위 내에서 피고인에게 선고할 형을 정하는 단계로 이루어진다.

한편, 대표적인 형의 감경사유는 자수[3]이다. 자수가 형의 감경·면제될 수 있는 이유는 바로 '범죄사실의 인정과 뉘우침' 때문이다. 하지만 범죄사실을 부인하고 뉘우침이 없다면 자수라고 하더라도 형의 감경은 어렵다.

【판시사항】

개전의 정이 없는 자수를 형법 제52조 소정의 자수라고 할 수 있는지 여부(대법원 1993. 6. 11. 선고 93도1054 판결)

【판결요지】

형법 제52조가 자수를 형의 감경사유로 삼은 첫째 이유는 범인이 죄를 뉘우치고 있다는 데에 있으므로 죄의 뉘우침이 없는 자수는 외형은 자수일지라도 형법 규정이 정한 자수라고 할 수 없다.

---

3) 자복이란 반의사 불벌죄에서 피해자에게 자신의 범죄사실을 고지하는 것을 말한다.

또한, 범죄의 정상에 참작할 만한 사유가 존재할 경우 작량감경을 하기도 하는데, 작량감경이란 범죄의 정상에 참작할 만한 사유를 참작하고 헤아려 형을 감경하는 것을 말한다. 여기서 정상참작사유란 구체적인 범죄사실에서 범죄자의 구체적인 책임에 영향을 미치는 모든 사정을 가리킨다.

따라서 외국인의 범죄의 경우 수사절차나 재판절차에서 가장 중요한 핵심은 사건에 대한 진지한 반성, 피해자와의 합의 등 개전의 정을 어떻게 보이느냐 및 관련 작량감경 사유를 어떻게 수집하여 제출하느냐가 핵심이다.

> ▶ 반성문
> ▶ 재발방지대책
> ▶ 합의서
> ▶ 탄원서
> ▶ 대한민국 국민과 결혼 및 부양할 자녀유무
> ▶ 봉사활동, 헌혈 등 자료
> ▶ 직장의 취업규칙 등

(6) 재판의 집행

재판의 결과 형이 확정되면 검사가 그 형[4]의 집행을 한다. 검사의 형집행 지휘에 따라 교도소 등에서 교도관들이 형을 집행하게 된다. 집행은 그 재판을 한 법원에 대응한 검찰청 검사가 지휘하는데 예외적으로 법관이 지휘하는 경우도 있다. 그러나 피고인이 무죄판결을 받은 경우에는 국가에 대해 형사보상청구나 국가손해배상청구를 할 수 있다.

---

4) 형의 종류에는 사형, 징역, 금고, 자격상실, 자격정지, 벌금, 구류, 과료, 몰수가 있다.

[형사소송절차 흐름도]

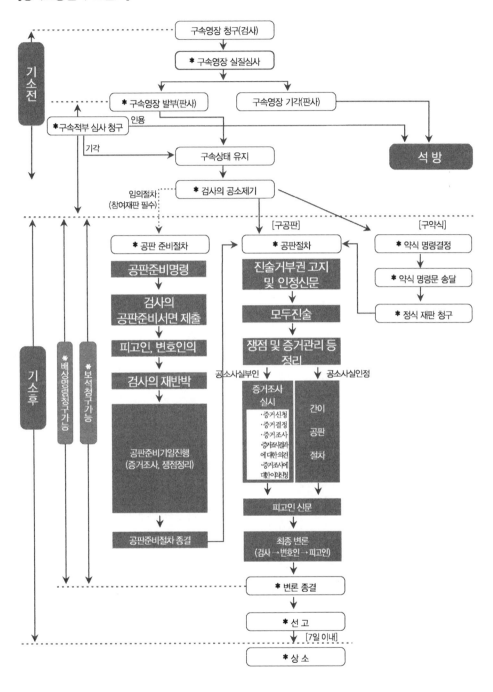

3. 출입국사범심사

출입국사범심사의 최종 목적은 대한민국에 체류하며 범죄행위를 자행하여 사범심사를 받게 된 외국인에 대한 체류가능성 여부를 결정하는 것이다. 따라서 사범심사에 임할 경우 출입국관리사무소의 출국명령이나 강제추방 등의 처분기준 등을 명확히 인지한 후 관련절차에서 최종 출국명령 등의 처분으로까지 이르지 아니하고 각서 및 준법서약서 작성으로 종결될 수 있도록 준비하는 것이 핵심이다.

가. 출입국사범심사의 개시

출입국사범처리 흐름도

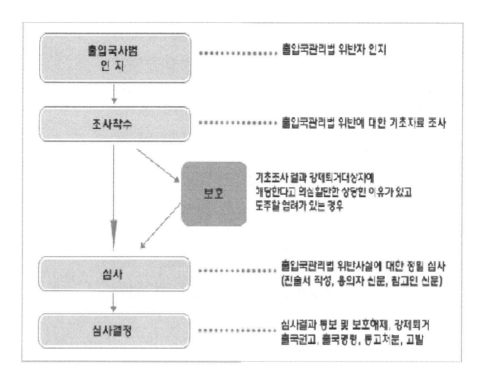

형사처벌을 받은 외국인은 이후 추가로 사법심사 과정을 받게 된다. 외국인이 대한민국에서 법에 위반되는 행위를 하고 그에 따라 벌금형 이상의 형벌이 당사자의 이의신청이나 항소 없이 확정될 경우 관련 기록은 법무부에서 외교부로 이관된다.

그 후 출입국심사 공무원이 규정을 검토한 후, 외국인에 대한 '출입국사범심사'를 개시하게 된다. 이때 사법심사의 시간과 장소는 우편 또는 유선전화로 고지한다.[5] 사범심사 시에는 당해 외국인의 범죄 및 수사경력자료 등을 조회를 하게 되며 조회된 모든 범죄에 대하여 체류지를 관할하는 출입국외국인관리서에서 사범심사를 받게된다.

[서식 – 출입국사범 심사결정 통고서]

■ 출입국관리법시행규칙 [별지 제142호서식] 〈개정 2020. 9. 25.〉 　　사건번호

출입국사범 심사결정 통고서

인적사항	성명(법인명 또는 사업자명)		생년월일(법인등록번호 또는 사업자등록번호)	
	국적		성별 남[ ] 여[ ]	
	직업		연락처	
	대한민국 내 주소(법인 또는 사업장 소재지)			
위반사실	체류자격	입국일자		입국목적
	위반법조			
	위반기간	0000. 00. 00.부터 0000. 00. 00.까지 (00년 00개월 00일)		
	과거 범법 사실	0 회	위반사실 시인 여부	시인[ ] 부인[ ]
위반내용				

---

5) 한편, 형사절차에서 통상 벌금 300만원 이상의 형을 선고받게 된다면 출국명령처분을 받게 됨에 유의하여야 한다.

위의 내용을 진술자에게 열람하게 하였으며(읽어 주었으며) 오기나 증감 또는 변경할 것이 전혀 없다고 말하므로 서명(날인)하게 하다.

       년 월 일   진술자   (서명 또는 인)

     ○○출입국 · 외국인청(사무소 · 출장소) 출입국관리주사(보)   (서명 또는 인)
              출입국관리서기(보)   (서명 또는 인)

처분사항	주문	
	이유	
	적용 법조	
	범칙금액	
	납부기한	납부장소
	통고처분 연월일	통고처분 번호

위와 같이   를(을) 받았음을 확인함
      년 월 일
      확인자 (서명 또는 인)		

사건번호		결재	청(소)장	
접수일자			국 장	
			과 장	
담 당 자			실(팀)장	

210mm×297mm[백상지(80 g/㎡) 또는 중질지(80 g/㎡)]

210mm×297mm[백상지(80 g/㎡) 또는 중질지(80 g/㎡)]

[서식 – 출석요구서]

■ 출입국관리법 시행규칙 [별지 제87호서식] 〈개정 2018. 5. 15.〉

제 호

_____ 귀하   년 월 일

To :   Date of Issue

출 석 요 구 서

SUMMONS

귀하의「출입국관리법」위반사건에 관하여 문의할 일이 있으니   년 월 일 시에 ○○출입국 · 외국인청(사무소 · 출장소) ○○과에 출석하여 주시기 바랍니다.

출석 할 때에는 반드시 이 출석요구서와 신분증(주민등록증, 외국인등록증, 운전면허증, 여권 등), 도장 및 아래 증거자료와 기타 귀하가 필요하다고 생각하는 자료를 가지고 오시기 바랍니다.

You are hereby requested to appear before ○○ division of ○○ immigration office by_on the_th of ___. for inquiries in connection with a suspected violation of Immigration Act.

You must bring with you to the office this summons, your identification (resident registration certificate, alien registration certificate, driver's license, passport, etc.) and seal along with the evidential materials listed below and any other materials that you consider relevant.

1.

2.

문의할 사항이 있으면 ○○출입국 · 외국인청(사무소 · 출장소) ○○과 (전화 :   , 담당자 : ○○○)로 연락 주시기 바랍니다.

Please call ○○ division of ○○ immigration office at (☎ ―   )(Name of person in charge: ○○○) for further information.

담당공무원 ○○○

Officer in charge

○○출입국 · 외국인청(사무소 · 출장 소)장

직인

CHIEF, ○○IMMIGRATION

OFFICE

95mm×150mm[백상지(80 g/㎡) 또는 중질지(80 g/㎡)]

나. 출입국사범심사 시 준비사항

외국인의 경우 대한민국 국민과는 달리 형사절차가 끝났다 하더라도 이들이 대한민국의 이익이나 공공의 안전을 해치는 행동을 할 염려가 있다고 인정할 만한 상당한 이유가 있는 사람인지, 경제질서 또는 사회질서를 해치거나 선량한 풍속을 해치는 행동을 할 염려가 있다고 인정할 만한 상당한 이유가 있는 사람인지 등 여러 기준에 의거하여 대한민국에 계속 체류할 필요가 있는지에 대한 사범심사를 거치게 된다.

따라서 이러한 사범심사를 위해 준비하기 위해서는 자신이 사범심사를 받게된 범죄사실 등의 특정을 위하여 ⅰ) 외국인이 출입국사범으로 검찰로부터 최종 불기소 처분을 받았을 그에 대한 불기소이유 통지서 ⅱ) 약식명령을 받았을 경우 약식명령문 및 벌과금 납부증명서, 법원의 정식재판이 진행된 경우 정식재판에 대한 판결문, 그 외 가정보호사건 송치, 성매매보호사건 송치의 경우에는 각 처분결과 증명서 등을 미리 준비하여 사범심사 시 지참 후 제출해야 한다.

한편, 가정, 성매매 송치의 경우 처분결과증명서 이외에 가정법원 결정문 등도 필요하니 이를 준비하여 출입국 관리사무소를 방문해야 한다.

[출입국사범심사 준비서류]

> ▶ 판결문
> ▶ 벌금납부증명서
> ▶ 불기소이유고지
> ▶ 약식명령
>
> 그 외
> ▶ 반성문
> ▶ 탄원서
> ▶ 사건 경위서(의견서)
> ▶ 준법서약서 등
> ▶ 대한민국에서 계속 체류하여야 하는 사유를 입증하는 자료
> ─ 대한민국에서 혼인하여 가족의 생계를 책임지는 가장이라는 사실(혼인 및 가족의 유무)
> ─ 회사에서 중요한 업무를 처리하는 지위에 있어 계속 체류의 필요성이 상당하다는 사실(사회활동) 등

[서식 – 형사범에 대한 출입국사범심사관련 안내문]

형사범에 대한 출입국사범심사관련 안내문

외국인의 경우 국민과는 달리 형사절차가 끝났다 하더라도 출입국관리법 제11조 제
1항 제3호 또는 제4호에 따라 해당 외국인이 대한민국에 계속 체류할 필요가 있는
지에 대한 심사를 거치게 되어 있습니다.

위 심사를 위해 다음과 같은 사류가 필요하니 아래 절차에 따라 해당서를 모드 발급
받은 후 출입국 관리사무소를 방문하시기 바랍니다.

※ 해당서류는 가까운 검찰청에서 발급가능
(단, 가정법원 결정문은 법원에 문의)

검찰청 민원실 방문

↓

해당서류 발급 요청

* 불기소 처분 : 불기소이유 통지서
* 약 식 명 령 : 약식명령문 및 벌과금 납부증명서
* 정 식 재 판 : 판결문
* 가정보호사건 송치, 성매매보호사건 송치 : 처분결과 증명서
※ 가정, 성매매 송치의 경우 처분결과증명서 이외에 가벙법원 결정문 필요

↓

해당서류를 준비하여
관할 출입국관리사무소 방문

※ 심사결과에 따라 추가서류를 요청할 수 있습니다.

의견 진술서

사 건   사범심사

진 술 인   0000 (000000- 000000, 00인)

주 거 : 서울 서대문구 명지길 26, 202호(홍은동, 화이트빌)

연락처 : 010-0000-0000

위 사건에 관하여 진술인은 다음과 같이 의견을 진술합니다.

다 음

1. 기초적 사실관계

진술인은 2000. 00. 00. 18:54경 혈중알코올농도 0.184%의 술에 취한 상태로 진술인 소유의 서울 서대문 차0000호 000cc 오토바이에 탑승하여 서울 000구 000로 000 00공원 교차로 앞 편도 3차로 도로에서 신호를 위반하여 때마침 횡단보도를 건너던 피해자를 충격하고, 구호를 하지 아니한 채 현장을 이탈하여 피해자로 하여금 약 4주간의 치료를 요하는 좌측 고관절 경추부 타박상 및 척수증 등 상해를 가하여 00지방법원에 기소되어 2000. 00. 00.경 위 법원으로부터 징역 1년, 집행유예 2년 형을 선고받았고, 위 판결은 그대로 확정되었습니다(첨부 1. '판결문' 참조).

2. 진술인이 본건 범행에 이르게 된 경위

가. 혼자 식사 후 차로 약 5분 거리인 자택으로 귀가 도중 이 사건 발생

진술인은 00인으로 이 사건 발생 당시 서울 000구 00로 00, 6층(00동) 소재 '000학원'에서 00 강사(E-2)로 근무하고 있던 중 이 사건 발생 당일인 2000. 00. 00. 00:0

0경 학원 수업을 마치고 저녁 식사 후 귀가를 위해 대중교통을 이용하려 하였으나 학원과 집이 차로 불과 5분 거리에 있어 잘못된 판단으로 오토바이를 직접 운전하여 자택 방향으로 향하던 중이었습니다(첨부 2. '재직증명서' 참조).

나. 주행 중 과실로 신호 위반 직진 중 이 사건 발생, 119에 직접 신고

그러던 중 진술인은 위 학원을 출발, 자택 방향으로 약 00m 가량을 주행하여 이 사건 발생 장소에 이를 무렵 횡단보도 신호가 빨간색 신호였기에 정차를 했어야 하나 이를 무시한 채 직진하던 중 때마침 횡단보도를 건너던 피해자와 이 사건 사고가 발생되었고, 그로 인해 진술인의 오토바이가 전복되었으나 진술인은 피해자를 신속히 구호해야겠다는 생각으로 119에 직접 신고[6]까지 했습니다.

다. 진술인도 부상을 당해 119구급대원이 현장 도착할 때까지 벤치에 앉아 있으려고 사고 장소로부터 약 10m 떨어져 있는 공원으로 이동

그러나 진술인의 신고에도 불구하고 영어를 이해하지 못한 119 상황실 대원으로 인하여 첫 번째 신고에 실패하였고, 이 사건 사고 당시 오토바이가 전복되면서 진술인도 도로에 넘어지면서 좌측 어깨와 다리 부위를 아스팔트에 쓸려 심한 타박상을 입은 상태였고, 처음 겪는 사고였던지라 경황이 없어 구급대원이 현장에 도착할 때까지 우선 도로에 쓰러져 있던 오토바이를 세워둔 후 사고 현장에서 약 10여미터 가량 떨어져 있는 공원으로 가 기다릴 생각이었습니다.

라. 목격자가 진술인이 공원으로 도주한 것으로 오인하여 신고

그러나 당시 사고 상황을 목격했던 목격자는 진술인이 사고 발생 후 오토바이를 세워둔 채 공원으로 걸어가던 것을 보고 진술인이 도주한 것으로 오인하여 112에 신고 후 진술인에게 다가와서 옆에서 지켜보면서 경찰이 올 때까지 기다리고 있었고, 이로 인해 진술인의 의도와는 달리 특정범죄가중처벌등에관한법률위반(도주치상)으로 입건되었고, 위와 같은 혐의로 기소되어 본 건 처벌에 이르게 된 것입니다.

3. 진술인의 국내 입국 경위 등

가. 직장인 부친과 전업주부 모친 슬하의 0남매 중 셋째로 출생

진술인은 1900. 00. 00.경 00에서 직장인이었던 부친과 전업주부였으나 부업으로 부동산 관리인 일을 했던 모친 슬하에 4남매 중 셋째로 태어났는데, 부모들은 진술인이 00세 무렵 극심한 성격 차이로 인한 가정불화를 끝내 극복하지 못한 채 1900.경 결국 이혼했고, 그 후 부친은 집을 나가버려 편모슬하의 어려운 환경에서 청소년기를 보내야 했습니다.

나. 이혼 후 0남매를 혼자 맡게된 모친의 경제적 부담을 덜어드리고자 00살 어린 나이에 새벽에 신문 배달

그런데 진술인의 모친은 이혼 후 0남매 어린 자녀들을 남겨둔 채 떠나버린 남편을 대신해 혼자 생계를 책임져야 했기에 밤낮없이 고군분투하며 일을 했고, 진술인도 스스로 용돈을 벌어 써야겠다는 생각으로 매일 05:00에 기상, 06:00부터 08:00까지 00 배달을 했는데, 00 배달을 마친 후 허겁지겁 등교를 해야 하는 고된 생활의 연속이었지만 진술인은 항상 긍정적인 생각으로 열심히 생활했습니다.

다. 00에서 시의원에 당선되어 정치인으로 변신한 모친

그런데 진술인은 00살 어린 나이에도 불구하고 지역의 사회적 문제에 끊임없이 관심을 갖고 모친과 자주 대화를 나누면서 전업주부로 정치에 전혀 관심조차 없던 모친으로 하여금 지역 현안을 다루는 '지역 자문회의'에 가입, 활동하도록 하는 계기가 되었고, 그로부터 1년 후인 2000.경 모친은 00원에 출마하여 당선되는 쾌거도 있었습니다.

라. 고교 과정을 00 왕립 항공학교에 입학 및 졸업

그 후 진술인은 중학교 졸업 후 모친의 경제적 부담을 덜어드리고 무엇보다 평소 관심이 많았던 00조종 기술을 배워야겠다는 생각으로 00 왕립 00학교 입학생 모집 과정에 지원하여 당당히 합격하였고, 그 후 00 왕립 항공학교 제00중대에 배속되어 고교 0년 과정을 우수한 성적으로 마치고 졸업하였습니다.

마. 고교 졸업 후 만 00세 어린 나이에 일찍 사회생활을 시작

그리고 진술인은 만 00세가 되던 해에 모친으로부터 독립하여 회사에 정규직으로 취업, 이른 나이에 사회생활을 시작하였고, 그 후로도 몇 차례 회사를 바꿔가며 근무하였는데, 입사하는 회사마다 입사한지 불과 수 개월 만에 관리직으로 승진하면서 사회생활에 대한 자신감을 갖게 되었고, 경제적으로도 독립할 수 있었습니다.

바. 정치에 대한 끊임없는 관심이 계속되면서 대학 00과에 입학

그런데 진술인은 사회생활을 하면서도 지역 현안이나 사회, 정치에 대한 끝없는 관심을 기울였고, 지방 정당 대회에 참여하여 적극적으로 정치 활동을 하기도 했으며, 지방선거 및 연방선거 투표 사무원으로 일을 하다 현실정치에 대해 좀더 깊이 공부해보고 싶다는 생각에 000대학교' 00과에 입학하게 되었습니다.

사. 00 명문 '000대학'에 편입, 우수한 성적으로 졸업

진술인은 위 '00대학' 재학 중 00학 동아리를 새로 만들어 리더로 활동하였고, 성적도 매우 우수하여 2000.경 '올해의 학생'으로 선정되기도 하였으며, 위 대학 졸업 후 00에서 두 번째로 높은 순위의 명문 '00대학교' 00과에 0학년으로 편입학하여 정치학을 심도 있게 공부하였습니다.

아. 대학 재학 중 우연히 알게된 한국 유학생 000과 교제를 시작

그런데 진술인은 2000.경 '00대학교' 재학 중 우연히 한국 유학생인 000을 알게 되어 교제를 시작했는데, 위 000은 2000. 00.경 000대학교 00과 졸업 후 주 00당에 입사하여 약 3년간 근무하다 2000. 00.경 00로 유학을 가 어학원에서 영어 공부 중 2000. 00.경 우연히 진술인을 영어모임에서 알게 되었고, 이때부터 두 사람은 연인관계로 발전하게 되었습니다(첨부 3. '대학 졸업증명서' 참조).

자. 여자친구를 따라 OO대학교 OO학과에서 교환학생으로 수학

그리하여 진술인은 위 OOO이 2000.경 한국으로 귀국하자 OO에서 하던 일을 그만두고 2000. OO.경 위 OOO을 따라 한국으로 입국, OO대학 OO학과에서 교환학생으로 입학하여 한 학기를 영어 수업으로 공부했고, 2000. OO.경 위 'OO대학교' 졸업을 위해 다시 OO로 가서 2000.경 위 대학을 졸업한 후 OO의 모 회사에 취업을 하게 되었습니다.

차. 국내에서 영어학원 강사로 근무 중 이 사건 발생

그런데 진술인은 OO 명문대학을 졸업한 만큼 OO 공립학교 교사를 위한 교직 프로그램만 이수하면 어렵지 않게 공립학교 교사가 될 수 있었고 이에 대한 관심도 많이 있었지만 위 OOO과 함께 있고 싶다는 생각으로 2019.경 한국으로 입국, 경기 고양시의 한 영어학원 강사로 입사하여 현재까지 영어 강사로 근무하던 중 이 사건이 발생된 것입니다.

4. 진술인의 정상관계

가. 진술인이 도주할 의사가 전혀 없었고, 도주도 불가능했던 정황

1) 진술인은 전술한 대로 사고 발생 즉시 119에 직접 신고했으나 영어를 이해하지 못한 119 상황실 직원 때문에 최종 신고접수는 안 되었지만, 119에 진술인 명의로 된 휴대전화 신고기록이 남겨져 있던 사실, 전복된 오토바이를 직접 일으켜 도로가에 세워둔 후 오토바이가 그 자리에 그대로 있었던 점은 진술인이 도주 의사가 전혀 없음을 알 수 있다 하겠습니다.

2) 즉, 위 진술인 명의의 오토바이에 대해 번호판만 조회해 보면 진술인의 인적 사항을 어렵지 않게 특정할 수 있고, 이러한 사정을 모를리 없는 진술인이 도주했다는 이 사건 공소사실은 다소 억울한 점이 있으나 음주운전 때문에 불리하므로 모두 인정하자는 담당 변호인의 조언으로 일체 다투지 아니한 게 아쉬운 점으로 남아 있습니다.

나. 여자친구와 결혼 후 한국에서 영주하려던 계획이 무산될 위기

진술인은 위 OOO과 결혼 후 한국에서 집을 장만, 영주할 계획을 갖고 있었으나 이번 사건으로 인하여 모든 계획이 무산될 위기에 처해 있고, 과연 결혼도 할 수 있을지 걱정이 아닐 수 없으며, 결혼을 하더라도 강제퇴거 후 다시 국내로 들어오는데, 상당한 기간이 소요되는 등 이유로 결혼을 무기한 연기한 상태인바, 결혼을 하기도 전에 이처럼 큰 난관에 봉착되어 너무 힘든 시간을 보내고 있습니다.

다. 결혼을 위해 저축해 둔 돈을 형사합의금과 변호사 수임료로 모두 소진

진술인은 2000.경 국내 입국 후 OO학원 강사로 근무하면서 받은 급여를 장차 결혼과 집 장만을 위해 최소한의 체류비용을 제외한 대부분의 금원을 성실히 저축해 오던 중 이 사건 발생으로 인하여 금 00,0000,000원의 형사합의금 및 형사전문 변호사 수임료 지급을 위해 대부분 써 버려 경제적으로 매우 어려운 상황에 처해있습니다.

라. 한국과 OO에서 중범죄자로 분류되어 신분상 엄청난 타격이 예상

또한 진술인은 한국에서 중범죄자로서 입국 제한이나 영주자격 취득에 큰 어려움이 예상됨은 물론이고 향후 국내에 영주 후 한국의 국제학교에서 교사로 근무할 계획을 갖고 있었으나 OO 대학에서 교직 프로그램 이수를 위해 범죄경력 자료 제출이 의무화되어 있기 때문에 이마저도 불가능하게 되지 않을까 걱정이 아닐 수 없습니다.

마. 진술인의 진지한 반성 등 개전의 정이 현저

진술인은 자신의 이 사건 범행이 얼마나 큰 중범죄였는지 깨닫고 깊이 뉘우치고 반성하고 있고, 이번 사건으로 인하여 한국과 OO에서 자신의 신분상 엄청난 타격을 감수하고 있고, 향후 어떠한 경우로든 금번과 같은 위법행위를 하지 않을 것을 자필 반성문을 통해 다짐하고 있습니다(첨부 4. '반성문 원본 및 한글 번역본' 각 참조).

바. 약혼녀 OOO도 자필 탄원서로 진술인에 대한 선처를 호소

1) 진술인의 약혼녀인 위 OOO은 탄원서를 통해 "진술인이 OO의 우수한 대학에서 사

회과학을 공부하고, 충분히 본인이 원하는 일을 자신의 모국에서 할 수 있는 사람이었으나 한국에서 부모님과 함께 살고 싶어하는 제 고집 하나 때문에 다른 많은 기회를 뒤로하고 한국에 왔습니다… 저희 가족과 잘 지내기 위해 주 45시간씩 근무하면서도 주말에 한국어 학원을 다녔고, 한국 문화와 생활방식을 존중하고 좋아해 주었습니다…"라고 하였습니다(첨부 5. '탄원서' 참조).

2) 또한 위 000은 "…제가 지금까지 6년간 지켜본 남자친구는 그 누구보다 법을 잘 지키고 성실한 사람이었고, 한국에서도 항상 빨간 점멸등에서는 차가 없어도 일시 정지하고, 신호등 없는 횡단보도에 보행자가 보이면 무조건 멈춰 서며, 구급차 소리에 미리 피하려고 하는 그런 운전자였습니다. 그런데 왜 그날 밤 그런 잘못된 선택을 했는지 저희 둘 다 이해하기 어렵지만 사건 이후 자신이 다른 사람을 헤쳤다는 사실에 잠들기를 힘들어하며 반성하고 있습니다…"라며 선처를 호소하고 있습니다.

사. 이 사건 피해자와 원만한 합의 및 피해자의 처벌불원 의사표명
진술인은 수사에 성실히 임하였고, 2000. 00. 00.경 피해자와 민, 형사상 원만히 합의하였는바, 피해자는 진술인이 깊이 뉘우치고 반성하고 있고, 진심으로 사죄하고 용서를 구하고 있어 진술인에 대한 어떠한 처벌도 원하지 않는다는 취지의 처벌불원 탄원서를 진술인에게 교부해 준 사실이 있습니다(첨부 6. '합의서 및 영수증', 첨부 7. '처벌불원 탄원서' 각 참조).

5. 결 어
전술한 바와 같이 진술인이 이 사건에 관하여 깊이 뉘우치고 반성하고 있는 점, 피해자와 상호 원만히 합의하였고, 피해자도 진술인에 대한 어떠한 처벌도 원하지 않음을 피력하고 있는 점, 진술인이 한국인 여성과 결혼 후 한국에서 영주할 계획을 가지고 있는 점 등 제반 사정을 참작하시어 법이 허용하는 최대한의 선처를 부탁드립니다.

첨 부 자 료

1. 첨부 1.   반성문 원본 및 번역본
1. 첨부 2.   탄원서(약혼녀 000)
1. 첨부 3.   대학 졸업증명서(약혼녀 000)
1. 첨부 4.   합의서 및 영수증
1. 첨부 5.   처벌불원 탄원서

재직 증명서   1부
여권 사본   1부
외국인 등록증 사본   1부
이륜자동차 사용폐지 증명서   1부

2022. 5. 9.

위 진술인 ○ ○ ○ (인)

서울○○출입국·외국인사무소장   귀 중

---

6) 00은 911에 신고하면 경찰에 자동으로 통보되는 시스템이고, 진술인은 당시 119에 신고하면 경찰에 신고접수가 가능한 것으로 알고 있었습니다.

[서식 : 반성문]

반성문

사　건　2022고단000호 도로교통법위반

피고인　정 ○ ○

우선 저의 부주의로 인하여 여러 불편을 끼쳐드려 송구하게 생각합니다.

그리고 이 사건 음주운전에 대하여는 무어라 변명의 여지없이 깊이 반성하고 또 반성하며 어떠한 처벌도 달게 받을 각오가 되어 있습니다.

저는 2022년 1월 1일 01시경 서울대입구역 사거리근방에서 음주 단속으로 면허취소가 된 정○○입니다.

당시 음주운전의 경위는 ──────── 어떻습니다. 그 경위야 어찌되었든 짧았던 저의 행동으로 인한 결과에는 어떠한 처벌도 달게 받을 각오에는 변함이 없습니다. 또한 차후로는 어떠한 경우든 음주운전을 하지 않으려는 각오로 자동차 처분, ────────── 등의 행위를 하는 등 재발방지를 위한 최선의 노력도 다하고 있습니다.

그럼에도 제가 이렇게 글을 쓰는 이유는 저의 과오로 인한 운전면허취소처분을 받게 될 경우 ──────── 등의 저의 어려운 사정을 두루 살피시어 이 반성문으로나마 조금이라도 선처를 받고자 하는 마음에 염치없게도 이렇게 선처를 바라는 글을 쓰게 되었습니다.

저는 현 나이 45에 면허 취득한지 7년 정도 되었습니다. 그 동안 단한건의 도로교통법 위반 사실이 없이 운전을 해왔고, 평소에도 간혹 술을 마시게 되었을 경우 대리운전을 불러 귀가를 하였을 만큼 관련 법규를 철저히 준수하며 생활해 왔습니다.

한편, 저는 지금 ----- 소재 아파트 공사현장에서 건설자재 운반하는 일을 주로 하고 있으며 위 일은 운전면허가 반드시 필요한 업무이며, 만일 운전면허를 취소당할 경우 어쩔 수 없이 퇴사를 하여야 하는 사정이기도 합니다.

저는 위 일을 하면서 적은 월급이지만 한 가정의 가장으로서 슬하에 2남 1녀의 자녀들은 물론 시골에 계신 홀어머니까지 부양하고 있는 실정이기에 이 사건 음주운전으로 많은 벌금이 선고될 경우 간신히 한 달 벌어 한 달 먹고사는 형편에 당장 생계조차 곤란해 질 우려가 심대한 상황이기도 합니다.

저는 한 가정의 가장으로서 정말 열심히 살아보려고 성실히 생활해 왔지만 뜻하지 않게 이 사건 사안으로 이렇게 물의를 일으켜서 정말 죄송할 따름입니다.

한 번의 실수로 제 삶이 이렇게 어렵게 되어버렸습니다.

다시는 이 같은 실수는 저지르지 않겠습니다.
정말 진심으로 반성하고 있습니다.

부디 선처를 부탁드립니다.

2022. 00. 00.
위 피고인 정○○

○○지방법원 형사 제00단독 귀중

[서식 : 반성문]

반 성 문

사　　건　2022고단0000 폭행

피 고 인　최 ○○

저의 잘못된 생각으로 피해자에게 뜻밖의 피해를 드리게 된 점 진심어린 사죄의 마음으로 선처를 구합니다.

이렇게 ○○행위가 적발된 것이 참으로 다행이라고 생각합니다. 저의 잘못을 알게 해 주시고 저를 바른 길로 이끌어 주시려는 모든 분들께 정말 감사드립니다. 그리고 정말 죄송합니다. 자칫 잘못하면 인생을 망쳐버릴 수도 있는 무서운 ○○행위를 다시는 하지 않겠습니다.

앞으로 인생을 살아가며 후회할 이런 ○○은 두 번 다시는 하지 않을 것입니다. ○○○에 정말 죄송합니다.

다시는 이런 잘못을 하지 않고 진심의 반성을 위해 이 글을 썼습니다. 잘못된 일로 반성문을 쓰게 되어 참으로 부끄럽습니다. 또한 저를 믿고 사랑해 주신 ○○○과 ○○○님께 실망감을 안겨드려 참으로 죄송합니다. ○○한 것은 어떠한 말과 행동으로도 용서받기 힘들다는 것을 알고 있습니다. ○○한 제 잘못입니다. 아무리 ○○○하더라고 먼저 했어야 했는데 ○○를 ○○한 것은 나쁜 일이라 생각합니다.

○○는 어떤 식으로든 용납될 수 없다는 것을 잘 알고 있지만, 그 때는 ○○한 나머지 저도 모르게 ○○한 것 같습니다. ○○○을 망각하고 제가 큰 잘못을 저지르고 말았습니다. 지나간 일을 놓고 후회한다고 해도 아무 소용이 없겠지만 진심으로 죄를 뉘우치고 앞으로 그런 행동을 다시는 하지 않도록 다짐하였습니다.

반성문으로 선처를 구한다는 것은 제 잘못에 비해 너무 미약하다는 생각이 듭니다. 진심으로 ○○○에 용서를 비는 마음을 갖고 이러한 일이 앞으로 두 번 다시 일어나지 않도록 행동하고 생활한다면 저의 반성을 이해해 주실 거라 믿습니다.

○○에 진심으로 선처를 구했지만, ○○을 생각할 때마다 더 죄송스러워집니다. 사죄하는 마음으로 ○○으로서의 본분을 지키며 앞으로 더 성실하고 열심히 살도록 하겠습니다.

저를 믿고 사랑해 주시던 분들께 이렇게 좋지 못한 모습을 보여드려 참으로 죄송하고, 송구스럽습니다. 앞으로는 어떤 일이 있어도 절대로 불법 행위를 저지르지 않겠습니다. 그리고 다시는 기대에 어긋나는 행동을 하지 않겠습니다. 믿고 지켜봐 주십시오.

정말 저의 잘못을 뉘우치며 반성하며 앞으로는 절대 이런 일을 하지 않겠습니다. 부디 넓은 마음으로 선처를 부탁드립니다. 다시 한 번 ○○○에 머리 숙여 사죄의 말씀을 드립니다.

2022. 00. 00.

위 피고인 최○○

○○지방법원 형사 제○○단독   귀중

다. 출입국사범심사 판단기준 등

(가) 판단기준

사범심사는 벌금 납부 등 형사처벌 종료 후 자발적으로 출석하여 심사를 받아야 한다. 심사결과 사안이 경미한 위반인 경우 비자연장 시 사범심사를 동시를 받는 경우도 있지만 법규 위반 정도가 중대한 경우에는 출입국사무소로부터 소환장을 송달받게 되며, 심사결과에 따라 경고 조치로 마무리될 수도 있지만, 출국명령 혹은 강제퇴거결정이 내려질 수도 있다.

보통 출입국사범심사 시에는, ⅰ) 외국인의 범행동기 및 내용, 범죄의 종류나 경중, ⅱ) 범죄경력, 재범가능성, ⅲ) 고의과실 여부, ⅳ) 수사협조 등의 사항을 종합적으로 심사하고, ⅳ) 나아가 외국인에게 대한민국에 계속 체류해야할 인도적 사유가 있는지 등을 기준으로 판단한다.

따라서 사범심사 준비 시 최소한 위의 기준에 근거한 증거 및 자료 수집은 물론 관련 내용은 담은 의견서(사건 경위서) 등을 사전에 철저히 준비할 필요가 있다. 결국 대한민국에 계속 체류할 수 있도록 할 특별한 인도적 사유가 없다면 사범심사에서 좋은 결과를 얻기는 힘들기 때문에 이점을 의견서 등의 작성을 통해 어떻게 부각하느냐가 사범심사의 핵심이다.

[서식 – 행정심판위원회 출국명령 판단 재결례 : 인용사례]

> 6. 이 사건 처분의 위법 · 부당 여부
>
> 가. 관계법령의 내용
>
> 「출입국관리법」 제11조제1항에 따르면 법무부장관은 '대한민국의 이익이나 공공의 안전을 해치는 행동을 할 염려가 있다고 인정할 만한 상당한 이유가 있는 사람'(제3호), '경제질서 또는 사회질서를 해치거나 선량한 풍속을 해치는 행동을 할 염려가 있다고 인정할 만한 상당한 이유가 있는 사람'(제4호), 제1호부터 제7호까지의 규정에 준하는 사람으로서 법무부장관이 그 입국이 적당하지 아니하다고 인정하는 사람

(제8호) 등에 해당하는 외국인은 입국을 금지할 수 있다고 되어 있고, 같은 법 제46조제1항에 따르면 사무소장·출장소장 또는 외국인보호소장은 규정된 절차에 따라 제11조제1항 각 호의 어느 하나에 해당하는 입국금지 사유가 입국 후에 발견되거나 발생한 사람(제3호), 금고 이상의 형을 선고받고 석방된 사람(제13호), 그 밖에 제1호부터 제10호까지, 제10호의2, 제11호, 제12호, 제12호의2 또는 제13호에 준하는 사람으로서 법무부령으로 정하는 사람(제14호) 등에 해당하는 외국인을 대한민국 밖으로 강제퇴거 시킬 수 있다고 되어 있다.

나. 판단

위 인정사실에 따르면, 청구인은 2017. 4. 25. 비전문취업(E-9) 체류자격으로 입국하였으나 체류기간 만료일을 경과하여 불법체류를 하다가 2019. 3. 4. 출국하였고, 이후 사증면제(B-1) 자격으로 입국하여 결혼이민(F-6) 체류자격으로 변경신청 하지 않고 불법체류 상태로 있다가 청구인의 배우자가 청구인을 불법체류자로 112신고를 하여 출동한 경찰관에게 「출입국관리법」 위반으로 현행범 체포되어 피청구인에게 인계된 사실이 있어 이 사건 처분이 위법하다고 할 수는 없을 것이나, **청구인은 배우자 이○○과 결혼하여 자녀 이●●을 출산하였고, 이●●은 만 2세 미만의 유아로서 친모인 청구인의 돌봄이 필요한 점, 배우자 이○○은 '장애의 정도가 심한 장애인'으로 생계급여, 의료급여 등을 받는 수급자로서 생계유지능력이 있다고 볼 수 없어 청구인이 육아와 경제활동을 병행해야 하는 어려운 사정에 처해 있는 점 등을 종합적으로 고려할 때, 청구인은 자녀양육 등 기타 인도적 고려가 필요한 경우에 해당한다고 볼 수 있고** 이 사건 처분으로 인해 피청구인이 달성하려는 공익 목적보다 청구인이 입는 불이익이 크다 할 것이므로 피청구인의 이 사건 처분은 부당하다.

6. 이 사건 처분의 위법·부당 여부

가. 관계법령의 내용

「출입국관리법」 제11조제1항제3호·제4호에 따르면 법무부장관은 대한민국의 이익이나 공공의 안전을 해치는 행동을 할 염려가 있다고 인정할 만한 상당한 이유가 있는 외국인이나 경제질서 또는 사회질서를 해치거나 선량한 풍속을 해치는 행동을 할 염려가 있다고 인정할 만한 상당한 이유가 있는 외국인에 대하여는 입국을 금지할 수 있다고 되어 있고, 같은 법 제46조제1항제3호·제13호 및 제68조제1항제1호에 따르면 지방출입국·외국인관서의 장은 같은 법 제11조제1항 각 호의 어느 하나에 해당하는 입국금지 사유가 입국 후 발견되거나 발생한 외국인이나 금고 이상의 형을 선고받고 석방된 외국인을 대한민국 밖으로 강제퇴거 시킬 수 있으며, 위와 같은 경우에 해당한다고 인정되더라도 자기비용으로 자진하여 출국하려는 외국인 등에게는 출국명령을 할 수 있다고 되어 있다.

나. 판단

청구인은 재외동포(F-4) 자격으로 대한민국에 체류하면서 위험한 물건을 사용하여 타인에게 상해를 입힌 범죄로 2021. 3. 31. ●●지방법원으로부터 징역 6월, 집행유예 1년을 선고받은 사실이 확인되는바, '대한민국의 이익이나 공공의 안전을 해치는 행동을 할 염려가 있다고 인정할 만한 상당한 이유가 있거나 경제질서 또는 사회질서를 해치거나 선량한 풍속을 해치는 행동을 할 염려가 있다고 인정할 만한 상당한 이유가 있는 사람'에 해당한다. 이에 대하여 청구인은 이 사건 범행이 사실혼 관계에서 일어난 1회성 사건이라고 주장하나, 그와 같은 폭력도 가정폭력으로서 대한민국 사회에서 용인될 수 없는 범죄라고 할 것이므로 이러한 주장은 받아들일 수 없다. 그 밖에 피청구인이 청구인의 자진출국 의사와 여타 사정 등을 감안하여 상대적으로 가벼운 출국명령을 한 것으로 보이는 점, 외국인의 출입국을 엄격하게 관리함으로써 확보하려는 국가의 안정과 질서유지라는 공익이 청구인의 출국으로 인하여 입게 될 개인적인 불이익에 비해 결코 작다고 볼 수 없는 점 등을 고려할 때, 청구인에게 출국을 명한 피청구인의 이 사건 처분이 위법·부당하다고 할 수 없다.

(나) 강제추방 대상

외국인이 강제추방을 받게 되는 주된 원인은 범죄로 인한 형사처벌에 따른 것이다. 강제퇴거를 당하는 경우는 크게 중대범죄를 저질렀을 경우 및 벌금이나 징역처분을 가리지 않고 이미 과거에 형사처분을 2회 받은 전력이 있는 경우 두가지로 정리해볼 수 있다.

외국인의 경우 국내에 체류 중일 때 고의 또는 과실로 범죄에 연루되었다면 출입국관리법 시행규칙 54조에 따라 강제퇴거를 당할 수 있다.

▶ 살인의 죄
▶ 강간과 추행의 죄 또는 절도와 강도의 죄 중 강도의 죄
▶ 성폭력범죄의 처벌 등에 대한특례법 위반의 죄를 범한 자
▶ 마약류 관리에 관한 법률위반의 자
▶ 특정범죄 가중처벌 등에 관한 법률을 위반한 자
▶ 국가보안법을 위반한자
▶ 폭력행위 등 처벌에 관한 법률을 위반한 자
▶보건범죄단속에 관한 특별조치법을 위반한 자
등에 대해서 강제퇴거(강제추방)할 것을 규정하고 있다.

따라서 이러한 범죄를 자행한 외국인들의 경우 당사자의 의사와 무관하게 강제출국 대상이 되며, 대부분 재입국은 어렵고 입국규제 또한 1년에서 10년 정도 내려질 수 있다.

그 외 벌금이나 징역 처분을 가리지 않고 이미 과거에 형사처분을 2회 받은 전력이 있는 경우이다. 따라서 범죄 혐의가 3회 차인 경우에는 강제추방 대상이 될 위험성이 높다고 할 수 있다.

또한, 불법 체류 취업자는 3년 이하의 징역 또는 2천만원 이하의 벌금형 그리고 비자신청거부 등의 처분 외에 강제퇴거 조치와 함께 최대 10년간 입국규제조치를 당할 수 있음에 유의하여야 한다.

그 외 음주운전의 경우 대부분 벌금형 등으로 사건이 마무리 되는 경우가 많아 벌금만 납부하면 사건이 종결되는 것으로 오인하는 경우도 있지만, 실무상으로는 관련 사실로 출입국사범심사를 받게 되며 이때 처분의 기준은 과거 음주경력 및 혈중알콜농도의 수치, 음주측정거부 및 도주여부 등이며 이를 기준으로 강제출국여부를 결정하게 된다.

가) 입국금지기간

외국인 출입국사범의 대한 외교부의 행정처분 중 가장 강력한 처분은 국외추방과 입국금지이다. 이때 입국이 금지되는 규제기간은 아래 표에서 보는 바와 같이 최소 1년부터 최대 10년 이상(영구)까지 다양하다. 통상 입국규제 기간의 결정 시 고려되는 사항은 ⅰ) 국내 불법체류기간 ⅱ) 법위반의 경중 ⅲ) 고의성 및 합의여부 ⅳ) 기존 전과 및 과태료처분 등 ⅴ) 입국기록 ⅵ) 내국인과의 결혼 및 부양가족 유무 ⅶ) 인도적 사유유무 등이며, 이러한 사유를 기준으로 최종심사 후 입국금지기간 또는 범칙금이 정해진다.

[표 - 입국금지기간]

금지기간	내용
1년	– 형사범으로서 500만원 이상 1,000만원 미만의 벌금형을 선고받은 자 – 출입국사범으로서 아래 사유에 해당하는 자 • 외국인이 지정된 곳에 근무하지 않는 경우 • 외국인이 고용제한을 위반하여 불법취업한 경우 • 체류지격이 없는 자를 불법 고용한 경우 • 체류자격이 없는 자를 고용 알선 및 권유한 경우 • 체류자격이 없는 자를 고용 알선할 목적으로 자기지배에 둔 경우 • 체류자격외 활동을 한 경우 • 체류자격 연장허가를 받지 않은 경우로서 불법체류기간이 6월 이상 1년 미만인 경우 • 범칙금을 부과받은 경우로서 500만원 이상 700만원 미만의 통고처분을 받은 경우

2년	– 형사범으로서 1,000만원 이상 2,000만원 미만의 벌금형을 선고받은 자 – 출입국사범으로서 아래 사유에 해당하는 자 • 출입국관리법 제25조를 위반한 자로서 불법체류기간이 1년 이상 3년 미만인 자 • 700만원 이상 1,000만원 미만의 범칙금 통고처분을 받은 자
3년	– 형사범으로서 2,000만원 이상의 벌금형을 선고받은 자 – 출입국사범으로서 아래 사유에 해당하는 자 • 불법체류기간 3년 이상 5년 미만자 • 1,000만원 이상의 범칙금 통고처분을 받은 자
5년	– 형사범으로서 5년 미만의 징역 또는 금고형(집행유예 포함)을 선고받은 자 – 허가를 받지 아니하고 제주지역의 외국인을 제주 외 지역으로 이동한자 또는 알선한 자 – 출입국관련 허위공문서를 행사한 자 및 알선, 교사, 방조 등 관련자 – 출입국사범으로서 아래 사유에 해당하는 자 • 허위초청 등 금지를 위반한 자 및 허위초청으로 입국한 자 • 선박 등 제공금지를 위반한 자 • 출입국관리법에 위배하여 불법취업을 고용알선, 권유한 자 • 불법체류기간이 5년 이상인 자 • 외국인등록증 등의 채무이행 확보수단 제공 등 금지의무를 위반한 자
10년	– 형사범으로서 5년 이상의 징역 또는 금고형(집행유예 포함)을 선고받은 자 – 제주특별자치도법에 위반하여 체류지역 확대허가를 받지 않은 자를 집단으로 대한민국 안의 다른 지역으로 이동시키거나 선박 등을 제공한 자 – 국가비용으로 강제퇴거한 자 – 출입국사범으로서 아래 사유에 해당하는 자 • 입국심사 없이 입국한 자 – 입국규제, 입국불허, 불법체류 등 사실을 은폐하기 위해 개명여권을 행사한 자 포함) • 비영리목적으로 집단적으로 불법입국 또는 국내 은닉을 위하여 선박 등을 제공한 자 • 출국심사 없이 출국한 자
10년 이상 (영구)	– 하기된 형사범으로서 기소유예 이상의 처분을 받은 자 • 내란죄 또는 외환죄를 범한 자 • 살인죄, 강간과 강제추행죄, 강도죄를 범한 자 • 성폭력범죄의 처벌 및 피해자 보호 등에 과한 법률을 위반한 자 • 마약류관리에 관한 법률을 위반한 자

- 특정범죄가중처벌에 관한 법률을 위한 한자 : 약취유인, 상습강도, 절도, 강도상해 재범, 보복범죄, 마약사범 등
- 국가보안법을 위반한 자
- 폭력행위등처벌에관한법률 제4조[7]의 규정을 위반한 자
- 보건범죄단속에 관한 특별조치법에 관한 법률을 위반한 자
  - 출입국사범으로서 아래 사유에 해당하는 자
- 보호된 자가 도주할 목적으로 보호시설 등을 파괴하거나 다른 사람을 폭행, 협박하거나 2인 이상이 합동하여 도주한 자
- 출입국관리법에 따른 보호 또는 강제퇴거를 위한 호송중에 있는 자가 다른 사람을 폭행, 협박하거나 2인 이상이 합동하여 도주한 자
- 출입국관리법에 따른 보호, 일시보호된 자나 보호 또는 강제퇴거를 위한 호송중에 있는 자를 탈취하거나 도주하게 한 자
- 영리를 목적으로 집단으로 불법입국 등을 위하여 선박 등을 제공하거나 알선한 자
- 불법입국한 자를 영리를 목적으로 집단으로 은닉하거나 도피하기 위하여 교통수단을 제공하거나 알선한 자

---

7) 제4조(단체 등의 구성·활동)
① 이 법에 규정된 범죄를 목적으로 하는 단체 또는 집단을 구성하거나 그러한 단체 또는 집단에 가입하거나 그 구성원으로 활동한 사람은 다음 각 호의 구분에 따라 처벌한다.
1. 수괴(首魁): 사형, 무기 또는 10년 이상의 징역
2. 간부: 무기 또는 7년 이상의 징역
3. 수괴·간부 외의 사람: 2년 이상의 유기징역
② 제1항의 단체 또는 집단을 구성하거나 그러한 단체 또는 집단에 가입한 사람이 단체 또는 집단의 위력을 과시하거나 단체 또는 집단의 존속·유지를 위하여 다음 각 호의 어느 하나에 해당하는 죄를 범하였을 때에는 그 죄에 대한 형의 장기(長期) 및 단기(短期)의 2분의 1까지 가중한다. [개정 2016.1.6]
1. 「형법」에 따른 죄 중 다음 각 목의 죄
가. 「형법」제8장 공무방해에 관한 죄 중 제136조(공무집행방해), 제141조(공용서류 등의 무효, 공용물의 파괴)의 죄
나. 「형법」제24장 살인의 죄 중 제250조제1항(살인), 제252조(촉탁, 승낙에 의한 살인 등), 제253조(위계 등에 의한 촉탁살인 등), 제255조(예비, 음모)의 죄
다. 「형법」제34장 신용, 업무와 경매에 관한 죄 중 제314조(업무방해), 제315조(경매, 입찰의 방해)의 죄
라. 「형법」제38장 절도와 강도의 죄 중 제333조(강도), 제334조(특수강도), 제335조(준강도), 제336조(인질 강도), 제337조(강도상해, 치상), 제339조(강도강간), 제340조제1항(해상강도)·제2항(해상강도상해 또는 치상), 제341조(상습범), 제343조(예비, 음모)의 죄
2. 제2조 또는 제3조의 죄(「형법」 각 해당 조항의 상습범, 특수범, 상습특수범을 포함한다)
③ 타인에게 제1항의 단체 또는 집단에 가입할 것을 강요하거나 권유한 사람은 2년 이상의 유기징역에 처한다.
④ 제1항의 단체 또는 집단을 구성하거나 그러한 단체 또는 집단에 가입하여 그 단체 또는 집단의 존속·유지를 위하여 금품을 모집한 사람은 3년 이상의 유기징역에 처한다.

나) 입국금지의 해제

입국규제해제란 외국인이 출입국관법 등의 위반으로 대한민국에서 추방된 자를 재입국
시키는 것이다. 통상 추방 시 사안의 경중에 따라 위 가)항의 입국규제를 받게 되며, 규
제기간이 도과될 경우 해제된다(일반해제). 다만, 입국규제기간이 해제된다고 하여도
곧바로 누구나 입국이 허용되는 것은 아니며 재입국시에도 비자신청을 하여야 하는데
그러한 신청을 하더라도 허가를 받기가 어렵기 때문이다. 이때 만일 입국이 거부될 경
우 법무부장관에게 국익 또는 인도적인 사유로 입국이 필요한 사유를 소명하고 그 외
어떠한 범죄행각으로 입국규제가 되었는지, 체류자격은 무엇이었는지, 가족 등의 상황
어떠한지 등을 소명하여 그 해제를 요청할 수 있다.[8]

[표 – 입국금지유예 대상자 등]

구분	대상자
입국금지유예	– 단순 불법체류자로 불법체류 등 법 위반기간이 1년 미만인 자 – 외국국적동포로서 단순 불법체류 기간이 3년 미만이거나 1,000만원 미만의 범칙금 통고처분을 받은 자
입국금지감경	– 입국금지 1년 • 단순 불법체류기간이 1년 이상 3년 미만인 자 • 외국적동포로서 단순 불법체류 기간이 3년 이상이거나 위변조여권 등 행사자 및 불법제공혐의자, 허위초청자 등 출입국사범, 1,000만 원 이상의 범칙금의 통고처분을 받은 자 – 입국금지 2년 • 단순 불법체류기간이 3년 이상인 자

---

8) 만일 입국규제기간이 도과되지 아니한 상황에서 재입국을 원할 경우 인도적인 사유를 이유로 해제신청을
할 수도 있는데, 이를 특별해제라고 한다.

라. 출입국사범에 대한 행정처분의 유형

출입국 사범심사는 출입국관리법 위반자에 대한 인지가 이뤄지면 조사에 착수한 후 출입국사범에 대한 진술서 작성, 용의자 심문, 참고인 심문 등 위반 사실에 대한 정밀심사를 거치게 되며, 이를 근거로 심사결과가 나오면 위반자는 강제퇴거, 출국권고, 고발 등의 행정처분에 취해진다. 즉, 지방출입국장 등은 출입국사범심사 결정을 할 때 크게 아래 표에서 보는 바와 같이 출국명령, 강제퇴거, 통고처분 등 3가지 정도로 행정처분을 하게 된다.

[출입국사범 심사결정 통고내용 사례 – 출국명령]

o 용의자(청구인)는 금고이상 형의 집행유예를 선고받아 대한민국의 이익이나 공공의 안전을 해치는 행동을 할 염려가 있다고 인정할 만한 상당한 이유가 있는 사람으로 보이는 점, 사실혼 관계인 피의자와 3년가량 동거중이나 정식 혼인관계가 아니고 부양할 자녀 등도 없어 국내 체류를 고려할 만한 인도적 사유가 없어 보이는 점 등을 감안하여 강제퇴거함이 마땅하나,

– 자진하여 자비로 출국하려고 하는 점, 재외동포 자격으로 체류해왔던 점 등을 감안하여 출국명령함이 좋겠음
– 다만 합법체류 중이나 형사처벌을 받은 사실로 자진출국하려는 경우 기존 입국금지 기준에서 한 단계 완화토록 한 '코로나19 확산 및 장기화에 따른 불법체류 외국인 관리대책 지침보완'에 의거 출국명령 후 6개월간 입국금지함이 좋겠음

[출입국관리법 위반자 행정처분 용어정리]

강제퇴거 (여권표시 : 68-1)	– 출입국관리법을 위반한 외국인을 본인의 의사에 반하여 강제적으로 대 한민국 밖으로 추방하는 것 – 불법입국자, 불법체류자, 금고 이상의 형의 선고를 받고 석방된 외국인 등 강제퇴거의 대상을 법46조 및 68조4항에 규정하고 있음
출국명령 (여권표시 : 46-1)	– 출입국관리법을 위반한 외국인에게 사무소장, 출장소장 또는 보호소장 이 출국을 명령하는 것 – 그 대상은 강제퇴거사유에 해당하는 혐의가 있다고 인정되는 외국인이 본인의 부담에 의하여 출국하려고 할 때, 출국권고를 받고도 이를 실 행하지 않을 때, 통고처분을 받은 자를 출국 조치하는 것이 적당하다고 인정되는 경우 등 – 강제퇴거자가 입국규제자 명단에 장기간 등재되는 반면에 출국명령을 받은 외국인은 일정기간 사증발급이 제한되는 조치가 뒤따른다는 점에 서 강제퇴거와 차이가 있음 – 출국명령시 그 명령발부일부터 30일 이내 출국
통고처분, 고발, 과태료	– 대한민국에 체류하는 외국인이 벌금에 상당하는 출입국관리법을 위반하였을 때, 출입국관리사무소장 또는 출장소장이 그 외국인에게 벌금에 상당하는 금액을 지정한 장소에 납부할 것을 통고하는 것 – 통고처분은 정식재판에 들어가지 아니하고 간이절차에 따라 사건을 신 속하게 처리함으로서 법위반자 및 행정업무의 부담을 가볍게 하는 제도 – 통고처분을 받은 외국인이 통고서를 송달 받은 날부터 일정기간내에 통 고처분대로 이행하면 일사부재리의 원칙에 의하여 법원에서 확정판결한 것과 동일한 효력이 발생하나, 이행하지 않으면 검찰에 고발을 하게되 며, 이후는 형사소송절차에 따라 진행됨 – 출입국관리법위반이 벌금에 상당할 경우에는 벌금에 상당하는 금액(범 칙금)을 통고처분하나, 법위반이 등록사항변경신고의 위반, 등록증 반납 의 위반 등과 같이 과태료에 해당하는 경우에는(법 제100조) 출입국관 리사무소장 또는 출장소장이 과태료 처분의 고지를 함 – 과태료 처분을 받은 외국인은 처분을 받은 날로부터 30일 이내에 출입 국관리사무소장 또는 출장소장에게 이의를 제기할 수 있는데, 이의를 제기하면 관할법원에서 비송사건절차에 의한 과태료의 재판을 하게 됨

사범심사 후 계속 체류허가를 받는다면 각서 및 준법서약서작성으로 종결될 수 있지만, 만일 출국명령 또는 강제퇴거에 따른 입국규제가 수반된다면 심사결정 즉시 출입국관리정보시스템에 등록되어 규제대상 리스트에 올라가게 된다.

이러한 사범심사는 해당 행위에 대하여 검찰에서 불기소처분을 하거나, 법원에서 집행유예의 판결을 선고하더라도 반드시 거쳐야 하는 절차임에 유념할 필요가 있으며, 외국인 강제퇴거 주요 원인으로는 대부분 성범죄, 보이스피싱, 음주운전 등의 범죄 그리고 그로 인한 형사처벌에 따른 것이고 특히 최근에 가장 많은 문제로 대두되는 사건은 음주운전이나 난폭운전, 보복운전, 폭행사건 등이다.

마. 사범심사 이후 절차

사범심사 결과 사안의 경중에 따라 사실이라면 출국명령 또는 강제퇴거명령을 받을 수 있다. 출국명령을 받는다면 출국명령서가 발급되는데, 이 출국명령서에는 언제까지 출국해야하는지 날짜가 적혀 있으며, 이 날짜가 지나서도 출국하지 않은 경우에는 강제퇴거명령서가 새로이 발급된다. 하지만 어떤 경우에는 출국명령이 없이 곧바로 강제퇴거명령이 내려지기도 하기 때문에 이점 유의하여 불복절차를 진행하여야 한다.

■ 출입국관리법 시행규칙 [별지 제123호서식] 〈개정 2021. 1. 21.〉

출 국 명 령 서(DEPARTURE ORDER)

Date . . .

대상자 Subject of Departure Order	성 명 Name in Full		
	생년월일 Date of Birth	성 별 Sex	[ ] 남 [ ] 여 [ ] M [ ] F
	국적 Nationality	직 업 Occupation	
	대한민국 내 주소 Address in Korea		
출국명령 이유(적용 법규 정) Reason for Order (Applicable Provision)			
출국기한 Deadline for Departure			
출국명령 조건 (Conditions of Departure Order)	주거제한(Restriction on Residence)		
	이행보증금의 액수, 납부일자 및 장소(The amount of bond, The date and place of deposit)		
	기타 필요한 조건(The Others)		

1. 「출입국관리법」 제68조에 따라 위와 같이 출국명령서를 발급합니다.

   In accordance with Article 68 of the Immigration Act, the departure order is issued to the person above.

2. 「출입국관리법」 제68조에 따라 이행보증금을 예치한 경우 출국기한 내에 출국하지 않거나

위 조건을 위반하는 때에는 이행보증금을 국고에 귀속시킬 수 있습니다.

If you don't leave the Republic of Korea within the deadline of the departure order or comply with the conditions of the order, the bond deposited in accordance with Article 68 of the Immigration Act may be devolved on the National Treasury.

3. 귀하는 위 처분에 대하여 이의가 있을 때에는 이 명령서를 받은 날부터 90일 이내에 행정심판 또는 행정소송을 제기할 수 있습니다.

※ 행정심판을 청구할 때에는 온라인행정심판(www.simpan.go.kr), 행정소송을 청구할 때에는 전자소송(ecfs.scourt.go.kr)을 통하여 온라인으로도 청구할 수 있습니다.

A person who has an objection to the above disposition may file an administrative appeal or an administrative litigation within 90 days after receipt of the departure order.

※ You may file an administrative appeal online (www.simpan.go.kr) and an administrative litigation on the Internet(ecfs.scourt.go.kr).

○ ○출입국 · 외국인청(사무소 · 출장소)장　　　　　| 직인 |

CHIEF, ○ ○IMMIGRATION OFFICE

210㎜×297㎜[백상지(80 g /㎡) 또는 중질지(80 g /㎡)]

만일, 강제퇴거명령이 발부되면[9], 그 명령을 받은 사람은 국적 또는 시민권을 가진 국가 등으로 보내지지만 여러 이유로 즉시 대한민국 밖으로 보낼 수 없을 때에는 외국인이 대한민국 밖으로 나갈 수 있을 때까지 보호조치 된다.

---

9) 강제퇴거명령에 대해서는 7일 이내에 이의신청을 할 수 있으며, 출입국관리사무소장, 출장소장 또는 외국인보호소장은 명령서를 교부할 때, 이의신청에 대한 내용을 고지한다. 또한, 만일 출국명령 또는 강제퇴거명령이 위법, 부당하다고 판단될 경우 이 명령에 대하여 행정심판이나 행정소송을 할 수 있는데, 행정심판 및 행정소송은 명령이 내려짐을 안 날부터 90일 이내에만 할 수 있다. 여기서 '명령이 내려짐을 안 날'은 보통 출국명령서, 강제퇴거명령서 등의 처분 문서를 직접 받은 날을 의미한다.

■ 출입국관리법 시행규칙 [별지 제110호서식] 〈개정 2018. 6. 12.〉

강제퇴거명령서

DEPORTATION ORDER

Date . . .

대상자 Subject of Deportati on Order	성 명 Name in Full		
	생년월일 Date of Birth	성 별　[ ] 남　　[ ] 여 Sex　　[ ] M　　[ ] F	
	국적 Nationality	직 업 Occupation	
	대한민국 내 주소 Address in Korea		
강제퇴거 이유(적용 법규정) Reason for Deportation (Applicable Provision)			
집행방법 Mode of Execution			
송환국 Country of Repatriation			

1. 「출입국관리법」 제59조에 따라 위와 같이 강제퇴거명령서를 발급합니다.

 In accordance with Article 59 of the Immigration Act, the deportation order is issued to the person above.

2. 귀하는 이 명령서를 받은 날부터 7일 이내에 법무부장관에게 이의신청을 하거나, 90일 이내에 행정심판 또는 행정소송을 제기할 수 있습니다.

 ※ 행정심판을 청구할 때에는 온라인행정심판(www.simpan.go.kr), 행정소송을 청구할 때에는 전자소송

(ecfs.scourt.go.kr)을 통하여 온라인으로도 청구할 수 있습니다.

A person who has an objection to the above disposition may file an objection with the Minister of Justice within 7 days after receipt of the deportation order or file an administrative appeal or an administrative litigation within 90 days from the date of receiving the deportation order.

※ You may file an administrative appeal online (www.simpan.go.kr) and an administrative litigation on the Internet (ecfs.scourt.go.kr)

○○출입국 · 외국인청(사무소 · 출장소)장 | 직인 |

CHIEF, ○○IMMIGRATION OFFICE

집행결과	집행자	서명
Result of Execution	Executing Official	Signature

210mm×297mm[백상지(80g/㎡) 또는 중질지(80g/㎡)]

바. 불복절차 – 제3장 출입국사범 구제절차 참조

사범심사에서 출국명령서(출입국관리법 제68조)를 받은 경우라면 그 명령서를 받는 날로부터 90일 이내에 행정심판 또는 행정소송을 제기하여 다툴 수 있으며, 이때 사범심사의 핵심 기준은 '대한민국의 이익이나 공공의 안전을 해치는 행동을 할 염려가 있다고 인정할만한 상당한 이유가 있는 사람', '경제 질서 또는 사회질서를 해치거나 선량한 풍속을 해치는 행동을 할 염려가 있다고 인정할 만한 상당한 이유가 있는 사람'이라는 점(출입국관리법 제11조 제1항 제3호 또는 제4호)을 명확히 인지한 후 관련 절차를 진행하는 것이 좋다.

제2장 출입국사범심사 후
행정처분 일반

제1절 강제퇴거

1. 강제퇴거의 대상자

가. 강제퇴거 대상요건

외국인관서의 장은 불법입국자, 불법체류자, 범죄를 범하여 일정한 형을 선고받은 외국인 등 대한민국에 유해한 행위를 한 외국인, 대한민국의 이익·공공의 안전 또는 경제·사회질서를 해하거나 선량한 풍속을 해하는 행동을 할 염려가 있는 외국인 등 대한민국의 기본질서에 어긋난다고 인정되는 자에 대하여 이 장에서 규정된 절차에 따라 해당 외국인을 대한민국 밖으로 강제퇴거시킬 수 있는데(법 제46조 제1항), 출입국관리사무소에서 위 사유들에 근거하여 형사처벌을 받은 외국인에 대하여 강제퇴거명령을 발령할 것인지 여부를 조사 및 결정하는 출입국 사범심사 절차를 진행하게 된다.

【판시사항】

출입국관리법 제46조에 의한 강제퇴거의 요건과 그 입증책임(대법원 1996. 11. 12. 선고 96누1221 판결)

【판결요지】

출입국관리법 소정의 외국인으로서 대한민국 밖으로 강제퇴거를 시키기 위하여는 상대방이 대한민국의 국적을 가지지 아니한 외국인이라고 단정할 수 있어야 하고, 따라서 재외 국민이 다른 나라의 여권을 소지하고 대한민국에 입국하였다 하더라도 그가 당초에 대한민국의 국민이었던 점이 인정되는 이상 다른 나라의 여권을 소지한 사실 자체만으로는 그 나라의 국적을 취득하였다거나 대한민국의 국적을 상실한 것으로 추정·의제되는 것이 아니므로, 다른 특별한 사정이 없는 한 그와 같은 재외 국민을 외국인으로 볼 것은 아니고, 다른 나라의 여권을 소지하고 입국한 재외 국민이 그 나라의 국적을 취득하였다거나 대한민국의 국적을 상실한 외국인이라는 점에 대하여는 관할 외국인보호소장 등 처분청이 이를 입증하여야 한다.

이는 외국인관서의 장이 아래와 같은 사유에 해당하는 외국인에 대하여 강제퇴거를 할 수 있다는 임의규정이다. 따라서 외국인이 아래 각 사유의 어느 하나에 해당한다고 하여 무조건 강제퇴거 하여야 하는 것은 아니고 강제퇴거의 대상이더라도 해당요건의 경중 등을 고려하여 강제퇴거를 명할지 여부에 관한 재량권을 가지고 있다.

【판시사항】

강제퇴거명령처분 취소(대전지방법원 2008구합985 판결)

【판결요지】

국가가 자국에 바람직하지 목하다고 판단하는 외국인을 추방할 수 있는 권리는 국제법상 확립된 권리이므로, 어떠한 외국인을 바람직하지 않다고 판단하여 추방할 것인지에 관해서는 국가가 자유로이 결정할 수 있다. 이에 근거하여 우리 출입국관리법 제46조 제1항은 각 호에서 강제퇴거대상자를 규정하면서, 피고로 하여금 공익의 관점에서 위 각 호에 해당하는 외국인에 대하여 강제퇴거를 명할지 여부에 관하여 판단할 수 있는 재량의 여지를 주고 있다. 피고가 외국인에 대하여 강제퇴거를 명할지 여부에 관한 재량권을 가지고 있다고 하더라도, 재량권 행사의 기초가 된 사실에 오인이 있거나 재량권 행사가 비례원칙 또는 평등의 원칙을 위한 경우에는 재량권의 일탈·남용에 해당하여 위법하다.

(1) 법 제7조를 위반한 사람

제7조(외국인의 입국)

① 외국인이 입국할 때에는 유효한 여권과 법무부장관이 발급한 사증(査證)을 가지고 있어야 한다.

② 다음 각 호의 어느 하나에 해당하는 외국인은 제1항에도 불구하고 사증 없이 입국할 수 있다.

1. 재입국허가를 받은 사람 또는 재입국허가가 면제된 사람으로서 그 허가 또는 면제받은 기간이 끝나기 전에 입국하는 사람

2. 대한민국과 사증면제협정을 체결한 국가의 국민으로서 그 협정에 따라 면제대상이 되는 사람

3. 국제친선, 관광 또는 대한민국의 이익 등을 위하여 입국하는 사람으로서 대통령령으로 정하는 바에 따라 따로 입국허가를 받은 사람

4. 난민여행증명서를 발급받고 출국한 후 그 유효기간이 끝나기 전에 입국하는 사람

③ 법무부장관은 공공질서의 유지나 국가이익에 필요하다고 인정하면 제2항제2호에 해당하는 사람에 대하여 사증면제협정의 적용을 일시 정지할 수 있다.

④ 대한민국과 수교(修交)하지 아니한 국가나 법무부장관이 외교부장관과 협의하여 지정한 국가의 국민은 제1항에도 불구하고 대통령령으로 정하는 바에 따라 재외공관의 장이나 지방출입국·외국인관서의 장이 발급한 외국인입국허가서를 가지고 입국할 수 있다.

(2) 법 제7조의2를 위반한 외국인 또는 같은 조에 규정된 허위초청 등의 행위로 입국한 외국인

제7조의2(허위초청 등의 금지)

누구든지 외국인을 입국시키기 위한 다음 각 호의 어느 하나의 행위를 하여서는 아니 된다.

1. 거짓된 사실의 기재나 거짓된 신원보증 등 부정한 방법으로 외국인을 초청하거나 그러한 초청을 알선하는 행위

2. 거짓으로 사증 또는 사증발급인정서를 신청하거나 그러한 신청을 알선하는 행위

(3) 법 제11조제1항 각 호의 어느 하나에 해당하는 입국금지 사유가 입국 후에 발견되거나 발생한 사람

제11조(입국의 금지 등)

① 법무부장관은 다음 각 호의 어느 하나에 해당하는 외국인에 대하여는 입국을 금지할 수 있다.

1. 감염병환자, 마약류중독자, 그 밖에 공중위생상 위해를 끼칠 염려가 있다고 인정되는 사람

2. 「총포·도검·화약류 등의 안전관리에 관한 법률」에서 정하는 총포·도검·화약류 등을 위법하게 가지고 입국하려는 사람

3. 대한민국의 이익이나 공공의 안전을 해치는 행동을 할 염려가 있다고 인정할 만한 상당한 이유가 있는 사람

4. 경제질서 또는 사회질서를 해치거나 선량한 풍속을 해치는 행동을 할 염려가 있다고 인정할 만한 상당한 이유가 있는 사람

5. 사리 분별력이 없고 국내에서 체류활동을 보조할 사람이 없는 정신장애인, 국내체류비용을 부담할 능력이 없는 사람, 그 밖에 구호(救護)가 필요한 사람

6. 강제퇴거명령을 받고 출국한 후 5년이 지나지 아니한 사람

7. 1910년 8월 29일부터 1945년 8월 15일까지 사이에 다음 각 목의 어느 하나에 해당하는 정부의 지시를 받거나 그 정부와 연계하여 인종, 민족, 종교, 국적, 정치적 견해 등을 이유로 사람을 학살·학대하는 일에 관여한 사람

　　가. 일본 정부

　　나. 일본 정부와 동맹 관계에 있던 정부

　　다. 일본 정부의 우월한 힘이 미치던 정부

8. 제1호부터 제7호까지의 규정에 준하는 사람으로서 법무부장관이 그 입국이 적당하지 아니하다고 인정하는 사람

(4) 법 제12조제1항·제2항 또는 제12조의3을 위반한 사람

제12조(입국심사)

① 외국인이 입국하려는 경우에는 입국하는 출입국항에서 출입국관리공무원의 입국심사를 받아야 한다.

② 제1항에 관하여는 제6조제1항 단서 및 같은 조 제3항을 준용한다.

제12조의3(선박등의 제공금지)

① 누구든지 외국인을 불법으로 입국 또는 출국하게 하거나 대한민국을 거쳐 다른 국가에 불법으로 입국하게 할 목적으로 다음 각 호의 행위를 하여서는 아니 된다.

  1. 선박등이나 여권 또는 사증, 탑승권이나 그 밖에 출입국에 사용될 수 있는 서류 및 물품을 제공하는 행위

  2. 제1호의 행위를 알선하는 행위

② 누구든지 불법으로 입국한 외국인에 대하여 다음 각 호의 행위를 하여서는 아니 된다.

  1. 해당 외국인을 대한민국에서 은닉 또는 도피하게 하거나 그러한 목적으로 교통수단을 제공하는 행위

  2. 제1호의 행위를 알선하는 행위

(5) 법 제13조 제2항에 따라 지방출입국·외국인관서의 장이 붙인 허가조건을 위반한 사람

제13조(조건부 입국허가)

② 지방출입국·외국인관서의 장은 제1항에 따른 조건부 입국을 허가할 때에는 조건부입국허가서를 발급하여야 한다. 이 경우 그 허가서에는 주거의 제한, 출석요구에 따를 의무 및 그 밖에 필요한 조건을 붙여야 하며, 필요하다고 인정할 때에는 1천만원 이하의 보증금을 예치(預置)하게 할 수 있다.

(6) 법 제14조 제1항, 제14조의2 제1항, 제15조제1항, 제16조 제1항 또는 제16조의2 제1항에 따른 허가를 받지 아니하고 상륙한 사람

제14조(승무원의 상륙허가)

① 출입국관리공무원은 다음 각 호의 어느 하나에 해당하는 외국인승무원에 대하여 선박등의 장 또는 운수업자나 본인이 신청하면 15일의 범위에서 승무원의 상륙을 허가할 수 있다. 다만, 제11조제1항 각 호의 어느 하나에 해당하는 외국인승무원에 대하여는 그러하지 아니하다.

  1. 승선 중인 선박등이 대한민국의 출입국항에 정박하고 있는 동안 휴양 등의 목적으로 상륙하려는 외국인승무원
  2. 대한민국의 출입국항에 입항할 예정이거나 정박 중인 선박등으로 옮겨 타려는 외국인승무원

제14조의2(관광상륙허가)

① 출입국관리공무원은 관광을 목적으로 대한민국과 외국 해상을 국제적으로 순회 (巡廻)하여 운항하는 여객운송선박 중 법무부령으로 정하는 선박에 승선한 외국인 승객에 대하여 그 선박의 장 또는 운수업자가 상륙허가를 신청하면 3일의 범위에서 승객의 관광상륙을 허가할 수 있다. 다만, 제11조제1항 각 호의 어느 하나에 해당하는 외국인승객에 대하여는 그러하지 아니하다.

제15조(긴급상륙허가)

① 출입국관리공무원은 선박등에 타고 있는 외국인(승무원을 포함한다)이 질병이나 그 밖의 사고로 긴급히 상륙할 필요가 있다고 인정되면 그 선박등의 장이나 운수업자의 신청을 받아 30일의 범위에서 긴급상륙을 허가할 수 있다.

제16조(재난상륙허가)

① 지방출입국·외국인관서의 장은 조난을 당한 선박등에 타고 있는 외국인(승무원을 포함한다)을 긴급히 구조할 필요가 있다고 인정하면 그 선박등의 장, 운수업자,

「수상에서의 수색·구조 등에 관한 법률」에 따른 구호업무 집행자 또는 그 외국인을 구조한 선박등의 장의 신청에 의하여 30일의 범위에서 재난상륙허가를 할 수 있다.

제16조의2(난민 임시상륙허가)

① 지방출입국·외국인관서의 장은 선박등에 타고 있는 외국인이 「난민법」 제2조제1호에 규정된 이유나 그 밖에 이에 준하는 이유로 그 생명·신체 또는 신체의 자유를 침해받을 공포가 있는 영역에서 도피하여 곧바로 대한민국에 비호(庇護)를 신청하는 경우 그 외국인을 상륙시킬 만한 상당한 이유가 있다고 인정되면 법무부장관의 승인을 받아 90일의 범위에서 난민 임시상륙허가를 할 수 있다. 이 경우 법무부장관은 외교부장관과 협의하여야 한다.

(7) 제14조 제3항(제14조의2 제3항에 따라 준용되는 경우를 포함한다), 제15조 제2항, 제16조 제2항 또는 제16조의2 제2항에 따라 지방출입국·외국인관서의 장 또는 출입국관리공무원이 붙인 허가조건을 위반한 사람

제14조(승무원의 상륙허가)

③ 출입국관리공무원은 제1항에 따른 허가를 할 때에는 승무원 상륙허가서를 발급하여야 한다. 이 경우 승무원 상륙허가서에는 상륙허가의 기간, 행동지역의 제한 등 필요한 조건을 붙일 수 있다.

제15조(긴급상륙허가)

② 제1항의 경우에는 제14조제3항 및 제5항을 준용한다. 이 경우 "승무원 상륙허가서"는 "긴급상륙허가서"로, "승무원 상륙허가"는 "긴급상륙허가"로 본다.

제16조(재난상륙허가)

② 제1항의 경우에는 제14조제3항 및 제5항을 준용한다. 이 경우 "승무원 상륙허가서"는 "재난상륙허가서"로, "승무원 상륙허가"는 "재난상륙허가"로 본다.

> 제16조의2(난민 임시상륙허가)
>
> ② 제1항의 경우에는 제14조제3항 및 제5항을 준용한다. 이 경우 "승무원 상륙허가서"는 "난민 임시상륙허가서"로, "승무원 상륙허가"는 "난민 임시상륙허가"로 본다.

(8) 법 제17조 제1항·제2항, 제18조, 제20조, 제23조, 제24조 또는 제25조를 위반한 사람

> 제17조(외국인의 체류 및 활동범위)
>
> ① 외국인은 그 체류자격과 체류기간의 범위에서 대한민국에 체류할 수 있다.
>
> ② 대한민국에 체류하는 외국인은 이 법 또는 다른 법률에서 정하는 경우를 제외하고는 정치활동을 하여서는 아니 된다.
>
> 제18조(외국인 고용의 제한)
>
> ① 외국인이 대한민국에서 취업하려면 대통령령으로 정하는 바에 따라 취업활동을 할 수 있는 체류자격을 받아야 한다.
>
> ② 제1항에 따른 체류자격을 가진 외국인은 지정된 근무처가 아닌 곳에서 근무하여서는 아니 된다.
>
> ③ 누구든지 제1항에 따른 체류자격을 가지지 아니한 사람을 고용하여서는 아니 된다.
>
> ④ 누구든지 제1항에 따른 체류자격을 가지지 아니한 사람의 고용을 알선하거나 권유하여서는 아니 된다.
>
> ⑤ 누구든지 제1항에 따른 체류자격을 가지지 아니한 사람의 고용을 알선할 목적으로 그를 자기 지배하에 두는 행위를 하여서는 아니 된다.
>
> 제20조(체류자격 외 활동)
>
> 대한민국에 체류하는 외국인이 그 체류자격에 해당하는 활동과 함께 다른 체류자격에 해당하는 활동을 하려면 미리 법무부장관의 체류자격 외 활동허가를 받아야 한

다.

제23조(체류자격 부여)

대한민국에서 출생하여 제10조에 따른 체류자격을 가지지 못하고 체류하게 되는 외국인은 그가 출생한 날부터 90일 이내에, 대한민국에서 체류 중 대한민국의 국적을 상실하거나 이탈하는 등 그 밖의 사유로 제10조에 따른 체류자격을 가지지 못하고 체류하게 되는 외국인은 그 사유가 발생한 날부터 30일 이내에 대통령령으로 정하는 바에 따라 체류자격을 받아야 한다.

제24조(체류자격 변경허가)

① 대한민국에 체류하는 외국인이 그 체류자격과 다른 체류자격에 해당하는 활동을 하려면 미리 법무부장관의 체류자격 변경허가를 받아야 한다.
② 제31조제1항 각 호의 어느 하나에 해당하는 사람으로서 그 신분이 변경되어 체류자격을 변경하려는 사람은 신분이 변경된 날부터 30일 이내에 법무부장관의 체류자격 변경허가를 받아야 한다.

제25조(체류기간 연장허가)

외국인이 체류기간을 초과하여 계속 체류하려면 대통령령으로 정하는 바에 따라 체류기간이 끝나기 전에 법무부장관의 체류기간 연장허가를 받아야 한다.

(9) 법 제21조 제1항 본문을 위반하여 허가를 받지 아니하고 근무처를 변경 · 추가하거나 같은 조 제2항을 위반하여 외국인을 고용 · 알선한 사람

제21조(근무처의 변경 · 추가)

① 대한민국에 체류하는 외국인이 그 체류자격의 범위에서 그의 근무처를 변경하거나 추가하려면 미리 법무부장관의 허가를 받아야 한다.

(10) 법 제22조에 따라 법무부장관이 정한 거소 또는 활동범위의 제한이나 그 밖의 준수사항을 위반한 사람

> **제22조(활동범위의 제한)**
>
> 법무부장관은 공공의 안녕질서나 대한민국의 중요한 이익을 위하여 필요하다고 인정하면 대한민국에 체류하는 외국인에 대하여 거소(居所) 또는 활동의 범위를 제한하거나 그 밖에 필요한 준수사항을 정할 수 있다.

(11) 법 제26조를 위반한 외국인

> **제26조(허위서류 제출 등의 금지)**
>
> 누구든지 제20조, 제21조, 제23조 부터 제25조까지, 제25조의2 및 제25조의3에 따른 허가 신청과 관련하여 다음 각 호의 어느 하나에 해당하는 행위를 해서는 아니 된다.
>
> 1. 위조·변조된 문서 등을 입증자료로 제출하거나 거짓 사실이 적힌 신청서 등을 제출하는 등 부정한 방법으로 신청하는 행위
> 2. 제1호의 행위를 알선·권유하는 행위

(12) 법 제28조제1항 및 제2항을 위반하여 출국하려고 한 사람

> **제28조(출국심사)**
>
> ① 외국인이 출국할 때에는 유효한 여권을 가지고 출국하는 출입국항에서 출입국관리공무원의 출국심사를 받아야 한다.
>
> ② 제1항의 경우에 출입국항이 아닌 장소에서의 출국심사에 관하여는 제3조제1항 단서를 준용한다.

(13) 법 제31조에 따른 외국인등록 의무를 위반한 사람

제31조(외국인등록)

① 외국인이 입국한 날부터 90일을 초과하여 대한민국에 체류하려면 대통령령으로 정하는 바에 따라 입국한 날부터 90일 이내에 그의 체류지를 관할하는 지방출입국·외국인관서의 장에게 외국인등록을 하여야 한다. 다만, 다음 각 호의 어느 하나에 해당하는 외국인의 경우에는 그러하지 아니하다.

 1. 주한외국공관(대사관과 영사관을 포함한다)과 국제기구의 직원 및 그의 가족

 2. 대한민국정부와의 협정에 따라 외교관 또는 영사와 유사한 특권 및 면제를 누리는 사람과 그의 가족

 3. 대한민국정부가 초청한 사람 등으로서 법무부령으로 정하는 사람

② 제1항에도 불구하고 같은 항 각 호의 어느 하나에 해당하는 외국인은 본인이 원하는 경우 체류기간 내에 외국인등록을 할 수 있다.

③ 제23조에 따라 체류자격을 받는 사람으로서 그 날부터 90일을 초과하여 체류하게 되는 사람은 제1항 각 호 외의 부분 본문에도 불구하고 체류자격을 받는 때에 외국인등록을 하여야 한다.

④ 제24조에 따라 체류자격 변경허가를 받는 사람으로서 입국한 날부터 90일을 초과하여 체류하게 되는 사람은 제1항 각 호 외의 부분 본문에도 불구하고 체류자격 변경허가를 받는 때에 외국인등록을 하여야 한다.

⑤ 지방출입국·외국인관서의 장은 제1항부터 제4항까지의 규정에 따라 외국인등록을 한 사람에게는 대통령령으로 정하는 방법에 따라 개인별로 고유한 등록번호(이하 "외국인등록번호"라 한다)를 부여하여야 한다.

(14) 법 제33조의3을 위반한 외국인

제33조의3(외국인등록증 등의 채무이행 확보수단 제공 등의 금지)

누구든지 다음 각 호의 어느 하나에 해당하는 행위를 하여서는 아니 된다.

1. 외국인의 여권이나 외국인등록증을 취업에 따른 계약 또는 채무이행의 확보수단으로 제공받거나 그 제공을 강요 또는 알선하는 행위

2. 제31조제5항에 따른 외국인등록번호를 거짓으로 생성하여 자기 또는 다른 사람의 재물이나 재산상의 이익을 위하여 사용하거나 이를 알선하는 행위

3. 외국인등록번호를 거짓으로 생성하는 프로그램을 다른 사람에게 전달하거나 유포 또는 이를 알선하는 행위

4. 다른 사람의 외국인등록증을 부정하게 사용하거나 자기의 외국인등록증을 부정하게 사용한다는 사정을 알면서 다른 사람에게 제공하는 행위 또는 이를 각각 알선하는 행위

5. 다른 사람의 외국인등록번호를 자기 또는 다른 사람의 재물이나 재산상의 이익을 위하여 부정하게 사용하거나 이를 알선하는 행위

(15) 금고 이상의 형을 선고받고 석방된 사람

(16) 그 밖에 제1호부터 제10호까지, 법 제10호의2, 제11호, 제12호, 제12호의2 또는 제13호에 준하는 사람으로서 법무부령으로 정하는 사람.

여기서 '법무부령으로 정하는 사람'이란 다음의 어느 하나에 해당하는 사람으로서 청장·사무소장·출장소장 또는 외국인보호소장이 강제퇴거함이 상당하다고 인정하는 사람을 말한다(법 시행규칙 제54조의2).

(가) ⅰ)「형법」제2편 제24장 살인의 죄, 제32장 강간과 추행의 죄 또는 제38장 절도와 강도의 죄중 강도의 죄를 범한 자 ⅱ)「성폭력범죄의 처벌 등에 관한 특례법」위반의 죄를 범한 자 ⅲ)「마약류관리에 관한 법률」위반의 죄를 범한 자 ⅳ)「특정범죄 가중처벌 등에 관한 법률」제5조의2·제5조의4·제5조의5·제5조의9 또는 제

11조 위반의 죄를 범한 자 ⅴ)「국가보안법」위반의 죄를 범한 자 ⅵ)「폭력행위 등 처벌에 관한 법률」제4조 위반의 죄를 범한 자 ⅶ)「보건범죄단속에 관한 특별조치법」위반의 죄를 범한 자의 어느 하나에 해당하는 죄를 범한 사람

(나)「배타적 경제수역에서의 외국인어업 등에 대한 주권적 권리의 행사에 관한 법률」을 위반한 사람

(다)「영해 및 접속수역법」을 위반한 사람

【판시사항】

북한 공민권 소지자에 대한 강제퇴거명령의 적법 여부(서울고법 1995. 12. 8., 선고, 94구16009, 판결 : 상고

【판결요지】

원고가 북한법의 규정에 따라 북한의 국적을 취득하여 중국주재 북한대사관으로부터 북한의 해외공민증을 발급받은 자라 하더라도, 북한지역 역시 대한민국의 영토에 속하는 한반도의 일부를 이루는 것이어서 대한민국의 주권이 미칠 뿐이고 대한민국의 주권과 부딪치는 어떠한 국가단체나 주권을 법리상 인정할 수 없는 점에 비추어 볼 때, 원고가 대한민국의 국적을 취득하고 이를 유지함에 있어 아무런 영향을 끼칠 수 없다.

나. 영주자격자

(1) 원칙

영주자격을 가진 사람은 제1항에도 불구하고 대한민국 밖으로 강제퇴거되지 아니한다.

(2) 예외

다만, 영주자격자라도 다음의 어느 하나에 해당하는 사람은 그러하지 아니하다(법 제46조 제2항).

(가)「형법」제2편 제1장 내란의 죄 또는 제2장 외환의 죄를 범한 사람

(나) 5년 이상의 징역 또는 금고의 형을 선고받고 석방된 사람 중 법무부령으로 정하는 사람, 여기서 법무부령으로 정하는 사람이란, 다음의 어느 하나에 해당하는 자로서 법무부장관이 강제퇴거함이 상당하다고 인정하는 자를 말한다(법 시행규칙 제54조 제1항).

① 「형법」 제2편제24장 살인의 죄, 제32장 강간과 추행의 죄 또는 제38장 절도와 강도의 죄중 강도의 죄를 범한 자

② 「성폭력범죄의 처벌 등에 관한 특례법」 위반의 죄를 범한 자

③ 「마약류관리에 관한 법률」 위반의 죄를 범한 자

④ 「특정범죄 가중처벌 등에 관한 법률」 제5조의2 · 제5조의4 · 제5조의5 · 제5조의9 또는 제11조 위반의 죄를 범한 자

⑤ 「국가보안법」 위반의 죄를 범한 자

⑥ 「폭력행위 등 처벌에 관한 법률」 제4조 위반의 죄를 범한 자

⑦ 「보건범죄단속에 관한 특별조치법」 위반의 죄를 범한 자

(다) 법 제12조의3 제1항 또는 제2항을 위반하거나 이를 교사(敎唆) 또는 방조(幇助)한 사람

제12조의3(선박등의 제공금지)

① 누구든지 외국인을 불법으로 입국 또는 출국하게 하거나 대한민국을 거쳐 다른 국가에 불법으로 입국하게 할 목적으로 다음 각 호의 행위를 하여서는 아니 된다.

　1. 선박등이나 여권 또는 사증, 탑승권이나 그 밖에 출입국에 사용될 수 있는 서류 및 물품을 제공하는 행위

　2. 제1호의 행위를 알선하는 행위

② 누구든지 불법으로 입국한 외국인에 대하여 다음 각 호의 행위를 하여서는 아니 된다.

　1. 해당 외국인을 대한민국에서 은닉 또는 도피하게 하거나 그러한 목적으로 교통수단을 제공하는 행위

　2. 제1호의 행위를 알선하는 행위

제2절 조사

1. 조사

출입국관리공무원은 강제퇴거의 대상자(법 제46조 제1항 각 호)의 어느 하나에 해당된다고 의심되는 외국인(이하 '용의자'라 한다)에 대하여는 그 사실을 조사할 수 있다(법 제47조). 여기서 조사라 함은 출입국관리공무원이 강제퇴거사유의 어느 하나에 해당하는 혐의가 있는 외국인을 발견하여 그 동정을 관찰하면서 용의사실을 입증하고 심사 이후의 절차에 있어서 강제퇴거사유에 해당함을 입증하기 위한 증거자료를 수집하는 등의 활동을 말한다.[10]

한편, 출입국사범 심사를 하게 되는 출입국관리사무소는 원칙적으로 당해 외국인이 한국에서 살고 있는 주소(출입국관리사무소에 체류지로 신고한 주소)를 관할하고 있는 출입국관리사무소이다. 다만 한국에서 형사처벌 또는 형사처분을 받고도 체류지 관할 출입국관리사무소에서 출입국사범 심사를 받지 않은 채 한국을 출입국하는 경우에는, 출입국 심사 과정에서 적발되어 공항만에 있는 출입국관리사무소에서 출입국사범 심사를 받게 될 수도 있다.

> 【판시사항】
> 출입국관리공무원이 불법체류자 단속을 위하여 제3자의 주거나 사업장 등을 검사하고자 하는 경우에 주거권자나 관리자의 사전 동의가 필요한지 여부(대법원 2009. 3. 12. 선고 2008도7156 판결)
>
> 【판결요지】
> 영장주의 원칙의 예외로서 출입국관리공무원 등에게 외국인 등을 방문하여 외국인

---

10) 법무부 출입국 · 외국인정책본부, 앞의 책 349면.

동향조사 권한을 부여하고 있는 위 법 규정의 입법 취지 및 그 규정 내용 등에 비추어 볼 때, 출입국관리공무원 등이 출입국관리법 제81조 제1항에 근거하여 제3자의 주거 또는 일반인의 자유로운 출입이 허용되지 아니한 사업장 등에 들어가 외국인을 상대로 조사하기 위해서는 그 주거권자 또는 관리자의 사전 동의가 있어야 한다고 할 것이다. 따라서 관리자의 사전 동의 없이 사업장에 진입하여 불법체류자 단속업무를 개시한 사안에서, 공무집행행위의 적법성이 부인되어 공무집행방해죄가 성립하지 않는다. 그러므로 따라서 피고인이 피해자 공소외 1을 칼로 찌른 행위는 특수공무집행방해죄를 구성하지 않는다고 판단한 제1심판결을 그대로 유지하였는바, 위 법리와 기록에 비추어 살펴보면 원심의 사실인정과 판단은 정당한 것으로 수긍할 수 있고, 거기에 상고이유로 주장하는 바와 같은 출입국관리법상 조사의 절차에 관한 법리오해, 채증법칙 위반으로 인한 사실오인 등의 위법이 없다.

2. 인지보고 등

가. 인지보고

출입국관리공무원은 조사에 착수(법 제47조)할 때에는 용의사실 인지보고서를 작성하여 청장·사무소장·출장소장 또는 외국인보호소의 장(이하 "보호소장"이라 한다)에게 제출하여야 한다(법 시행령 제57조).

■ 출입국관리법시행규칙 [별지 제86호서식] 〈개정 2018. 6. 12.〉

용의사실 인지보고서

| 용의자
인적사항	성명	
	성별	생년월일
	국적	
	대한민국 내 주소 및 연락처	
용의 사실		

○○출입국·외국인청(사무소·출장소)	담 당	실(팀)장	과장	청(소)장

제 호				
년 월 일 접수				

210mm×297mm[백상지(80g/㎡) 또는 중질지(80g/㎡)]

나. 사건부의 등재 등

(1) 사건부의 등재

출입국관리공무원은 용의사실인지보고서(영 제57조의 규정) 또는 출입국사범심사결정통고서(영 제104조 제3항의 규정)를 작성하는 때에는 사건부에 소정의 사항을 기재하고 용의사실인지보고서 또는 출입국사범심사결정통고서에 사건번호를 기재하여야 한다(법 시행규칙 제54조의3 제1항).

(2) 사건부 작성방법

사건번호는 사건마다 접수연도와 접수순서에 따라 연도표시 일련번호로 표시한다.

■ 출입국관리법 시행규칙 [별지 제86호의2서식] 〈개정 2018. 5. 15.〉

사 건 부

사건제호			
접수	년 월 일		
구분	인지 또는 로부터 인수		
담당	직급 성명		

용의자	국적		성별
	성명		체류자격
	생년월일		연락처
	주거(소)		

죄명	출입국관리법 제 조 항 위반	

처분	보호	명령서발부 : 년 월 일	보호기간 : 년 월 일까지
		보호장소 :	보호기간연장 : 년 월 일까지
		보호통지 : 년 월 일	강제퇴거를 위한보호 : 년 월 일
		보호에 대한 이의신청 : 년 월 일	보호해제 : 년 월 일
	강제퇴거	명령서발부 : 년 월 일	이의신청 : 년 월 일
		집행 : 년 월 일	송환국 :
	출국명령	명령서발부 : 년 월 일	출국기한 : 년 월 일까지
		출국일자 : 년 월 일	출국항 :
	출국권고	권고서발부 : 년 월 일	출국권고기한 : 년 월 일
		출국일자 : 년 월 일	출국항 :
	통고처분	통고서발부 : 년 월 일	납부기한 : 년 월 일까지
		통고금액 : 만원	납부일자 : 년 월 일
		처분 후 조치 : 체류기간 연장, 체류지 변경, 외국인등록, 체류자격 변경, 체류자격 부여, 근무처변경(추가), 체류자격 외 활동, 기타	
	과태료	통지서발부 : 년 월 일	납부기한 : 년 월 일까지
		부과금액 : 만원	납부일자 : 년 월 일
	고발	일자 : 년 월 일	사유 : 직고발, 불이행
		송치관서 : 검찰청(지청)	결과 :
	타관이송	년 월 일 출입국 · 외국인청(사무소 · 출장소), 외국인보호소	
	기타	년 월 일 통고처분 면제, 무혐의, 소재불명으로 사건종결	

제출물	제출물 :		제출일자 : 년 월 일
	환부물 :		환부일자 : 년 월 일

행정제재	입국금지(사증규제) : 년	

비고	입국일자 : 년 월 일 불법체류기간 : 년 월 일 동반가족 : 명 출국선박 등 : 편	

210mm×297mm[백상지(80 g/㎡) 또는 중질지(80 g/㎡)]

3. 용의자에 대한 출석요구 및 신문

가. 용의자의 출석요구 및 신문 등

(1) 용의자의 출석요구 및 신문

출입국관리공무원은 조사에 필요하면 용의자의 출석을 요구하여 신문(訊問)할 수 있으며(법 제48조 제1항), 이에 따라 용의자의 출석을 요구할 때에는 출석요구의 취지, 출석일시 및 장소 등을 적은 출석요구서를 발급하고 그 발급사실을 출석요구서 발급대장에 적어야 한다. 다만, 긴급한 경우에는 출석요구를 구두로 할 수 있다(법 시행령 제58조). 문제는 이러한 용의자에 대한 출석요구 및 신문이 임의조사이기 때문에 용의자가 반드시 이에 응할 의무가 없다는 것이다. 따라서 용의자가 출입국관리공무원의 출석요구 등에 응하지 아니할 경우 이를 강제할 방법이 문제되는데, 이런 경우에 출입국관리공무원은 해당 외국인이 강제퇴거대상자의 어느 하나에 해당할 만한 이유가 있을 뿐만 아니라 악의적으로 출석요구에 응하지 아니하고 있는 만큼 도주나 도주의 염려가 크다는 이유 등으로 청장 등으로부터 보호명령을 발급받아 그 외국인을 보호할 수 있고(법 제51조), 긴급한 경우에는 긴급보호서를 발급하여 출석을 거부한 용의자에 대한 보호조치를 취할 수 있으므로, 이러한 절차를 이용하여 조사를 실시하면 될 것이다.

【판시사항】

출입국관리공무원이 불법체류자 단속을 위하여 제3자의 주거나 사업장 등을 검사하고자 하는 경우에 주거권자나 관리자의 사전 동의가 반드시 필요한지 여부[의정부지법 2008. 4. 23., 선고, 2008고단291, 판결 : 항소]

【판결요지】

출입국관리법 제81조 제1항은 "출입국관리공무원 및 대통령령이 정하는 관계기관 소속공무원은 외국인이 이 법 또는 이 법에 의한 명령에 따라 적법하게 체류하고 있는지 여부를 조사하기 위하여 외국인, 그 외국인을 고용한 자, 그 외국인의 소속단체 또는 그 외국인이 근무하는 업소의 대표자와 그 외국인을 숙박시킨 자를 방문하여 질문을 하거나 기타 필요한 자료의 제출을 요구할 수 있다"라고 규정하고 있고, 같은 법 제100조 제2항 제3호는 정당한 이유 없이 장부 또는 자료제출 요구를 거부 또는 기피한 경우 '행정질서벌'인 100만 원 이하의 과태료에 처하도록 하고 있는바, 식품위생법 제17조 제1항, 제77조 제2호, 마약류 관리에 관한 법률 제41조 제1항, 제64조 제8호 등과 비교하여 본 법률 규정의 형식, 사용된 문언의 객관적 의미, 위반행위에 대한 제재의 방식 등을 종합하여 볼 때, 출입국관리법의 위 규정들이 출입국관리공무원으로 하여금 주거권자나 관리자의 의사에 반하여 주거나 사업장, 영업소 등에 들어가 외국인 동향을 조사할 권한을 부여하고 있다고 볼 수 없고, 달리 출입국관리법에 이를 인정할 근거 규정이 없다. 더욱이 출입국관리법에 의한 행정조사에 영장주의가 적용되지 않는 점, 출입국관리법 제50조가 불법체류 용의자의 주거를 검사하는 경우 용의자의 동의를 얻도록 규정하고 있는 점까지 고려하면, 출입국관리공무원이 불법체류자 단속을 위하여 제3자의 주거나 사업장 등을 검사하고자 하고자 하는 경우는 주거권자나 관리자의 사전 동의가 반드시 필요하다고 해석된다. 동의는 묵시적으로 표현될 수도 있을 것이나, 이 경우는 명시적 동의에 준할 만한 명백한 상황이라야 할 것이고, 출입국관리공무원이 주거권자나 관리자에게 주거나 사업장 등에 들어감과 동시에 조사의 개시를 고지하는 것만으로 동의의 요건이 충족된다고 보기 어렵다.

제 호

___귀하   ___년 월 일

To :   Date of Issue

출석요구서

SUMMONS

귀하의「출입국관리법」위반사건에 관하여 문의할 일이 있으니 년 월 일 시에 ○○출입국·외국인청(사무소·출장소) ○○과에 출석하여 주시기 바랍니다.

출석 할 때에는 반드시 이 출석요구서와 신분증(주민등록증, 외국인등록증, 운전면허증, 여권 등), 도장 및 아래 증거자료와 기타 귀하가 필요하다고 생각하는 자료를 가지고 오시기 바랍니다.

You are hereby requested to appear before ○○ division of ○○ immigration office by_on the_th of _.__. for inquiries in connection with a suspected violation of Immigration Act.

You must bring with you to the office this summons, your identification (resident registration certificate, alien registration certificate, driver's license, passport, etc.) and seal along with the evidential materials listed below and any other materials that you consider relevant.

1.

2.

문의할 사항이 있으면 ○○출입국·외국인청(사무소·출장소) ○○과(전화: , 담당자: ○○○)로 연락 주시기 바랍니다.

Please call ○○ division of ○○ immigration office at (☎ —)(Name of person in charge: ○○○) for further information.

담당공무원 ○○○

Officer in charge

○○출입국·외국인청(사무소·출장소)장 | 직인 |

CHIEF, ○○IMMIGRATION OFFICE

95mm×150mm[백상지(80g/㎡) 또는 중질지(80g/㎡)]

■ 출입국관리법 시행규칙 [별지 제88호서식] 〈개정 2016. 9. 29.〉

출석요구서 발급대장

발급 번호	발급 일자	성명	성별	생년 월일	국적	대한민국 내 주소	발급 사유	출석 일시	발급자	확인	비고

210mm×297mm[백상지(80 g/㎡) 또는 중질지(80 g/㎡)]

(2) 진술기재 및 통역제공의 필수성 여부

용의자에 대한 조사 후 그에 따른 용의자의 진술기재 및 통역제공은 문언상 필수적인 아니어서 강제퇴거 대상자를 반드시 조사하거나, 강제퇴거 대상자인 외국인에게 통역을 제공하거나 외국인의 진술을 조서에 적어야 되는 것은 아니다.[11]

---

11) 대구지방법원 2018. 2. 21. 선고 2017구단12082 판결.

용의자 신문조서

국 적 :

성 명 :

주민등록번호(외국인등록번호, 국내거소신고번호) :

위의 사람에 대한 「출입국관리법」 위반 사건에 관하여 년 월 일

○○출입국 · 외국인청(사무소, 출장소, 보호소) ○○과 ○○에서 특별사법경찰관

○○○은 특별사법경찰리 ○○○를 참여하게 한 후, 아래와 같이

용의자임에 틀림없음을 확인하다.

문 용의자의 국적, 성명, 주민등록번호(외국인등록번호, 국내거소신고번호), 직업, 등록기준지,

주소, 연락처 등을 말하시오.

답 국적은

　성명은

　주민등록번호(외국인등록번호, 국내거소신고번호)는

　주민등록 주소(국내 체류지, 국내거소)는

　등록기준지는

　직장 주소는

　연락처는　　　　　(자택 전화)　　　　(휴대전화)

　　　　　　　　　　(직장 전화)　　　　(전자우편)

특별사법경찰관은 용의사실의 요지를 설명하고 「형사소송법」 제244조의3에 따라

진술을 거부할 수 있는 권리 및 변호인의 참여 등 조력을 받을 권리가 있음을

용의자에게 알려주고 이를 행사할 것인지 그 의사를 확인한다.

210mm×297mm[백상지(80 g/㎡) 또는 중질지(80 g/㎡)]

(진술거부권 및 변호인 조력권 고지 등 확인)

1. 귀하는 일체의 진술을 하지 아니하거나 개개의 질문에 대하여 진술을 하지
   아니할 수 있습니다.

2. 귀하가 진술을 하지 아니하더라도 불이익을 받지 아니합니다.

3. 귀하가 진술을 거부할 권리를 포기하고 행한 진술은 법정에서 유죄의 증거로
   사용될 수 있습니다.

4. 귀하가 신문을 받을 때에는 변호인을 참여하게 하는 등 변호인의 조력을 받을 수
   있습니다.

문 용의자는 위와 같은 권리들이 있음을 고지 받았나요?

답

문 용의자는 진술거부권을 행사할 것인가요?

답

문 용의자는 변호인의 조력을 받을 권리를 행사할 것인가요?

답

문 이에 특별사법경찰관은 용의사실에 관하여 다음과 같이 용의자를 신문하다.

문

답

210㎜×297㎜[백상지(80g/㎡) 또는 중질지(80g/㎡)]

위 조서를 진술자에게 열람하게 하였으며(읽어 주었으며) 진술한대로 오기나

변경할 것이 전혀 없다고 말하므로 간인한 후 서명 날인(무인)하게 하다.

진술자   (인)

통역자   (인)

년 월 일

○○출입국 · 외국인청(사무소, 출장소, 보호소)

특별사법경찰관 출입국관리주사(보) ○ ○ ○ (인)

특별사법경찰관리 출입국관리서기(보) ○ ○ ○ (인)

210㎜×297㎜[백상지(80g/㎡) 또는 중질지(80g/㎡)]

나. 신문 시 다른 출입국관리공무원 입회

출입국관리공무원이 신문을 할 때에는 신문내용의 정확성 및 객관성을 확보하고 나아
가 용의자에 대한 인권보호 등을 위한 목적으로 다른 출입국관리공무원을 참여하게 하
여야 한다(법 제48조 제2항).

다. 진술조서 작성 등

(1) 진술조서 작성의무

(가) 신문조서 작성의무

용의자를 출석시켜 신문을 할 때에는 용의자가 한 진술은 조서(調書)에 적어야 한다(법 제48조 제3항). 이때 출입국관리공무원은 그 신문을 시작하기 전에 용의자에게 구두 또는 서면으로 진술을 거부할 수 있음을 알리고, 그 사실을 용의자신문조서에 기재하여야 한다(출입국사범 단속과정의 적법절차 및 인권보호 준칙 제15조). 또한, 출입국관리공무원은 신문을 하는 때에는 용의자에게 변호인을 참여하게 할 수 있음을 미리 알려주어야 하고, 용의자 또는 변호인이 신청하는 경우 변호인의 참여를 허용하여야 한다(같은 준칙 제16조 2, 3항).

(나) 신문조서 기재사항

1) 용의자신문조서에는 다음 각 호의 사항을 적어야 한다(법 시행령 제59조 제1항).

가) 국적·성명·성별·생년월일·주소 및 직업

나) 출입국 및 체류에 관한 사항

다) 용의사실의 내용

라) 그 밖에 범죄경력 등 필요한 사항

2) 통역·번역자의 조서간인 등

출입국관리공무원은 통역이나 번역을 하게 한 때(법 제48조제6항 또는 제7항)에는 통역하거나 번역한 사람으로 하여금 조서에 간인(間印)한 후 서명 또는 기명날인하게 하여야 한다(법 시행령 제59조 제2항).

(2) 진술조서 작성방법

출입국관리공무원은 조서작성 시 그것의 진정성립 및 증거능력 등의 확보를 위하여 조서를 용의자에게 읽어 주거나 열람하게 한 후 오기(誤記)가 있고 없음을 물어야 하고,

용의자가 그 내용에 대한 추가·삭제 또는 변경을 청구하면 그 진술을 조서에 적어야 한다(법 제48조 제4항).

(3) 용의자의 간인 및 서명날인 등

조서에는 용의자로 하여금 간인(間印)한 후 서명 또는 기명날인(記名捺印)하게 하고, 용의자가 서명 또는 기명날인할 수 없거나 이를 거부할 때에는 그 사실을 조서에 적어야 한다(법 제48조 제5항). 이는 진술자의 서명이 없는 신문조서는 원칙적으로 증거로 인정되지 않기 때문이다.

라. 청각장애인 등에 대한 조사

출입국관리공무원은 용의자를 신문함에 있어 국어가 통하지 아니하는 사람이나 청각장애인 또는 언어장애인의 진술은 통역인에게 통역하게 하여 해당 외국인의 방어권을 충실히 보장하여야 한다. 다만, 청각장애인이나 언어장애인에게는 문자로 묻거나 진술하게 할 수 있다(법 제48조 제6항, 출입국사범 단속과정의 적법절차 및 인권보호 준칙 제21조).

마. 진술의 번역

용의자의 진술 중 국어가 아닌 문자나 부호가 있으면 이를 번역하게 하여야 한다(법 제48조 제7항). 이는 이후 공판절차 등에서 번역 등을 위한 불필요한 시간 및 분쟁을 방지하고자 진술의 명확성을 확보하기 위한 조치이다.

바. 신문과정의 영상녹화

(1) 영상녹화 절차

출입국관리공무원은 불법입국 알선자, 위·변조여권 행사자, 밀입국자, 기타 중요사범에 대해서는 신문과정을 영상녹화 할 수 있으며, 이에 따라 영상녹화를 하는 때에는 용의자 또는 변호인에게 미리 그 사실을 알려주어야 하며 신문을 시작하는 때부터 종료

시까지 전 과정을 영상녹화 하여야 한다. 다만, 참고인에 대해 영상녹화를 하고자 하는 때에는 미리 참고인의 동의를 받아야 한다(출입국사범 단속과정의 적법절차 및 인권보호 준칙 제19조 제1,2항).

(2) 용의자의 기명날인 등

영상녹화가 완료된 때에는 용의자 또는 변호인 앞에서 지체 없이 그 원본을 봉인하고 용의자로 하여금 기명날인 또는 서명하게 하여야 한다(출입국사범 단속과정의 적법절차 및 인권보호 준칙 제19조 제3항).

4. 참고인에 대한 출석요구 및 진술

가. 참고인에 대한 출석요구 및 진술

(1) 출석요구 등

출입국관리공무원은 조사에 필요하면 참고인[12]에게 출석을 요구하여 그의 진술을 들을 수 있다(법 제49조 제1항). 이에 따라 참고인의 출석을 요구할 때에는 출석요구의 취지, 출석일시 및 장소 등을 적은 출석요구서를 발급하고 그 발급사실을 출석요구서 발급대장에 적어야 한다. 다만, 긴급한 경우에는 출석요구를 구두로 할 수 있다(법 시행령 제58조). 다만, 참고인의 출석 요구 등 또한 임의성을 띠기 때문에 동인이 출석 등을 거부할 경우 이를 강제할 방법은 없다.

---

12) 참고인은 법 제46조의 강제퇴거사건의 용의자 이외의 제3자를 말한다.

제 호

___귀하   ___년 월 일

To :   Date of Issue

참고인 출석요구서

SUMMONS FOR REFERENCE

___의 「출입국관리법」 위반사건에 관하여 참고인으로 문의할 일이 있으니 년 월 일 시에 ○○출입국 · 외국인청(사무소 · 출장소) ○○과에 출석하여 주시기 바랍니다.

출석 할 때에는 반드시 이 출석요구서와 신분증(주민등록증, 외국인등록증, 운전면허증, 여권 등), 도장 및 아래 증거자료와 기타 귀하가 필요하다고 생각하는 자료를 가지고 오시기 바랍니다.

You are hereby requested to appear as a reference before ○○ division of ○○ immigration office by__on the_th of _,_. for inquiries in connection with a violation of Immigration Act by___.

You must bring with you to the office this summons, your identification (resident registration certificate, alien registration certificate, driver's license, passport, etc) and seal along with the evidential materials listed below, and any other materials that you consider relevant.

1.

2.

문의할 사항이 있으면 ○○출입국 · 외국인청(사무소 · 출장소) ○○과 (전화 :   , 담당자 : ○○○)로 연락하여 주시기 바랍니다.

Please call ○○ division of ○○ immigration office at (☎   −   )(Name of person in charge: ○○○) for further information.

담당공무원 ○○○

Officer in charge

○○출입국 · 외국인청
(사무소 · 출장소)장

| 직인 |

CHIEF, ○○IMMIGRATION OFFICE

95mm×150mm[백상지(80g/㎡) 또는 중질지(80g/㎡)]

(2) 출석요구 승인

출입국관리공무원은 용의자 또는 참고인의 출석을 요구하고자 할 때에는 미리 청장·사무소장·출장소장 또는 보호소장의 승인을 얻어야 한다. 다만, 긴급한 사유로 인하여 승인을 얻지 아니하고 출석을 요구할 때에는 사후에 지체없이 이를 보고하여 승인을 얻어야 한다(법 시행규칙 제55조).

나. 참고인의 진술

참고인의 진술에 관하여는 법 제48조 제2항부터 제7항까지의 규정을 준용한다(법 제49조 제2항). 다만, 출입국관리공무원은 진술내용이 복잡하거나 참고인이 원하는 경우에는 서면으로 진술하게 할 수 있다(법 시행령 제60조 제2항).

(1) 신문시 다른 출입국관리공무원 입회

출입국관리공무원이 신문을 할 때에는 다른 출입국관리공무원을 참여하게 하여야 한다(법 제48조 제2항).

(2) 진술조서 작성 등

(가) 진술조서 작성의무

참고인을 출석시켜 신문을 할 때에는 용의자가 한 진술은 조서(調書)에 적어야 한다(법 제48조 제3항).

(나) 진술조서 작성방법

출입국관리공무원은 조서를 참고인에게 읽어 주거나 열람하게 한 후 오기(誤記)가 있고 없음을 물어야 하고, 참고인이 그 내용에 대한 추가·삭제 또는 변경을 청구하면 그 진술을 조서에 적어야 한다(법 제48조 제4항).

(3) 참고인의 간인 및 서명날인 등

조서에는 참고인으로 하여금 간인(間印)한 후 서명 또는 기명날인(記名捺印)하게 하고, 참고인이 서명 또는 기명날인할 수 없거나 이를 거부할 때에는 그 사실을 조서에 적어야 한다(법 제48조 제5항).

(4) 청각장애인 등에 대한 조사

국어가 통하지 아니하는 사람이나 청각장애인 또는 언어장애인의 진술은 통역인에게 통역하게 하여야 한다. 다만, 청각장애인이나 언어장애인에게는 문자로 묻거나 진술하게 할 수 있다(법 제48조 제6항).

(5) 진술의 번역

참고인의의 진술 중 국어가 아닌 문자나 부호가 있으면 이를 번역하게 하여야 한다(법 제48조 제7항).

(6) 통역 · 번역자의 조서간인 등

출입국관리공무원은 통역이나 번역을 하게 한 때(법 제48조제6항 또는 제7항)에는 통역하거나 번역한 사람으로 하여금 조서에 간인(間印)한 후 서명 또는 기명날인하게 하여야 한다(법 시행령 제60조 제1항).

5. 검사 및 서류 등의 제출요구 등

가. 검사 및 서류 등의 제출요구

출입국관리공무원은 강제퇴거 대상자에 해당하는 용의자를 조사할 때 용의자가 용의사실을 부인하거나 용의자가 제출한 서류만으로는 용의사실을 증명하기에 충분하지 아니하다고 인정되는 경우에는 그 용의자와 관련 있는 제3자의 주거 또는 물건을 검사하거나 서류 또는 물건을 제출하게 할 수 있다. 이 경우 미리 그 제3자의 동의를 받아야 한다(법 제50조, 법 시행령 제61조).

출입국관리공무원이 불법체류자 단속을 위하여 제3자의 주거나 사업장 등을 검사하고자 하고자 하는 경우는 주거권자나 관리자의 사전 동의가 반드시 필요하다. 동의는 묵시적으로 표현될 수도 있을 것이나, 이 경우는 명시적 동의에 준할 만한 명백한 상황이라야 할 것이고, 출입국관리공무원이 주거권자나 관리자에게 주거나 사업장 등에 들어감과 동시에 조사의 개시를 고지하는 것만으로 동의의 요건이 충족된다고 보기 어렵다. 따라서 용의자의 동의가 없는 경우에는 결국 형사소송법상의 압수·수색영장을 발급받아 집행할 수밖에 없다.

【판시사항】

[1] 출입국관리공무원이 불법체류자 단속을 위하여 제3자의 주거나 사업장 등을 검사하고자 하는 경우에 주거권자나 관리자의 사전 동의가 반드시 필요한지 여부(적극)

[2] 출입국관리공무원이 주거권자나 관리자의 사전 동의 없이 사업장에 진입하여 불법체류자에 대한 단속업무를 개시한 사안에서, 동의를 받을 수 없었던 급박한 사정도 존재하지 않았으므로 공무집행행위 전체의 적법성이 부인되어 공무집행방해죄가 성립하지 않는다고 한 사례(의정부지방법원 2008. 4. 23. 선고 2008고단291 판결 : 항소)

【판결요지】

[1] 출입국관리법 제81조 제1항은 "출입국관리공무원 및 대통령령이 정하는 관계기관 소속공무원은 외국인이 이 법 또는 이 법에 의한 명령에 따라 적법하게 체류하고 있는지 여부를 조사하기 위하여 외국인, 그 외국인을 고용한 자, 그 외국인의 소속 단체 또는 그 외국인이 근무하는 업소의 대표자와 그 외국인을 숙박시킨 자를 방문하여 질문을 하거나 기타 필요한 자료의 제출을 요구할 수 있다"라고 규정하고 있고, 같은 법 제100조 제2항 제3호는 정당한 이유 없이 장부 또는 자료제출 요구를 거부 또는 기피한 경우 '행정질서벌'인 100만 원 이하의 과태료에 처하도록 하고 있는바, 식품위생법 제17조 제1항, 제77조 제2호, 마약류 관리에 관한 법률 제41조 제1항, 제64조 제8호 등과 비교하여 본 법률 규정의 형식, 사용된 문언의 객관적

의미, 위반행위에 대한 제재의 방식 등을 종합하여 볼 때, 출입국관리법의 위 규정들이 출입국관리공무원으로 하여금 주거권자나 관리자의 의사에 반하여 주거나 사업장, 영업소 등에 들어가 외국인 동향을 조사할 권한을 부여하고 있다고 볼 수 없고, 달리 출입국관리법에 이를 인정할 근거 규정이 없다. 더욱이 출입국관리법에 의한 행정조사에 영장주의가 적용되지 않는 점, 출입국관리법 제50조가 불법체류 용의자의 주거를 검사하는 경우 용의자의 동의를 얻도록 규정하고 있는 점까지 고려하면, 출입국관리공무원이 불법체류자 단속을 위하여 제3자의 주거나 사업장 등을 검사하고자 하고자 하는 경우는 주거권자나 관리자의 사전 동의가 반드시 필요하다고 해석된다. 동의는 묵시적으로 표현될 수도 있을 것이나, 이 경우는 명시적 동의에 준할 만한 명백한 상황이라야 할 것이고, 출입국관리공무원이 주거권자나 관리자에게 주거나 사업장 등에 들어감과 동시에 조사의 개시를 고지하는 것만으로 동의의 요건이 충족된다고 보기 어렵다.

[2] 출입국관리공무원이 주거권자나 관리자의 사전 동의 없이 사업장에 진입하여 불법체류자에 대한 단속업무를 개시한 사안에서, 동의를 받을 수 없었던 급박한 사정도 존재하지 않았으므로 공무집행행위 전체의 적법성이 부인되어 공무집행방해죄가 성립하지 않는다고 한 사례.

나. 제출물조서 등

출입국관리공무원은 서류 또는 물건을 제출받은 때(법 제50조 및 이 영 제61조)에는 제출경위 등을 적은 제출물조서와 제출한 물건 등의 특징과 수량을 적은 제출물목록을 작성하여야 하며(법 시행령 제62조 제1항), 이에 따른 제출물조서 및 제출물목록의 작성은 신문조서(법 제59조 제1항) 또는 진술조서(법 제60조)에 제출물에 관한 사항을 적는 것으로 갈음할 수 있다(법 시행령 제62조 제2항).

■ 출입국관리법 시행규칙 [별지 제91호서식] 〈개정 2018. 6. 12.〉

제출물조서

_____에 대한 「출입국관리법」 위반 용의사건에 관하여 년 월 일 출입국관리주사(주사보) ○○○은 출입국관리서기(서기보) ○○○를 참여하게 하고 별지목록의 물건을 다음과 같이 제출하게 하다.

제출자	성명	
	생년월일	
	국적	
	주소	
	연락처	

제출 경위

년 월 일

○○출입국·외국인청(사무소·출장소)

출입국관리주사(주사보) ○ ○ ○ (서명 또는 인)

출입국관리서기(서기보) ○ ○ ○ (서명 또는 인)

210mm×297mm[백상지(80 g/㎡) 또는 중질지(80 g/㎡)]

다. 제출물목록의 교부

출입국관리공무원은 제출물목록을 작성(영 제62조 제1항의 규정)한 때에는 제출물목록 부본 1부를 제출인에게 교부하여야 한다(법 시행규칙 제56조).

■ 출입국관리법 시행규칙 [별지 제92호서식] 〈개정 2016. 9. 29.〉

제출물목록

물건번호	품목	수량	특징	소지자 또는 제출자의 주소와 성명	소유자의 주소와 성명	비고

210mm×297mm[백상지(80 g/㎡) 또는 중질지(80 g/㎡)]

라. 제출물의 보관 및 반환절차

(1) 제출물보관대장에 기재

출입국관리공무원은 법 제50조(검사 및 서류 등의 제출요구) 및 영 제61조의 규정(검사 및 서류제출 요구)에 의하여 서류 또는 물건을 제출받은 때에는 이를 제출물보관대장에 기재하여야 한다(법 시행령 제57조 제1항).

■ 출입국관리법 시행규칙 [별지 제93호서식] 〈개정 2016. 9. 29.〉

제출물보관대장

보관 번호	제출 일자	제출자				품명	수량	특징	제출 사유	반환 일자	수령인 서명	비고
		성명	생년 월일	국적	대한민국 내 주소							

297㎜×420㎜[백상지(80 g/㎡) 또는 중질지(80 g/㎡)]

(2) 제출물 반환

출입국관리공무원은 제출물을 보관할 필요가 없다고 인정하는 때에는 지체없이 이를 제출인에게 반환하여야 한다(법 시행령 제57조 제2항).

(3) 제출물보관대장에 반환사실 기재 등

출입국관리공무원은 제출물을 반환하는 때에는 그 반환사실을 제출물보관대장에 기재하고 수령인의 서명을 받아야 한다. 이 경우 제56조의 규정에 의하여 제출물목록 부본을 교부한 사실이 있는 때에는 이를 회수하여 그 정본과 함께 보관하여야 한다(법 시행령 제57조 제3항).

제3절 심사결정을 위한 보호

1. 보호

가. 도주우려 강제퇴거대상자 보호

출입국관리공무원의 자의적인 판단에 따른 보호처분의 남용을 방지하기 위하여 출입국관리공무원은 외국인이 강제퇴거의 대상자(법 제46조제1항 각 호)의 어느 하나에 해당된다고 의심할 만한 상당한 이유가 있고 도주하거나 도주할 염려가 있다는 등의 요건 충족시 지방출입국·외국인관서의 장으로부터 보호명령서를 발급받아 그 외국인을 보호할 수 있다(법 제51조 제1항). 이는 강제퇴거명령서가 발부된 후 강제퇴거집행을 위한 보호와 구분된다.

한편, 강제퇴거대상자인 외국인에 대하여는 출입국관리법 제51조 제1항에 따라 보호명령서만으로 신병을 확보하기 위한 보호조치를 취할 수 있을 뿐 아니라 긴급을 요하는 경우에는 보호명령서 없이도 긴급보호조치를 취할 수 있는 것이므로, 외국인의 출입국에 관한 보호명령에 대하여는 체포·구속·압수 또는 수색 등과 같은 강제처분을 함에 있어 법관이 발부한 영장의 제시를 요구하도록 규정한 헌법 제12조가 적용되지 않는다. 따라서 출입국관리법의 보호명령에 영장주의의 원칙이 적용되지는 않는다.[13]

(1) 보호의 의뢰 등

출입국관리공무원은 보호명령서가 발급된 외국인(법 제51조 제1항)이나 강제퇴거명령서가 발급된 외국인(법 제63조제1항)을 외국인보호실, 외국인보호소 또는 그 밖에 법무부장관이 지정하는 장소(이하 "보호시설"이라 한다)에 보호하려면 소속 청장·사무소장·출장소장 또는 보호소장으로부터 보호의뢰의 사유 및 근거를 적은 보호의뢰서를 발급받아 이를 보호의뢰를 받는 보호시설의 장에게 보내야 한다(법 시행령 제64조 제1항).

---

13) 서울행정법원 2009. 6. 5. 선고 2009구합10253 판결.

■ 출입국관리법시행규칙 [별지 제97호서식] 〈개정 2018. 5. 15.〉

번호(No.) :

보호의뢰서

수신 :   귀하

보호 대상자	성명	
	성별 남 [ ] 여 [ ]	
	생년월일	
	국적	
	대한민국 내 주소	

위 사람에 대하여 「출입국관리법 시행령」 제64조에 따라 다음과 같이 보호를 의뢰합니다.

보호의뢰 사유	
보호 장소	
보호 기간	부터 까지
비 고	

년 월 일

○○출입국 · 외국인청(사무소 · 출장소)장 | 직인 |

210mm×297mm[백상지(80 g /㎡) 또는 중질지(80 g /㎡)]

(2) 보호장소 변경

출입국관리공무원은 보호의뢰한 외국인이 다음의 어느 하나에 해당하는 사유가 있으면 다른 보호시설로 보호장소를 변경할 수 있다(법 시행령 제64조 제2항).

(가) 법에 따른 외국인에 대한 조사

(나) 출국집행

(다) 보호시설 내 안전 및 질서유지

(라) 외국인에 대한 의료제공 등 필요한 처우

■ 출입국관리법시행규칙 [별지 제97호의2서식] 〈개정 2018. 5. 15.〉

번호(No.) :

보호장소 변경 의뢰서

수신 :   귀하

보호 대상자	성명	
	성별 남[ ] 여[ ]	
	생년월일	
	국적	
	보호사유	
	위반법조	

「출입국관리법」 제51조, 제63조 및 같은 법 시행령 제64조제1항의 규정에 따라 보호된 위 외국인의 보호장소를 같은 법 시행령 제64조제2항에 따라 다음과 같이 변경하고자 합니다.

변경 사유	

변경 사항	
최초 보호일	년 월 일
변경 의뢰기간	년 월 일부터 년 월 일까지 (일간)

년 월 일

○○출입국 · 외국인청(사무소 · 출장소)장   직인

210mm×297mm[백상지(80 g/㎡) 또는 중질지(80 g/㎡)]

(3) 보호장소 변경의뢰서 송부 등

출입국관리공무원은 보호장소를 변경하려면 소속 청장·사무소장·출장소장 또는 보호소장으로부터 보호장소의 변경사유 등을 적은 보호장소 변경 의뢰서를 발급받아 그 외국인을 보호하고 있는 보호시설의 장과 변경되는 보호시설의 장에게 각각 보내야 한다(법 시행령 제64조 제3항).

나. 보호명령서 발급신청

(1) 보호명령서 발급신청

출입국관리공무원은 도주 등의 우려가 있는 강제퇴거 대상 외국인에 대한 보호명령서의 발급을 신청할 때에는 보호의 필요성을 인정할 수 있는 자료를 첨부하여 제출하여야 한다(법 제51조 제2항). 이때, 제출될 수 있는 자료는 용의자의 여권 등 신분증, 출입국 기록, 본인 진술서가 고용주의 확인서, 출소자의 경우 판결문 사본 등 신병관계 기관의 관련 문서 등으로써 보호의 필요성을 소명할 수 있는 것을 말한다.

■ 출입국관리법시행규칙 [별지 제95호서식] 〈개정 2018. 5. 15.〉

번호(No.) :

보호명령서
(DETENTION ORDER)

보호 대상자 (Person up on whom th e Order is is sued)	성명 (Full name)
	성별 (Sex) 남 Male[ ] 여 Female[ ]
	생년월일 (Date of Birth)
	국적 (Nationality)
	직업 (Occupation)
	대한민국 내 주소 (Address in Korea)

위 사람을 「출입국관리법」 제51조 및 제63조에 따라 다음과 같이 보호할 것을 명합니다. 보호된 자 또는 그 변호인, 법정대리인, 배우자, 직계친족, 형제자매나 가족은 법무부장관에게 보호에 대한 이의신청을 할 수 있습니다.

Pursuant to Article 51, Article 63 of the Immigration Act, the abovementioned person is hereby ordered to be detained as specified below. A person detained or his/her lawyer, legal representa tive, spouse, lineal relative, sibling or family member on his/her behalf, may file an objection against the detention with the Minister of Justice.

보호의 사유 (Reason for Detention)	
보호 장소 (Place of D etention)	
보호 기간 (Period of D etention)	부터 까지 (from) (to)
비 고 (Remarks)	

년 월 일

Date   (year) (month) (day)

○○출입국 · 외국인청(사무소 · 출장소)장   직인

CHIEF, ○○IMMIGRATION OFFICE

집행자 :   (서명 또는 인)

Enforcement officer :   (signature or seal)

210mm×297mm[백상지(80g/㎡) 또는 중질지(80g/㎡)]

(2) 보호명령서 발급신청서 등 제출

출입국관리공무원은 보호명령서의 발급을 신청할 때에는 보호의 사유를 적은 보호명령서 발급신청서에 조사자료 등을 첨부하여 청장·사무소장·출장소장 또는 보호소장에게 제출하여야 한다(법 시행령 제63조 제1항).

■ 출입국관리법 시행규칙 [별지 제94호서식] 〈개정 2018. 5. 15.〉

보호명령서발부신청서

1. 용의자 인적사항

성 명			
생 년 월 일		성 별	
국 적		직 업	
대한민국내 주소			

2. 신청내용

보 호 장 소	
보 호 기 간	년 월 일부터 년 월 일까지
보 호 사 유	

「출입국관리법 시행령」 제63조제1항에 따라 보호명령서의 발부를 위와 같이 신청합니다.

붙임서류:

년 월 일

출입국관리공무원 　　(서명 또는 인)

○○출입국 · 외국인청장/사무소장 귀하
　　　(출장소)

비 고	보호명령서 발부번호:	결	가 · 부	

		담당
재		자
불허사유		

210mm×297mm[백상지 80g/㎡(재활용품)]

(3) 용의자에 보호명령서 제시

출입국관리공무원은 청장·사무소장·출장소장 또는 보호소장이 출입국관리공무원의 보호명령서 발급신청에 대하여 보호명령결정을 한 때에는 청장·사무소장·출장소장 또는 보호소장으로부터 보호의 사유, 보호장소 및 보호기간 등을 적은 보호명령서를 발급받아 용의자에게 보여 주어야 한다(법 시행령 제63조 제2항).

(4) 보호명령서 등 발부대장

1) 보호명령서 발부 시 대장기재

청장·사무소장·출장소장 또는 보호소장은 보호명령서를 발부(법 제51조 제1항)하는 때에는 보호명령서 발부대장에 이를 기재하여야 한다(법 시행규칙 제58조 제1항).

2) 보호명령서발부대장 기재사유

입국관리공무원은 다음의 어느 하나에 해당하는 조치를 한 때에는 보호명령서발부대장에 그 사실을 기재하여야 한다(법 시행규칙 제58조 제2항).

(가) 보호기간을 연장한 때(영 제65조의 규정)

(나) 보호통지서를 송부한 때(영 제68조의 규정)

(다) 보호통지서를 송부하지 아니한 때(법 제54조 단서의 규정)

(라) 보호사항변경통지서를 송부한 때(제60조의 규정)

(마) 보호를 해제(보호의 일시해제의 경우를 포함한다)한 때

3) 긴급보호서 발부 시 긴급보호서발부대장 기재

입국관리공무원은 긴급보호서를 발부(법 제51조 제4항)하는 때에는 긴급보호서발부대장에 이를 기재하여야 한다(법 시행규칙 제58조 제3항).

다. 긴급보호조치

(1) 긴급보호조치 사유

출입국관리공무원은 ⅰ) 외국인이 강제퇴거 대상자(법 제46조제1항 각 호)의 어느 하나에 해당된다고 의심할 만한 상당한 이유가 있고 ⅱ) 도주하거나 도주할 염려가 있으며 ⅲ) 지방출입국·외국인관서의 장으로부터 보호명령서를 발급받을 여유가 없을 때에는 그 사유를 알리고 긴급히 보호할 수 있다(법 제51조 제3항). 긴급보호조치는 위의 세 가지 요건을 모두 충족하여야 하며, 만일 이중 어느 하나라도 결여할 경우 긴급보호조치는 불가하다.

【판시사항】

긴급보호 및 보호명령 집행행위 등 위헌확인(헌법재판소 2012. 8. 23. 선고 2008헌마430 결정)

【결정요지】

외국인등록을 하지 아니한 채 오랜 기간 불법적으로 체류하면서 스스로 출국할 의사가 없는 청구인들을 사무소장 등의 보호명령서가 아닌 출입국관리공무원의 긴급보호서를 발부하여 보호한 것이 이에 필요한 긴급성의 요건을 갖추지 못하였다고 볼 수 없다.

【판시사항】

벌금형을 선고받은 외국인에 대한 긴급보호조치 등(서울행정법원 2009구합10253 판결)

【판결요지】

원고가 피고측으로부터 소환통보를 받고 자신출석하였다가 곧바로 그 자리에서 긴급보호조치를 받은 것은 담당공무원이 원고가 출입국관리법 제46조 제1항 제3호, 제4호에 규정된 강제퇴거대상자에 해당된다고 의심할 만한 상당한 이유가 있다고 인정하면서 만약 원고가 강제퇴거대상자라는 사실을 알게 된 경우 도주의 우려가 있어 긴급을 요한다는 판단 하에 신병확보목적으로 긴급보호조치를 취하였는바, 이는 출입국관리법 제51조 제3항에 규정된 긴급보호의 요건을 충족한 것으로서 원고에게 보장된 헌법상 신체의 자유를 침해하였다고 보기 어렵다.

(2) 긴급보호서 작성

출입국관리공무원은 외국인을 긴급히 보호하면 즉시 긴급보호서를 작성하여 그 외국인에게 내보여야 하며(법 제51조 제4항), 이에 따라 긴급보호서를 작성할 때에는 긴급보호의 사유, 보호장소 및 보호시간 등을 적어야 한다(법 시행령 제64조 제4항).

번호(No.) :

긴급보호서
(IMMEDIATE DETENTION ORDER)

보호 대상자 (Person upon whom the Order is issued)	성명 (Full name)
	성별 (Sex) 남 Male[ ] 여 Female[ ]
	생년월일 (Date of Birth)
	국적 (Nationality)
	체류자격 (status of sojourn)
	대한민국 내 주소 (Address in Korea)

위 사람을 「출입국관리법」 제51조제3항의 규정에 따라 다음과 같이 긴급보호할 것을 명합니다.

The abovementioned person is ordered to be detained immediately as specified below, pursuant to the paragraph 3 of Article 51 of the Immigration Act.

긴급보호의 사유 (Reason for imme diate detention)	
긴급보호 장소 (Place of immediate detention)	
긴급보호 기간 (Period of immediat e detention)	부터 까지 (from) (to)
비 고 (Remarks)	

년 월 일
Date   (year) (month) (day)

출입국관리공무원 :   (서명 또는 인) (sig
(Immigration Officer) :   nature or seal)

210㎜×297㎜[백상지(80 9 /㎡) 또는 중질지(80 9 /㎡)]

(3) 긴급보호 시 보호명령서 발급시간 등

출입국관리공무원은 긴급보호조치로 외국인을 보호한 경우에는 48시간 이내에 청장·사무소장·출장소장 또는 보호소장으로부터 보호명령서를 발급받아 외국인에게 내보여야 하며, 보호명령서를 발급받지 못한 경우에는 즉시 보호를 해제하여야 한다(법 제51조 제5항). 이를 통해 청장 등은 출입국관리공무원의 자의적인 판단에 따른 긴급보호처분의 남용을 방지는 사후통제적 역할을 한다.

라. 벌칙

법 제51조 제1항·제3항에 따라 보호 또는 일시보호된 사람으로서 도주하거나 보호 또는 강제퇴거 등을 위한 호송 중에 도주한 사람(법 제93조의2제1항 제1호 또는 제2호에 해당하는 사람은 제외한다)은 1년 이하의 징역 또는 1천만원 이하의 벌금에 처한다(법 제95조 제8호).

2. 보호기간 및 보호장소

가. 보호기간

(1) 보호기간

보호된 외국인의 강제퇴거 대상자 여부를 심사·결정하기 위한 보호기간은 10일 이내로 한다.

(2) 보호기간 연장

다만, 부득이한 사유가 있으면 지방출입국·외국인관서의 장의 허가를 받아 10일을 초과하지 아니하는 범위에서 한 차례만 연장할 수 있다(법 제52조 제1항). 따라서 최대한 보호기간은 20일 이다.

(가) 보호기간 연장절차

1) 보호기간 연장허가서 발급

출입국관리공무원은 보호기간을 연장하려면 청장·사무소장·출장소장 또는 보호소장으로부터 연장기간, 연장 사유 및 적용 법조문 등을 적은 보호기간 연장허가서를 발급 받아야 한다(법 시행령 제65조 제1항).

■ 출입국관리법시행규칙 [별지 제100호서식] 〈개정 2018. 5. 15.〉

번호(No.) :

보호기간 연장허가서
(EXTENSION OF DETENTION PERIOD)

보호 대상자 (Person to whom the Extension relates)	성명 (Full name)	
	성별 (Sex) 남 Male[ ] 여 Female[ ]	
	생년월일 (Date of Birth)	
	보호 장소 (Place of Detention)	
	보호 기간 (Period of Detention)	

「출입국관리법」 제52조제1항의 규정에 따라 보호기간을 아래와 같이 연장합니다.

The period of detention is extended as specified below, pursuant to Article 52 ① of the Immigration Act.

연장 기간 (Period of Extension)	부터 까지 (from) (to)
연장 사유 (Reason for Extension)	
비고 (Remarks)	

년   월   일

Date   (year) (month) (day)

○○출입국 · 외국인청(사무소 · 출장소)장 | 직인 |

CHIEF, ○○IMMIGRATION OFFICE

210mm×297mm[백상지(80 g/㎡) 또는 중질지(80 g/㎡)]

2) 연장허가서 부본발송

출입국관리공무원은 보호기간 연장허가서가 발급된 용의자가 보호시설에 보호되어 있는 때에는 청장·사무소장·출장소장 또는 보호소장으로부터 연장기간 및 연장 사유 등을 적은 보호기간 연장허가서 부본(副本)을 발급받아 그 외국인을 보호하고 있는 보호시설의 장에게 보내야 한다(법 시행령 제65조 제2항).

(나) 연장불허 시 보호해제

출입국관리공무원은 청장·사무소장·출장소장 또는 보호소장이 보호기간 연장을 허가하지 아니한 때에는 지체 없이 보호를 해제하여야 한다. 이 경우 용의자가 보호시설에 보호되어 있을 때에는 청장·사무소장·출장소장 또는 보호소장으로부터 보호해제 사유 등을 적은 보호해제 의뢰서를 발급받아 그 외국인을 보호하고 있는 보호시설의 장에게 보내야 한다(법 시행령 제65조 제3항).

나. 보호장소

외국인을 보호할 수 있는 장소는 외국인보호실, 외국인보호소(현재, 화성외국인보호소 및 청주외국인보호 등 2개 기관이 있다) 또는 그 밖에 법무부장관이 지정하는 장소(이하 '보호시설'이라 한다)로 한다(법 제52조 제2항). 여기서 '그 밖에 법무부장관이 지정하는 장소'란 구치소·교도소 그밖에 법무부장관이 따로 지정하는 장소를 말한다(법 시행규칙 제59조).

3. 보호기간 중의 보호해제

출입국관리공무원은 보호기간 만료 전이라도 보호할 필요가 없다고 인정할 때에는 청장·사무소장·출장소장 또는 보호소장의 허가를 받아 보호를 해제할 수 있다. 이 경우 용의자가 보호시설에 보호되어 있을 때에는 청장·사무소장·출장소장 또는 보호소장으로부터 보호해제 사유 등을 적은 보호해제 의뢰서를 발급받아 그 외국인을 보호하고 있는 보호시설의 장에게 보내야 한다(법 시행령 제66조).

4. 보호명령서의 집행

가. 보호명령서 제시

출입국관리공무원이 보호명령서를 집행할 때에는 보호의 적법성 및 용의자에 대한 보호사유, 보호기간 등을 알려 그에 대한 방어권행사 등을 용이하게 할 수 있도록 용의자에게 보호명령서를 내보여야 한다(법 제53조).

나. 이의신청 가능성 고지여부

보호명령서 집행의 경우 강제퇴거명령서의 집행과 달리 이의신청을 할 수 있다는 뜻을 기재한 보호명령서를 교부할 의무는 없다.

5. 보호시설의 장의 의무

용의자를 보호한 경우 보호시설의 장은 청장·사무소장·출장소장 또는 보호소장으로부터 외국인의 보호나 보호해제를 의뢰받은 때에는 지체 없이 그 외국인을 보호하거나 보호해제를 하여야 한다(법 시행령 제67조).

6. 보호의 통지

가. 배우자 등에게 보호의 일시·장소·사유 등 통지

출입국관리공무원은 용의자를 보호한 때에는 심리적 안정 및 방어권 보장 등의 차원에서 국내에 있는 그의 법정대리인·배우자·직계친족·형제자매·가족·변호인 또는 용의자가 지정하는 사람(이하 '법정대리인등'이라 한다)에게 3일 이내에 보호의 일시·장소 및 이유를 서면으로 통지하여야 한다. 다만, 법정대리인 등이 없는 때에는 그 사유를 서면에 적고 통지하지 아니할 수 있다(법 제54조 제1항).

나. 영사에게 보호의 일시·장소· 이유 통지

출입국관리공무원은 위 가.항에 따른 통지 외에 보호된 사람이 원하는 경우에는 긴급한 사정이나 그 밖의 부득이한 사유가 없으면 국내에 주재하는 그의 국적이나 시민권이 속하는 국가의 영사에게 보호의 일시·장소 및 이유를 통지하여야 한다(법 제54조 제2항).

다. 보호의 통지

보호의 통지는 보호의 사유·일시 및 장소와 이의신청을 할 수 있다는 뜻을 적은 보호통지서로 3일 이내에 하여야 한다(법 시행규칙 제68조).

■ 출입국관리법시행규칙 [별지 제103호서식] 〈개정 2018. 6. 12.〉

번호(No.) :

보호통지서
(DETENTION NOTICE)

귀하
To :

보호 대상자 (Person to whom the Notice relates)	성명 (Full name)
	성별 (Sex) 남 Male[ ] 여 Female[ ]
	생년월일 (Date of Birth)
	국적 (Nationality)
	대한민국 내 주소 (Address in Korea)

위 사람은   년 월 일 「출입국관리법」   (제51조 제63조   ) 에 따라 아래와 같이 보호시설에

보호되었음을 통지합니다.

It is hereby notified that the above mentioned person is detained in a detention facility as specified below, pursuant to

Article (51 63   ) of the Immigration Act.

보호의 사유	

(Reason for Detention)	
보호 장소 (Place of Detention)	
보호 기간 (Period of Detention)	부터　　까지 from　　to

보호된 자 또는 그 변호인, 법정대리인, 배우자, 직계친족, 형제자매나 가족은 위 처분에 대하여 이의가 있을 때에는 법무부장관에게 보호에 대한 이의신청을 하거나, 이 통지서를 받은 날부터 90일 이내에 행정심판 또는 행정소송을 제기할 수 있습니다.

　※ 행정심판을 청구할 때에는 온라인행정심판(www.simpan.go.kr), 행정소송을 청구할 때에는 전자소송(ecfs.scourt. go.kr)을 통하여 온라인으로도 청구할 수 있습니다.

The person detained, or his/her lawyer, legal representative, spouse, lineal relative, sibling, or family member on his/her behalf who has an objection to the above disposition may file an objection against the detention with the Minister of Justice or file an administrative appeal or an administrative litigation within 90 days after receipt of the detention notice.

　※ You may file an administrative appeal online (www.simpan.go.kr) and an administrative litig–ation on the Internet (ecfs.scourt.go.kr).

년　월　일
Date　(year) (month) (day)

○○출입국 · 외국인청(사무소 · 출장소)장　　　| 직인 |

CHIEF, ○○IMMIGRATION OFFICE

210mm×297mm[백상지(80 g/㎡) 또는 중질지(80 g/㎡)]

라. 보호사항 변경통지서의 송부

출입국관리공무원은 보호통지를 한 후 보호장소를 변경하거나 보호기간을 연장한 때에 는 법 제54조에 규정된 자에게 보호사항 변경통지서를 송부하여야 한다(법 시행규칙 제60조).

■ 출입국관리법시행규칙 [별지 제104호서식] 〈개정 2018. 5. 15.〉

번호(No.) :

보호사항 변경통지서

(NOTICE ON CHANGES OF PLACE AND/OR PERIOD OF DETENTION)

귀하

To :

보호 대상자 (Person to whom the Notice relates)	성명 (Full name)
	성별 (Sex) 남 Male[ ] 여 Female[ ]
	생년월일 (Date of Birth)
	국적 (Nationality)
	대한민국 내 주소 (Address in Korea)

「출입국관리법 시행규칙」 제60조에 따라 위 사람에 대한 보호장소 또는 보호기간이 아래와 같이 변경되었음을 통지합니다.

In accordance with Article 60 of the Enforcement Rules of the Immigration Act, it is hereby notified that the place and/or the period of detention of the abovementioned person has been changed as follows.

| 보호 장소 (Place of Detention) | 에서   으로
(from)   (to) |
| 보호 기간 (Period of Detention) | 부터   까지
(from)   (to) |

년 월 일

Date (year) (month) (day)

○○출입국 · 외국인청(사무소 · 출장소)장 | 직인 |

CHIEF, ○○IMMIGRATION OFFICE

210mm×297mm[백상지(80 g/㎡) 또는 중질지(80 g/㎡)]

7. 보호에 대한 이의신청

가. 이의신청

보호명령서에 따라 보호된 사람이나 그의 법정대리인, 배우자, 직계친족, 형제자매, 가족, 변호인 또는 용의자가 지정하는 사람 등은 보호된 용의자의 인권보호 및 방어권 등의 차원에서 지방출입국·외국인관서의 장을 거쳐 법무부장관에게 보호명령 처분에 대한 위법·부당을 이유로 이의신청을 할 수 있다(법 제55조 제1항).

(1) 이의신청서 제출

이의신청을 하려는 사람은 이의신청서에 이의의 사유를 소명하는 자료를 첨부하여 청장·사무소장·출장소장 또는 보호소장에게 제출하여야 한다(법 시행령 제69조 제1항).

■ 출입국관리법 시행규칙 [별지 제105호서식] 〈개정 2018. 6. 12.〉

보호에 대한 이의신청서
WRITTEN OBJECTION AGAINST DETENTION

접수번호 Receipt No	접수일 Receipt Date		처리기간 Processing Period	15일 015days
신청인 Applicant	성 명 Name in Full			
	생년월일 Date of Birth		성 별 　[ ]남 [ ]여 Gender 　[ ]M [ ]F	
	국 적 Nationality			
	대한민국내 주소 Address in Korea		(전화번호: 　　　) (Telephone: 　　　)	

나는 년 월 일자 ○○출입국·외국인청(사무소, 출장소, 보호소)장의 보호명령에 대하여 이의가 있으므로 「출입국관리법」 제55조에 따라 이의사유를 소명하는 서류를 덧붙여 이의신청합니다.
Since I have an objection against the detention order to the under mentioned person as of made by the Chief of Immigration Office, I hereby file an objection together with the written statement of reason for the objection pursuant to Article 55 of the Immigration Law.

	년 월 일
	(Year) (Month) (Day)

신청인	(서명 또는 인)
Applicant	Signature/Seal

법 무 부 장 관   귀하
TO: The Minister of Justice

첨부서류	소명자료 Attachment: Supporting documents	수수료 없 음 Fee: None

210mm×297mm[백상지 80g/㎡(재활용품)]

(2) 이의신청서 송부

청장·사무소장·출장소장 또는 보호소장은 이의신청서를 제출받은 때에는 의견을 붙여 지체 없이 법무부장관에게 보내야 한다.

나. 이의신청에 대한 결정 등

법무부장관은 신체의 자유를 제한하는 보호에 대한 이의신청을 받은 경우 지체 없이 관계 서류를 심사하여 그 신청이 이유 없다고 인정되면 결정으로 기각하고, 이유 있다고 인정되면 결정으로 보호된 사람의 보호해제를 명하여야 한다(법 제55조 제2항).

(1) 결정서 송부

법무부장관은 이의신청에 대한 결정을 한 때에는 주문(主文)·이유 및 적용 법조문 등을 적은 이의신청에 대한 결정서를 작성하여 청장·사무소장·출장소장 또는 보호소장을 거쳐 신청인에게 보내야 한다(법 시행령 제70조 제1항).

■ 출입국관리법시행규칙 [별지 제106호서식] 〈개정 2018. 6. 12.〉

이의신청에 대한 결정서

신청인	성명
	성별 남 [ ] 여 [ ]
	생년월일
	국적
	대한민국 내 주소

위 사람이 「출입국관리법」 제(55 60) 조에 따라 년 월 일에 제기한 이의신청에 대해

아래와 같이 결정한다.

주문	
사실 및 이유	
적용 법조	
비 고	

년 월 일

법무부장관   직인

210mm×297mm[백상지(80g/㎡) 또는 중질지(80g/㎡)]

(2) 보호해제 및 보호해제 의뢰서 송부

청장·사무소장·출장소장 또는 보호소장은 법무부장관의 보호해제 결정이 있으면 지체 없이 보호를 해제하여야 한다. 이 경우 용의자가 보호시설에 보호되어 있을 때에는 보호해제 의뢰서를 보호시설의 장에게 보내야 한다(법 시행령 제70조 제2항).

다. 관계인의 진술청취

법무부장관은 심사의 객관성 등을 담보하기 위하여 결정에 앞서 필요하면 관계인의 진술을 들을 수 있다(법 제55조 제3항).

8. 외국인의 일시보호

가. 외국인의 일시보호 사유 등

출입국관리공무원은 입국이 허가되지 아니한 자 등의 도주방지 등을 방지하고 효율적 실효성 있는 출국조치를 위하여 다음의 어느 하나에 해당하는 외국인을 48시간을 초과하지 아니하는 범위에서 외국인보호실에 일시보호할 수 있다(법 제56조 제1항).

(1) 제12조 제4항에 따라 입국이 허가되지 아니한 사람, 여기서 입국이 허가되지 아니한 사람이란 여권과 사증 등이 유효하지 않거나 입국금지 대상자 이거나 입국목적이 체류자격과 부합하지 아니하는 사람 등을 말한다.

(2) 제13조 제1항에 따라 조건부 입국허가를 받은 사람으로서 도주하거나 도주할 염려가 있다고 인정할 만한 상당한 이유가 있는 사람, 여기서 조건부 입국허가를 받은 사람이란, 입국당시 입국허가요건을 구비하지 못하였지만 일정기간 내에 이를 갖출 수 있다고 판단하여 주거제한 등의 조건을 붙여 입국이 허가된 사람을 말한다.

(3) 제68조 제1항에 따라 출국명령을 받은 사람으로서 도주하거나 도주할 염려가 있다고 인정할 만한 상당한 이유가 있는 사람, 여기서 출국명령을 받은 사람이란, 강제퇴거대상자(법 제46조 제1항)에 해당하여 자비로 자진 출국하고자 하는 사람을 말한다.

나. 일시보호명령서 교부 등

(1) 일시보호명령서 교부

출입국관리공무원은 외국인을 일시보호할 때에는 청장·사무소장 또는 출장소장으로부터 일시보호명령서를 발급받아 그 외국인에게 보여 주어야 한다(법 시행령 제71조 제1항).

■ 출입국관리법시행규칙 [별지 제107호서식] 〈개정 2018. 5. 15.〉

번호(No.) :

일시보호명령서
(TEMPORARY DETENTION ORDER)

보호 대상자 (Person upon whom the Order is issued)	성명 (Full name)
	성별 (Sex) 남 Male[ ] 여 Female[ ]
	생년월일 (Date of Birth)
	국적 (Nationality)
	대한민국 내 주소 (Address in Korea)

위의 사람을 「출입국관리법」 제56조의 규정에 따라 다음과 같이 일시보호 할 것을 명합니다.
The abovementioned person is ordered to be detained temporarily as specified below, pursuant to Article 56 of the Immigration Act.

일시보호 사유 (Reason for Temporary Detention)	
보호 장소 (Place of Detention)	
보호 기간 (Period of Detention)	부터 까지 (from) (to)
비 고 (Remarks)	

년   월   일

Date   (year) (month) (day)

○ ○출입국 · 외국인청(사무소 · 출장소)장 　| 직인 |

CHIEF, ○ ○IMMIGRATION OFFICE

집행자 : 　　　(서명 또는 인)
(Enforcement officer) :　(signature or seal)

210mm×297mm[백상지(80 g/㎡) 또는 중질지(80 g/㎡)]

(2) 일시보호명령서 기재사항

청장 등이 발급하는 일시보호명령서에는 일시보호의 사유, 보호장소 및 보호시간 등을 적어야 한다(법 시행령 제71조 제2항).

(3) 일시보호 장소

일시보호할 수 있는 장소는 출입국관리사무소 또는 출장소에 설치된 외국인보호시설이다.

다. 보호기간 연장

(1) 연장사유

출입국관리공무원은 일시보호한 외국인을 출국교통편의 미확보, 질병, 그 밖의 부득이한 사유로 48시간 내에 송환할 수 없는 경우에는 지방출입국 · 외국인관서의 장의 허가를 받아 48시간을 초과하지 아니하는 범위에서 한 차례만 보호기간을 연장할 수 있다(법 제56조 제2항).

(2) 일시보호기간 연장허가서 교부

출입국관리공무원은 일시보호기간을 연장할 때에는 청장 · 사무소장 또는 출장소장으로부터 연장기간, 연장 사유 및 적용 법조문 등을 적은 일시보호기간 연장허가서를 발급받아 그 외국인에게 보여 주어야 한다(법 시행령 제71조 제3항).

■ 출입국관리법 시행규칙 [별지 제100호의2서식] 〈개정 2018. 5. 15.〉

보호(일시보호)기간 연장허가서 발급신청서

1. 피보호자 인적사항

성 명			
생 년 월 일		성 별	
국 적		직 업	
대한민국내 주소			
보 호 일 시			
보 호 기 간			
보 호 장 소			

2. 신청내용

연 장 기 간		부터	까지
연 장 사 유			

「출입국관리법」 제52조제1항, 제56조제2항 및 같은 법 시행령 제65조제1항, 제71조제3항에 따라 보호(일시보호)기간 연장허가를 위와 같이 신청합니다.

붙임서류:

년 월 일

출입국관리공무원   (서명 또는 인)

ㅇㅇ**출입국·외국인청장/사무소장** 귀하
   (출장소)

비 고		결재	가 · 부	
불허사유				

210mm×297mm[백상지 80g/㎡(재활용품)]

라. 일시보호명령서발부대장

청장 · 사무소장 또는 출장소장은 일시보호명령서를 발부하거나 일시보호기간 연장허가서를 발부하는 때에는 이를 일시보호명령서발부대장에 기재하여야 한다(법 시행규칙 제61조).

■ 출입국관리법 시행규칙 [별지 제108호서식] 〈개정 2016. 9. 29.〉

일시보호명령서발부대장

발부번호	발부일시	성명	생년월일	국적	일시보호의 사유	보호 장소	보호 시간	비고

297mm×420mm[백상지(80g/㎡) 또는 중질지(80g/㎡)]

9. 피보호자의 긴급이송 등

가. 피보호자 긴급이송

지방출입국·외국인관서의 장은 천재지변이나 화재, 그 밖의 사변으로 인하여 출입국 사무소나 외국인청 등의 보호실, 외국인 보호소, 구치소, 교도소 등의 보호시설에서 계속 보호할 보호자의 인명피해 및 안전보장의 우려가 있는 등 피난할 방법이 없다고 인정되면 보호시설에 보호되어 있는 사람(이하 '피보호자'라 한다)을 다른 장소로 이송할 수 있다(법 제56조의2 제1호).

나. 보호조치 해제

지방출입국·외국인관서의 장은 제1항에 따른 이송이 불가능하다고 판단되면 외국인의 생명·신체 등의 안전을 위하여 외국인의 보호조치를 해제할 수 있다(법 제56조의2 제2호).

10. 피보호자 인권의 존중 등

가. 인권존중 및 차별금지

피보호자의 인권은 최대한 존중하여야 하며, 국적, 성별, 종교, 사회적 신분 등을 이유로 피보호자를 차별하여서는 아니 된다(법 제56조의3 제1항).

나. 성별분리보호

남성과 여성은 분리하여 보호하여야 한다. 다만, 어린이의 부양 등 특별한 사정이 있는 경우에는 그러하지 아니하다(법 제56조의3 제2항).

다. 특별보호 대상

지방출입국·외국인관서의 장은 피보호자가 다음의 어느 하나에 해당하는 외국인인 경우에는 특별히 보호하여야 하며(법 제56조의3 제3항), 이에 따른 보호를 위한 특별한 조치 및 지원에 관한 구체적인 사항은 법무부령으로 정한다(같은 조 제4항).

(1) 환자

(2) 임산부

(3) 노약자

(4) 19세 미만인 사람

(5) (1)부터 (4)까지에 준하는 사람으로서 지방출입국 · 외국인관서의 장이 특별히 보호할 필요가 있다고 인정하는 사람

11. 강제력의 행사

가. 강제력 행사의 요건 및 최소침해 등

출입국관리공무원은 피보호자의 생명과 신체의 안전과 시설의 질서 유지 등을 위하여 다음의 어느 하나에 해당하면 그 피보호자에게 강제력을 행사할 수 있고, 다른 피보호자와 격리하여 보호할 수 있다. 이 경우 피보호자의 생명과 신체의 안전, 도주의 방지, 시설의 보안 및 질서유지를 위하여 필요한 최소한도에 그쳐야 한다(법 제56조의4 제1항). 한편, 이에 따른 강제력은 청장 등의 명령 없이는 행사하지 못하며, 다만, 긴급할 때에는 이를 행사한 후 지체 없이 청장 등에게 보고하여야 한다(외국인보호규칙 제42조).

(1) 자살 또는 자해행위를 하려는 경우

(2) 다른 사람에게 폭행, 상해, 협박 등의 위해를 끼치거나 끼치려는 경우

(3) 도주하거나 도주하려는 경우

(4) 출입국관리공무원의 직무집행을 정당한 사유 없이 거부 또는 기피하거나 방해하는 경우, 다만 피보호자의 정당한 요구를 출입국관리공무원이 들어 주지 아니하여 이에 항의하거나 출입구관리공무원의 직무명령을 거부하는 경우는 포함되지 않는다.

(5) (1)부터 (4)까지에서 규정한 경우 외에 보호시설 및 피보호자의 안전과 질서를 현저히 해치는 행위를 하거나 하려는 경우

나. 유형력 행사 시 장구사용 제한

강제력을 행사할 때에는 신체적인 유형력(有形力)을 행사하거나 경찰봉, 가스분사용총, 전자충격기 등 법무부장관이 지정하는 보안장비만을 사용할 수 있는데(법 제56조의4 제2항), 이에 규정된 보호장비는 청장 등의 명령 없이는 사용하지 못한다. 다만, 긴급할 때에는 이를 사용한 후 지체 없이 청장 등에게 보고하여야 한다. 또한 보호장비는 징계목적으로 사용할 수 없으며, 포승(捕繩)과 수갑은 자살·자해·도주 또는 폭행의 우려가 있는 보호외국인에게 사용하고, 머리보호장비는 제지에 불응하여 고성을 지르거나 자해의 우려가 있는 보호외국인에게 사용한다. 청장 등은 이에 따라 보호장비를 사용한 후 그 요건이 종료되었을 때에는 담당공무원으로 하여금 보호장비를 즉시 해제하도록 지시하여야 한다. 그 외 보호장비를 채워 둔 보호외국인에 대해서는 2시간마다 한 번씩 움직임을 살피고, 머리보호장비를 채운 보호외국인은 줄곧 살펴보아야 한다(외국인보호규칙 제43조).

또한 무기를 사용할 경우에는 ⅰ) 보호외국인·담당공무원 또는 그 밖에 다른 사람의 생명이나 신체에 중대한 위해를 가하거나 가하려고 할 때 ⅱ) 사람의 생명이나 신체에 중대한 위해를 가할 수 있는 흉기나 위험물을 소지하여 담당공무원이 버릴 것을 지시하였음에도 불구하고 이에 따르지 아니할 때 ⅲ) 집단난동을 일으키거나 일으키려고 할 때 ⅳ) 도주하는 보호외국인이 담당공무원의 제지에 따르지 아니하고 계속하여 도주할 때 ⅴ) 인화·발화 물질, 폭발성 물건 등 위험물질을 이용하여 건물·시설이나 인명에 중대한 위험을 가하거나 가하려고 할 때의 어느 하나에 해당할 때에는 그 사태를 합리적으로 판단하여 피보호자의 피해가 최소화할 수 있는 가장 적정한 장비를 비교·형량하여 사용하여야 한다(외국인보호규칙 제44조).

【판시사항】

교도소 내 질서유지를 위한 계구 사용의 요건과 한계(대법원 1998. 11. 27. 선고 9
8다17374 판결)

【판결요지】

구 행형법(1995. 1. 5. 법률 제4936호로 개정되기 전의 것) 제14조는 수형자의 도
주, 폭행, 소요 또는 자살의 방지, 기타 필요한 경우에는 포승·수갑 등의 계구를 사
용할 수 있음을 규정하고, 같은 법 제62조는 미결수용자에 대하여 이를 준용하고 있
는바, 계구의 사용은 사용 목적과 필요성, 그 사용으로 인한 기본권의 침해 정도, 목
적 달성을 위한 다른 방법의 유무 등 제반 사정에 비추어 상당한 이유가 있는 경우에
한하여 그 목적 달성에 필요한 최소한의 범위 내에서만 허용된다고 봄이 상당하다.
따라서, 소년인 미결수용자가 단지 같은 방에 수감되어 있던 다른 재소자와 몸싸움
을 하는 것이 적발되어 교도관으로부터 화해할 것을 종용받고도 이를 거절하였다는
이유로 교도관이 위 미결수용자를 양 손목에 수갑을 채우고 포승으로 양 손목과 어
깨를 묶은 후 독거실에 격리수용하였고 그 다음날 위 미결수용자가 수갑과 포승을
풀고 포승을 이용하여 자살하였는데, 위 미결수용자가 그 당시 폭행, 소요 또는 자
살이나 자해를 행하려고 시도한 바 없었고, 장차 격리수용할 경우 위와 같은 행동을
감행할 염려가 있다고 볼 만한 정황이 없었던 경우, 설사 위 미결수용자가 다른 재
소자와 재차 싸움을 벌일 염려가 있고 규율 위반으로 장차 징벌에 처할 필요가 있었
다고 하더라도, 이러한 목적을 달성하기 위하여는 그들을 서로 격리수용하거나 독
거수감하는 것만으로 족하고, 소년수인 위 미결수용자에 대하여 반드시 계구를 사
용하였어야 할 필요성이 있었다고 보기 어렵다 할 것임에도 불구하고 교도관이 위
미결수용자를 포승으로 묶고 수갑을 채운 상태로 독거수감하였을 뿐 아니라, 그 이
후 위 미결수용자가 별다른 소란행위 없이 싸운 경위의 조사에 응하고 식사를 하는
등의 상태에서는 더 이상 계구를 사용할 필요가 없다고 할 것임에도 그가 자살한 상
태로 발견되기까지 무려 27시간 동안이나 계속하여 계구를 사용한 것은 그 목적 달
성에 필요한 한도를 넘은 것으로서 위법한 조치에 해당한다는 이유로 국가배상책임
을 인정한 사례.

다. 강제력 사용전 경고

강제력을 행사하려면 사전에 해당 피보호자에게 경고하여야 한다. 다만, 긴급한 상황으로 사전에 경고할 만한 시간적 여유가 없을 때에는 그러하지 아니하다(법 제56조의4 제3항).

라. 강제퇴거 등을 호송시 사용장구

출입국관리공무원은 ⅰ) 자살 또는 자해행위를 하려는 경우 ⅱ) 다른 사람에게 위해를 끼치거나 끼치려는 경우 ⅲ) 도주하거나 도주하려는 경우 ⅳ) 출입국관리공무원의 직무집행을 정당한 사유 없이 거부 또는 기피하거나 방해하는 경우 ⅴ) ⅰ)부터 ⅳ)까지에서 규정한 경우 외에 보호시설 및 피보호자의 안전과 질서를 현저히 해치는 행위를 하거나 하려는 경우의 어느 하나에 해당하거나 보호시설의 질서유지 또는 강제퇴거를 위한 호송 등을 위하여 필요한 경우에는 다음 각 호의 보호장비를 사용할 수 있다(법 제56조의4 제4항). 이에 따른 보호장비의 사용 요건 및 절차 등에 관하여 필요한 사항은 법무부령으로 정한다(법 제56조의4 제5항).

(1) 수갑

(2) 포승

(3) 머리보호장비

(4) (1)부터 (3)까지에서 규정한 사항 외에 보호시설의 질서유지 또는 강제퇴거를 위한 호송 등을 위하여 특별히 필요하다고 인정되는 보호장비로서 법무부령으로 정하는 것

12. 신체 등의 검사

가. 보호시설의 안전과 질서유지를 위한 신체 등 검사

출입국관리공무원은 보호시설의 안전과 질서유지를 위하여 필요하면 보호시실에 보호되어 있는 피보호자의 신체 · 의류 및 휴대품을 검사할 수 있다(법 제56조의5 제1항).

【판시사항】

유치장 수용자에 대한 신체검사가 허용되는 범위(대법원 2001. 10. 26. 선고 2001
다51466 판결)

【판결요지】

행형법에서 유치장에 수용되는 피체포자에 대한 신체검사를 허용하는 것은 유치의
목적을 달성하고, 수용자의 자살, 자해 등의 사고를 미연에 방지하며, 유치장 내의
질서를 유지하기 위한 것인 점에 비추어 보면, 이러한 신체검사는 무제한적으로 허
용되는 것이 아니라 위와 같은 목적 달성을 위하여 필요한 최소한도의 범위 내에서
또한 수용자의 명예나 수치심을 포함한 기본권이 부당하게 침해되는 일이 없도록
충분히 배려한 상당한 방법으로 행하여져야만 할 것이고, 특히 수용자의 옷을 전부
벗긴 상태에서 앉았다 일어서기를 반복하게 하는 것과 같은 방법의 신체검사는 수
용자의 명예나 수치심을 심하게 손상하므로 수용자가 신체의 은밀한 부위에 흉기
등 반입이나 소지가 금지된 물품을 은닉하고 있어서 다른 방법(외부로부터의 관찰,
촉진에 의한 검사, 겉옷을 벗고 가운 등을 걸치게 한 상태에서 속옷을 벗어서 제출
하게 하는 등)으로는 은닉한 물품을 찾아내기 어렵다고 볼 만한 합리적인 이유가 있
는 경우에 한하여 허용된다고 할 것이다.

따라서 수용자들이 공직선거 및 선거부정방지법상 배포가 금지된 인쇄물을 배포한
혐의로 현행범으로 체포된 여자들로서, 체포될 당시 신체의 은밀한 부위에 흉기 등
반입 또는 소지가 금지되어 있는 물품을 은닉하고 있었을 가능성은 극히 낮았다고
할 것이고, 그 후 변호인 접견시 변호인이나 다른 피의자들로부터 흉기 등을 건네받
을 수도 있었다고 의심할 만한 상황이 발생하였기는 하나, 변호인 접견절차 및 접견
실의 구조 등에 비추어, 가사 수용자들이 흉기 등을 건네받았다고 하더라도 유치장
에 다시 수감되기 전에 이를 신체의 은밀한 부위에 은닉할 수 있었을 가능성은 극히
낮다고 할 것이어서, 신체검사 당시 다른 방법으로는 은닉한 물품을 찾아내기 어렵
다고 볼 만한 합리적인 이유가 있었다고 할 수 없으므로, 수용자들의 옷을 전부 벗
긴 상태에서 앉았다 일어서기를 반복하게 한 신체검사는 그 한계를 일탈한 위법한
것이라고 한 사례.

나. 여성인 경우 검사특례

피보호자가 여성인 경우 검사는 여성 출입국관리공무원이 하여야 한다. 다만, 여성 출입국관리공무원이 없는 경우에는 지방출입국 · 외국인관서의 장이 지명하는 여성이 할 수 있다(법 제56조의5 제2항). 이와 비슷한 경우로, 형의 집행 및 수용자의 처우에 관한 법률 제93조에서도 여성의 신체 · 의류 및 휴대폰에 대한 검사는 여성교도관이 하여야 한다고 규정하고 있다.

13. 면회 등

가. 피보호자의 면회 등

피보호자의 권리보호 및 인권보장의 차원에서 피보호자는 다른 사람과 면회, 서신수수 및 전화통화(이하 "면회등"이라 한다)를 할 수 있다(법 제56조의6 제1항).

【판시사항】

변호인의 접견 교통권에 대한 제한 가부(대법원 1990. 2. 13. 자 89모37 결정)

【결정요지】

형사소송법 제34조가 규정한 변호인의 접견교통권은 신체구속을 당한 피고인이나 피의자의 인권보장과 방어준비를 위하여 필수불가결한 권리이므로, 법령에 의한 제한이 없는 한 수사기관의 처분은 물론, 법원의 결정으로도 이를 제한할 수 없는 것이다.

따라서 구치소에 구속되어 검사로부터 수사를 받고 있던 피의자들의 변호인으로 선임되었거나 선임되려는 변호사들이 피의자들을 접견하려고 1989.7.31. 구치소장에게 접견신청을 하였으나 같은 해 8.9.까지도 접견이 허용되지 아니하고 있었다면, 수사기관의 구금 등에 관한 처분에 대하여 불복이 있는 경우 행정소송절차와는 다른 특별절차로서 준항고 절차를 마련하고 있는 형사소송법의 취지에 비추어, 위와 같이 피의자들에 대한 접견이 접견신청일로부터 상당한 기간이 경과하도록 허용되지 않고 있는 것은 접견불허처분이 있는 것과 동일시된다고 봄이 상당하다.

나. 면회의 제한

지방출입국·외국인관서의 장은 보호시설의 안전이나 질서, 피보호자의 안전·건강·위생을 위하여 부득이하다고 인정되는 경우 및 특별 계호 등으로 독방에 격리 중인 자가 보호소의 안전과 질서를 해칠 현저한 우려가 있을 때, 보호외국인이 면회를 거부하였을 때, 면회신청인이 제2항부터 제8항까지의 규정을 위반하여 면회를 신청한 경우, 그 신청의 보정이 가능하다고 판단하여 보정요청을 하였음에도 보정하지 아니하였을 때, 화재, 보호외국인의 집단난동, 보호시설 안팎에서의 시위나 유형력(有形力) 행사 등 긴급사태로 인하여 청장등이 보호시설의 안전과 질서유지를 위하여 모든 면회를 중지하기로 하였을 때, 그 밖에 보호시설의 안전·질서유지나 보호외국인의 안전·건강·위생을 위하여 부득이하다고 인정될 때 등의 사유에 속하는 경우에는 면회 등을 제한할 수 있다(법 제56조의6 제2항, 외국인보호규칙 제33조 제10항).

【판시사항】

미결수용자의 서신 검열(헌법재판소 1995. 7. 21. 선고 93헌마144 결정)

【결정요지】

헌법 제18조는 "모든 국민은 통신의 비밀을 침해받지 아니한다."고 규정하여 통신의 비밀을 침해받지 아니할 권리를 기본권으로 보장하고 있다. 따라서 통신의 중요한 수단인 서신의 당사자나 내용은 본인의 의사에 반하여 공개될 수 없으므로 서신의 검열은 원칙으로 금지된다고 할 것이다. 그러나 위와 같은 기본권도 절대적인 것은 아니므로 헌법 제37조 제2항에 따라 국가안전보장·질서유지 또는 공공복리를 위하여 필요한 경우에는 법률로써 제한할 수 있고, 다만 제한하는 경우에도 그 본질적인 내용은 침해할 수 없다.

다. 면회 등의 절차

면회 등의 절차 및 그 제한 등에 관한 구체적인 사항은 법무부령으로 정한다(법 제56조의6 제3항).

(1) 준수사항 통지

청장 등은 보호외국인에 대하여 면회를 신청한 경우 준수사항을 알리고 면회하게 하여야 한다(외국인보호규칙 제33조 제1항).

(2) 면회신청 방법

면회신청인은 면회 당일 본인의 신분을 증명하는 서류(대한민국 국민인 경우에는 주민등록증·운전면허증·공무원증, 외국인인 경우에는 여권 등을 말한다)를 제시하고 법무부장관이 정하는 면회신청서를 작성하여 담당공무원에게 제출하여야 한다(외국인보호규칙 제33조 제2항).

(3) 면회시간 등

(가) 면회신청 시간

면회의 신청·접수 및 면회시간은 「국가공무원 복무규정」에 따른 근무시간 중 오전 9시 30분부터 11시 30분까지와 오후 1시 30분부터 4시 30분까지로 한다. 다만, 긴급하거나 부득이한 사정으로 청장 등이 허가한 경우에는 그러하지 아니하다(외국인보호규칙 제33조 제3항).

(나) 면회방법

또한, 면회는 한 사람씩 한다. 다만, 청장 등은 보호시설의 안전과 질서유지에 반하는 경우를 제외하고는 보호외국인의 가족·형제자매·직계친족이 동시에 면회하게 할 수 있다. 면회는 면회실에서 하여야 한다. 다만, 청장 등은 면회실 외의 장소에서 면회가 필요하다고 인정하는 경우 그 장소를 지정하여 면회를 하게 할 수 있다(외국인보호규칙 제33조 제4, 5항).

(다) 면회시간 및 연장

면회시간은 30분 이내로 한다. 다만, 청장 등은 면회인이 면회시간의 연장을 요청하였을 때에는 다른 면회인의 면회에 방해가 되지 아니하고 면회 연장이 부득이하다고 판단되는 경우에 면회시간을 연장할 수 있다. 면회인은 같은 보호외국인에 대하여 하루에 한 번만 면회를 할 수 있다. 다만, 청장 등은 다른 면회인의 면회에 방해가 되지 아니하고 면회 횟수 연장이 부득이하다고 판단되는 경우에 면회 횟수를 늘릴 수 있다(외국인보호규칙 제33조 제6, 7항).

(라) 면회 횟수
보호외국인의 면회 횟수는 1일 2회로 한다. 다만, 청장 등은 보호시설의 안전과 질서유지에 지장을 주지 아니하고 면회 횟수의 증가가 부득이하다고 판단되는 경우에 면회 횟수를 늘릴 수 있다(외국인보호규칙 제8항).

라. 통신 등에 관한 사항
(1) 문서와 편지의 송·수신
보호외국인이 발송하는 문서나 편지는 긴급한 경우를 제외하고는 자유시간에 쓰게 하여야 한다. 다만, 보호외국인이 편지를 직접 쓸 수 없는 경우에는 그의 요청에 따라 다른 사람이 대신하여 쓰게 할 수 있다. 이때 보호외국인이 발송하는 편지의 용지 및 우편요금은 자신이 부담한다. 다만, 자신이 부담할 수 없는 보호외국인에게는 편지의 용지와 우표를 국가가 지급할 수 있다.
또한, 청장 등은 보호외국인이 받은 봉인된 우편물에 대하여 보호외국인이 보는 앞에서 개봉할 수 있고, 그 우편물에 흉기, 도주용 물품, 점화성 물질, 마약 등 보호시설의 안전과 질서유지 또는 위생에 반하는 물품이 있을 때에는 이를 따로 보관하여야 한다. 다만, 제34조 각 호의 어느 하나에 해당하는 사람이 보낸 문서와 편지는 열람할 수 없다(외국인보호규칙 제35조).

(2) 전화 및 전보
보호외국인은 다른 사람과 전화통화를 하거나 전보를 보낼 수 있으며, 보호외국인의 전화통화 제한에 관하여는 제33조 제10항 제1호 · 제2호 · 제4호 및 같은 조 제11항 제3호를 준용한다. 이 경우 "면회"는 "전화통화"로 본다(외국인보호규칙 제36조).

14. 영상정보 처리기기 등을 통한 안전대책

가. 영상정보 처리기기 설치요건

지방출입국 · 외국인관서의 장은 피보호자의 자살 · 자해 · 도주 · 폭행 · 손괴나 그 밖에 다른 피보호자의 생명 · 신체를 해치거나 보호시설의 안전 또는 질서를 해치는 행위를 방지하기 위하여 필요한 범위에서 영상정보 처리기기[CCTV] 등 필요한 시설을 설치할 수 있다(법 제56조의7 제1항, 외국인보호규칙 제37조 제2항).

나. 영상정보 보존

청장 등은 담당공무원으로 하여금 보호시설의 안전과 질서유지에 반하는 보호외국인의 말 · 행동 · 증거물 등에 대하여 비디오테이프에 녹화하거나 사진으로 찍어서 보존하게 할 수 있으며, 나아가 청장 등은 영상정보 처리기기에 의하여 녹화된 영상물의 내용이 보호외국인의 처우와 관리를 위하여 중요하다고 인정되는 경우 해당 녹화 부분이 멸실 · 훼손되지 않도록 적절한 조치를 하여야 한다(외국인보호규칙 제37조 제3, 4항).

다. 설치 · 운영제한

설치된 영상정보 처리기기는 피보호자의 인권 등을 고려하여 외국인의 사생활, 초상권 등의 침해가 없는 필요한 최소한의 범위에서 설치 · 운영되어야 한다(법 제56조의7 제2항, 외국인보효규칙 제37조 제5항).

> **【판시사항】**
>
> 보호외국인의 사전동의 없이 실시한 비디오 촬영의 인격권 침해여부(서울중앙지방법원 2004가단122640 판결)
>
> **【판결요지】**
>
> 3차례 비디오 촬영사건 중 업무상 필요성 없이 시범적으로 비디오 촬영을 하고자 보호외국인의 동의 없이 실시한 2회 비디오 촬영은 보호외국인의 초상권 등의 인격권을 침해한 것으로 불법행위를 구성하며, 공무원 등의 불법행위에 대하여 국가배상법 제2조 제1항에 의해 원고에게 그 손해를 배상할 의무가 있다. 그러나 아침점호에 참석하지 아니한 보호외국인을 비디오 촬영한 것은 다수의 외국인을 보호하기 있기 때문에 어느 정도의 질서유지를 위한 필요조치라고 보아 불법행위를 구성하다고 보기 어렵다.

라. 영상정보 처리기기 설치 · 운영 등에 필요한 사항

영상정보 처리기기 등의 설치 · 운영 및 녹화기록물의 관리 등에 필요한 사항은 법무부령으로 정한다(법 제56조의7 제3항).

15. 청원

가. 청원사유 등

피보호자의 인권과 권리증진을 위하여 피보호자는 보호시설에서의 처우에 대하여 불복하는 경우에는 법무부장관이나 지방출입국 · 외국인관서의 장에게 청원(請願)할 수 있다(법 제58조의8 제1항). 한편, 청장 등은 위에서 규정하고 있는 청원 사유가 아닌 보호외국인의 고충사항에 대해서는 법무부장관이 정하는 외국인 고충상담에 관한 구체적 사항과 절차에 따라 처리할 수 있으며, 이에 따른 업무를 수행하기 위하여 소속 공무원 중에서 고충상담관을 지정하여야 한다(외국인보호규칙 제30조).

나. 청원의 제출방법

청원은 서면으로 작성하여 봉(封)한 후 제출하여야 한다. 다만, 지방출입국·외국인관서의 장에게 청원하는 경우에는 말로 할 수 있다(법 제58조의8 제2항).

다. 불이익처우 금지

피보호자는 청원을 하였다는 이유로 불리한 처우를 받지 아니한다(법 제58조의8 제3항).

라. 청원의 절차 등에 관한 필요한 사항

청원의 절차 등에 관하여 필요한 사항은 법무부령으로 정한다(법 제58조의8 제4항).

16. 이의신청 절차 등의 게시

피보호자의 권리와 인권보호의 차원에서 보호외국인의 권리구제절차에 대한 정보의 접근성을 용이하게 하기 위하여 지방출입국·외국인관서의 장은 보호에 대한 이의신청(법 제55조), 면회 등(법 제56조의6) 및 청원(법 제56조의8)에 관한 절차를 보호시설 안의 잘 보이는 곳에 게시하여야 한다(법 제56조의9).

17. 피보호자의 급양 및 관리 등

가. 급양 및 관리

피보호자의 기본권 인권 및 처우에 관한 중요사항{법 제56조의2(피보호자의 긴급이송 등), 법 제56조의3(피보호자 인권의 존중 등), 법 제56조의4(강제력의 행사), 법 제56조의5(신체 등의 검사), 법 제56조의6(면회 등), 법 제56조의7(영상정보 처리기기 등을 통한 안전대책), 법 제56조의8(청원), 제56조의9} 외에 보호시설에서의 피보호자에 대한 급양(給養)이나 관리 및 처우, 보호시설의 경비(警備)에 관한 사항과 그 밖에 필요한 사항은 법무부령(외국인보호규칙 시행세칙, 보호외국인 급식 관리 규정 등)으로 정한다(법 제57조).

나. 안전을 위한 조치

(1) 응급환자에 대한 조치

의약품의 투약은 보호외국인의 동의를 받아야 할 수 있다. 다만, 청장 등은 의사가 「응급의료에 관한 법률」에 따라 보호외국인이 의사결정능력이 없거나 보호외국인의 생명이 위험하거나 심신에 중대한 장애를 줄 수 있다고 진단하였을 때에는 의사나 간호사로 하여금 보호외국인의 동의 없이 의약품을 투약하도록 할 수 있으며, 그 외 자살, 자해, 장기간 단식 등으로 인하여 보호외국인의 생명이 위험하거나 심신에 중대한 장애를 줄 우려가 있어 치료가 불가피하다는 의사의 진단에도 불구하고 보호외국인이 치료를 거부할 때에는 보호외국인 스스로 치료에 협조하도록 설득하여야 한다. 그럼에도 불구하고 보호외국인이 치료를 계속 거부할 때에는 담당공무원으로 하여금 강제력을 행사하여 의사나 간호사의 투약을 지원하게 하고, 부득이한 경우 보호장비를 사용하게 할 수 있다(외국인보호규칙 제41조).

(2) 환자 발견 시 조치

정신질환·마약중독 등이 의심되거나 응급조치가 필요한 보호외국인은 외부의 의료기관에 격리하여 보호할 수 있다. 또한, 청장 등은 검사에서 보호외국인에게 급히 치료받아야 할 질병·상처 또는 신체적 이상이 있음을 발견하였을 때에는 지체 없이 보호시설 안에 있는 의사(이하 '담당의사'라 한다)에게 진료를 받게 하여야 한다. 다만, 담당의사가 없는 경우에는 외부 의료기관에서 진료를 받게 하여야 하며, 이에 따라 진료를 받는 경우 그 진료비는 보호외국인이 부담한다. 다만, 보호외국인이 그 진료비를 납부할 능력이 없을 때에는 국비로 부담할 수 있다(외국인보호규칙 제7조).

(3) 건강진단

청장 등은 1개월 이상 보호하는 보호외국인에게는 2개월마다 1회 이상 담당의사 또는 외부의사의 건강진단을 받게 하여야 하며, 보호외국인이 임산부나 노약자인 경우에는 특별히 보호하여야 하고, 임산부나 노약자가 진료신청을 하였을 때에는 우선적으로 담당의사의 건강진단을 받게 하여야 한다(외국인보호규칙 제20조).

(4) 환자진료

청장 등은 보호외국인이 병을 앓거나 상처를 입었을 때에는 담당의사의 진료를 받게 하여야 하며, 만일 보호시설 안의 의료설비·의약품 및 인력으로 치료할 수 없는 병을 가진 보호외국인이 자기 부담으로 외부 의료기관에서 진료받기를 요청하는 경우에는 병이나 상처의 정도와 도주 우려 등을 판단한 후 이를 허가할 수 있다. 다만, 환자의 생명이 위급하다고 판단되는 경우 담당공무원은 그 보호외국인을 지체 없이 외부의 의료기관으로 옮겨 치료받게 한 후에 그 사실을 청장 등에게 보고하여야 한다(외국인보호규칙 제21조).

(5) 감염병자 및 정신질환자 처리)

청장 등은 보호외국인이 감염병에 걸렸거나 걸렸다고 의심될 때에는 지체 없이 다른 보호외국인과 격리시킨 후 관할 보건소장에게 이를 알려야 하며, 이 경우 격리된 보호외국인이 사용한 보호시설·장비 및 물품에 대해서는 소독 등 적절한 조치를 하여야 한다(외국인보호규칙 제22조).

(6) 위독 또는 사망의 통보

청장 등은 보호외국인이 질병이나 상처 등으로 위독할 때에는 그 외국인의 국적 또는 시민권이 속하는 나라의 영사나 가족에게 그 사실을 알려야 한다. 또한, 보호외국인이 사망한 때에는 그 사유를 관할 지방검찰청·지청 검사에게 알려 검시(檢屍)를 받은 후, 그 외국인의 국적 또는 시민권이 속하는 나라의 영사나 그 가족에게 사망 일시, 사망 원인, 병명 및 14일 이내에 사체를 인수할 것을 알려야 한다. 다만, 영사에게 알릴 경우에는 지체 없이 하여야 한다(외국인보호규칙 제23조).

제4절 심사 및 이의신청

1. 심사결정절차

가. 심사결정

지방출입국·외국인관서의 장은 출입국관리공무원이 강제퇴거 대상자에 해당하는 것으로 의심이 되는 용의자에 대한 조사를 마치면 지체 없이 용의자가 강제퇴거의 대상자(제46조 제1항 각 호)의 어느 하나에 해당하는지를 심사하여 강제퇴거, 출국명령, 출국권고, 통고처분, 체류허가, 고발, 혐의없음 등의 결정을 하여야 한다(법 제58조).

법 제46조(강제퇴거의 대상자) ① 지방출입국·외국인관서의 장은 이 장에 규정된 절차에 따라 다음 각 호의 어느 하나에 해당하는 외국인을 대한민국 밖으로 강제퇴거시킬 수 있다.

1. 제7조를 위반한 사람

2. 제7조의2를 위반한 외국인 또는 같은 조에 규정된 허위초청 등의 행위로 입국한 외국인

3. 제11조제1항 각 호의 어느 하나에 해당하는 입국금지 사유가 입국 후에 발견되거나 발생한 사람

4. 제12조제1항·제2항 또는 제12조의3을 위반한 사람

5. 제13조제2항에 따라 지방출입국·외국인관서의 장이 붙인 허가조건을 위반한 사람

6. 제14조제1항, 제14조의2제1항, 제15조제1항, 제16조제1항 또는 제16조의2제1항에 따른 허가를 받지 아니하고 상륙한 사람

7. 제14조제3항(제14조의2제3항에 따라 준용되는 경우를 포함한다), 제15조제2항, 제16조제2항 또는 제16조의2제2항에 따라 지방출입국·외국인관서의 장 또는 출입국관리공무원이 붙인 허가조건을 위반한 사람

---

8. 제17조제1항·제2항, 제18조, 제20조, 제23조, 제24조 또는 제25조를 위반한 사람

9. 제21조제1항 본문을 위반하여 허가를 받지 아니하고 근무처를 변경·추가하거나 같은 조 제2항을 위반하여 외국인을 고용·알선한 사람

10. 제22조에 따라 법무부장관이 정한 거소 또는 활동범위의 제한이나 그 밖의 준수사항을 위반한 사람

10의2. 제26조를 위반한 외국인

11. 제28조제1항 및 제2항을 위반하여 출국하려고 한 사람

12. 제31조에 따른 외국인등록 의무를 위반한 사람

12의2. 제33조의3을 위반한 외국인

13. 금고 이상의 형을 선고받고 석방된 사람

14. 그 밖에 제1호부터 제10호까지, 제10호의2, 제11호, 제12호, 제12호의2 또는 제13호에 준하는 사람으로서 법무부령으로 정하는 사람

나. 심사결정서 작성

청장·사무소장·출장소장 또는 보호소장은 심사결정을 한 때에는 주문·이유 및 적용 법조문 등을 분명히 밝힌 심사결정서를 작성하여야 한다(법 시행령 제72조).

■ 출입국관리법시행규칙 [별지 제109호서식] 〈개정 2018. 5. 15.〉

심사결정서

용의자	성명	
	성별 남 [ ] 여 [ ]	
	생년월일	
	국적	
	대한민국 내 주소	

위 사람에 대한 조사를 마치고 심사한 결과 아래와 같이 결정한다.

주문	
사실 및 이유	
적용 법조	
비고	

년 월 일

○○출입국 · 외국인청(사무소 · 출장소)장 　　直印

210㎜×297㎜[백상지(80 g/㎡) 또는 중질지(80 g/㎡)]

2. 심사 후의 절차

가. 즉시 보호해제 등

(1) 즉시 보호해제

지방출입국 · 외국인관서의 장은 심사 결과 용의자가 강제퇴거의 대상자(법 제46조 제1항 각 호)의 어느 하나에 해당하지 아니한다고 인정하면 지체 없이 용의자에게 그 뜻을 알려야 하고, 용의자가 보호되어 있으면 즉시 보호를 해제하여야 한다(법 제59조 제1항).

(2) 보호해제의뢰서 송부

청장·사무소장·출장소장 또는 보호소장은 보호를 해제하는 경우 용의자가 보호시설에 보호되어 있을 때에는 보호해제 사유 등을 적은 보호해제 의뢰서를 보호시설의 장에게 보내야 한다(법 시행령 제73조).

■ 출입국관리법시행규칙 [별지 제102호서식] 〈개정 2018. 5. 15.〉

번호(No.) :

보호해제 의뢰서

보호 대상자	성명	
	성별 남 [ ] 여 [ ]	
	생년월일	
	국적	
	대한민국 내 주소	

   년 월 일 보호 의뢰한 위 사람에 대하여 다음과 같이 보호해제를 의뢰합니다.

보호해제 사유	
근거 조항	
비고	

년 월 일

○○출입국 · 외국인청(사무소 · 출장소)장 　[직인]

210㎜×297㎜[백상지(80 g/㎡) 또는 중질지(80 g/㎡)]

나. 강제퇴거명령 및 강제퇴거명령서의 발급

(1) 강제퇴거명령

(가) 강제퇴거명령 대상자

지방출입국·외국인관서의 장은 심사 결과 용의자가 강제퇴거의 대상자(제46조제1항 각 호)의 어느 하나에 해당한다고 인정되면 강제퇴거명령을 할 수 있다(법 제59조 제2항).

(나) 강제퇴거명령서 교부

청장·사무소장·출장소장 또는 보호소장은 강제퇴거명령을 결정한 때에는 명령의 취지 및 이유와 이의신청을 할 수 있다는 뜻을 적은 강제퇴거명령서를 발급하여 그 부본을 용의자에게 교부하여야 한다(법 시행령 제74조).

(2) 강제퇴거명령서 발급

(가) 용의자에 강제퇴거명령서 발급

지방출입국·외국인관서의 장은 강제퇴거명령을 하는 때에는 강제퇴거명령서를 용의자에게 발급하여야 한다(법 제59조 제3항).

강제퇴거명령서
DEPORTATION ORDER

Date . . .

대상자 Subject of Deportation Order	성 명 Name in Full		
	생년월일 Date of Birth	성 별 Sex	[ ]남 [ ]여 [ ]M [ ]F
	국적 Nationality	직 업 Occupation	
	대한민국 내 주소 Address in Korea		

강제퇴거 이유(적용 법규정) Reason for Deportation (Applicable Provision)	
집행방법 Mode of Execution	
송환국 Country of Repatriation	

1. 「출입국관리법」 제59조에 따라 위와 같이 강제퇴거명령서를 발급합니다.
   In accordance with Article 59 of the Immigration Act, the deportation order is issued to the person above.
2. 귀하는 이 명령서를 받은 날부터 7일 이내에 법무부장관에게 이의신청을 하거나, 90일 이내에 행정심판 또는 행정소송을 제기할 수 있습니다.
   ※ 행정심판을 청구할 때에는 온라인행정심판(www.simpan.go.kr), 행정소송을 청구할 때에는 전자소송(ecfs.scourt.go.kr)을 통하여 온라인으로도 청구할 수 있습니다.
   A person who has an objection to the above disposition may file an objection with the Minister of Justice within 7 days after receipt of the deportation order or file an administrative appeal or an administrative litigation within 90 days from the date of receiving the deportation order.
   ※ You may file an administrative appeal online (www.simpan.go.kr) and an administrative litigation on the Internet (ecfs.scourt.go.kr)

○○출입국·외국인청(사무소·출장소)장 | 직인 |

CHIEF, ○○IMMIGRATION OFFICE

집행결과 Result of Execution	집행자 Executing Official	서명 Signature

210mm×297mm[백상지(80g/㎡) 또는 중질지(80g/㎡)]

(나) 강제퇴거명령서의 기재요령

강제퇴거명령서에는 적용법조 · 퇴거이유 · 송환국 등을 명시하여야 한다(법 시행규칙 제63조).

(다) 사건부 기재

청장 · 사무소장 · 출장소장 또는 보호소장은 강제퇴거명령서를 발부하는 때에는 이를 사건부에 기재하여야 한다(법 시행규칙 제62조)

(3) 불복절차 고지

지방출입국 · 외국인관서의 장은 강제퇴거명령서를 발급하는 경우 법무부장관에게 이 의신청을 할 수 있다는 사실을 용의자에게 알려야 한다(법 제59조 제4항).

3. 이의신청

출입구관리법에서 이의신청이라 함은 보호명령을 받은 외국인이 그 보호명령이 위법 또는 부당함을 이유로 법무부장관에게 그 명령의 취소 · 변경 등을 청구하는 불복절차 를 말한다.

가. 이의신청 기한

용의자는 강제퇴거명령에 대하여 이의가 있어 가령, 강제퇴거대상자에 포함되지 않는 다거나, 포함된다고 하여도 강제퇴거명령이 가혹하니 보다 경미한 출국명령 또는 출국 권고의 해달라는 사유 등으로 이의신청을 하려면 강제퇴거명령서를 받은 날부터 7일 이내에 지방출입국 · 외국인관서의 장을 거쳐 법무부장관에게 이의신청서를 제출하여 야 한다(법 제60조 제1항).

나. 이의신청 처리절차

(1) 이의신청서 접수 및 심사결정서 등 송부

청장 · 사무소장 · 출장소장 또는 보호소장은 이의신청서를 받은 때에는 의견을 붙여 심사결정서와 조사기록을 첨부한 후 법무부장관에게 제출하여야 한다(법 제60조 제2항).

■ 출입국관리법 시행규칙 [별지 제111호서식] 〈개정 2018. 5. 15.〉

강제퇴거명령에 대한 이의신청서
(WRITTEN OBJECTION AGAINST DEPORTATION ORDER)

접수번호 (Receipt No)		접수일 (Receipt Date)	
신청인 (Applicant)	성명 (Full name)		
	생년월일 (Date of Birth)	성별 (Sex) [ ]남 male [ ]여 Female	
	국적 (Nationality)		
	대한민국 내 주소 (Address in Korea) (연락처 (Phone No.) :)		
이의신청 사유 (Reasons for objection)	※ 별지 작성 가능 You may write on a separate sheet of paper.		
소명자료(첨부) (Attachment: Supporting documents)			

나는 년 월 일자 출입국ㆍ외국인청(사무소ㆍ출장소)장의 강제퇴거명령에 대하여 이의가 있으므로 「출입국관리법」 제60조제1항에 따라 이의 사유를 소명할 수 있는 서류를 덧붙여 이의신청합니다.

I have an objection against the Deportation Order issued by the Chief of Immigration Office on __. __, __. Accordingly, I hereby file an objection with supporting documents attached, pursuant to Article 60(1) of the Immigration Act.

년   월   일
Date   (Year)   (Month)   (Day)
신청인 (Applicant)   (서명 또는 인) Signature or Seal

법 무 부 장 관   귀하
TO: Minister of Justice

210mm×297mm[백상지(80 g/㎡) 또는 중질지(80 g/㎡)]

(2) 심사결정 및 결과통보 등

(가) 심사결정 및 결과통보

법무부장관은 이의신청서 등을 접수하면 이의신청이 이유 있는지를 최종적으로 심사·결정하여 그 결과를 지방출입국·외국인관서의 장에게 알려야 한다(법 제60조 제3항).

(나) 이의신청에 대한 결정서작성 등

법무부장관은 심사결정을 하는 때에는 주문·이유 및 적용 법조문 등을 분명히 밝힌 이의신청에 대한 결정서를 작성하여 청장·사무소장·출장소장 또는 보호소장을 거쳐 용의자에게 발급하여야 한다. 다만, 긴급한 경우에는 구두로 통지한 후 결정서를 발급할 수 있다(법 시행령 제75조 제2항).

(3) 용의자에 이의신청 결정통보 등

(가) 이유 있다는 통보를 받은 경우

1) 즉시 보호해제

지방출입국·외국인관서의 장은 법무부장관으로부터 이의신청이 이유 있다는 결정을 통지받으면 지체 없이 용의자에게 그 사실을 알리고, 용의자가 보호되어 있으면 즉시 그 보호를 해제하여야 한다(법 제60조 제4항).

2) 보호해제의뢰서 발송

청장·사무소장·출장소장 또는 보호소장은 보호를 해제하는 경우에 용의자가 보호시설에 보호되어 있을 때에는 보호해제 사유 등을 적은 보호해제 의뢰서를 보호시설의 장에게 보내야 한다.

(나) 이유 없다는 통보를 받은 경우

지방출입국·외국인관서의 장은 법무부장관으로부터 이의신청이 이유 없다는 결정을 통지받으면 지체 없이 용의자에게 그 사실을 알리고 강제퇴거집행을 위한 절차를 진행하여야 한다(법 제60조 제5항).

한편, 이의신청이 이유 없다는 통보를 받은 용의자는 이에 대한 불복절차로 행정소송을 통하여 다툴 수 있지만, 본 조의 강제퇴거 처분에 대한 이의신청제도를 별도로 규정하고 있으므로 강제퇴거처분은 행정심판법에 따른 행정심판의 대상이 되지는 않음에 유의하여야 한다. 이와 관련된 서울행정법원 2015. 11. 24. 선고 2015구단52114 판결 또한 ⅰ) 행정심판청구는 엄격한 형식을 요하지 않으므로, 원고의 이 사건 이의신청은 그 형식 여하에 불구하고 행정심으로 볼 여지가 는 점 ⅱ) 이의신청의 상대방이 처분기관인 지방 출입국관리소장이 아닌 그 상위기관인 법무부장관인 점 ⅲ) 갑 제1호증, 을 제4호증의 각 기재에 의하면 이 사건 각 처분에 대한 처분서에는 이의신청절차만이 안내되어 있고, 따로 행정심판 또는 행정소송절차에 대한 기재는 없는 점 ⅳ) 그럼에도 불구하고 원고가 위 안내에 따라 이의신청 절차를 거치느라 이 사건 소송을 늦게 제기하였다고 하여 이를 제소기간이 도과하였다고 보는 것은 법률에 대해 잘 알지 못하는 일반 국민들에게 가혹한 측면이 있는 점 등을 종합하면, 이 사건 이의신청은 행정심판의 일정이라고 판단한 바 있다.

4. 체류허가의 특례

가. 체류허가 특례사유

(1) 체류허가 특례인정

법무부장관이 심사결정을 할 때 이의신청이 이유 없다고 인정되는 경우 원칙적으로 용의자는 국내의 체류가 부정되고 강제퇴거 되어야 하지만 이러한 경우라도 용의자가 대한민국 국적을 가졌던 사실이 있거나 그 밖에 대한민국에 체류하여야 할 특별한 사정이 있다고 인정되면 그의 체류를 허가할 수 있다(법 제61조 제1항).

(2) 특별체류허가 사유

법 제61조 제1항에 따른 그 밖에 대한민국에 체류하여야 할 특별한 사정은 다음의 어느 하나에 해당하는 경우로 한다.

(가) 용의자가 별표 1의3 영주(F-5) 체류자격을 가지고 있는 경우

[별표 1의3]

영주자격에 부합하는 사람(제12조의2제1항 관련)

체류자격 (기호)	영주자격에 부합하는 사람의 범위
영주 (F-5)	법 제46조제1항 각 호의 어느 하나에 해당하지 않는 사람으로서 다음 각 호의 어느 하나에 해당하는 사람 1. 대한민국 「민법」에 따른 성년으로서 별표 1의2 중 10. 주재(D-7)부터 20. 특정활동(E-7)까지의 체류자격이나 별표 1의2 중 24. 거주(F-2) 체류자격으로 5년 이상 대한민국에 체류하고 있는 사람 2. 국민 또는 영주자격(F-5)을 가진 사람의 배우자 또는 미성년 자녀로서 대한민국에 2년 이상 체류하고 있는 사람 및 대한민국에서 출생한 것을 이유로 법 제23조에 따라 체류자격 부여 신청을 한 사람으로서 출생 당시 그의 부 또는 모가 영주자격(F-5)으로 대한민국에 체류하고 있는 사람 중 법무부장관이 인정하는 사람 3. 「외국인투자 촉진법」에 따라 미화 50만 달러를 투자한 외국인투자가로서 5명 이상의 국민을 고용하고 있는 사람 4. 별표 1의2 중 26. 재외동포(F-4) 체류자격으로 대한민국에 2년 이상 계속 체류하고 있는 사람으로서 대한민국에 계속 거주할 필요가 있다고 법무부장관이 인정하는 사람 5. 「재외동포의 출입국과 법적 지위에 관한 법률」 제2조제2호의 외국국적동포로서 「국적법」에 따른 국적 취득 요건을 갖춘 사람 6. 종전 「출입국관리법 시행령」(대통령령 제17579호로 일부개정되어 2002. 4. 18. 공포·시행되기 이전의 것을 말한다) 별표 1 제27호란의 거주(F-2) 체류자격(이에 해당되는 종전의 체류자격을 가진 적이 있는 사람을 포함한다)이 있었던 사람으로서 대한민국에 계속 거주할 필요가 있다고 법무부장관이 인정하는 사람 7. 다음 각 목의 어느 하나에 해당하는 사람으로서 법무부장관이 인정하는 사람 　가. 국외에서 일정 분야의 박사 학위를 취득한 사람으로서 영주자격(F-5) 신청 시 국내 기업 등에 고용된 사람 　나. 국내 대학원에서 정규과정을 마치고 박사학위를 취득한 사람 8. 법무부장관이 정하는 분야의 학사 학위 이상의 학위증 또는 법무부장관이 정하는 기술자격증이 있는 사람으로서 국내 체류기간이 3년 이상이고, 영주자격(F-5) 신청 시 국내기업에 고용되어 법무부장관이 정하는 금액 이상의 임금을

	받는 사람
	9. 과학·경영·교육·문화예술·체육 등 특정 분야에서 탁월한 능력이 있는 사람 중 법무부장관이 인정하는 사람
	10. 대한민국에 특별한 공로가 있다고 법무부장관이 인정하는 사람
	11. 60세 이상으로서 법무부장관이 정하는 금액 이상의 연금을 국외로부터 받고 있는 사람
	12. 별표 1의2 중 29. 방문취업(H-2) 체류자격으로 취업활동을 하고 있는 사람으로서 같은 표 중 24. 거주(F-2)란의 사목 1)부터 3)까지의 요건을 모두 갖추고 있는 사람 중 근속기간이나 취업지역, 산업 분야의 특성, 인력 부족 상황 및 국민의 취업 선호도 등을 고려하여 법무부장관이 인정하는 사람
	13. 별표 1의2 중 24. 거주(F-2) 자목에 해당하는 체류자격으로 대한민국에서 3년 이상 체류하고 있는 사람으로서 대한민국에 계속 거주할 필요가 있다고 법무부장관이 인정하는 사람
	14. 별표 1의2 중 24. 거주(F-2) 차목에 해당하는 체류자격을 받은 후 5년 이상 계속 투자 상태를 유지하고 있는 사람으로서 대한민국에 계속 거주할 필요가 있다고 법무부장관이 인정하는 사람과 그 배우자 및 자녀(법무부장관이 정하는 요건을 갖춘 자녀만 해당한다)
	15. 별표 1의2 중 11. 기업투자(D-8) 다목에 해당하는 체류자격으로 대한민국에 3년 이상 계속 체류하고 있는 사람으로서 투자자로부터 3억원 이상의 투자금을 유치하고 2명 이상의 국민을 고용하는 등 법무부장관이 정하는 요건을 갖춘 사람
	16. 5년 이상 투자 상태를 유지할 것을 조건으로 법무부장관이 정하여 고시하는 금액 이상을 투자한 사람으로서 법무부장관이 정하는 요건을 갖춘 사람
	17. 별표 1의2 중 11. 기업투자(D-8) 가목에 해당하는 체류자격을 가지고 「외국인투자촉진법 시행령」 제25조제1항제4호에 따른 연구개발시설의 필수전문인력으로 대한민국에 3년 이상 계속 체류하고 있는 사람으로서 법무부장관이 인정하는 사람
	18. 별표 1의2 중 24. 거주(F-2) 다목에 해당하는 체류자격으로 2년 이상 대한민국에 체류하고 있는 사람

(나) 용의자가 대한민국정부로부터 훈장 또는 표창을 받은 사실이 있거나 대한민국에 특별한 공헌을 한 사실이 있는 경우

(다) 그 밖에 국가이익이나 인도주의에 비추어 체류하여야 할 특별한 사정이 있다고 인정되는 경우

나. 특별체류허가서 교부 등

(1) 특별체류허가서 교부

법무부장관은 체류허가를 한 때에는 체류자격, 체류기간과 그 밖에 필요한 준수사항을 적은 특별체류허가서를 발급하여 청장·사무소장·출장소장 또는 보호소장을 거쳐 그 용의자에게 교부하여야 한다((법 시행령 제76조 제2항).

■ 출입국관리법시행규칙 [별지 제113호서식] 〈개정 2016. 9. 29.〉

번호(No.) :

특별체류허가서
(SPECIAL PERMIT FOR SOJOURN)

인적사항 (Personal details)	성명 (Full name)
	성별 (Sex) 남 Male[ ] 여 Female[ ]
	생년월일 (Date of Birth)
	국적 (Nationality)
	대한민국 내 주소 (Address in Korea)

위 사람에 대하여 「출입국관리법」 제61조의 규정에 의하여 아래 조건으로 체류를 특별허가합니다. 다만, 조건을 지키지 아니한 때에는 이 허가를 취소할 수 있습니다.

The above mentioned person is hereby granted special permission to reside in the Republic of Korea under the following conditions pursuant to Article 61 of the Immigration Act. However failure to observe such conditions may result in rescission of the permit.

특별허가 조건 (Conditions for Special Permission)	1.
	2.
	3.

년 월 일
Date (year) (month) (day)

법무부장관 　 직인

Minister of Justice

210mm×297mm[백상지(80 g/㎡) 또는 중질지(80 g/㎡)]

(2) 특별체류허가서 작성 및 발급 등

법무부장관은 특별체류허가를 하는 때에는 주문·이유 및 적용 법조문 등을 분명히 밝힌 특별체류허가서를 작성하여 청장·사무소장·출장소장 또는 보호소장을 거쳐 용의자에게 발급하여야 한다. 다만, 긴급한 경우에는 구두로 통지한 후 결정서를 발급할 수 있다(법 시행령 제76조 제3항).

다. 체류조건 부과

법무부장관은 대한민국에 체류하여야 할 특별한 사정이 있어 그의 체류를 허가를 할 때 체류기간 등 필요한 조건을 붙일 수 있다(법 제61조 제2항).

제5절 강제퇴거명령서의 집행

1. 강제퇴거명령서의 집행

가. 강제퇴거명령 집행자

강제퇴거명령을 받은 외국인을 대한민국 밖의 지역으로 송환하는 강제퇴거명령서의 집행은 출입국관리공무원이 한다(법 제62조 제1항).

나. 강제퇴거명령 집행의뢰

다만, 지방출입국·외국인관서의 장은 사법경찰관리에게 강제퇴거명령서의 집행을 의뢰할 수 있다(법 제62조 제2항).

■ 출입국관리법시행규칙 [별지 제114호서식] 〈개정 2018. 5. 15.〉

번호(No.) :

강제퇴거명령 집행의뢰서

수신 :

대상자	성명
	성별 남[ ] 여[ ]
	생년월일
	국적
	강제퇴거명령서 번호

「출입국관리법」 제62조제2항에 따라 위 사람에 대하여 발부된 강제퇴거명령서의 집행을 의뢰합니다.

년 월 일

○○출입국 · 외국인청(사무소 · 출장소)장 ┌─────┐ 직인 └─────┘

210㎜×297㎜[백상지(80 g/㎡) 또는 중질지(80 g/㎡)]

다. 송환국에 송환 등

출입국관리공무원이 강제퇴거명령서를 집행할 때에는 그 명령을 받은 사람에게 강제퇴거명령서를 내보이고 지체 없이 그를 제64조에 따른 송환국으로 송환하여야 한다. 다만, 선박 등의 장이나 운수업자가 송환하게 되는 경우(법 제76조 제1항)에는 출입국관리공무원은 그 선박 등의 장이나 운수업자에게 그를 인도하는 방법으로 강제퇴거 명령서를 집행할 수 있다(법 제62조 제3항). 이 경우 인도할 자의 인적사항 및 강제퇴거사유와 법 제76조의 규정에 의한 송환의무가 있음을 기재한 송환지시서를 교부하고, 그 의무를 이행할 것과 강제퇴거명령을 받은 자를 인도받은 뜻을 기재한 인수증을 받아야 한다(법 시행령 제77조 제4항).

■ 출입국관리법시행규칙 [별지 제116호서식] 〈개정 2018. 5. 15.〉

인수증
(RECEIPT CERTIFICATE)

대상자 (Person ordered to be repatriated)	성명 (Full name)
	성별 (Sex) 남 Male[ ] 여 Female[ ]
	생년월일 (Date of Birth)
	국적 (Nationality)

위 사람 및 그에 대한 송환지시서를 틀림없이 수령하였습니다.

I hereby certify that the custody of the abovementioned person and the repatriation order

for him/her have been received.

년 월 일

Date   (year) (month) (day)

수령인 (Received by) :   (서명 또는 인) (signature or seal)

○○출입국 · 외국인청(사무소 · 출장소)장 귀하
To : Chief, ○○ Immigration Office

210mm×297mm[백상지(80g/㎡) 또는 중질지(80g/㎡)]

라. 송환제한자

강제퇴거명령서를 집행할 때에는 그 명령을 받은 사람에게 강제퇴거명령서를 내보이고 지체 없이 그를 제64조에 따른 송환국으로 송환하여야 함에도 불구하고 강제퇴거명령을 받은 사람이 다음의 어느 하나에 해당하는 경우에는 송환하여서는 아니 된다. 다만, 「난민법」에 따른 난민신청자가 대한민국의 공공의 안전을 해쳤거나 해칠 우려가 있다고 인정되는 사람 또는 중대한 범죄에 대한 유죄판결이 확정되고 그 국가공동체에 대하여 위험한 존재가 된 사람은 추방하거나 송환할 수 있다(법 제62조 제4항).

(1) 「난민법」에 따라 난민인정 신청을 하였으나 난민인정 여부가 결정되지 아니한 경우

(2) 「난민법」 제21조에 따라 이의신청을 하였으나 이에 대한 심사가 끝나지 아니한 경우

> **난민법 제21조(이의신청)**
>
> ① 제18조제2항 또는 제19조에 따라 난민불인정결정을 받은 사람 또는 제22조에 따라 난민인정이 취소 또는 철회된 사람은 그 통지를 받은 날부터 30일 이내에 법무부장관에게 이의신청을 할 수 있다. 이 경우 이의신청서에 이의의 사유를 소명하는 자료를 첨부하여 지방출입국·외국인관서의 장에게 제출하여야 한다.
>
> ② 제1항에 따른 이의신청을 한 경우에는 「행정심판법」에 따른 행정심판을 청구할 수 없다.
>
> ③ 법무부장관은 제1항에 따라 이의신청서를 접수하면 지체 없이 제25조에 따른 난민위원회에 회부하여야 한다.
>
> ④ 제25조에 따른 난민위원회는 직접 또는 제27조에 따른 난민조사관을 통하여 사실조사를 할 수 있다.
>
> ⑤ 그 밖에 난민위원회의 심의절차에 대한 구체적인 사항은 대통령령으로 정한다.
>
> ⑥ 법무부장관은 난민위원회의 심의를 거쳐 제18조에 따라 난민인정 여부를 결정한다.
>
> ⑦ 법무부장관은 이의신청서를 접수한 날부터 6개월 이내에 이의신청에 대한 결정을 하여야 한다. 다만, 부득이한 사정으로 그 기간 안에 이의신청에 대한 결정을 할 수 없는 경우에는 6개월의 범위에서 기간을 정하여 연장할 수 있다.
>
> ⑧ 제7항 단서에 따라 이의신청의 심사기간을 연장한 때에는 그 기간이 만료되기 7일 전까지 난민신청자에게 이를 통지하여야 한다.

2. 강제퇴거명령을 받은 사람의 보호 및 보호해제

가. 일시보호대상

(1) 일시보호 사유

지방출입국·외국인관서의 장은 강제퇴거명령을 받은 사람을 여권 미소지 또는 교통편 미확보 등의 사유로 즉시 대한민국 밖으로 송환할 수 없으면 송환할 수 있을 때까지 그를 외국인보호실, 외국인보호소, 기타 법무부장관이 지정한 보호시설에 보호할 수 있다(법 제63조 제1항).

【판시사항】

출입국관리법 제63조 제1항의 보호명령의 성질(대법원 2001. 10. 26. 선고 99다6 8829 판결)

【판결요지】

출입국관리법 제63조 제1항은, 강제퇴거명령을 받은 자를 즉시 대한민국 밖으로 송환할 수 없는 때에 송환이 가능할 때까지 그를 외국인 보호실·외국인 보호소 기타 법무부장관이 지정하는 장소에 보호할 수 있도록 규정하고 있는바, 이 규정의 취지에 비추어 볼 때, 출입국관리법 제63조 제1항의 보호명령은 강제퇴거명령의 집행확보 이외의 다른 목적을 위하여 이를 발할 수 없다는 목적상의 한계 및 일단 적법하게 보호명령이 발하여진 경우에도 송환에 필요한 준비와 절차를 신속히 마쳐 송환이 가능할 때까지 필요한 최소한의 기간 동안 잠정적으로만 보호할 수 있고 다른 목적을 위하여 보호기간을 연장할 수 없다는 시간적 한계를 가지는 일시적 강제조치라고 해석된다.

(2) 강제퇴거를 위한 보호명령서 제시

청장·사무소장·출장소장 또는 보호소장은 강제퇴거명령서에 의한 보호의 경우 기간이 정해져 있지 아니하므로 강제퇴거명령을 받은 사람을 송환할 수 있을 때까지 보호할 수 있고, 이 경우에는 강제퇴거를 위한 보호명령서를 발급하여 이를 강제퇴거명령을 받은 사람에게 보여 주어야 한다(법 시행령 제78조 제1항).

【판시사항】

강제퇴거명령대상자로 보호처분 중에 있는 자에 대하여 다른 고소사건을 수사하기 위하여 퇴거명령의 집행을 보류하고 보호기간을 연장하는 것이 위법한지의 여부(대법원 2001. 10. 26. 선고 99다68829 판결)

【판결요지】

강제퇴거명령대상자로 보호처분 중에 있는 자에 대하여 다른 고소사건을 수사하기 위하여 퇴거명령의 집행을 보류하고 보호기간을 연장하는 것은 위법하다.

【판시사항】

강제퇴거명령효력정지 가처분신청의 효력정지를 집행정지로 변경(서울고등법원 2009루148 판결)

【판결요지】

출입국관리법 ㅂ제63조 제1항, 같은 법 시행령 제78조 제1항에 의하면 출입국관리사무소장은 강제퇴거명령을 받은 자를 즉시 대한민국 밖으로 송환할 수 없을 때에는 송환이 가능할 때까지 그를 외국인보호실, 외국인보호소 기타 법무부장관이 지정하는 장소에 보호할 수 있는 바, 따라서 강제퇴거명령을 하면서 보호명령도 함께한 경우 강제퇴거명령처분의 효력은 강제퇴거명령의 집행과 보호명령의 집행에도 모두 미친다.

나. 일시보호 기간 등

(1) 일시보호 기간 및 갱신승인

지방출입국 · 외국인관서의 장은 즉시 송환불능자를 보호할 때 그 기간이 3개월을 넘는 경우에는 3개월마다 미리 법무부장관의 승인을 받아야 한다(법 제63조 제2항). 이에 따라 청장 · 사무소장 · 출장소장 또는 보호소장이 법무부장관의 승인을 받으려면 보호 기간 연장의 필요성을 소명하여야 한다(법 시행령 제78조 제2항).

한편, 강제퇴거대상자의 경우 출국에 필요한 여권 및 항공권의 발급 등에 일정한 기간이 소요되어 2017년 기준으로 보호외국인 1인당 평균 보호기간은 10일 정도이며, 일부 외국인이 장기간 보호되는 사유로는 ⅰ) 체불임금 등 개인의 고충해결 ⅱ) 각종 소송 ⅲ) 여권발급 문제 ⅳ) 보호 중 난민신청 등의 사유로 인해 즉시 송환이 불가능하거나 보호외국인의 사정에 따른 경우가 대부분이다.[14)]

(2) 일시보호기간 갱신승인 불허시 보호해제

지방출입국·외국인관서의 장은 보호기간이 3개월이 넘는 경우 그 3개월 마다 법무부장관의 승인을 받아야 하는데, 만일 그러한 승인을 받지 못하면 지체 없이 보호를 해제하여야 한다(법 제63조 제3항).

다. 보호해제 불가사유

지방출입국·외국인관서의 장은 강제퇴거명령을 받은 사람이 다른 국가로부터 입국이 거부되는 등의 사유로 송환될 수 없음이 명백하게 된 경우에는 그의 보호를 해제할 수 있다(법 제63조 제4항).

라. 보호해제시 주거제한 등 조건부과 등

(1) 주거제한 등의 조건부과

강제퇴거명령을 받아 보호된 사람의 경우 송환될 때까지 보호시설에서 보호하는 것이 원칙이다. 하지만 지방출입국·외국인관서의 장은 특별한 사정에 의해 보호를 해제하는 경우(제3항 또는 제4항), 그 보호를 해제하더라도 강제퇴거명령을 받은 자가 도주 등의 우려가 상존하기 때문에 주거의 제한이나 그 밖에 필요한 조건을 붙여 해제할 수 있다(법 제63조 제5항).

---

14) 이민법연구회, 앞의 책 352면.

(2) 보호해제 통보서 발급

청장·사무소장·출장소장 또는 보호소장은 보호를 해제(법 제63조제3항 또는 제4항)할 때에는 해제사유, 주거의 제한과 그 밖에 필요한 조건을 적은 보호해제 통보서를 강제퇴거명령을 받은 사람에게 발급하여야 한다. 이 경우 청장·사무소장·출장소장 또는 보호소장은 강제퇴거명령을 받은 사람이 보호시설에 보호되어 있을 때에는 보호해제 사유 등을 적은 보호해제 의뢰서를 보호시설의 장에게 보내야 한다(법 시행령 제78조 제3항).

번호(No.) :

보호해제 통보서
(NOTIFICATION FOR RELEASE)

수신 :
To :

대상자 (Person to whom the Notificatio n relates)	성명 (Full name)
	성별 (Sex) 남 Male[ ] 여 Female[ ]
	생년월일 (Date of Birth)
	국적 (Nationality)

위 사람에 대해 아래의 조건으로 보호를 해제함을 통보합니다.
It is hereby notified that the abovementioned person is released on the following conditions.

보호 해제 조건 (Conditio ns of Release)	해제기간 중 거주지 (Place of Residence during Release)
	기타 (Others)

년 월 일
Date (year) (month) (day)

○○출입국 · 외국인청(사무소 · 출장소)장

| 직인 |

CHIEF, ○○IMMIGRATION OFFICE

210mm×297mm[백상지(80 g/㎡) 또는 중질지(80 g/㎡)]

(3) 보호해제자에 대한 동향 파악

청장·사무소장·출장소장 또는 보호소장은 보호를 해제한 사람에 대해서는 주거의 제한, 그 밖의 조건 이행 여부 등 동향을 파악하여야 한다(법 시행령 제78조 제4항).

마. 집행정지

출입국관리법 제63조 제1항, 같은 법 시행령 제78조 제1항에 기한 보호명령은 강제퇴거명령을 받은 자를 즉시 대한민국 밖으로 송환할 수 없는 경우에 송환할 수 있을 때까지 일시적으로 보호하는 것을 목적으로 하는 처분이므로, 강제퇴거명령을 전제로 하는 것이나, 그렇다고 하여 강제퇴거명령의 집행이 정지되면 그 성질상 당연히 보호명령의 집행도 정지되어야 한다고 볼 수는 없다.[15]

【판시사항】

출입국관리법상의 강제퇴거명령에 대하여는 집행정지를 허용하면서, 강제퇴거명령의 집행을 위한 보호명령에 대하여는 그 집행정지시 공공복리에 중대한 영향을 미칠 우려가 있다는 이유로 집행정지를 허용하지 않은 사례(대법원 1997. 1. 20. 자 96두31 결정)

【결정요지】

출입국관리법상의 강제퇴거명령 및 그 집행을 위한 같은 법 제63조 제1항, 같은법 시행령 제78조 제1항 소정의 보호명령에 대하여 그 취소를 구하는 소송이 제기되고 나아가 강제퇴거명령의 집행이 정지되었다면, 강제퇴거명령의 집행을 위한 보호명령의 보호기간은 결국 본안소송이 확정될 때까지의 장기간으로 연장되는 결과가 되어 그 보호명령이 그대로 집행된다면 본안소송에서 승소하더라도 회복하기 어려운 손해를 입게 된다고 할 것이나, 그 보호명령의 집행을 정지하면 외국인의 출입국 관리에 막대한 지장을 초래하여 공공복리에 중대한 영향을 미칠 우려가 있다는 이유로, 그 보호명령의 집행정지를 허용하지 않은 사례.

---

15) 대법원 1997. 1. 20. 선고 96두31 결정.

바. 관련규정 준용

일시보호자(제1항)에 대하여는 법 제53조(보호명령서의 집행), 법 제54조(보호의 통지), 제55조(보호에 대한 이의신청), 제56조의2(보호자의 긴급이송 등), 제56조의3(피보호자의 인권의 존중 등), 제56조의4(강제력의 행사), 제56조의5(신체 등의 검사), 제56조의6(면회 등), 제56조의7(영상정보 처리기기 등을 통한 안전대책), 제56조의8(청원), 제56조의9(이의신청 절차 등의 게시) 및 제57(피보호자의 급양 및 관리 등)조를 준용한다(법 제63조 제6항).

사. 벌칙

법 제63조 제1항에 따라 보호 또는 일시보호된 사람으로서 도주하거나 보호 또는 강제퇴거 등을 위한 호송 중에 도주한 사람은 1년 이하의 징역 또는 1천만원 이하의 벌금에 처한다(법 제95조 제8호).

3. 송환국

가. 송환국가

강제퇴거명령을 받은 사람은 국적이나 시민권을 가진 국가로 송환된다(법 제64조 제1항).

나. 송환국가 송환불능시 대체국

다만, 강제퇴거명령을 받은 사람의 국적이나 시민권을 가진 국가로 송환할 수 없는 경우에는 다음의 어느 하나에 해당하는 국가로 송환할 수 있다(법 제64조 제2항). 다만, 이러한 경우에도 아래의 국가들이 강제퇴거를 받은 자에 대한 인수를 할 의무가 없으므로, 이를 결정할 때에는 강제퇴거명령을 받은 자에 대한 집행상의 문제 및 해당 국가의 인수가능성 등의 문제를 종합적으로 고려하여 결정하여야 할 것이다.

(1) 대한민국에 입국하기 전에 거주한 국가

(2) 출생지가 있는 국가

(3) 대한민국에 입국하기 위하여 선박등에 탔던 항(港)이 속하는 국가

(4) 제1호부터 제3호까지에서 규정한 국가 외에 본인이 송환되기를 희망하는 국가

제6절 보호의 일시해제

1. 보호 일시해제 심사기준

가. 구체적 심사사항

청장·사무소장·출장소장 또는 보호소장은 직권으로 또는 청구에 따라 피보호자의 국내 체류기간 중 불이익을 받은 사항의 구제 또는 질병 치료 등의 기회제공을 목적으로 보호의 일시해제를 하는 경우에는 다음의 사항을 심사하여야 한다(법 시행령 제79조의2 제1항).

(1) 피보호자의 생명·신체에 중대한 위협이나 회복할 수 없는 재산상 손해가 발생할 우려가 있는지 여부

(2) 국가안전보장·사회질서·공중보건 등의 국익을 해칠 우려가 있는지 여부

(3) 피보호자의 범법사실·연령·품성, 조사과정 및 보호시설에서의 생활태도

(4) 도주할 우려가 있는지 여부

(5) 그 밖에 중대한 인도적 사유가 있는지 여부

나. 일시해제의 세부 기준 등

일시해제의 세부 기준과 방법에 관하여 필요한 사항은 법무부장관이 정한다(법 시행령 제79조의2 제2항).

2. 보호의 일시해제

가. 직권에 의한 보호의 일시해제

(1) 보증금 예치 및 주거제한 등

지방출입국·외국인관서의 장은 직권으로 또는 피보호자(그의 보증인 또는 법정대리인 등을 포함한다)의 청구에 따라 보호일시해제 대상자 또는 강제퇴거명령서를 발부받고

보호되는 피보호자의 정상(情狀), 해제요청사유, 자산, 그 밖의 사항을 고려하여 2천만원 이하의 보증금을 예치시키고 주거의 제한이나 그 밖에 필요한 조건을 붙여 보호를 일시해제할 수 있다(법 제65조 제1항).

(2) 보증금납부능력 등 소명자료 제출요구

청장·사무소장·출장소장 또는 보호소장은 직권으로 보호의 일시해제를 하는 경우에는 보호명령서 또는 강제퇴거명령서의 집행으로 보호시설에 보호되어 있는 사람(이하 '피보호자'라 한다), 피보호자의 보증인 또는 국내에 있는 그의 법정대리인·배우자·직계친족·형제자매·가족·변호인 또는 용의자가 지정하는 사람(법 제54조 제1항) 등에게 보증금 납부능력을 소명하는 자료 등 보호의 일시해제 심사에 필요한 자료를 요청할 수 있다(법 시행령 제79조 제1항). 다만, 불법체류자는 보증능력이 없는 자이므로 피보호자가 아닌 한 보호의 일시해제 청구권이 없다.

나. 보호의 일시해제 청구 절차 등

보호의 일시해제 청구, 보증금의 예치 및 반환의 절차는 대통령령으로 정한다(법 제65조 제2항).

(1) 일시해제청구서 제출 등

보호의 일시해제를 청구하려는 사람은 보호 일시해제 청구서에 청구의 사유 및 보증금 납부능력을 소명하는 자료를 첨부하여 청장·사무소장·출장소장 또는 보호소장에게 제출하여야 한다(법 시행령 제79조 제2항).

■ 출입국관리법 시행규칙 [별지 제118호서식] 〈개정 2018. 5. 15.〉

보호일시해제청구서
APPLICATION FOR PERMISSION OF TEMPORARY RELEASE

접수번호 Receipt No	접수일 Receipt Date	처리기간 Processing Period	즉시 Immediately

피보호자 Detainee	1. 성 명 Name in Full	성 별 Sex	
	2. 생년월일 Date of Birth	3. 국 적 Nationality	
	4. 대한민국내 주소 Address in Korea		
	5. 직 업 Occupation		

보호명령서 Detention Order	명령서발부일자 Date of Issue		명령서번호 No. of the Order	
청 구 사 유 Reason for Application				
붙 임 서 류 Documents Attached				

위 사람에 대한 보호일시해제를 신청하오니 허가하여 주시기 바랍니다.
I hereby apply for permission of temporary release of the above- mentioned person.

신 청 인 Applicant	국 적 Nationality
	성 명 Name in Full
	생년월일 Date of birth
	주 소 Address in Korea
	관 계 Relationship

년 Year   월 Month   일 Day

신청인 서명
Signature of applicant

○○출입국 · 외국인청장/사무소장 귀하
출장소
To: Chief, ○○ Immigration Office

공용란 For official					
비 고 Remarks		처 리 과		결 재	가·부
		담 당 자			

210mm×297mm[백상지 80g/㎡(재활용품)]

(2) 일시해제결정서 발급 등

청장·사무소장·출장소장 또는 보호소장은 직권으로 또는 청구를 받아 보호의 일시해제를 하는 경우 특별한 사정이 없으면 지체 없이 관계 서류를 심사하여 주문·이유 및 적용 법조문 등을 적은 보호 일시해제 결정서를 피보호자[16]에게 발급하여야 한다(법 시행령 제79조 제3항).

(3) 보호해제결정서 기재사유

보호를 일시해제하기로 결정한 때에는 그 결정서에 보호해제기간, 보증금의 액수·납부일시 및 장소, 주거의 제한, 그 밖에 필요한 조건 외에 보증금을 내면 보호를 일시해제하며, 조건을 위반하면 보호의 일시해제를 취소하고 보증금을 국고에 귀속시킬 수 있다는 뜻을 적어야 한다(법 시행령 제79조 제4항).

(4) 보호해제 의뢰서 송부

청장·사무소장·출장소장 또는 보호소장은 보호를 일시해제하기로 결정한 경우에 용의자가 보호시설에 보호되어 있을 때에는 보호해제기간을 분명히 밝힌 보호해제 의뢰서를 보호시설의 장에게 보내야 한다(법 시행령 제79조 제5항).

(5) 보증금 예치절차

보증금 예치 절차에 관하여는 제17조제2항을 준용한다(법 시행령 제79조 제6항). 이에 따라 청장·사무소장 또는 출장소장은 보증금을 예치받은 때에는 보호해제결정서에 기재한 조건을 위반하는 경우 그 보증금을 국고에 귀속시킬 수 있다는 뜻을 그 외국인에게 알려야 하며, 보증금의 예치 및 납부 등에 관한 절차는 정부가 보관하는 보관금 취급에 관한 절차에 따른다.

---

16) 그의 보증인 또는 국내에 있는 그의 법정대리인·배우자·직계친족·형제자매·가족·변호인 또는 용의자가 지정하는 사람 등을 포함한다.

(6) 보증금 반환

예치된 보증금은 국고 귀속의 경우를 제외하고는 그 외국인이 출국하거나 보호 일시해제를 취소하는 때에 보증금을 낸 사람에게 반환하여야 한다(법 시행령 제79조 제7항).

3. 보호 일시해제의 취소

가. 보호의 일시해제 사유

지방출입국 · 외국인관서의 장은 보호로부터 일시해제된 사람이 다음의 어느 하나에 해당하면 보호의 일시해제를 취소하고 다시 보호의 조치를 할 수 있다(법 제66조 제1항).

(1) 도주하거나 도주할 염려가 있다고 인정되는 경우

(2) 정당한 사유 없이 출석명령에 따르지 아니한 경우

(3) (1) 및 (2)에서 규정한 사항 외에 일시해제에 붙인 조건을 위반한 경우

나. 일시해제취소서 발급 및 보증금 국고귀속 등

지방출입국 · 외국인관서의 장은 보호의 일시해제를 취소하는 경우 보호 일시해제 취소서를 발급하고 보증금의 전부 또는 일부를 국고에 귀속시킬 수 있다(법 제66조 제2항).

■ 출입국관리법 시행규칙 [별지 제120호서식] 〈개정 2018. 5. 15.〉

보호 일시해제 취소서
(CANCELLATION OF TEMPORARY RELEASE)

수신 :
To :

용의자 (Person accused)	성명 (Full name)	
	생년월일 (Date of Birth)	성별 (Sex) [ ]남 Male [ ]여 Female
	국적 (Nationality)	직업 (Occupation)
	대한민국 내 주소 (Address in Korea)	

위 사람의 보호 일시해제 청구에 대해 다음과 같이 결정한다.
With reference to the request for temporary release of the abovementioned person, the decision thereon is as follows.

보호일시해제 허가서 (Permit for Temporary Release)	발부일자 (Date of Issue)
	번호 (Reference No.)

「출입국관리법」 제66조제1항에 따라 위 사람에 대하여 허가한 보호일시해제를 아래 사유로 취소합니다.
Pursuant to Paragraph 1, Article 66 of the Immigration Act, the Permit for Temporary Release granted to the abovementioned person has been cancelled for the reason understated.

취소사유 및 보호장소 (Reason for Cancellation and Place of Detention)	취소사유 (Reason for Cancellation)
	보호장소 (Place of Detention)

년 월 일
Date (year) (month) (day)

○○출입국 · 외국인청(사무소 · 출장소)장 　직인

CHIEF, ○○IMMIGRATION OFFICE

210mm×297mm[백상지(80 g/㎡) 또는 중질지(80 g/㎡)]

다. 보증금 국고귀속 절차

보증금의 국고 귀속절차는 대통령령으로 정한다(법 제66조 제3항).

라. 보호 일시해제 취소절차

(1) 보호 일시해제 취소서 발급 및 기재사항

청장·사무소장·출장소장 또는 보호소장은 보호 일시해제 취소서를 발급할 때에는 그 취소서에 취소 사유, 보호할 장소 등을 적어 피보호자(그의 보증인 또는 그의 법정대리인·배우자·직계친족·형제자매·가족·변호인 또는 용의자가 지정하는 사람 등을 포함한다)에게 교부하고, 지체 없이 그 용의자를 다시 보호하여야 한다(법 시행령 제80조 제1항).

(2) 보증금의 국귀속절차

보증금의 국고귀속 절차에 관하여는 제17조 제4항 및 제5항을 준용한다(법 시행령 제80조 제2항).

(가) 보증금 국고귀속 사유

청장·사무소장 또는 출장소장은 조건부 입국허가를 받은 사람이 도주하거나 정당한 사유 없이 2회 이상 출석요구에 따르지 아니한 때에는 보증금 전부를, 그 밖의 이유로 허가조건을 위반한 때에는 그 일부를 국고에 귀속시킬 수 있다(법 시행령 제17조 제항).

(나) 보증금 국고귀속 통지서 발급

청장·사무소장 또는 출장소장은 보증금을 국고에 귀속시키려면 국고귀속 결정 사유 및 국고귀속 금액 등을 적은 보증금 국고귀속 통지서를 그 외국인에게 발급하여야 한다(법 시행령 제17조 제5항).

4. 보호의 일시해제 절차 등의 게시

지방출입국·외국인관서의 장은 보호의 일시해제(법 제65조) 및 보호 일시해제의 취소(법 제66조)에 따른 보호의 일시해제 및 그 취소에 관한 절차를 보호시설 안의 잘 보이는 곳에 게시하여야 한다(법 제66조의2).

[보호일시해제 업무 처리규정]

제1장 총 칙

제1조(목적) 이 규정은 「출입국관리법」(이하 "법"이라 한다) 제65조·제66조 및 「출입국관리법 시행령」(이하 "영"이라 한다) 제79조·제80조에 따른 보호의 일시해제 및 보호일시해제의 취소에 관한 세부 운용기준과 절차 등에 관한 사항을 정함을 목적으로 한다.

제2조(종류) 보호의 일시해제(이하 "일시해제"라 한다) 종류는 다음 각 호와 같다.

1. '일반해제'는 보호명령을 한 사무소장·출장소장 또는 외국인보호소장(이하 "소장"이라 한다)이 그의 권한으로 일시해제를 결정하는 처분을 말한다.

2. '특별해제'는 일반해제의 요건을 충족하지는 못하나 부득이하게 일시해제를 하여야 할 상당한 사유가 있다고 인정되어 보호명령을 한 소장이 법무부장관에게 미리 보고한 후 결정하는 처분을 말한다.

제3조(청구자격) 소장에게 일시해제를 청구할 수 있는 자는 다음 각 호와 같다.

1. 피보호자

2. 피보호자의 신원보증인·법정대리인·배우자·직계친족·형제자매· 가족· 변호인

제4조(기본 심사기준) 소장은 피보호자에 대한 일시해제의 청구가 있는 경우에는 다음 각 호의 사항을 심사하여야 한다.

1. 보호명령서 또는 강제퇴거명령서의 집행으로 인하여 피보호자의 생명·신체에 중대한 위험이나 회복할 수 없는 재산상 손해를 초래할 우려가 있는지 여부

2. 국가안전보장 · 사회질서 · 공중보건 등의 국익을 해할 우려가 있는지 여부

3. 피보호자의 범법사실, 연령, 품성, 조사과정 및 보호시설에서의 생활태도

4. 도주할 우려가 있는지 여부

5. 그 밖에 중대한 인도적 사유가 있는지 여부

제5조(제출서류) 제3조의 청구자격이 있는 자가 일시해제를 청구하는 때에는 다음 각 호의 서류를 소장에게 제출하여야 한다.

1. 영 제79조제1항에 의한 보호일시해제 청구서

2. 일시해제 청구사유 입증자료

3. 보증금 납부능력 소명 자료

제2장 보호의 일시해제

제1절 일반해제의 기준 및 절차

제6조(대상) ① 소장은 일시해제 청구된 자가 다음 각 호의 어느 하나에 해당하는 사유로 보호된 자가 아닌 경우에 일반 해제를 할 수 있다.

1. 출입국심사를 받지 아니하고 불법으로 입국 또는 출국 하였거나 하려고 한 자

2. 위 · 변조된 여권이나 사증 또는 위명여권을 사용하여 입 · 출국하였거나 하려고 한 자

3. 불법 입 · 출국을 알선한 자

4. 불법 입 · 출국에 이용되는 운송수단을 제공한 자

5. 일시해제 후 도주 등의 사유로 일시해제가 취소된 사실이 있는 자

6. 보호명령서 발부일 부터 과거 5년 이내에 형사처벌 또는 강제퇴거명령을 받은 사실이 있는 자

7. 「전염병예방법」이 지정한 후천성면역결핍증(AIDS) 등 전염병에 감염된 자

8. 「마약류관리에 관한 법률」에 따른 마약 · 향정신성의약품 및 대마 등 마약류에 중독된 자

9. 그 밖에 국가안전보장 · 사회질서 · 공중보건 등에 중대한 위해를 끼칠 우려가

있는 자

② 소장은 제1항에도 불구하고 일시해제 청구된 자가 법 절차에 따라 조사나 보호를 받는 과정에서 다음 각 호의 어느 하나에 해당하는 행위를 한 때에는 원칙적으로 일반 해제를 할 수 없다.

1. 폭행 · 공용물손괴 · 방화 등 범죄행위

2. 정당한 사유 없이 시위 · 단식을 하거나 이를 선동하는 행위

3. 자해행위

4. 그 밖에 보호시설의 안전이나 질서를 해치는 행위

제7조(심사 절차 및 확인사항) ① 소장은 일시해제 청구가 있는 경우 제4조부터 제16조까지의 기준 및 절차를 준수하여야 한다.

② 소장은 일시해제 청구사유가 신병치료를 위한 것일 때에는 의사의 진단서 또는 병원진료 사실 확인서를 제출받아 확인하여야 한다.

③ 소장은 일시해제 청구사유가 소송과 직접 관련이 있는 경우에는 소장사본 · 소제기증명원 등을 제출하게 한 후 다음 각 호의 요건을 모두 충족하는지 여부를 확인하여야 한다.

1. 피보호자가 소송의 원고이고, 소송가액이 1천만 원 이상일 것

2. 피보호자가 소송수행을 위하여 6일 이상 외출할 필요성이 있을 것

3. 보호명령 또는 강제퇴거명령에 대한 취소소송을 제기한 경우가 아닐 것

④ 소장은 피보호자가 소송가액 1천만 원 이상의 소송 당사자로서 법률구조공단으로부터 구조결정을 받은 때에는 청구자로부터 법률구조결정서 사본을 제출받아 확인하여야 한다.

⑤ 소장은 일시해제 청구사유가 임대차 보증금과 관련된 사항인 때에는 다음 각 호의 요건을 모두 충족하는지 여부를 확인하여야 한다.

1. 임대차계약서의 진정성

2. 임대차 보증금이 1천만 원 이상일 것

3. 임대인이 보증금의 반환을 회피하는 등의 사유로 피보호상태에서는 보증금의 반환을 기대하기 어려운 경우일 것

⑥ 소장은 일시해제 청구사유가 체불임금과 관련된 때에는 다음 각 호의 요건을

모두 충족하는지 여부를 확인하여야 한다.

1. 체불임금이 1천만원 이상일 것

2. 고용주의 임금 체불확인서 또는 지불각서, 노동부 발급 체불금품확인원 중 하나가 있을 것

3. 피보호상태에서는 체불임금의 청구 및 수령을 기대하기 곤란한 경우일 것

⑦ 소장은 피보호자의 배우자 또는 직계 존·비속 등이 국내에서 사망한 경우 등 인도적 차원에서 일시해제함이 상당하다고 인정되는 경우에는 사망진단서, 입원치료 사실확인서 등 관련 입증자료를 제출받아 심사하여야 한다.

제8조(보증금의 예치) ① 소장은 피보호자를 일시해제하려는 경우에는 다음 각 호의 요건을 고려하여 일시해제 청구인에게 3백만원 이상 1천만원 이하의 보증금을 예치하게 하여야 한다.

1. 보증금을 예치하려는 자의 자산상태

2. 일시해제 청구된 피보호자의 출석 담보 가능성

② 소장은 신원보증인이 과거에 다른 피보호자의 일시해제를 위한 신원보증 책임을 이행하지 않은 사실이 있는 때에는 최소 보증금을 5백만원 이상으로 하여야 한다.

제9조(거주지 신고 등) ① 일시해제를 청구하는 자는 피보호자의 일시해제 기간 중 연락이 가능한 거주지와 전화번호 등 연락처를 소장에게 제출하여야 한다.

② 일시해제 결정된 자가 거주지와 전화번호 등 연락처를 변경하였을 때에는 그 사실을 14일 이내에 일시해제한 소장에게 신고하여야 한다.

제10조(해제사유 점검) ① 소장은 일시해제된 자를 월 1회 이상 출석하게 하여 일시해제 청구사유의 해소 상황을 확인하고, 그 결과를 별지 제1호 서식의 보호일시해제 후속상황 점검표에 기재하여 기록을 유지하여야 한다.

② 소장은 일시해제된 자가 제1항의 규정에 의한 출석의무를 이행하지 아니한 때에는 소재 등을 파악하기 위한 실태조사를 하여야 한다.

제11조(신원보증인) ① 소장은 다음 각 호에 규정된 자로부터 피보호자의 일시해제를 위한 신청이 있는 때에는 피보호자의 신원을 보증하게 할 수 있다.

1. 대한민국 안에 주소를 두고 있는 국민

2. 외국인등록을 마치고 합법적으로 체류하고 있는 외국인

② 소장은 제1항 각 호에 규정된 자가 피보호자의 일시해제를 위한 신원보증을 하고자 할 때에는 「출입국관리법 시행규칙」 제77조제1항에 의한 신원보증서를 제출하게 하여야 한다. 다만, 신원보증서는 공증이 필요하지 않다.

제12조(신원보증 제한) 소장은 신원보증인이 되려는 자가 다음 각 호의 어느 하나에 해당하는 사유로 과거에 일시해제를 위한 신원보증 책임을 이행하지 않은 사실이 있는 때에는 그의 신원보증을 1년간 제한할 수 있다. 다만, 그 제한기간은 신원보증인이 되려는 자(단체의 경우 소속 구성원)가 신원보증을 하여 일시해제된 자의 최근 일시해제취소일부터 기산한다.

1. 신원보증 신청일을 기준으로 최근 1년 이내에 신원보증책임을 이행하지 않은 사실이 있는 때

2. 특정단체 소속의 구성원이 신원보증을 하려는 경우에는 신원보증 신청일부터 최근 1년 이내에 그 구성원들이 신원보증책임을 불이행한 횟수를 합한 수가 3회 이상인 때

제13조(보호일시해제결정서 발급) ① 소장은 일시해제 청구에 대한 결정을 한 때에는 영 제79조제2항에 따라 보호일시해제청구에 대한 결정서에 주문·이유 및 적용법조 등을 기재하여 청구인에게 발급하여야 한다.

② 소장은 피보호자를 일시해제하기로 결정한 때에는 그 결정서에 일시해제기간, 보증금의 액수·납부일시 및 장소, 해제기간 중 거주지 및 기타 필요한 사항을 기재하여야 한다.

③ 소장은 보호일시해제청구에 대한 결정서의 '(4)기타'란에 다음 각 호에 규정된 사항을 기재하여야 한다.

1. 월 1회 이상 출석하여 일시해제 청구사유 진행상황을 신고할 것

2. 일시해제 사유가 소멸된 때에는 사유가 소멸된 날부터 14일 이내에 그 사실을 신고할 것

3. 거주지와 전화번호 등 연락처를 변경한 때에는 변경일부터 14일 이내에 그 사실을 신고할 것

4. 일시해제기간 중 취업 등 영리활동을 하지 않을 것

제14조(결정서 재발급) 소장은 일시해제된 자가 보호일시해제청구에 대한 결정서 또

는 제20조제3항에 의한 보호일시해제기간연장 결정서를 분실하거나 훼손하여 재발급을 신청한 때에는 그 경위를 확인한 후 결정서를 발급하여야 한다.

제15조(보호일시해제기간) 소장은 제13조제2항에 의한 일시해제기간을 정할 때에는 일시해제 청구사유를 해소하기에 적당한 기간을 부여하여야 한다. 다만, 1회에 부여할 수 있는 기간은 6개월을 초과할 수 없다.

제16조(보호일시해제 집행) 소장은 피보호자를 일시해제하기로 결정한 때에는 「외국인보호규칙」 제51조에 의한 퇴소명령서를 발부하고 지체 없이 보호를 해제하여야 한다. 이 경우 해당 외국인이 외국인보호소 등에 보호의뢰 되어 있는 때에는 영 제79조제4항에 따라 보호해제의뢰서를 외국인보호소 등의 장에게 송부하여야 한다.

제2절 특별해제의 기준 및 절차

제17조(대상 및 심사절차) ① 소장은 일시해제 청구된 피보호자가 다음 각 호의 하나에 해당하는 경우에는 그 사실을 법무부장관에게 미리 보고한 후 일시해제할 수 있다.

　1. 일반해제 대상 및 요건에는 해당되지 아니하나 일시해제가 부득이하다고 인정되는 경우

　2. 최소 보증금 예치 능력이 부족하나 일시해제가 부득이하다고 인정되는 경우

　3. 신원보증인이 없으나 일시해제가 부득이하다고 인정되는 경우

② 소장은 제1항의 규정에 의한 보고를 할 때에는 일시해제가 부득이한 사유, 최소 보증금 감액 또는 신원보증 면제 등에 대한 사유를 명기하고 관련 입증서류를 첨부하여야 한다.

③ 소장은 제6조의 규정에도 불구하고 전염병환자 및 산업재해 피해자가 특별해제를 청구하는 때에는 다음 각 호에서 정하는 바에 따라 심사하여야 한다.

　1. 「전염병예방법」이 지정한 후천성면역결핍증(AIDS) 등 전염병에 감염된 자에 대하여는 보건당국과 협의하여 결정할 것

　2. 밀입국, 위·변조여권 행사, 무단하선 등으로 체류자격 없이 산업재해의 보상

심사 또는 재심청구 중인 자에 대하여는 근로복지공단에서 발행하는 보험급여 지급확인원·산업재해보상(또는 재심)청구서를 제출받아 확인할 것

제18조(준용규정) 제17조에서 정한 사항 이외의 특별해제의 심사기준 및 절차 등에 관한 사항은 제1절의 규정을 준용한다.

제3장 보호일시해제 기간의 연장

제19조(청구시기 및 접수증 발급) ① 제3조에 규정된 자가 일시해제 청구사유가 해소되지 않은 사유로 일시해제기간 연장을 청구하려는 때에는 일시해제기간 만료일까지 다음 각 호의 서류를 갖추어 소장에게 청구하여야 한다.

1. 별지 제2호 서식의 보호일시해제기간 연장청구서

2. 기간연장이 부득이하다는 것을 소명할 수 있는 자료

② 소장은 제1항 규정에 의하여 일시해제기간 만료일 이전에 기간연장 청구를 받았으나 그 사유의 확인에 상당한 기간이 소요될 것으로 예상되어 만료일 이전에 기간연장 여부를 결정하기 곤란하다고 판단되는 때에는 별지 제3호 서식의 보호일시해제기간 연장청구 접수증을 발급하여야 한다.

제20조(기간연장 심사결정) ① 소장은 제19조제1항에 의한 일시해제기간연장 청구를 접수한 때에는 이를 심사하여 연장 여부를 결정하여야 한다.

② 소장은 제1항의 경우에 다음 각 호의 사항을 고려하여 일시해제기간의 연장을 허가할 수 있다. 다만, 1회에 연장하는 일시해제기간은 6개월 이내로 한다.

1. 일시해제 요청사유의 해소 노력 및 그 결과

2. 일시해제기간 연장 청구 사유

3. 기타 일시해제기간 연장의 불가피성

③ 소장은 제1항의 규정에 의한 기간연장허가로 인하여 일시해제기간이 최초 결정일부터 1년을 초과하게 되는 경우에는 1년이 초과되는 때마다 제1항 각 호에 규정된 사항에 대한 의견을 첨부하여 법무부장관에게 미리 보고하여야 한다.

④ 소장은 일시해제 기간을 연장하기로 결정한 때에는 별지 제4호 서식에 의한 보호일시해제기간 연장결정서에 주문 및 이유를 명기하여 일시해제기간 연장을 청구

하는 자, 신원보증인 또는 법정대리인 등에게 발급하여야 한다.

⑤ 소장은 제3항의 규정에 따라 보호일시해제기간 연장결정서를 발급하는 때에는 기간이 만료되는 보호일시해제청구에 대한 결정서를 회수하여야 한다.

제21조(기간만료일 이후 심사결정 시 처리절차) 소장은 제20조제1항에 따라 기간 연장 심사를 할 때에 부득이한 사유로 일시해제기간 만료일 이후에 기간연장 여부를 결정할 경우에는 다음 각 호의 규정에 따라 처리하여야 한다.

1. 기간연장을 하기로 결정한 때에는 일시해제기간 만료일 익일부터 일시해제기간을 연장한다.

2. 기간연장을 하지 않기로 결정한 때에는 그 결정일에 일시해제를 취소한 후 보호조치 한다. 이 경우 취소절차는 제24조의 규정에 의한다.

3. 제2호의 경우 일시해제기간 만료일부터 기간연장 불허결정일까지의 기간은 기간연장으로 보며, 이를 출입국관리정보시스템에 기록한다.

제4장 보호일시해제 취소

제22조(취소사유) 소장은 일시해제된 자가 다음 각 호의 어느 하나에 해당되는 때에는 일시해제를 취소할 수 있다.

1. 일시해제 사유가 소멸된 때

2. 정당한 이유없이 제10조에 의한 출석의무를 이행하지 아니한 때

3. 도주하거나 도주할 염려가 있다고 인정되는 때

4. 보호일시해제청구서상의 청구사유가 허위로 밝혀진 때

5. 기타 일시해제에 붙인 조건을 위반한 때

제23조(취소일) 소장은 제22조에 따라 일시해제를 취소하는 때에는 다음 각 호의 규정에 따라 일시해제 취소일을 결정하여야 한다.

1. 일시해제 사유가 소멸된 때에는 제13조제3항제2호에 규정된 신고기한의 다음 날

2. 일시해제기간 만료일까지 일시해제한 사무소에 복귀하지 않은 때에는 일시해제기간 만료일의 다음날

3. 일시해제기간 중에 일시해제 조건을 위반한 때에는 그 위반행위가 발생한 날

4. 출석의무를 불이행한 때에는 제10조제2항에 의한 실태조사를 마친 날

5. 일시해제자가 도주할 염려가 있는 때에는 소장이 이를 인정한 날

6. 보호일시해제청구서상의 청구사유가 허위인 때에는 그 사실이 밝혀진 날

제24조(취소절차) ① 소장은 제23조에 따라 일시해제 취소일을 결정한 때에는 그 날부터 7일 이내에 법 제66조제2항에 의한 보호일시해제취소서를 일시해제가 취소된 자에게 발급하고 지체없이 그를 다시 보호하여야 한다.

② 소장은 일시해제가 취소된 자의 소재불명 등으로 보호일시해제취소서를 발급할 수 없을 때에는 신원보증인에게 발급하여야 한다.

제25조(보증금 국고귀속) ① 소장은 법 제66조제2항에 따라 보호일시해제취소서를 발부한 자의 보증금을 국고에 귀속시키고자 하는 때에는 일시해제 취소일부터 1개월 이내에 하여야 한다. 다만, 부득이한 사유로 1개월을 초과하게 되는 경우에는 미리 법무부장관에게 보고하여 그 기한을 유예할 수 있다.

② 제1항의 규정에 의한 보증금의 국고귀속절차는 영 제80조제2항의 규정에 따른다.

③ 소장은 보증금을 국고에 귀속시키고자 하는 때에는 일시해제 취소 결정일부터 15일 이내에 보증금국고귀속통지서를 일시해제가 취소된 자에게 우선 발급하고, 그에게 발급할 수 없는 때에는 신원보증인에게 발급하여야 한다.

부　칙

제1조(시행일) 이 규정은 2009. 7. 1.부터 시행한다.

제2조(폐지규정) 보호일시해제지침(출국관리과61540-927, 2003. 12. 1)은 이 규정의 시행일부터 폐지한다.

제7절 출국권고 등

이 절은 출입국관리법을 위반한 외국인에 대해 법 제46조에 규정된 강제퇴거절차를 거치지 않고 출국을 요구하는 제도에 대하여 규정하고 있으며, 법 제67조에서는 출국권고, 제68조에서는 출국명령에 대하여 규정하고 있다.

1. 출국권고

가. 출국권고 사유

지방출입국·외국인관서의 장은 대한민국에 체류하는 외국인이 출입국관리법에 대한 무지 등의 사유로 법 위반이라는 결과를 초래하였지만 그러한 행위가 처음이고 위반 기간이 10일 이내인 경우 등 다음의 어느 하나에 해당하면 그 외국인에게 벌칙 등의 처벌을 하지 않고 자진하여 출국할 것을 권고할 수 있다(법 제67조 제1항).

(1) 법 제17조와 제20조를 위반한 사람으로서 그 위반 정도가 가벼운 경우, 이에 따른 그 위반정도가 가벼운 경우는 법 제17조 또는 제20조를 처음 위반한 사람으로서 그 위반기간이 10일 이내인 경우로 한다(법 시행령 제81조).

> **제17조(외국인의 체류 및 활동범위)**
> ① 외국인은 그 체류자격과 체류기간의 범위에서 대한민국에 체류할 수 있다.
> ② 대한민국에 체류하는 외국인은 이 법 또는 다른 법률에서 정하는 경우를 제외하고는 정치활동을 하여서는 아니 된다.
> ③ 법무부장관은 대한민국에 체류하는 외국인이 정치활동을 하였을 때에는 그 외국인에게 서면으로 그 활동의 중지명령이나 그 밖에 필요한 명령을 할 수 있다.
>
> **제20조(체류자격 외 활동)**
> 대한민국에 체류하는 외국인이 그 체류자격에 해당하는 활동과 함께 다른 체류자격에 해당하는 활동을 하려면 미리 법무부장관의 체류자격 외 활동허가를 받아야 한다.

(2) (1)에서 규정한 경우 외에 이 법 또는 이 법에 따른 명령을 위반한 사람으로서 법무부장관이 그 출국을 권고할 필요가 있다고 인정하는 경우

나. 출국권고 방식

(1) 출국권고서 발급

지방출입국·외국인관서의 장은 출국권고를 할 때에는 출국권고서를 발급하여야 한다 (법 제67조 제2항).

■ 출입국관리법 시행규칙 [별지 제121호서식] 〈개정 2018. 5. 15.〉

번호(No.) :

출국권고서
(WRITTEN ADVICE TO EXIT)

인적사항 (Personal details)	성명 (Full name)	
	생년월일 (Date of Birth)	성별 (Sex) [ ]남 Male [ ]여 Female
	국적 (Nationality)	
	대한민국 내 주소 (Address in Korea)	

「출입국관리법」 제67조제2항에 따라 위 사람에 대해 다음과 같이 출국을 권고합니다.
Pursuant to Paragraph 2, Article 67 of the Immigration Act, the abovementioned person is advised to leave the Republic of Korea as per following instructions.

출국권고 이유 (Reason for the Advice)	
적용 법규정 (Applicable Provision)	
출국기한 (Deadline for Departure)	
기타 (Others)	

년 월 일

Date (year) (month) (day)

○○출입국 · 외국인청(사무소 · 출장소)장 　|직인|

CHIEF, ○○IMMIGRATION OFFICE

210mm×297mm[백상지(80 g/㎡) 또는 중질지(80 g/㎡)]

(2) 사건부 기재

청장 · 사무소장 또는 출장소장은 출국권고서를 발부하는 때에는 이를 사건부에 기재하여야 한다(법 시행규칙 제64조 제1항).

다. 출국기한

출국권고서를 발급하는 경우 발급한 날부터 5일의 범위에서 출국기한을 정할 수 있다(법 제67조 제3항). 다만, 해당 외국인에게 출국권고 기한 내에 출국할 수 없는 불가피한 사유가 발생한 경우 청장 등에게 출국기한 유예신청을 할 수 있으나(법 시행규칙 제33조), 출국권고에 대한 출국기한의 유예를 신청함이 없이 출국권고 기한 내에 출국하지 않는 경우에는 출국명령의 대상이 된다(법 제68조 제1항 제2호).

2. 출국명령

강제퇴거명령이 강제력을 동원하여 외국인을 국외로 추방하는 절차인데 반해, 출국명령은 행정상 필요성 및 강제퇴거대상자인 외국인 본인의 의사를 고려한 처분이라는 점에서 차이가 있다.[17] 이러한 출국명령은 그 성질상 행정절차를 모두 거치기 어려운 절차에 해당하고, 출입국관리법에서는 별도의 규정을 통해 행정절차에 준하는 절차를 따로 두어 거치도록 하고 있으므로 행정절차법의 적용대상은 아니다, 설령 행정절차법이 적용된다 하더라도 가령 당사자 스스로 범죄경력을 발급받아 사무소를 방문하였고, 출

---

17) 장혁진 · 최영재, 앞의 책, 269면.

입국관리공무원이 처분사유를 분명히 고지하였으며, 처분사유와 근거법령을 기재한 심사결정서를 제시하였고, 이에 당사자가 서명하였을 경우, 처분사유를 충분히 알 수 있었을 경우에는 그 처분에는 행정절차법상의 위법이 없다.

【판시사항】

인체면역결핍바이러스(HIV) 감염을 이유로 국내 체류 외국인에 대하여 한 출국명령이 재량권을 일탈·남용한 것으로서 위법한지 여부[서울행법 2008. 4. 16., 선고, 2007구합24500, 판결 : 항소]

【판결요지】

후천성면역결핍증(AIDS)을 유발하는 인체면역결핍바이러스(HIV)에 감염되었다는 이유로 국내 체류 외국인을 출국하도록 한 명령은 그 처분으로 보호하고자 하는 전염병 예방이라는 공익의 달성 여부가 확실하지 않은 반면, 외국인의 거주·이전의 자유, 가족결합권을 포함한 행복추구권 등을 심각하게 침해하여 사회통념상 현저하게 타당성을 잃은 것으로서 재량권을 일탈·남용한 위법이 있다.

가. 출국명령 사유

지방출입국·외국인관서의 장은 국내체류 중 법을 위반하여 법 제46조 제1항 각호의 어느 하나에 해당되어 강제퇴거 대상자가 된 외국인이라도 다음의 어느 하나에 해당하는 외국인에게는 출국명령을 할 수 있다(법 제68조 제1항). 이에 따라 외국인에 대한 출국명령 여부를 결정함에 있어서는 그로 인하여 입게 될 당사자의 불이익보다는 국가의 이익과 안전 도모라는 공익적 측면이 더욱 강조되어야 한다. 즉, 출국명령은 대상자가 대한민국에서 형성한 기반을 포기해야 하는 등 현 상태에 침익적 변동을 가져오고, 또한 대상자의 국내 체류가 대한민국의 질서에 어긋난다고 판단될 경우 언제라도 재차 동일한 처분이 가능하므로 공익과 사이의 비교·형량에 있어 체류자격변경 불허가 처분에 비하여 신중을 가할 필요가 있다.[18)]

(1) 법 제46조제1항 각 호의 어느 하나에 해당한다고 인정되나 자기비용으로 자진하여 출국하려는 사람

법 제46조(강제퇴거의 대상자)

① 지방출입국 · 외국인관서의 장은 이 장에 규정된 절차에 따라 다음 각 호의 어느 하나에 해당하는 외국인을 대한민국 밖으로 강제퇴거시킬 수 있다.

1. 제7조를 위반한 사람

2. 제7조의2를 위반한 외국인 또는 같은 조에 규정된 허위초청 등의 행위로 입국한 외국인

3. 제11조제1항 각 호의 어느 하나에 해당하는 입국금지 사유가 입국 후에 발견되거나 발생한 사람

4. 제12조제1항 · 제2항 또는 제12조의3을 위반한 사람

5. 제13조제2항에 따라 지방출입국 · 외국인관서의 장이 붙인 허가조건을 위반한 사람

6. 제14조제1항, 제14조의2제1항, 제15조제1항, 제16조제1항 또는 제16조의2제1항에 따른 허가를 받지 아니하고 상륙한 사람

7. 제14조제3항(제14조의2제3항에 따라 준용되는 경우를 포함한다), 제15조제2항, 제16조제2항 또는 제16조의2제2항에 따라 지방출입국 · 외국인관서의 장 또는 출입국관리공무원이 붙인 허가조건을 위반한 사람

8. 제17조제1항 · 제2항, 제18조, 제20조, 제23조, 제24조 또는 제25조를 위반한 사람

9. 제21조제1항 본문을 위반하여 허가를 받지 아니하고 근무처를 변경 · 추가하거나 같은 조 제2항을 위반하여 외국인을 고용 · 알선한 사람

10. 제22조에 따라 법무부장관이 정한 거소 또는 활동범위의 제한이나 그 밖의 준수사항을 위반한 사람

10의2. 제26조를 위반한 외국인

11. 제28조제1항 및 제2항을 위반하여 출국하려고 한 사람

12. 제31조에 따른 외국인등록 의무를 위반한 사람

12의2. 제33조의3을 위반한 외국인

---

18) 서울행정법원 2014. 9. 12. 선고 2014구합6487 판결.

13. 금고 이상의 형을 선고받고 석방된 사람

14. 그 밖에 제1호부터 제10호까지, 제10호의2, 제11호, 제12호, 제12호의2 또는 제13호에 준하는 사람으로서 법무부령으로 정하는 사람

(2) 법 제67조에 따른 출국권고를 받고도 이행하지 아니한 사람

법 제67조(출국권고)

① 지방출입국·외국인관서의 장은 대한민국에 체류하는 외국인이 다음 각 호의 어느 하나에 해당하면 그 외국인에게 자진하여 출국할 것을 권고할 수 있다.

1. 제17조와 제20조를 위반한 사람으로서 그 위반 정도가 가벼운 경우

2. 제1호에서 규정한 경우 외에 이 법 또는 이 법에 따른 명령을 위반한 사람으로서 법무부장관이 그 출국을 권고할 필요가 있다고 인정하는 경우

② 지방출입국·외국인관서의 장은 제1항에 따라 출국권고를 할 때에는 출국권고서를 발급하여야 한다.

③ 제2항에 따른 출국권고서를 발급하는 경우 발급한 날부터 5일의 범위에서 출국기한을 정할 수 있다.

(3) 법 제89조에 따라 각종 허가 등이 취소된 사람

제89조(각종 허가 등의 취소·변경)

① 법무부장관은 외국인이 다음 각 호의 어느 하나에 해당하면 제8조에 따른 사증발급, 제9조에 따른 사증발급인정서의 발급, 제12조제3항에 따른 입국허가, 제13조에 따른 조건부 입국허가, 제14조에 따른 승무원 상륙허가, 제14조의2에 따른 관광상륙허가 또는 제20조· 제21조 및 제23조 부터 제25조까지의 규정에 따른 체류허가 등을 취소하거나 변경할 수 있다.

1. 신원보증인이 보증을 철회하거나 신원보증인이 없게 된 경우

2. 거짓이나 그 밖의 부정한 방법으로 허가 등을 받은 것이 밝혀진 경우

3. 허가조건을 위반한 경우

> 4. 사정 변경으로 허가상태를 더 이상 유지시킬 수 없는 중대한 사유가 발생한 경우
>
> 5. 제1호부터 제4호까지에서 규정한 경우 외에 이 법 또는 다른 법을 위반한 정도가 중대하거나 출입국관리공무원의 정당한 직무명령을 위반한 경우
>
> ② 법무부장관은 제1항에 따른 각종 허가 등의 취소나 변경에 필요하다고 인정하면 해당 외국인이나 제79조에 따른 신청인을 출석하게 하여 의견을 들을 수 있다.
>
> ③ 제2항의 경우에 법무부장관은 취소하거나 변경하려는 사유, 출석일시와 장소를 출석일 7일 전까지 해당 외국인이나 신청인에게 통지하여야 한다.

(4) 법 제89조의2 제1항에 따라 영주자격이 취소된 사람. 다만, 제89조의2 제2항에 따라 일반체류자격을 부여받은 사람은 제외한다.

> **법 제89조의2(영주자격의 취소 특례)**
>
> ① 법무부장관은 영주자격을 가진 외국인에 대해서는 제89조제1항에도 불구하고 다음 각 호의 어느 하나에 해당하는 경우에 한정하여 영주자격을 취소할 수 있다. 다만, 제1호에 해당하는 경우에는 영주자격을 취소하여야 한다.
>
> 1. 거짓이나 그 밖의 부정한 방법으로 영주자격을 취득한 경우
>
> 2. 「형법」, 「성폭력범죄의 처벌 등에 관한 특례법」 등 법무부령으로 정하는 법률에 규정된 죄를 범하여 2년 이상의 징역 또는 금고의 형이 확정된 경우
>
> 3. 최근 5년 이내에 이 법 또는 다른 법률을 위반하여 징역 또는 금고의 형을 선고받고 확정된 형기의 합산기간이 3년 이상인 경우
>
> 4. 대한민국에 일정금액 이상 투자 상태를 유지할 것 등을 조건으로 영주자격을 취득한 사람 등 대통령령으로 정하는 사람이 해당 조건을 위반한 경우
>
> 5. 국가안보, 외교관계 및 국민경제 등에 있어서 대한민국의 국익에 반하는 행위를 한 경우

(5) 법 제100조 제1항부터 제3항까지의 규정에 따른 과태료 처분 후 출국조치하는 것이 타당하다고 인정되는 사람

법 제100조(과태료)

① 다음 각 호의 어느 하나에 해당하는 자에게는 200만원 이하의 과태료를 부과한다.

　1. 제19조의 신고의무를 위반한 자

　2. 제19조의4제1항 또는 제2항 각 호의 어느 하나에 해당하는 규정을 위반한 사람

　3. 제21조제1항 단서의 신고의무를 위반한 사람

　4. 제33조제4항 또는 제33조의2제1항을 위반하여 영주증을 재발급받지 아니한 사람

　5. 과실로 인하여 제75조제1항(제70조제1항 및 제2항에서 준용하는 경우를 포함한다) 또는 제2항(제70조제1항 및 제2항에서 준용하는 경우를 포함한다)에 따른 출·입항보고를 하지 아니하거나 출·입항보고서의 국적, 성명, 성별, 생년월일, 여권번호에 관한 항목을 최근 1년 이내에 3회 이상 사실과 다르게 보고한 자

② 다음 각 호의 어느 하나에 해당하는 자에게는 100만원 이하의 과태료를 부과한다.

　1. 제35조나 제37조를 위반한 사람

　2. 제79조를 위반한 사람

　3. 제81조제4항에 따른 출입국관리공무원의 장부 또는 자료 제출 요구를 거부하거나 기피한 자

③ 다음 각 호의 어느 하나에 해당하는 자에게는 50만원 이하의 과태료를 부과한다.

　1. 제33조제2항을 위반하여 외국인등록증 발급신청을 하지 아니한 사람

　2. 이 법에 따른 각종 신청이나 신고에서 거짓 사실을 적거나 보고한 자(제94조제17호의2에 해당하는 사람은 제외한다)

(6) 법 제102조 제1항에 따른 통고처분(通告處分) 후 출국조치하는 것이 타당하다고 인정되는 사람

> **법 제102조(통고처분)**
>
> ① 지방출입국·외국인관서의 장은 출입국사범에 대한 조사 결과 범죄의 확증을 얻었을 때에는 그 이유를 명확하게 적어 서면으로 벌금에 상당하는 금액(이하 "범칙금"이라 한다)을 지정한 곳에 낼 것을 통고할 수 있다.

> **【판시사항】**
>
> 인체면역결핍바이러스(HIV) 감염을 이유로 국내 체류 외국인에 대하여 한 출국명령이 재량권을 일탈·남용한 것으로서 위법하다고 한 사례(서울행정법원 2008. 4. 16. 선고 2007구합24500 판결 : 항소)
>
> **【판결요지】**
>
> 후천성면역결핍증(AIDS)을 유발하는 인체면역결핍바이러스(HIV)에 감염되었다는 이유로 국내 체류 외국인을 출국하도록 한 명령은 그 처분으로 보호하고자 하는 전염병 예방이라는 공익의 달성 여부가 확실하지 않은 반면, 외국인의 거주·이전의 자유, 가족결합권을 포함한 행복추구권 등을 심각하게 침해하여 사회통념상 현저하게 타당성을 잃은 것으로서 재량권을 일탈·남용한 위법이 있다고 한 사례.

나. 출국명령서 발급 등

(1) 출국명령서 발급

지방출입국·외국인관서의 장은 출국명령을 할 때는 출국명령서를 발급하여야 한다(법 제68조 제2항).

■ 출입국관리법 시행규칙 [별지 제123호서식] 〈개정 2018. 6. 12.〉

출 국 명 령 서
DEPARTURE ORDER

Date . . .

대상자 Subject of Departure Order	성 명 Name in Full		
	생년월일 Date of Birth	성 별　[ ] 남 [ ] 여 Sex　　[ ] M [ ] F	
	국적 Nationality	직 업 Occupation	
	대한민국 내 주소 Address in Korea		

출국명령 이유(적용 법규정) Reason for Order (Applicable Provision)	
출국기한 Deadline for Departure	
주거제한 Restriction on Residence	
기타 필요한 조건 The Others	

1. 「출입국관리법」 제68조에 따라 위와 같이 출국명령서를 발급합니다.
In accordance with Article 68 of the Immigration Act, the departure order is issued to the person above.
2. 귀하는 위 처분에 대하여 이의가 있을 때에는 이 명령서를 받은 날부터 90일 이내에 행정심판 또는 행정소송을 제기할 수 있습니다.
　※ 행정심판을 청구할 때에는 온라인행정심판(www.simpan.go.kr), 행정소송을 청구할 때에는 전자소송 (ecfs.scourt.go.kr)을 통하여 온라인으로도 청구할 수 있습니다.
A person who has an objection to the above disposition may file an administrative appeal or an administrative litigation within 90 days after receipt of the departure order.
　※ You may file an administrative appeal online (www.simpan.go.kr) and an administrative litigation on the Internet (ecfs.scourt.go.kr)

○ ○ 출입국 · 외국인청(사무소 · 출장소)장

직인

CHIEF, ○ ○ IMMIGRATION OFFICE

210mm×297mm[백상지(80g/㎡) 또는 중질지(80g/㎡)]

(2) 출국명령 기한

출국명령서를 발부하는 때에는 그 발부 일부터 30일의 범위 내에서 출국기한을 정하여야 한다(법 시행규칙 제65조 제1항).

(3) 사건부 기재

청장·사무소장·출장소장 또는 보호소장은 출국명령서를 발부하는 때에는 이를 사건부에 기재하여야 한다(법 시행규칙 제65조 제2항).

다. 출국기한 등 조건부과

출국명령서를 발급할 때에는 법무부령으로 정하는 바에 따라 출국기한을 정하고 주거의 제한이나 그 밖에 필요한 조건을 붙일 수 있으며, 필요하다고 인정할 때에는 2천만원 이하의 이행보증금을 예치하게 할 수 있다(법 제68조 제3항).

라. 강제퇴거명령서 발급

지방출입국·외국인관서의 장은 출국명령을 받고도 지정한 기한까지 출국하지 아니하거나 출국명령서에 붙인 조건을 위반한 사람에게는 지체 없이 강제퇴거명령서를 발급하여야 하며, 그 예치된 이행보증금의 전부 또는 일부를 국고에 귀속시킬 수 있다(법 제68조 제4항).

3. 출국명령 이행보증금의 예치 및 반환과 국고 귀속절차

가. 이행보증금 예치

청장·사무소장·출장소장 또는 보호소장은 법 제68조제3항(출국명령서를 발급할 때에는 법무부령으로 정하는 바에 따라 출국기한을 정하고 주거의 제한이나 그 밖에 필요한 조건을 붙일 수 있으며, 필요하다고 인정할 때에는 2천만원 이하의 이행보증금을 예치하게 할 수 있다)에 따라 ⅰ) 법 제68조제1항 각 호에 해당하는 출국명령의 사유와 그 동기 ⅱ) 외국인의 법 위반 전력, 나이, 환경 및 자산 ⅲ) 도주할 우려 ⅳ) 그 밖의 인도적 사유의 사항을 고려하여 외국인에게 이행보증금을 예치하게 할 수 있다(법 시행령 제81조의2 제1항).

나. 외국인에 통지사항

청장·사무소장·출장소장 또는 보호소장은 이행보증금을 예치받을 때에는 ⅰ) 법 제68조제3항에 따른 출국기한을 위반한 경우 ⅱ) 법 제68조제3항에 따른 주거의 제한이나 그 밖의 필요한 조건을 위반하는 경우의 어느 하나에 해당하는 경우 그 이행보증금을 국고에 귀속시킬 수 있다는 뜻을 그 외국인에게 알려야 한다.

다. 이행보증금 예치 등의 절차

이행보증금의 예치 및 납부 등에 관한 절차는 정부가 보관하는 보관금 취급에 관한 절차에 따른다.

라. 이행보증금 국고귀속

(1) 국고귀속

청장·사무소장·출장소장 또는 보호소장은 예치된 이행보증금을 ⅰ) 제2항제1호의 경우(출국기한 위반): 이행보증금 전부 또는 일부 ⅱ) 제2항제2호의 경우(주거제한 등 위반): 이행보증금의 일부다음 각 호의 구분에 따라 국고에 귀속시킬 수 있다. 이 경우 구체적인 귀속금액의 기준은 법무부장관이 정한다. 한편, 청장·사무소장·출장소장 또는 보호소장은 국고에 귀속하는 경우를 제외하고는 예치된 이행보증금을 그 외국인이 출국하는 때 반환해야 한다.

(2) 국고귀속보고

청장·사무소장·출장소장 또는 보호소장은 법 제13조제3항, 제66조제2항 또는 제68조제4항에 따라 보증금 또는 이행보증금의 국고귀속을 결정한 때에는 그 사실을 법무부장관에게 보고해야 한다(법 시행규칙 제68조).

마. 국고통지서 기재사유 및 발급

청장 · 사무소장 · 출장소장 또는 보호소장은 이행보증금을 국고에 귀속하려면 국고 귀속 통지서에 국고 귀속결정 사유 및 국고 귀속금액 등을 기재하여 그 외국인에게 발급해야 한다.

제8절 벌칙

1. 7년 이하의 징역

도주할 목적으로 보호시설 등을 손괴하거나 폭행한 사람 등 다음의 어느 하나에 해당하는 사람은 그 행위의 중대성을 감안하여 출입국관리법상 가장 무거운 형인 7년 이하의 징역에 처한다(법 제93조의2 제1항). 나아가 본죄를 범할 목적으로 예비 또는 음모한 자와 미수범은 각각 해당하는 본죄에 준하여 처벌하고, 본죄의 행위를 교사하거나 방조한 자는 정범에 준하여 처벌한다(법 제99조).

가. 이 법에 따라 보호되거나 일시보호된 사람으로서 다음의 어느 하나에 해당하는 사람

    (1) 도주할 목적으로 보호시설 또는 기구를 손괴하거나 다른 사람을 폭행 또는 협박한 사람

    (2) 2명 이상이 합동하여 도주한 사람

나. 이 법에 따른 보호나 강제퇴거를 위한 호송 중에 있는 사람으로서 다른 사람을 폭행 또는 협박하거나 2명 이상이 합동하여 도주한 사람

다. 이 법에 따라 보호 · 일시보호된 사람이나 보호 또는 강제퇴거를 위한 호송 중에 있는 사람을 탈취하거나 도주하게 한 사람

2. 7년 이하의 징역 또는 5천만원 이하의 벌금

영리목적으로 외국인을 집단으로 밀입국하게 하는 등 다음의 어느 하나에 해당하는 사람으로서 영리를 목적으로 한 사람은 사안의 중대성을 고려하여 7년 이하의 징역 또는 5천만원 이하의 벌금에 처한다(법 제93조의2 제2항).

가. 법 제12조 제1항 또는 제2항에 따라 입국심사를 받아야 하는 외국인을 집단으로 불법입국하게 하거나 이를 알선한 사람

나. 법 제12조의3 제1항을 위반하여 외국인을 집단으로 불법입국 또는 불법출국하게

하거나 대한민국을 거쳐 다른 국가로 불법입국하게 할 목적으로 선박 등이나 여권·사증, 탑승권, 그 밖에 출입국에 사용될 수 있는 서류 및 물품을 제공하거나 알선한 사람

다. 법 제12조의3 제2항을 위반하여 불법으로 입국한 외국인을 집단으로 대한민국에서 은닉 또는 도피하게 하거나 은닉 또는 도피하게 할 목적으로 교통수단을 제공하거나 이를 알선한 사람

3. 5년 이하의 징역 또는 3천만원 이하의 벌금

다음의 어느 하나에 해당하는 사람은 5년 이하의 징역 또는 3천만원 이하의 벌금에 처한다(법 제93조의3).

가. 법 제12조 제1항 또는 제2항을 위반하여 입국심사를 받지 아니하고 입국한 사람

나. 법 제93조의2 제2항 각 호의 어느 하나에 해당하는 죄를 범한 사람(영리를 목적으로 한 사람은 제외한다)

4. 3년 이하의 징역 또는 2천만원 이하의 벌금

다음의 어느 하나에 해당하는 사람은 3년 이하의 징역 또는 2천만원 이하의 벌금에 처한다(법 제94조).

가. 법 제3조 제1항을 위반하여 출국심사를 받지 아니하고 출국한 사람

나. 법 제7조 제1항 또는 제4항을 위반하여 입국한 사람

다. 법 제7조의2를 위반한 사람

라. 법 제12조의3을 위반한 사람으로서 제93조의2 제2항 또는 제93조의3에 해당하지 아니하는 사람

마. 법 제14조 제1항에 따른 승무원 상륙허가 또는 제14조의2 제1항에 따른 관광상륙허가를 받지 아니하고 상륙한 사람

바. 법 제14조 제3항에 따른 승무원 상륙허가 또는 제14조의2 제3항에 따른 관광상륙허가의 조건을 위반한 사람

사. 법 제17조 제1항을 위반하여 체류자격이나 체류기간의 범위를 벗어나서 체류한 사람

아. 법 제18조 제1항을 위반하여 취업활동을 할 수 있는 체류자격을 받지 아니하고 취업활동을 한 사람

자. 법 제18조 제3항을 위반하여 취업활동을 할 수 있는 체류자격을 가지지 아니한 사람을 고용한 사람, 여기서 고용의 의미는 취업활동을 할 수 있는 체류자격을 가지지 않은 외국인으로부터 노무를 제공받고 이에 대하여 보수를 지급하는 행위를 말한다고 봄이 타당하다. 따라서 사용사업주가 근로자파견계약 또는 이에 준하는 계약을 체결하고 파견사업주로부터 그에게 고용된 외국인을 파견받아 자신을 위한 근로에 종사하게 하였더라도 이를 출입국관리법 제94조 제9호, 제18조 제3항이 금지하는 고용이라고 볼 수 없다.[19]

차. 법 제18조 제4항을 위반하여 취업활동을 할 수 있는 체류자격을 가지지 아니한 외국인의 고용을 업으로 알선·권유한 사람

카. 법 제18조 제5항을 위반하여 체류자격을 가지지 아니한 외국인을 자기 지배하에 두는 행위를 한 사람

파. 법 제20조를 위반하여 체류자격 외 활동허가를 받지 아니하고 다른 체류자격에 해당하는 활동을 한 사람

하. 법 제21조 제2항을 위반하여 근무처의 변경허가 또는 추가허가를 받지 아니한 외국인의 고용을 업으로 알선한 사람

거. 법 제22조에 따른 제한 등을 위반한 사람

너. 법 제23조를 위반하여 체류자격을 받지 아니하고 체류한 사람

더. 법 제24조를 위반하여 체류자격 변경허가를 받지 아니하고 다른 체류자격에 해당하는 활동을 한 사람

러. 법 제25조를 위반하여 체류기간 연장허가를 받지 아니하고 체류기간을 초과하여 계속 체류한 사람

머. 법 제26조(허위서류 제출 등의 금지)를 위반한 사람

---

19) 대법원 2020. 5. 14., 선고, 2018도3690 판결.

버. 법 제28조(출국심사) 제1항이나 제2항을 위반하여 출국심사를 받지 아니하고 출국한 사람

서. 법 제33조의3(외국인등록증 등의 채무이행 확보수단 제공 등의 금지)을 위반한 사람

어. 법 제69조(제70조제1항 및 제2항에서 준용하는 경우를 포함한다)를 위반(선박 등의 검색 및 심사)한 사람

5. 1년 이하의 징역 또는 1천만원 이하의 벌금

다음의 어느 하나에 해당하는 사람은 1년 이하의 징역 또는 1천만원 이하의 벌금에 처한다(법 제95조).

가. 법 제6조 제1항을 위반하여 입국심사를 받지 아니하고 입국한 사람

나. 법 제13조 제2항에 따른 조건부 입국허가의 조건을 위반한 사람

다. 법 제15조 제1항에 따른 긴급상륙허가, 제16조제1항에 따른 재난상륙허가 또는 제16조의2 제1항에 따른 난민 임시상륙허가를 받지 아니하고 상륙한 사람

라. 법 제15조 제2항, 제16조 제2항 또는 제16조의2 제2항에 따른 허가조건을 위반한 사람

마. 법 제18조 제2항을 위반하여 지정된 근무처가 아닌 곳에서 근무한 사람

바. 법 제21조 제1항 본문을 위반하여 허가를 받지 아니하고 근무처를 변경하거나 추가한 사람 또는 제21조 제2항을 위반하여 근무처의 변경허가 또는 추가허가를 받지 아니한 외국인을 고용한 사람

사. 법 제31조의 등록의무를 위반한 사람

아. 법 제51조 제1항·제3항, 제56조 또는 제63조 제1항에 따라 보호 또는 일시보호된 사람으로서 도주하거나 보호 또는 강제퇴거 등을 위한 호송 중에 도주한 사람(제93조의2제1항제1호 또는 제2호에 해당하는 사람은 제외한다)

자. 법 제63조 제5항에 따른 주거의 제한이나 그 밖의 조건을 위반한 사람

6. 1천만원 이하의 벌금

다음의 어느 하나에 해당하는 사람은 1천만원 이하의 벌금에 처한다(법 제96조).

가. 법 제71조 제4항(제70조제1항 및 제2항에서 준용하는 경우를 포함한다)에 따른 출항의 일시정지 또는 회항 명령이나 선박 등의 출입 제한을 위반한 사람

나. 정당한 사유 없이 법 제73조(제70조제1항 및 제2항에서 준용하는 경우를 포함한다)에 따른 준수사항을 지키지 아니하였거나 제73조의2제1항(제70조제1항 및 제2항에서 준용하는 경우를 포함한다) 또는 제3항(제70조제1항 및 제2항에서 준용하는 경우를 포함한다)을 위반하여 열람 또는 문서제출 요청에 따르지 아니한 사람

다. 정당한 사유 없이 법 제75조제1항(제70조제1항 및 제2항에서 준용하는 경우를 포함한다) 또는 제2항(제70조제1항 및 제2항에서 준용하는 경우를 포함한다)에 따른 보고서를 제출하지 아니하거나 거짓으로 제출한 사람

7. 500만원 이하의 벌금

다음의 어느 하나에 해당하는 사람은 500만원 이하의 벌금에 처한다(법 제97조).

가. 법 제18조 제4항을 위반하여 취업활동을 할 수 있는 체류자격을 가지지 아니한 외국인의 고용을 알선·권유한 사람(업으로 하는 사람은 제외한다)

나. 법 제21조 제2항을 위반하여 근무처의 변경허가 또는 추가허가를 받지 아니한 외국인의 고용을 알선한 사람(업으로 하는 사람은 제외한다)

다. 법 제72조(제70조제1항 및 제2항에서 준용하는 경우를 포함한다)를 위반하여 허가를 받지 아니하고 선박 등이나 출입국심사장에 출입한 사람

라. 법 제74조(제70조제1항 및 제2항에서 준용하는 경우를 포함한다)에 따른 제출 또는 통보 의무를 위반한 사람

마. 법 제75조 제4항(제70조제1항 및 제2항에서 준용하는 경우를 포함한다) 및 제5항(제70조제1항 및 제2항에서 준용하는 경우를 포함한다)에 따른 보고 또는 방지 의무를 위반한 사람

바. 법 제76조 제1항(제70조제1항 및 제2항에서 준용하는 경우를 포함한다)에 따른 송

환의무를 위반한 사람

사. 법 제76조의6제1항을 위반하여 난민인정증명서 또는 난민여행증명서를 반납하지

아니하거나 같은 조 제2항에 따른 난민여행증명서 반납명령을 위반한 사람

8. 100만원 이하의 벌금

다음의 어느 하나에 해당하는 사람은 100만원 이하의 벌금에 처한다(법 제98조).

가. 법 제27조에 따른 여권등의 휴대 또는 제시 의무를 위반한 사람

나. 법 제36조제1항에 따른 체류지 변경신고 의무를 위반한 사람

9. 미수범 등

가. 미수범의 처벌

법 제93조의2, 제93조의3, 제94조제1호부터 제5호까지 또는 제18호 및 제95조제1호
의 죄를 범할 목적으로 예비하거나 또는 음모한 사람과 미수범은 각각 해당하는 본죄에
준하여 처벌한다(법 제99조 제1항).

나. 정범에 준하여 처벌

위 가.항에 따른 행위를 교사하거나 방조한 사람은 정범(正犯)에 준하여 처벌한다(법 제99
조 제2항).

10. 난민에 대한 형의 면제

제93조의3 제1호(이 법에 따라 보호되거나 일시보호된 사람으로서 도주할 목적으로 보
호시설 또는 기구를 손괴하거나 다른 사람을 폭행 또는 협박한 사람 및 2명 이상이 합
동하여 도주한 사람), 제94조 제2호(제7조제1항 또는 제4항을 위반하여 입국한 사
람)·제5호(제14조제1항에 따른 승무원 상륙허가 또는 제14조의2제1항에 따른 관광상
륙허가를 받지 아니하고 상륙한 사람)·제6호(제14조제3항에 따른 승무원 상륙허가 또
는 제14조의2 제3항에 따른 관광상륙허가의 조건을 위반한 사람) 및 제15호(제23조를

위반하여 체류자격을 받지 아니하고 체류한 사람), 제16호(제24조를 위반하여 체류자격 변경허가를 받지 아니하고 다른 체류자격에 해당하는 활동을 한 사람), 제17호(제25조를 위반하여 체류기간 연장허가를 받지 아니하고 체류기간을 초과하여 계속 체류한 사람) 또는 제95조 제3호(제15조 제1항에 따른 긴급상륙허가, 제16조제1항에 따른 재난상륙허가 또는 제16조의2 제1항에 따른 난민 임시상륙허가를 받지 아니하고 상륙한 사람) · 제4호(제15조 제2항, 제16조 제2항 또는 제16조의2 제2항에 따른 허가조건을 위반한 사람)에 해당하는 사람이 그 위반행위를 한 후 지체 없이 지방출입국 · 외국인관서의 장에게 다음 각 호의 모두에 해당하는 사실을 직접 신고하는 경우에 그 사실이 증명되면 그 형을 면제한다(법 제99조의2).

가. 「난민법」 제2조 제1호에 규정된 이유로 그 생명 · 신체 또는 신체의 자유를 침해받을 공포가 있는 영역으로부터 직접 입국하거나 상륙한 난민이라는 사실

나. 위 가.항의 공포로 인하여 해당 위반행위를 한 사실

11. 양벌규정

법인의 대표자나 법인 또는 개인의 대리인, 사용인, 그 밖의 종업원이 그 법인 또는 개인의 업무에 관하여 다음 각 호의 어느 하나에 해당하는 위반행위를 하면 그 행위자를 벌하는 외에 그 법인 또는 개인에게도 해당 조문의 벌금형을 과(科)한다. 다만, 법인 또는 개인이 그 위반행위를 방지하기 위하여 해당 업무에 관하여 상당한 주의와 감독을 게을리하지 아니한 경우에는 그러하지 아니하다(법 제99조의3).

가. 법 제94조 제3호(제7조의2를 위반한 사람)의 위반행위

나. 법 제94조 제9호(제18조 제3항을 위반하여 취업활동을 할 수 있는 체류자격을 가지지 아니한 사람을 고용한 사람)의 위반행위

다. 법 제94조 제19호의 위반행위 중 제33조의3 제1호(외국인의 여권이나 외국인등록증을 취업에 따른 계약 또는 채무이행의 확보수단으로 제공받거나 그 제공을 강요 또는 알선하는 행위를 위반한 행위)

라. 법 제94조 제20호[제69조(제70조제1항 및 제2항에서 준용하는 경우를 포함한다)

를 위반한 사람]의 위반행위

마. 법 제95조 제6호(제21조 제1항 본문을 위반하여 허가를 받지 아니하고 근무처를 변경하거나 추가한 사람 또는 제21조 제2항을 위반하여 근무처의 변경허가 또는 추가허가를 받지 아니한 외국인을 고용한 사람)의 위반행위

바. 법 제96조 제1호부터 제3호까지의 규정에 따른 위반행위 ⅰ) 제71조제4항(제70조 제1항 및 제2항에서 준용하는 경우를 포함한다)에 따른 출항의 일시정지 또는 회항명령이나 선박 등의 출입 제한을 위반한 사람 ⅱ) 정당한 사유 없이 제73조(제70조 제1항 및 제2항에서 준용하는 경우를 포함한다)에 따른 준수사항을 지키지 아니하였거나 제73조의2 제1항(제70조 제1항 및 제2항에서 준용하는 경우를 포함한다) 또는 제3항(제70조 제1항 및 제2항에서 준용하는 경우를 포함한다)을 위반하여 열람 또는 문서제출 요청에 따르지 아니한 사람 ⅲ) 정당한 사유 없이 제75조 제1항(제70조 제1항 및 제2항에서 준용하는 경우를 포함한다) 또는 제2항(제70조 제1항 및 제2항에서 준용하는 경우를 포함한다)에 따른 보고서를 제출하지 아니하거나 거짓으로 제출한 사람

사. 법 제97조 제4호부터 제6호까지의 규정에 따른 위반행위 ⅰ) 제74조(제70조 제1항 및 제2항에서 준용하는 경우를 포함한다)에 따른 제출 또는 통보 의무를 위반한 사람 ⅱ) 제75조 제4항(제70조 제1항 및 제2항에서 준용하는 경우를 포함한다) 및 제5항(제70조 제1항 및 제2항에서 준용하는 경우를 포함한다)에 따른 보고 또는 방지 의무를 위반한 사람 ⅲ) 제76조 제1항(제70조 제1항 및 제2항에서 준용하는 경우를 포함한다)에 따른 송환의무를 위반한 사람

12. 과태료

행정질서벌이란 일반사회의 법익에 직접 영향을 미치지는 않으나 행정상의 질서에 장해를 야기할 우려가 있는 의무위반에 대해 과태료가 가해지는 제재를 말한다. 과태료는 행정청의 과태료 부과처분이나 법원의 과태료 재판이 확정된 후 5년간 징수하지 아니하거나 집행하지 아니하면 시효로 인하여 소멸한다.

가. 200만원 이하의 과태료

다음의 어느 하나에 해당하는 자에게는 200만원 이하의 과태료를 부과한다(법 제100조 제1항).

(1) 법 제19조의 신고의무를 위반한 자

(2) 법 제19조의4(외국인의 관리) 제1항(체류자격 중 유학이나 연수활동을 할 수 있는 체류자격을 가지고 있는 외국인(이 재학 중이거나 연수 중인 학교의 장은 그 외국인 유학생의 관리를 담당하는 직원을 지정하고 이를 지방출입국·외국인관서의 장에게 알려야 한다) 또는 제2항 각 호(입학하거나 연수허가를 받은 외국인유학생이 매 학기 등록기한까지 등록을 하지 아니하거나 휴학을 한 경우 및 제적·연수중단 또는 행방불명 등의 사유로 외국인유학생의 유학이나 연수가 끝난 경우)의 어느 하나에 해당하는 규정을 위반한 사람

(3) 법 제21조 제1항 단서(전문적인 지식·기술 또는 기능을 가진 사람으로서 대통령령으로 정하는 사람은 근무처를 변경하거나 추가한 날부터 15일 이내에 법무부장관에게 신고하여야 한다.)의 신고의무를 위반한 사람

(4) 법 제33조 제4항(영주증을 발급받은 사람은 유효기간이 끝나기 전까지 영주증을 재발급받아야 한다.) 또는 제33조의2 제1항을 위반하여 영주증을 재발급받지 아니한 사람

(5) 과실로 인하여 법 제75조제1항(제70조제1항 및 제2항에서 준용하는 경우를 포함한다) 또는 제2항(제70조제1항 및 제2항에서 준용하는 경우를 포함한다)에 따른 출·입항보고를 하지 아니하거나 출·입항보고서의 국적, 성명, 성별, 생년월일, 여권번호에 관한 항목을 최근 1년 이내에 3회 이상 사실과 다르게 보고한 자

나. 100만원 이하의 과태료

> **【판시사항】**
>
> 주식회사의 종업원이 취업활동을 할 수 있는 체류자격을 가지지 아니한 외국인을 고용한 행위와 관련하여, 대표이사가 종업원의 그와 같은 행위를 알 수 있는 지위에 있었다는 사정만으로 출입국관리법 제94조 제9호에서 정한 '고용한 사람'에 해당하는지 여부(대법원 2017. 6. 29. 선고 2017도3005 판결)
>
> **【판결요지】**
>
> 출입국관리법은 제94조 제9호에서 "제18조 제3항을 위반하여 취업활동을 할 수 있는 체류자격을 가지지 아니한 사람을 고용한 사람"을 처벌하도록 규정하고, 제18조 제3항에서 누구든지 대통령령으로 정하는 바에 따라 취업활동을 할 수 있는 체류자격을 받지 아니한 외국인을 고용하여서는 아니 된다고 규정하고 있다. 출입국관리법이 제94조 제9호의 '고용한 사람'은 외국인 근로자에 관한 사항에 대하여 사업주를 위하여 행위하는 자를 모두 포함한다는 별도의 규정을 두고 있지 아니한 점, 출입국관리법 제99조의3에서 취업활동을 할 수 있는 체류자격을 가지지 아니한 외국인을 고용한 행위의 이익귀속주체인 사업주를 처벌하는 양벌규정을 두고 있지만, 주식회사의 경우 대표이사가 아니라 회사가 위 규정의 적용대상인 점, 죄형법정주의의 원칙상 형벌법규는 특별한 사정이 없는 한 문언에 따라 엄격하게 해석하여야 하는 점, 출입국관리법의 입법 취지와 외국인 근로자의 고용을 제한하는 규정을 두게 된 입법경위 등을 종합하면, 주식회사의 종업원이 취업활동을 할 수 있는 체류자격을 가지지 아니한 외국인을 고용한 행위와 관련하여, 그 대표이사가 종업원의 그와 같은 행위를 알 수 있는 지위에 있었다는 사정만으로 출입국관리법 제94조 제9호에서 정한 '고용한 사람'에 해당한다고 볼 수 없다.

다음의 어느 하나에 해당하는 자에게는 100만원 이하의 과태료를 부과한다(법 제100조 제2항).

(1) 법 제35조(외국인등록사항의 변경신고)나 제37조(외국인등록증의 반납)를 위반한

사람

(2) 법 제79조(허가신청 등의 의무자)를 위반한 사람

(3) 제81조제4항에 따른 출입국관리공무원의 장부 또는 자료 제출 요구를 거부하거나 기피한 자

다. 50만원 이하의 과태료

다음의 어느 하나에 해당하는 자에게는 50만원 이하의 과태료를 부과한다(법 제100조 제3항).

(1) 법 제33조 제2항을 위반하여 외국인등록증 발급신청을 하지 아니한 사람

(2) 이 법에 따른 각종 신청이나 신고에서 거짓 사실을 적거나 보고한 자(제94조제17 호의2에 해당하는 사람은 제외한다)

(3) 단기체류자격 숙박외국인은 「감염병의 예방 및 관리에 관한 법률」에 따른 위기경보의 발령 등 법무부령으로 정하는 경우에 한하여 숙박업자에게 여권 등의 자료를 제공하도록 하고, 숙박업자는 숙박외국인이 제공한 자료를 법무부장관에게 제출하도록 하는 한편, 여권 등의 자료를 제공하지 않은 숙박외국인 또는 숙박외국인의 자료를 제출하지 아니하거나 허위로 제출한 숙박업자

라. 과태료의 부과징수

과태료는 대통령령으로 정하는 바에 따라 지방출입국 · 외국인관서의 장이 부과 · 징수한다(법 제100조 제4항).

과태료 부과 사전통지서

사건번호 :

	성명(법인명 또는 사업자명)
인적사항	생년월일(법인등록번호 또는 사업자등록번호)
	국적
	주소(연락처)

위반사항	위반 법조항
	위반 내용

과태료 금액	
의견제출 기한	

1. 「질서위반행위규제법」 제16조 및 같은 법 시행령 제3조에 따라 귀하에게 과태료 부과사실을 사전 통지하오니, 위반내용에 대해 이의가 있을 경우 위 의견제출 기한 내에 해당 출입국·외국인청(사무소·출장소)장에게 서면 또는 구술로 의견을 제출할 수 있습니다.

2. 위 기간까지 의견 제출이 없는 경우에는 의견이 없는 것으로 간주하며, 귀하께서 지정된 기한 내에 과태료를 자진하여 납부하시고자 하는 경우에는 부과금액의 최대 100분의 20까지 감경될 수 있음을 알려 드립니다.

3. 「질서위반행위규제법 시행령」 제2조의2에 따른 과태료감경 대상자는 아래와 같으며 해당 과태료 금액의 100분 50 범위에서 과태료를 감경받을 수 있습니다. (단, 과태료 체납자는 제외)

   1) 「국민기초생활 보장법」 제2조에 따른 수급자

   2) 「한부모가족 지원법」 제5조 및 제5조의2제2항·제3항에 따른 보호대상자

   3) 「장애인복지법」 제2조에 따른 제1급부터 제3급까지의 장애인

   4) 「국가유공자 등 예우 및 지원에 관한 법률」 제6조의4에 따른 1급부터 3급까지의 상이등급 판정을 받은 사람

   5) 미성년자

4. 이외에 과태료 처분과 관련하여 궁금한 사항이 있으면 아래의 담당공무원에게 문의하여 주시기 바랍니다.

년 월 일

○○출입국 · 외국인청(사무소 · 출장소)장　　　　[직인]

(주소:　　　　　　)

(☎ : 02-　　, 담당공무원 :　)

210mm×297mm[백상지(80g/㎡) 또는 중질지(80g/㎡)]

마. 과태료의 부과기준

과태료의 부과기준은 아래 별표 2와 같다(법 시행령 제102조).

[별표 2] 〈개정 2018. 9. 18.〉

과태료의 부과기준(제102조 관련)

1. 일반기준

가. 위반행위가 둘 이상일 때에는 위반행위마다 부과한다.

나. 하나의 위반행위가 둘 이상의 과태료 부과기준에 해당하면 과태료 금액이 가장 높은 위반행위를 기준으로 과태료를 부과한다.

다. 청장·사무소장 또는 출장소장은 다음의 어느 하나에 해당하는 경우에는 제2호에 따른 과태료 금액의 2분의 1의 범위에서 그 금액을 줄일 수 있다. 다만, 과태료를 체납하고 있는 위반행위자의 경우에는 그렇지 않다.

  1) 위반행위자가 「질서위반행위규제법 시행령」 제2조의2제1항 각 호의 어느 하나에 해당하는 경우

  2) 자연재해나 화재 등으로 위반행위자의 재산에 현저한 손실이 발생하거나 사업 여건의 악화로 위반행위자의 사업이 중대한 위기에 처하는 등의 사정이 있는 경우

  3) 그 밖에 위반행위의 정도, 위반행위의 동기 및 그 결과, 위반행위자의 연령·환경 및 과태료 부담능력 등을 고려하여 과태료를 줄일 필요가 있다고 인정되는 경우

라. 청장·사무소장 또는 출장소장은 다음의 어느 하나에 해당하는 경우에는 제2호에 따른 과태료 부과금액의 2분의 1의 범위에서 그 금액을 늘릴 수 있다. 다만, 법 제100조제1항부터 제3항까지의 규정에 따른 과태료 금액의 상한을 넘을 수 없다.

  1) 위반의 내용 및 정도가 중대하여 그 피해가 출입국관리나 외국인 체류관리 등에 미치는 영향이 크다고 인정되는 경우

  2) 최근 3년 이내 법 위반 사실이 있는 경우

  3) 그 밖에 위반행위의 정도, 위반행위의 동기 및 그 결과 등을 고려하여 과태료를 가

중할 필요가 있다고 인정되는 경우

마. 위반행위의 횟수에 따른 과태료의 가중된 부과기준은 최근 3년간(제2호차목의 경우
에는 최근 1년간) 같은 위반행위로 과태료 부과처분을 받은 경우에 적용한다. 이 경
우 기간의 계산은 위반행위에 대하여 과태료 부과처분을 받은 날과 그 처분 후 다시
같은 위반행위를 하여 적발된 날을 기준으로 한다.

바. 마목에 따라 가중된 부과처분을 하는 경우 가중처분의 적용 차수는 그 위반행위 전 부과
처분 차수(마목에 따른 기간 내에 과태료 부과처분이 둘 이상 있었던 경우에는 높은 차
수를 말한다)의 다음 차수로 한다.

2. 개별기준

위반행위	근거 법조문	위반기간 또는 위반횟수	과태료 금액
가. 법 제19조에 따른 신고의무를 위반한 경우	법 제100조 제1항제1호	3개월 미만	10만원
		3개월 이상 6개월 미만	30만원
		6개월 이상 12개월 미만	50만원
		1년 이상 2년 미만	100만원
		2년 이상	200만원
나. 법 제19조의4제1항에 따른 통지의무 를 위반한 경우	법 제100조 제1항제2호	1회	20만원
		2회	50만원
		3회	100만원
		4회 이상	200만원
다. 법 제19조의4제2항에 따른 신고의무 를 위반한 경우	법 제100조 제1항제2호	3개월 미만	10만원
		3개월 이상 6개월 미만	30만원
		6개월 이상 12개월 미만	50만원
		1년 이상	100만원

		2년 미만	
		2년 이상	200만원
라. 법 제21조제1항 단서에 따른 신고의 무를 위반한 경우	법 제100조 제1항제3호	3개월 미만	10만원
		3개월 이상 6개월 미만	30만원
		6개월 이상 12개월 미만	50만원
		1년 이상 2년 미만	100만원
		2년 이상	200만원
마. 법 제33조제2항을 위반하여 외국인 등록증 발급신청을 하지 않은 경우	법 제100조 제3항제1호	3개월 미만	10만원
		3개월 이상 6개월 미만	20만원
		6개월 이상 12개월 미만	30만원
		1년 이상	50만원
바. 법 제33조제4항 또는 제33조의2제1 항을 위반하여 영주증을 재발급받지 않은 경우	법 제100조 제1항제4호	3개월 미만	10만원
		3개월 이상 6개월 미만	30만원
		6개월 이상 12개월 미만	50만원
		1년 이상 2년 미만	100만원
		2년 이상	200만원
사. 법 제35조에 따른 외국인등록사항의 변경신고의무를 위반한 경우	법 제100조 제2항제1호	3개월 미만	10만원
		3개월 이상 6개월 미만	30만원
		6개월 이상 1년 미만	50만원
		1년 이상	100만원
아. 법 제37조제1항 또는 제2항에 따른 외국인등록증 반납의무를 위반한 경우	법 제100조 제2항제1호	1회	10만원
		2회	30만원

		3회	50만원
		4회 이상	100만원
자. 과실로 인하여 법 제75조제1항(법 제70조제1항 및 제2항에서 준용하는 경우를 포함한다) 또는 제2항(법 제70조제1항 및 제2항에서 준용하는 경우를 포함한다)에 따른 출·입항보고를 하지 않은 경우	법 제100조제1항제5호	1회	20만원
		2회	50만원
		3회	100만원
		4회 이상	200만원
차. 과실로 인하여 법 제75조제1항(법 제70조제1항 및 제2항에서 준용하는 경우를 포함한다) 또는 제2항(법 제70조제1항 및 제2항에서 준용하는 경우를 포함한다)에 따른 출·입항보고서의 국적, 성명, 성별, 생년월일, 여권번호에 관한 항목을 최근 1년 이내에 3회 이상 사실과 다르게 보고한 경우	법 제100조제1항제5호	3회	30만원
		4회	50만원
		5회	70만원
		6회	90만원
		7회	120만원
		8회	150만원
		9회 이상	200만원
카. 법 제79조에 따른 신청의무를 위반한 경우	법 제100조제2항제2호	1년 미만	10만원
		1년 이상 2년 미만	30만원
		2년 이상 3년 미만	50만원
		3년 이상	100만원
타. 법 제81조제4항에 따른 출입국관리공무원의 장부 또는 자료 제출 요구를 거부하거나 기피한 경우	법 제100조제2항제3호	1회	20만원
		2회	50만원
		3회 이상	100만원
파. 법에 따른 각종 신청이나 신고에서 거짓 사실을 적거나 보고한 경우(법 제94조제17호의2에 해당하는 경우는 제외한다)	법 제100조제3항제2호	1회	30만원
		2회	40만원
		3회 이상	50만원

■ 출입국관리법시행규칙 [별지 제167호서식] 〈개정 2018. 6. 12.〉

과태료 납부 고지서

사건번호 :

인적사항	성명(법인명 또는 사업자명)
	생년월일(법인등록번호 또는 사업자등록번호)
	국적
	주소(연락처)

위반사항	위반 법조항
	위반 내용

과태료 금액	
납부 기한	

1. 「출입국관리법」 제100조에 따라 위와 같이 과태료를 부과하오니 첨부된 납입고지서를 사용하여 납부기한까지 납부하시기 바랍니다.

2. 위의 과태료 처분에 불복이 있는 경우 그 처분의 고지를 받은 날로부터 60일 이내에 해당 출입국·외국인청(사무소·출장소)장에게 이의를 제기할 수 있으며, 지정된 기한 내에 이의를 제기하지 아니하고 가산금을 납부하지 아니한 때에는 국세(지방세) 체납처분의 예에 따라 과태료를 강제 징수할 수 있음을 알려드립니다.

3. 지정된 기한 내에 과태료를 납부하지 아니할 경우, 「질서위반행위규제법」 제52조부터 제54조까지의 규정에 따라 (1) 체납 또는 결손처분자료가 신용정보기관에 제공될 수 있고, (2) 과태료를 3회 이상 체납하고 있고, 체납발생일로부터 각 1년이 경과하였으며, 체납금액 합계가 500만원 이상인 경우에는 관허사업의 제한을 받을 수 있으며, (3) 과태료를 3회 이상 체납하고 있고, 체납발생일로부터 각 1년이 경과하였으며, 체납금액 합계가 1,000만원 이상인 경우에는 법원의 결정으로 30일 이내의 감치에 처할 수 있음을 알려 드립니다.

년 월 일

○○출입국 · 외국인청

(사무소 · 출장소)장

| 직인 |

(주소 :　　　　　)

(☎ :　　, 담당공무원 :　)

210mm×297mm[백상지(80 9/㎡) 또는 중질지(80 9/㎡)]

■ 출입국관리법 시행규칙 [별지 제168호서식] 〈개정 2016. 9. 29.〉

과태료부과 및 수납대장

① 일련번호	② 사건번호	③ 통지연월일	④납부기한	⑥징수결정액	⑧ 미수납액	납부의무자		⑪ 위반사항	⑫ 기록자인
			⑤납부여월일	⑦수납액		⑨성명	⑩주소		

297mm×420mm[백상지(80 g /㎡) 또는 중질지(80 g /㎡)]

바. 과태료부과

행정청은 질서위반행위가 종료된 날로부터 5년이 경과한 후에는 해당 질서위반행위를 이유로 과태료를 부과할 수 없다.

사. 과태료처분에 대한 이의신청서

과태료처분에 대하여 불복하는 자는 「질서위반행위규제법」 제20조제1항에 따라 이의를 제기할 수 있으며, 이때 관련 서식은 아래 별표 제170호 서식에 의한다. 이에 따른 이의제기가 있는 경우에는 행정청의 과태료부과처분은 그 효력을 상실한다.

아. 법원에 통보

이의제기를 받은 행정청은 이의제기를 받은 날부터 14일 이내에 이에 대한 의견 및 증빙서류를 첨부하여 관할법원에 통보하여야 한다.

■ 출입국관리법시행규칙 [별지 제170호서식] 〈개정 2018. 6. 12.〉

과태료처분에 대한 이의제기서

신청인	성명(법인명 또는 사업자명)	
	생년월일(법인등록번호 또는 사업자등록번호)	
	국적	
	주소(연락처)	

처분내용	과태료 금액	
	사건번호	
	위반내용	

과태료 처분에 대한 불복사유	

귀 청(사무소 · 출장소)의 과태료부과 처분에 대해 불복하므로 「질서위반행위규제법」 제20조제1항에 따라 이의를 제기합니다.

년 월 일

신청인 :　　　(서명 또는 인)

○○출입국 · 외국인청(사무소 · 출장소)장 귀하

210mm×297mm[백상지(80 g/㎡) 또는 중질지(80 g/㎡)]

■ 출입국관리법시행규칙 [별지 제170호서식] 〈개정 2018. 6. 12.〉

과태료처분에 대한 이의제기서

신청인	성명(법인명 또는 사업자명)
	생년월일(법인등록번호 또는 사업자등록번호)
	국적
	주소(연락처)

처분내용	과태료 금액
	사건번호
	위반내용

과태료 처분에 대한 불복사유	

귀 청(사무소 · 출장소)의 과태료부과 처분에 대해 불복하므로 「질서위반행위규제법」 제20조제1항에 따라 이의를 제기합니다.

년 월 일

신청인 :　　　(서명 또는 인)

○○출입국 · 외국인청(사무소 · 출장소)장 귀하

210mm×297mm[백상지(80 g/㎡) 또는 중질지(80 g/㎡)]

제9절 고발과 통고처분

I. 고발

1. 고발

고발이라 함은 고소와 마찬가지로 범죄사실을 수사기관에 신고하여 범인의 소추를 구하는 의사표시이다. 그러므로 단순한 피해신고는 고발이라고 할 수 없다. 그런데 고소와 달리 범인 및 고소권자 이외의 제3자는 누구든지 할 수 있다. 공무원은 그 직무를 행함에 있어서 범죄가 있다고 사료(思料)하는 때에는 고발의 의무가 있다. 여기에서 직무를 행함에 있어서란 범죄의 발견이 직무내용에 포함되는 경우를 말하고 직무집행과 관계없이 우연히 범죄를 발견한 경우는 여기에 해당하지 않는다.

가. 공소제기의 요건

출입국사범에 관한 사건은 지방출입국·외국인관서의 장의 고발이 없으면 공소(公訴)를 제기할 수 없다(법 제101조 제1항). 한편, 출입국관리법에 관한 출입국관리소장의 고발은 구체적인 범죄사실에 대하여 범인의 처벌을 구하는 뜻의 의사표시이지만 반드시 공소장 기재 요건과 동일한 범죄의 일시 장소를 표시하여 사건의 동일성을 특정할 수 있을 정도로 범죄사실을 표시함을 필요로 하는 것은 아니고, 출입국관리법 소정의 어떠한 태양의 범죄인지를 판명할 수 있을 정도의 사실을 일응 확정할 수 있을 정도로 표시하면 족하다.[20]

---

20) 대법원 2000. 4. 21., 선고, 99도3403, 판결

■ 출입국관리법시행규칙 [별지 제140호서식] 〈개정 2018. 6. 12.〉

출입국사범 고발서

문서번호 : ○○출입국 · 외국인청(사무소 · 출장소) ○○과
수 신 : ○○ 지방검찰청 검사장(○○ 지청장)

대상자	성명(법인명 또는 사업자명)	
	생년월일(법인등록번호 또는 사업자등록번호)	성별 남[ ] 여[ ]
	직업(직장명)	연락처
	국적	여권번호
	한국 내 주소(법인 또는 사업장 소재지)	
고발내용	죄명	
	적용법조	
	증거품	
참고사항		
붙임서류	1. 의견서 2. 3.	

「출입국관리법」 제101조에 따라 위의 사건을 고발합니다.

년 월 일

○○출입국 · 외국인청(사무소 · 출장소)장　　　직인

210㎜×297㎜[백상지(80 g/㎡) 또는 중질지(80 g/㎡)]

나. 사건의 인계

출입국관리공무원 외의 수사기관이 위 가.항에 해당하는 사건을 입건(立件)하였을 때에는 지체 없이 관할 지방출입국·외국인관서의 장에게 인계하여야 한다(법 제101조 제2항).

다. 사건의 처분 결과 통보

청장·사무소장·출장소장 또는 보호소장은 인계받은 사건의 처분 결과를 인계기관의 장에게 서면으로 통보한다(법 시행령 제103조).

라. 고발전 수사의 소급 위법성

법률에 의하여 고소나 고발이 있어야 논할 수 있는 죄에 있어서 고소 또는 고발은 이른바 소추조건에 불과하고 당해 범죄의 성립요건이나 수사의 조건은 아니므로, 위와 같은 범죄에 관하여 고소나 고발이 있기 전에 수사를 하였더라도, 그 수사가 장차 고소나 고발의 가능성이 없는 상태하에서 행해졌다는 등의 특단의 사정이 없는 한, 고소나 고발이 있기 전에 수사를 하였다는 이유만으로 그 수사가 위법하게 되는 것은 아니다. 그렇다면 일반사법경찰관리가 출입국사범에 대한 출입국관리사무소장 등의 고발이 있기 전에 수사를 하였더라도, 달리 위에서 본 특단의 사정이 없는 한 그 사유만으로 수사가 소급하여 위법하게 되는 것은 아니다.[21]

---

21) 대법원 2011. 3. 10., 선고, 2008도7724, 판결

Ⅱ. 통고처분

1. 통고처분

가. 범칙금 납부통고

지방출입국·외국인관서의 장은 출입국사범에 대한 조사 결과 범죄의 확증을 얻었을 때에는 그 이유를 명확하게 적어 서면으로 벌금에 상당하는 금액(이하 '범칙금'이라 한다)을 지정한 곳에 낼 것을 통고할 수 있다(법 제102조 제1항).

(1) 심사결정과 통고서 작성

청장·사무소장·출장소장 또는 보호소장은 통고처분을 하는 때에는 심사결정서와 통고서를 작성하여야 한다(법 시행령 제104조 제1항).

(2) 통고서의 기재사항 등

통고서에는 다음의 사항을 적고 청장·사무소장·출장소장 또는 보호소장이 서명날인하여야 한다(법 시행령 제104조 제2항).

(가) 통고처분을 받은 사람의 성명·성별·생년월일 및 주소 (나) 범칙금액 (다) 위반사실 (라) 적용 법조문 (마) 납부장소 및 납부기한 (바) 통고처분 연월일

통 고 서 (WRITTEN NOTIFICATION)

수신 :
To

인적사항 (Person to whom the Notification relates)	성명 (Full name)		생년월일 (Date of Birth)
	국적 (Nationality)		성별 (Sex) 남 Male[ ] 여 Female[ ]
	직업 (Occupation)		연락처(Phone No.)
	대한민국 내 주소 (Address in Korea)		
위반사실 (Offense charged)			
적용 법조문 (Applicable provision)			
범칙금액 (Monetary penalty)	원 (₩)		
납부기한 (Deadline for penalty)	0000. 00. 00. 까지	납부장소 (Place of payment)	국고수납기관 (National fund receipt agency)

위 사람에 대한 「출입국관리법」 위반 용의사건을 조사한바, 용의자는 「출입국관리법」 제_조를 위반하였음이 명백하므로 같은 법 제102조에 따라 위 범칙금액을 위 납부기한까지 국고수납기관에 납부할 것을 통고합니다. 위 기한 내에 납부하지 아니할 때에는 「출입국관리법」 제105조에 따라 관할 검찰청에 고발합니다.

Based on the results of our investigation into the alleged violation of the Immigration Act, as well as the statements made by the abovementioned person and persons concerned, the abovementioned person is found to have violated Article_of the Immigration Act. It is hereby notified that the person is required to pay the amount of penalty to the national fund receipt agency no later than the deadline as specified above, in accordance with Article 102 of the Immigration Act. Failure to pay the penalty within the deadline will result in a complaint being filed with the district public prosecutor's office in accordance with Article 105 of the Immigration Act.

년 월 일
Date   (year) (month) (day)

○○출입국 · 외국인청(사무소 · 출장소)장

CHIEF, ○○IMMIGRATION OFFICE

직인

210mm×297mm[백상지 80g/㎡(재활용품)]

(3) 위반사실이 명백히 인정되고 처분에 다툼이 없는 출입국사범의 경우

청장·사무소장·출장소장 또는 보호소장은 조사 결과 위반사실이 여권 또는 서류 등에 의하여 명백히 인정되고 처분에 다툼이 없는 출입국사범에 대해서는 용의사실 인지보고서, 제59조제1항에 따른 용의자신문조서, 심사결정서 및 통고서를 따로 작성하지아니하고 출입국사범 심사결정 통고서를 작성하는 것으로 갈음할 수 있다(법 시행령 제104조 제3항).

■ 출입국관리법시행규칙 [별지 제142호서식] 〈개정 2018. 6. 12.〉

사건번호

출입국사범 심사결정 통고서

용의자 인적사항	성명(법인명 또는 사업자명)		생년월일(법인등록번호 또는 사업자등록번호)	
	국적		성별 남[ ] 여[ ]	
	직업		연락처	
	대한민국 내 주소(법인 또는 사업장 소재지)			

용의사실	체류자격		입국일자		입국목적	
	위반법조					
	위반기간	0000. 00. 00.부터 0000. 00. 00.까지 (00년 00개월 00일)				
	과거 범법 사실	0 회	위반사실 시인 여부		시인[ ] 부인[ ]	

위반내용	

위의 내용을 진술자에게 열람하게 하였으며(읽어 주었으며) 오기나 증감 또는 변경할 것이 전혀 없다고 말하므로 서명(날인)하게 하다.
　　　　　년 월 일　 진술자　　　(서명 또는 인)

　　○○출입국·외국인청(사무소·출장소) 출입국관리주사(보)　 (서명 또는 인)
　　　　　　　출입국관리서기(보)　 (서명 또는 인)

처분사항	주문	
	이유	

적용 법조		
범칙금액		
납부기한		납부장소
통고처분 연월일		통고처분 번호

위와 같이	를(을) 받았음을 확인함 년 월 일 확인자　　　(서명 또는 인)		
사건번호		결 재	청(소)장	
접수일자			국 장	
담 당 자			과 장	
			실(팀)장	

210mm×297mm[백상지(80 g/㎡) 또는 중질지(80 g/㎡)]

나. 범칙금의 임시납부

지방출입국·외국인관서의 장은 통고처분을 받은 자가 범칙금(犯則金)을 임시납부하려는 경우에는 임시납부하게 할 수 있다(법 제102조 제2항).

(1) 임시납부 방법

범칙금을 임시납부하려는 사람은 청장·사무소장·출장소장 또는 보호소장에게 임시납부 신청서를 제출하고 해당 범칙금을 내야 한다(법 시행령 제107조 제1항).

■ 출입국관리법시행규칙 [별지 제143호서식] 〈개정 2018. 6. 12.〉

임시납부신청서
(APPLICATION FOR DEPOSIT)

접수번호 (Receipt No.)		접수일 (Receipt Date)	
신청인 (Applicant)	성명 (Full name)		
	생년월일 (Date of Birth)	성별 (Sex) [ ]남 / M [ ]여 / F	

국적 (Nationality)	직업 (Occupation)
대한민국 내 주소 (Address in Korea)	
	(연락처 (Phone No.) :)

임시납부금액 (Amount)	

「출입국관리법」 제102조제2항에 따라 위와 같이 신청합니다.

I hereby submit an application for amount of deposit, pursuant to Article 102-2 of the Immigration Act.

년   월   일
Date   (Year) (Month) (Day)

신청인 (Applicant)   (서명 또는 인) Signature or Seal

○ ○ 출입국 · 외국인청(사무소 · 출장소)
장 귀하

To : Chief, ○ ○ Immigration Office

임시납부금 수령증 (RECEIPT)

제   호(No.)

일금(Amount) : ₩   원(Won)
보관사유(Reason of Deposit) :

위 금액을 임시납부금으로 수령합니다.

It is acknowledged that the abovementioned amount of deposit for the fine has been received.

년   월   일
Date   (Year) (Month) (Day)

○ ○ 출입국 · 외국인청(사무소 · 출장소)장 | 직인 |

CHIEF, ○ ○ IMMIGRATION OFFICE

○ ○ 출입국 · 외국인청(사무소 · 출장소) 세입세출외 현금출납공무원 :
○ ○ ○ 귀하   영수인서명 :
To: Signature of Recipient

210mm×297mm[백상지(80 g/㎡) 또는 중질지(80 g/㎡)]

(2) 임시납부금 수령증 발급

청장·사무소장·출장소장 또는 보호소장은 임시납부된 범칙금을 받은 때에는 지체 없이 범칙금 임시보관대장에 적고 임시납부금 수령증을 그 납부자에게 발급하여야 한다(법 시행령 제107조 제2항).

(3) 임시납부받은 범칙금 수납기관에 납부

청장·사무소장·출장소장 또는 보호소장은 임시납부받은 범칙금을 수납기관에 내야 한다. [개정 2018.5.8 제28870호(법무부와 그 소속기관 직제)]

다. 즉시고발

지방출입국·외국인관서의 장은 조사 결과 범죄의 정상이 금고 이상의 형에 해당할 것으로 인정되면 즉시 고발하여야 한다(법 제102조 제3항).

라. 관련규정 준용

출입국사범에 대한 조사에 관하여는 법 제47조(조사), 법 제48조(용의자에 대한 출석요구 및 신문), 법 제49조(참고인에 대한 출석요구 및 진술), 법 제50조(검사 및 서류 등의 제출요구)의 규정을 준용한다. 이 경우 용의자신문조서는 「형사소송법」 제244조에 따른 피의자신문조서로 본다(법 제102조 제4항).

2. 신용카드 등에 의한 범칙금의 납부

가. 신용카드 등에 의한 범칙금 납부

범칙금은 대통령령으로 정하는 범칙금 납부대행기관을 통하여 신용카드, 직불카드 등(이하 '신용카드등'이라 한다)으로 낼 수 있다. 이 경우 '범칙금 납부대행기관'이란 정보통신망을 이용하여 신용카드 등에 의한 결제를 수행하는 기관으로서 대통령령으로 정하는 바에 따라 범칙금 납부대행기관으로 지정받은 자를 말한다(법 제102조의2). 한편, 이에 따라 범칙금을 신용카드 등으로 내는 경우에는 범칙금 납부대행기관의 승인일을 납부일로 보며, 범칙금 납부대행기관은 납부자로부터 신용카드 등에 의한 범칙금 납부대행 용역의 대가로 대통령령으로 정하는 바에 따라 납부대행 수수료를 받을 수 있다(법 제102조의2).

나. 납부대행기관

(1) 납부대행기관

위 가.항에서 '대통령령으로 정하는 범칙금 납부대행기관'이란 ⅰ) 「민법」 제32조에 따라 금융위원회의 허가를 받아 설립된 금융결제원 ⅱ) 그 밖에 시설, 업무수행능력, 자본금 규모 등을 고려하여 범칙금 납부대행업무를 수행하기에 적합하다고 법무부장관이 인정하는 기관 중에서 같은 항 후단에 따라 법무부장관이 범칙금 납부대행기관으로 지정하는 기관을 말한다(법 시행령 제105조의2).

(2) 납부기관 관보 고시

법무부장관은 법 제102조의2제1항 후단에 따라 범칙금 납부대행기관을 지정하는 경우에는 그 지정 사실을 관보에 고시해야 한다.

(3) 대행수수료 수수

범칙금 납부대행기관은 법 제102조의2제3항에 따라 해당 범칙금액[법 제103조제1항에 따른 범칙금의 양정기준(量定基準)에 따라 가중된 금액을 포함한다]의 1천분의 15를 초과하지 않는 범위에서 범칙금 납부자로부터 납부대행 수수료를 받을 수 있다. 이에 따른 납부대행 수수료에 대하여 법무부장관의 승인을 받아야 한다. 이 경우 법무부장관은 범칙금 납부대행기관의 운영경비 등을 종합적으로 고려하여 납부대행 수수료를 승인해야 한다.

다. 납부대행기관의 지정 등

범칙금 납부대행기관의 지정, 운영 및 납부대행 수수료 등에 관하여 필요한 사항은 대통령령으로 정한다.

3. 범칙금의 양정기준 등

가. 범칙금의 양정기준

범칙금의 양정기준(量定基準)은 법무부령으로 정한다(법 제103조 제1항). 이에 따른 범칙금의 양정기준은 별표 7 및 별표 8과 같다(법 시행규칙 제86조 제1항)

[별표 7] 〈개정 2018. 9. 21.〉

범칙금의 양정기준(제86조제1항 관련)

1. 일반기준

가. 제2호의 개별기준 중 위반인원에 따른 범칙금의 양정기준은 다음과 같다.

 1) 라목에 대해서는 법 제7조의2제1호를 위반한 범칙금 부과대상자의 경우 허위로 초청하거나 알선한 외국인 수에 따르고, 법 제7조의2제2호를 위반한 범칙금 부과대상자의 경우 허위로 사증 또는 사증발급인정서를 신청하거나 알선한 외국인 수에 따른다.

 2) 마목, 사목, 아목 및 주목에 대해서는 범칙금 부과대상자가 불법 입국시키거나 알선한 외국인 수에 따른다.

 3) 러목, 머목, 저목 및 처목에 대해서는 범칙금 부과대상자가 알선하거나 권유한 외국인 수에 따른다.

 4) 버목에 대해서는 범칙금 부과대상자가 불법 고용을 알선할 목적으로 자기 지배하에 둔 외국인 수에 따른다.

 5) 모목에 대해서는 범칙금 부과대상자가 여권이나 외국인등록증을 제공받거나 그 제공을 강요 또는 알선한 외국인 수에 따른다.

 6) 포목, 호목, 구목에 대해서는 무단으로 입국 · 상륙 또는 탑승한 사람의 수에 따른다.

나. 제2호의 개별기준 중 위반횟수에 따른 범칙금의 양정기준은 최근 3년간 같은 위반행위로 범칙금 부과처분을 받은 경우에 적용한다. 이 경우 기간의 계산은 위반행위에 대하여 범칙금 부과처분을 받은 날과 그 처분 후 다시 위반행위를 하여 적발된 날을 기준으로 한다.

다. 나목에 따라 가중된 부과처분을 하는 경우 가중처분의 적용차수는 그 위반행위 전 부과처분 차수(나목에 따른 기간 내에 범칙금 부과처분이 둘 이상 있었던 경우에는 높은 차수를 말한다)의 다음 차수로 한다.

2. 개별기준

범칙금 부과대상자	해당 법조문	위반인원, 위반횟수 또는 위반기간	범칙금액
가. 법 제3조제1항을 위반하여 출국심사를 받지 아니하고 출국한 사람	법 제94조 제1호	1회	200만원
		2회	1,000만원
		3회 이상	2,000만원
나. 법 제6조제1항을 위반하여 입국심사를 받지 아니하고 입국한 사람	법 제95조 제1호	1회	200만원
		2회	500만원
		3회	700만원
		4회 이상	1,000만원
다. 법 제7조제1항 또는 제4항을 위반하여 입국한 사람	법 제94조 제2호	1회	200만원
		2회	1,000만원
		3회 이상	2,000만원
라. 법 제7조의2를 위반한 사람	법 제94조 제3호	1명	500만원
		2명 이상 4명 이하	1,000만원
		5명 이상 9명 이하	1,500만원
		10명 이상	2,000만원
마. 법 제12조제1항 또는 제2항에 따라 입국심사를 받아야 하는 외국인을 집단으로 불법입국하게 하거나 이를 알선한 사람으로서 영리를 목적으로 한 사람	법 제93조의2제2항 제1호	2명	1,000만원
		3명 이상 6명 이하	3,000만원
		7명 이상 9명 이하	4,000만원
		10명 이상	5,000만원
바. 법 제12조제1항 또는 제2항을 위반하여 입국심사를 받지 아니하고 입국한 사람	법 제93조의3 제1호	1회	500만원
		2회	1,500만원
		3회 이상	3,000만원
사. 법 제12조의3제1항을 위반하여 외국인을 집단으로 불법입국 또는 불법출국하게 할 목적으로 선박 등을 제공하거나 이를 알선한 사람으로서 영리를 목적으로 한 사람	법 제93조의2 제2항제2호	2명	1,000만원
		3명 이상 6명 이하	3,000만원
		7명 이상 9명 이하	4,000만원
		10명 이상	5,000만원

아. 법 제12조의3제2항을 위반하여 불법으로 입국한 외국인을 집단으로 대한민국 안에서 은닉 또는 도피하게 할 목적으로 교통수단을 제공하거나 이를 알선한 사람으로서 영리를 목적으로 한 사람	법 제93조의2 제2항제3호	2명	1,000만원
		3명 이상 6명 이하	3,000만원
		7명 이상 9명 이하	4,000만원
		10명 이상	5,000만원
자. 법 제12조의3을 위반한 사람으로서 제93조의2제2항 또는 제93조의3에 해당하지 아니하는 사람	법 제94조 제4호	1회	500만원
		2회	1,000만원
		3회	1,500만원
		4회 이상	2,000만원
차. 법 제13조제2항에 따른 조건부 입국허가의 조건을 위반한 사람	법 제95조 제2호	1회	100만원
		2회	300만원
		3회	500만원
		4회 이상	1,000만원
카. 법 제14조제1항에 따른 승무원 상륙허가 또는 제14조의2제1항에 따른 관광상륙허가를 받지 아니하고 상륙한 사람	법 제94조 제5호	1회	100만원
		2회	200만원
		3회	1,000만원
		4회 이상	2,000만원
타. 법 제14조제3항에 따른 승무원 상륙허가 또는 제14조의2제3항에 따른 관광상륙허가의 조건을 위반한 사람	법 제94조 제6호	1회	50만원
		2회	200만원
		3회	1,000만원
		4회 이상	2,000만원
파. 법 제15조제1항에 따른 긴급상륙허가, 제16조제1항에 따른 재난상륙허가 또는 제16조의2제1항에 따른 난민 임시상륙허가를 받지 아니하고 상륙한 사람	법 제95조 제3호	1회	50만원
		2회	300만원
		3회	500만원
		4회 이상	1,000만원
하. 법 제15조제2항, 제16조제2항 또는 제16조의2제2항에 따른 허가조건을 위반한 사람	법 제95조 제4호	1회	50만원
		2회	300만원
		3회	500만원
		4회 이상	1,000만원
거. 법 제17조제1항을 위반하여 체류자격이나 체류기간의 범위를 벗어나서 체류한 사람	법 제94조 제7호	1개월 미만	100만원
		1개월 이상 3개월 미만	150만원
		3개월 이상 6개월 미만	200만원
		6개월 이상 1년 미만	400만원
		1년 이상 2년 미만	700만원
		2년 이상 3년 미만	1,000만원
		3년 이상	2,000만원

		1개월 미만	100만원
너. 법 제18조제1항을 위반하여 취업활동을 할 수 있는 체류자격을 받지 아니하고 취업활동을 한 사람	법 제94조 제8호	1개월 이상 3개월 미만	150만원
		3개월 이상 6개월 미만	200만원
		6개월 이상 1년 미만	400만원
		1년 이상 2년 미만	700만원
		2년 이상 3년 미만	1,000만원
		3년 이상	2,000만원
더. 법 제18조제2항을 위반하여 지정된 근무처가 아닌 곳에서 근무한 사람	법 제95조 제5호	3개월 미만	100만원
		3개월 이상 6개월 미만	200만원
		6개월 이상 1년 미만	300만원
		1년 이상 2년 미만	500만원
		2년 이상	1,000만원
러. 법 제18조제4항을 위반하여 취업활동을 할 수 있는 체류자격을 가지지 아니한 외국인의 고용을 알선·권유한 사람(업으로 하는 사람은 제외한다)	법 제97조 제1호	1명	100만원
		2명 이상 4명 이하	200만원
		5명 이상 9명 이하	300만원
		10명 이상	500만원
머. 법 제18조제4항을 위반하여 취업활동을 할 수 있는 체류자격을 가지지 아니한 외국인의 고용을 업으로 알선·권유한 사람	법 제94조 제10호	1명	500만원
		2명 이상 4명 이하	1,000만원
		5명 이상 9명 이하	1,500만원
		10명 이상	2,000만원
버. 법 제18조제5항을 위반하여 체류자격을 가지지 아니한 외국인을 자기 지배하에 두는 행위를 한 사람	법 제94조 제11호	1명	500만원
		2명 이상 4명 이하	1,000만원
		5명 이상 9명 이하	1,500만원
		10명 이상	2,000만원

		1개월 미만	100만원
서. 법 제20조를 위반하여 체류자격 외 활동허가를 받지 아니하고 다른 체류자격에 해당하는 활동을 한 사람	법 제94조 제12호	1개월 이상 3개월 미만	150만원
		3개월 이상 6개월 미만	200만원
		6개월 이상 1년 미만	400만원
		1년 이상 2년 미만	700만원
		2년 이상 3년 미만	1,000만원
		3년 이상	2,000만원
어. 법 제21조제1항 본문을 위반하여 허가를 받지 아니하고 근무처를 변경하거나 추가한 사람	법 제95조 제6호	3개월 미만	100만원
		3개월 이상 6개월 미만	200만원
		6개월 이상 1년 미만	300만원
		1년 이상 2년 미만	500만원
		2년 이상	1,000만원
저. 법 제21조제2항을 위반하여 근무처의 변경 또는 추가허가를 받지 아니한 외국인의 고용을 알선한 사람(업으로 하는 사람은 제외한다)	법 제97조 제2호	1명	100만원
		2명 이상 4명 이하	200만원
		5명 이상 9명 이하	300만원
		10명 이상	500만원
처. 법 제21조제2항을 위반하여 근무처의 변경허가 또는 추가허가를 받지 아니한 외국인의 고용을 업으로 알선한 사람	법 제94조 제13호	1명	500만원
		2명 이상 4명 이하	1,000만원
		5명 이상 9명 이하	1,500만원
		10명 이상	2,000만원
커. 법 제22조에 따른 제한 등을 위반한 사람	법 제94조 제14호	1회	50만원
		2회	200만원
		3회	500만원
		4회	1,000만원
		5회 이상	2,000만원

		1개월 미만	20만원
터. 법 제23조를 위반하여 체류자격을 받지 아니하고 체류한 사람	법 제94조 제15호	1개월 이상 3개월 미만	50만원
		3개월 이상 6개월 미만	100만원
		6개월 이상 1년 미만	200만원
		1년 이상 2년 미만	500만원
		2년 이상 3년 미만	1,000만원
		3년 이상	2,000만원
퍼. 법 제24조를 위반하여 체류자격 변경허가를 받지 아니하고 다른 체류자격에 해당하는 활동을 한 사람	법 제94조 제16호	1개월 미만	20만원
		1개월 이상 3개월 미만	50만원
		3개월 이상 6개월 미만	100만원
		6개월 이상 1년 미만	200만원
		1년 이상 2년 미만	500만원
		2년 이상 3년 미만	1,000만원
		3년 이상	2,000만원
허. 법 제25조를 위반하여 체류기간 연장허가를 받지 아니하고 체류기간을 초과하여 계속 체류한 사람	법 제94조 제17호	1개월 미만	20만원
		1개월 이상 3개월 미만	50만원
		3개월 이상 6개월 미만	100만원
		6개월 이상 1년 미만	200만원
		1년 이상 2년 미만	500만원
		2년 이상 3년 미만	1,000만원
		3년 이상	2,000만원
고. 법 제26조제1호를 위반한 사람	법 제94조 제17호의2	1회	500만원
		2회	1,000만원
		3회 이상	2,000만원

		1명	500만원
노. 법 제26조제2호를 위반한 사람	법 제94조 제17호의2	2명 이상 4명 이하	1,000만원
		5명 이상 9명 이하	1,500만원
		10명 이상	2,000만원
도. 법 제27조에 따른 여권등의 휴대 또는 제시 의무를 위반한 사람	법 제98조 제1호	1회	10만원
		2회	20만원
		3회	50만원
		4회 이상	100만원
로. 법 제28조제1항이나 제2항을 위반하여 출국심사를 받지 아니하고 출국한 사람	법 제94조 제18호	1회	200만원
		2회	1,000만원
		3회 이상	2,000만원
모. 법 제31조의 등록의무를 위반한 사람	법 제95조 제7호	1개월 미만	20만원
		1개월 이상 3개월 미만	50만원
		3개월 이상 6개월 미만	100만원
		6개월 이상 1년 미만	200만원
		1년 이상 2년 미만	500만원
		2년 이상	1,000만원
보. 법 제33조의3제1호를 위반한 사람	법 제94조 제19호	1명	500만원
		2명 이상 4명 이하	1,000만원
		5명 이상 9명 이하	1,500만원
		10명 이상	2,000만원
소. 법 제33조의3(제1호를 제외한다)를 위반한 사람	법 제94조 제19호	1회	500만원
		2회	1,000만원
		3회	1,500만원
		4회 이상	2,000만원
오. 법 제36조제1항에 따른 체류지 변경신고 의무를 위반한 사람	법 제98조 제2호	3개월 미만	10만원
		3개월 이상 6개월 미만	30만원
		6개월 이상 1년 미만	50만원
		1년 이상 2년 이하	70만원
		2년 이상	100만원

위반사항	근거 법조문	위반횟수	과태료 금액
조. 법 제51조제1항·제3항, 제56조 또는 제63조제1항에 따라 보호 또는 일시보호된 사람으로서 도주하거나 보호 또는 강제퇴거 등을 위한 호송 중에 도주한 사람(법 제93조의2제1항제1호 또는 제2호에 해당하는 사람은 제외한다)	법 제95조 제8호	1회	200만원
		2회	500만원
		3회 이상	1,000만원
초. 법 제63조제5항에 따른 주거의 제한이나 그 밖의 조건에 위반한 사람	법 제95조 제9호	1회	100만원
		2회	300만원
		3회	500만원
		4회 이상	1,000만원
코. 법 제69조(법 제70조제1항 및 제2항에서 준용하는 경우를 포함한다)를 위반한 사람	법 제94조 제20호	1회	200만원
		2회	500만원
		3회	1,000만원
		4회 이상	2,000만원
토. 법 제71조제4항(법 제70조제1항 및 제2항에서 준용하는 경우를 포함한다)에 따른 출항의 일시정지 또는 회항 명령이나 선박 등의 출입 제한을 위반한 사람	법 제96조 제1호	1회	100만원
		2회	300만원
		3회	500만원
		4회 이상	1,000만원
포. 법 제72조(법 제70조제1항 및 제2항에서 준용하는 경우를 포함한다)를 위반하여 허가를 받지 아니하고 선박 등이나 출입국 심사장에 출입한 사람	법 제97조 제3호	1회	100만원
		2회	200만원
		3회	300만원
		4회 이상	500만원
호. 정당한 사유 없이 법 제73조(법 제70조제1항 및 제2항에서 준용하는 경우를 포함한다) 제1호에 따른 입국이나 상륙허가를 받지 아니한 사람의 입국·상륙방지 의무를 위반한 사람	법 제96조 제2호	1명	500만원
		2명 이상 4명 이하	700만원
		5명 이상	1,000만원
구. 정당한 사유 없이 법 제73조(법 제70조제1항 및 제2항에서 준용하는 경우를 포함한다) 제2호에 따른 유효한 여권과 필요한 사증을 지니지 아니한 사람의 탑승방지 의무를 위반한 사람	법 제96조 제2호	1명	100만원
		2명 이상 4명 이하	200만원
		5명 이상 9명 이하	500만원
		10명 이상	1,000만원
누. 정당한 사유 없이 법 제73조(법 제70조제1항 및 제2항에서 준용하는 경우를 포함한다) 제3호에 따른 승선허가나 출국심사를 받지 아니한 사람의 탑승방지 의무를 위반한 사람	법 제96조 제2호	1명	500만원
		2명 이상 4명 이하	700만원
		5명 이상	1,000만원
두. 정당한 사유 없이 법 제73조(법 제70조제1항 및 제2항에서 준용하는 경우를 포함한다) 제4호부터 제9호까지에 따른 의무를 위반한 사람	법 제96조 제2호	1회	100만원
		2회	200만원
		3회	500만원
		4회 이상	1,000만원

루. 법 제73조의2제1항(법 제70조제1항 및 제2항에서 준용하는 경우를 포함한다) 또는 제3항(법 제70조제1항 및 제2항에서 준용하는 경우를 포함한다)을 위반하여 열람 또는 문서 제출 요청에 따르지 아니한 사람	법 제96조 제2호	1회	100만원
		2회	200만원
		3회	500만원
		4회 이상	1,000만원
무. 법 제74조(법 제70조제1항 및 제2항에서 준용하는 경우를 포함한다)에 따른 제출 또는 통보의무를 위반한 사람	법 제97조 제4호	1회	100만원
		2회	200만원
		3회	300만원
		4회 이상	500만원
부. 정당한 사유 없이 법 제75조제1항(법 제70조제1항 및 제2항에서 준용하는 경우를 포함한다) 또는 제2항(법 제70조제1항 및 제2항에서 준용하는 경우를 포함한다)에 따른 보고서를 제출하지 아니하거나 거짓으로 제출한 사람	법 제96조 제3호	1회	100만원
		2회	300만원
		3회	500만원
		4회 이상	1,000만원
수. 법 제75조제4항(법 제70조제1항 및 제2항에서 준용하는 경우를 포함한다) 및 제5항(법 제70조제1항 및 제2항에서 준용하는 경우를 포함한다)에 따른 보고 또는 방지 의무를 위반한 사람	법 제97조 제5호	1회	100만원
		2회	200만원
		3회	300만원
		4회 이상	500만원
우. 법 제76조제1항(법 제70조제1항 및 제2항에서 준용하는 경우를 포함한다)에 따른 송환의무를 위반한 사람	법 제97조 제6호	1회	100만원
		2회	200만원
		3회	300만원
		4회 이상	500만원
주. 법 제76조의6제1항을 위반하여 난민인정증명서 또는 난민여행증명서를 반납하지 아니하거나 같은 조 제2항에 따른 난민여행증명서 반납명령을 위반한 사람	법 제97조 제7호	1개월 미만	50만원
		1개월 이상 3개월 미만	100만원
		3개월 이상 6개월 미만	200만원
		6개월 이상 1년 미만	300만원
		1년 이상 2년 미만	400만원
		2년 이상	500만원
추. 법 제93조의2제2항 각 호의 어느 하나에 해당하는 죄를 범한 사람(영리를 목적으로 한 사람은 제외한다)	법 제93조의3 제2호	2명 이하	500만원
		3명 이상 6명 이하	1,000만원
		7명 이상 9명 이하	2,000만원
		10명 이상	3,000만원
쿠. 법 제93조의2제2항 각 호의 죄를 범할 목적으로 예비하거나 음모한 사람과 미수범	법 제99조 제1항		본죄에서 정하는 범칙금 기준액과 같음

투. 법 제93조의3 각 호의 죄를 범할 목적으로 예비하거나 음모한 사람과 미수범	법 제99조 제1항		본죄에서 정하는 범칙금 기준액과 같음
푸. 법 제94조제1호부터 제5호까지 또는 제18호의 죄를 범할 목적으로 예비하거나 음모한 사람과 미수범	법 제99조 제1항		본죄에서 정하는 범칙금 기준액과 같음
후. 법 제95조제1호의 죄를 범할 목적으로 예비하거나 음모한 사람과 미수범	법 제99조 제1항		본죄에서 정하는 범칙금 기준액과 같음
그. 법 제93조의2제2항 각 호의 죄를 교사하거나 방조한 사람	법 제99조 제2항		정범의 범칙금 기준액과 같음
느. 법 제93조의3의 각 호의 죄를 교사하거나 방조한 사람	법 제99조 제2항		정범의 범칙금 기준액과 같음
드. 법 제94조제1호부터 제5호까지 또는 제18호의 죄를 교사하거나 방조한 사람	법 제99조 제2항		정범의 범칙금 기준액과 같음
르. 법 제95조제1호의 죄를 교사하거나 방조한 사람	법 제99조 제2항		정범의 범칙금 기준액과 같음
므. 법인의 대표자나 법인 또는 개인의 대리인 사용인, 그 밖의 종업원이 그 법인 또는 개인의 업무에 관하여 법 제94조제3호에 따른 위반행위를 한 때에 그 법인 또는 개인(다만, 법인 또는 개인이 그 위반행위를 방지하기 위하여 해당 업무에 관하여 상당한 주의와 감독을 게을리하지 아니한 경우에는 제외한다. 이하 이 표에서 같다)	법 제99조의3 (양벌규정) 제1호		라. 법 제94조제3호 범칙금 기준액적용
브. 법인의 대표자나 법인 또는 개인의 대리인, 사용인, 그 밖의 종업원이 그 법인 또는 개인의 업무에 관하여 법 제94조제19호의 위반행위 중 제33조의2제1호를 위반한 행위를 한 때에 그 법인 또는 개인	법 제99조의3 (양벌규정) 제3호		보. 법 제94조제19호 범칙금 기준액 적용
스. 법인의 대표자나 법인 또는 개인의 대리인, 사용인, 그 밖의 종업원이 그 법인 또는 개인의 업무에 관하여 법 제94조제20호에 따른 위반행위를 한 때에 그 법인 또는 개인	법 제99조의3 (양벌규정) 제4호		코. 법 제94조제20호 범칙금 기준액 적용
으. 법인의 대표자나 법인 또는 개인의 대리인, 사용인, 그 밖의 종업원이 그 법인 또는 개인의 업무에 관하여 법 제96조제1호부터 제3호까지의 규정에 따른 위반행위를 한 때에 그 법인 또는 개인	법 제99조의3 (양벌규정) 제6호		토, 호, 구, 누, 두, 루, 부. 법 제96조 제1호부터 제3호 범칙금 기준액 적용
즈. 법인의 대표자나 법인 또는 개인의 대리인, 사용인, 그 밖의 종업원이 그 법인 또는 개인의 업무에 관하여 법 제97조제4호부터 제6호까지의 규정에 따른 위반행위를 한 때에 그 법인 또는 개인	법 제99조의3 (양벌규정) 제7호		무, 수, 우. 법 제97조 제4호부터 제6호까지 범칙금 기준액 적용

[별표 8] 〈개정 2018. 9. 21.〉
범칙금의 양정기준 (제86조제1항 관련)

범칙금 부과대상자	해당 법조문	고용 인원	위반기간별 범칙금액				
			3개월 미만	3개월 이상 6개월 미만	6개월 이상 1년 미만	1년 이상 2년 미만	2년 이상
1. 법 제18조제3항을 위반하여 취업활동을 할 수 있는 체류자격을 가지지 아니한 사람을 고용한 사람	법 제94조 제9호	1명	250만원	500만원	700만원	900만원	1,100만원
		2명	500만원	600만원	800만원	1,000만원	1,200만원
		3명	600만원	700만원	900만원	1,100만원	1,300만원
		4명	700만원	800만원	1,000만원	1,200만원	1,400만원
		5명	800만원	900만원	1,100만원	1,300만원	1,500만원
		6명	900만원	1,000만원	1,200만원	1,400만원	1,600만원
		7명	1,000만원	1,100만원	1,300만원	1,500만원	1,700만원
		8명	1,100만원	1,200만원	1,400만원	1,600만원	1,800만원
		9명	1,200만원	1,300만원	1,500만원	1,700만원	1,900만원
		10명	1,300만원	1,400만원	1,600만원	1,800만원	2,000만원
		11명이상 14명이하	1,400만원	1,500만원	1,700만원	1,900만원	2,000만원
		15명이상 19명이하	1,500만원	1,600만원	1,800만원	2,000만원	2,000만원
		20명이상 24명이하	1,600만원	1,700만원	1,900만원	2,000만원	2,000만원
		25명이상 29명이하	1,700만원	1,800만원	2,000만원	2,000만원	2,000만원
		30명이상 39명이하	1,800만원	1,900만원	2,000만원	2,000만원	2,000만원
		40명이상 49명이하	1,900만원	2,000만원	2,000만원	2,000만원	2,000만원
		50명이상	2,000만원	2,000만원	2,000만원	2,000만원	2,000만원

2. 법 제21조제2항을 위반하여 근무처의 변경허가 또는 추가허가를 받지 아니한 외국인을 고용한 사람	법 제95조 제6호	1명	200만원	250만원	300만원	400만원	500만원
		2명	250만원	300만원	350만원	450만원	550만원
		3명	300만원	350만원	400만원	500만원	600만원
		4명	350만원	400만원	450만원	550만원	650만원
		5명	400만원	450만원	500만원	600만원	700만원
		6명	450만원	500만원	550만원	650만원	750만원
		7명	500만원	550만원	600만원	700만원	800만원
		8명	550만원	600만원	650만원	750만원	850만원
		9명	600만원	650만원	700만원	800만원	900만원
		10명 이상	650만원	700만원	800만원	850만원	1,000만원
3. 법인의 대표자나 법인 또는 개인의 대리인, 사용인, 그 밖의 종업원이 그 법인 또는 개인의 업무에 관하여 법 제94조제9호에 따른 위반행위를 한 때에 그 법인 또는 개인(다만, 법인 또는 개인이 그 위반행위를 방지하기 위하여 해당 업무에 관하여 상당한 주의와 감독을 게을리 하지 아니한 경우에는 제외한다. 이하 이 표에서 같다)	법 제99조 의3(양 벌규정) 제2호	1명	250만원	500만원	700만원	900만원	1,100만원
		2명	500만원	600만원	800만원	1,000만원	1,200만원
		3명	600만원	700만원	900만원	1,100만원	1,300만원
		4명	700만원	800만원	1,000만원	1,200만원	1,400만원
		5명	800만원	900만원	1,100만원	1,300만원	1,500만원
		6명	900만원	1,000만원	1,200만원	1,400만원	1,600만원
		7명	1,000만원	1,100만원	1,300만원	1,500만원	1,700만원
		8명	1,100만원	1,200만원	1,400만원	1,600만원	1,800만원
		9명	1,200만원	1,300만원	1,500만원	1,700만원	1,900만원
		10명	1,300만원	1,400만원	1,600만원	1,800만원	2,000만원
		11명이상 14명이하	1,400만원	1,500만원	1,700만원	1,900만원	2,000만원
		15명이상 19명이하	1,500만원	1,600만원	1,800만원	2,000만원	2,000만원
		20명이상 24명이하	1,600만원	1,700만원	1,900만원	2,000만원	2,000만원
		25명이상 29명이하	1,700만원	1,800만원	2,000만원	2,000만원	2,000만원
		30명이상 39명이하	1,800만원	1,900만원	2,000만원	2,000만원	2,000만원
		40명이상 49명이하	1,900만원	2,000만원	2,000만원	2,000만원	2,000만원
		50명이상	2,000만원	2,000만원	2,000만원	2,000만원	2,000만원

4. 법인의 대표자나 법인 또는 개인의 대리인, 사용인, 그 밖의 종업원이 그 법인 또는 개인의 업무에 관하여 법 제95조제6호의 위반행위 중 제21조제2항을 위반하여 고용 행위를 한 때에 그 법인 또는 개인	법 제99조 의3(양 벌규정) 제5호	1명	200만원	250만원	300만원	400만원	500만원
		2명	250만원	300만원	350만원	450만원	550만원
		3명	300만원	350만원	400만원	500만원	600만원
		4명	350만원	400만원	450만원	550만원	650만원
		5명	400만원	450만원	500만원	600만원	700만원
		6명	450만원	500만원	550만원	650만원	750만원
		7명	500만원	550만원	600만원	700만원	800만원
		8명	550만원	600만원	650만원	750만원	850만원
		9명	600만원	650만원	700만원	800만원	900만원
		10명 이상	650만원	700만원	800만원	850만원	1,000만원

나. 통고처분 면제

법무부장관은 출입국사범의 나이와 환경, 법 위반의 동기와 결과, 범칙금 부담능력, 그 밖의 정상을 고려하여 통고처분을 면제할 수 있다(법 제103조 제2항).

다. 범칙금의 감경 등

(1) 감경사유 및 범위

범칙금은 청장·사무소장·출장소장 또는 보호소장이 당해 출입국사범의 나이와 환경, 법위반의 동기와 결과, 범칙금 부담능력, 위반횟수 등을 참작하여 기준액의 2분의 1의 범위안에서 이를 경감하거나 가중 할 수 있다(법 시행규칙 제86조 제2항).

(2) 별도의 양정기준 산정

청장·사무소장·출장소장 또는 보호소장은 부득이하다고 인정하는 경우 법무부장관의 승인을 얻어 범칙금의 양정기준과 달리 범칙금을 정할 수 있다. 법 제103조 제2항에 따라 범칙금을 면제하는 경우에도 또한 같다(법 시행규칙 제86조 제3항).

4. 통고처분의 송달

통고처분의 고지는 통고서 송달의 방법으로 한다(법 제104조). 이때 통고서의 송달은 이 법에 특별한 규정이 있는 경우를 제외하고는 본인, 가족, 신원보증인, 소속 단체의 장의 순으로 직접 내주거나 우편으로 보내는 방법에 따른다. 다만, 지방출입국·외국인관서의 장은 이에 따른 통고서의 송부가 불가능하다고 인정되면 송부할 문서 등을 보관하고, 그 사유를 청사(廳舍)의 게시판에 게시하여 공시송달(公示送達)한다. 이 경우 공시송달은 게시한 날부터 14일이 지난 날에 그 효력이 생긴다.

5. 통고처분의 불이행과 고발

가. 범칙금 납부기한

출입국사범은 통고서를 송달받으면 15일 이내에 범칙금을 내야 하는데(법 제105조 제1항), 위 규정에 의하여 통고서를 송달하는 때에는 범칙금납부고지서를 첨부하여야 한다(법 시행규칙 제88조).

나. 범칙금의 수납기관 및 절차 등

(1) 수납기관

통고처분을 받은 사람은 그 범칙금을 납부기간 내에 청장·사무소장·출장소장 또는 보호소장이 지정하는 국고은행, 그 지점 또는 대리점이나 우체국(이하 "수납기관"이라 한다)에 내야 한다(법 제105조 제1항). 위 규정에 의한 수납기관은 한국은행 본·지점과 한국은행이 지정한 국고대리점 및 국고수납대리점 또는 우체국으로 한다(법 시행규칙 제87조).

(2) 영수증서 발급

범칙금을 받은 수납기관은 범칙금을 낸 사람에게 영수증서를 발급하여야 한다(법 시행령 제105조 제2항).

(3) 영수확인 통지서 송부

수납기관은 영수증서를 발급한 때에는 지체 없이 그 통고서를 발행한 청장·사무소장·출장소장 또는 보호소장에게 영수확인 통지서를 보내야 한다(법 시행령 제105조 제3항).

(4) 범칙금의 분할납부

범칙금은 나누어 낼 수 있다(법 시행령 제105조 제4항).

라. 통고처분 불이행에 따른 고발

지방출입국·외국인관서의 장은 출입국사범이 통고서를 송달받은 날로부터 15일 이내에 범칙금을 내지 아니하면 고발하여야 한다. 다만, 고발하기 전에 범칙금을 낸 경우에는 그러하지 아니하다(법 제105조 제2항).

마. 고발제외 사유

출입국사범에 대하여 강제퇴거명령서를 발급한 경우에는 고발하지 아니한다(법 제105조 제3항).

6. 일사부재리

출입국사범이 통고한 대로 범칙금을 내면 동일한 사건에 대하여 다시 처벌받지 아니한다(법 제106조).

제3장 출입국사범 구제절차
— 행정심판, 행정소송

외국인 사범심사 후 출국명령 등의 행정처분을 받을 경우 그 처분의 위법, 부당함을 이유로 이의신청 외에 행정심판 또는 행정소송을 통해 불복절차를 진행할 수 있다. 다만, 이미 외국으로 출국하였거나 사범심사 결과 출국명령서 또는 강제퇴거명령서가 발급된 후라면 승소 확률이 상당히 낮아지기 때문에 이점 특별히 유념하여 진행할 필요는 있다. 행정심판의 청구는 처분이 있음을 알게 된 날부터 90일 이내에, 처분이 있었던 날부터 180일 이내에 제기하여야 하며 두 기간 중 어느 하나라도 경과하면 심판청구를 제기하지 못함이 원칙이다(행정심판법 제27조 제1항 및 제3항).

> ※ 행정심판을 청구할 때에는 온라인행정심판(www.simpan.go.kr), 행정소송을 청구할 때에는 전자소송(ecfs.scourt.go.kr)을 통하여 온라인으로도 청구할 수 있습니다.
> A person who has an objection to the above disposition may file an administrative appeal or an administrative litigation within 90 days after receipt of the departure order.
> ※ You may file an administrative appeal online (www.simpan.go.kr) and an administrative litigation on the Internet(ecfs.scourt.go.kr

한편, 사범심사 결과 외국인에 대한 강제퇴거명령 또는 출국명령이 부당하다고 판단된다면 강제퇴거명령에 대해서는 이의신청과 행정심판, 행정소송을 제기하여 불복절차를 진행할 수 있으며, 출국명령에 대해서는 행정심판과 행정소송 등을 통하여 불복절차를 진행할 수 있다.

구 분	불복방법
강제퇴거명령	이의신청(7일 이내)과 행정심판, 행정소송
출국명령	행정심판과 행정소송

제1절 집행정지신청

사범심사 후 출국명령 등의 행정처분 결정 즉시 또는 그에 따른 한 달여의 출국유예기간 중 행정심판 등의 청구절차를 통해 출국명령처분의 위법·부당함을 이유로 그 취소 등 불복절차를 고려한다면, 결정 즉시 또는 유예기간 중 관련 처분의 집행을 정지하기 위하여 출국명령처분 집행정지신청을 함께 진행해야 한다. 이때 집행정지신청은 반드시 중앙행정심판위원회에 행정심판청구서가 접수되어야 하며, 집행정지기간은 행정심판 또는 소송의 결정 또는 판결선고 시까지이다.

1. 집행정지신청제도

가. 개 설

취소소송에서의 가구제란 본안판결의 실효성을 확보하기 위하여 분쟁 있는 행정작용이나 공법상의 권리관계에 임시적인 효력관계나 지위를 정함으로써 본안판결이 확정될 때까지 잠정적으로 권리구제를 도모하는 것을 말한다. 행정소송법은 침해적 행정처분에 대한 가구제제도로서 집행정지제도만을 규정하고 있고, 수익적 행정처분의 신청에 대한 부작위나 거부에 대하여 잠정적인 허가 또는 급부 등을 명하는 적극적인 가처분제도는 도입하지 않고 있다.

나. 집행정지제도

(1) 집행부정지원칙

(가) 의 의

집행부정지원칙이란 취소소송의 제기가 처분 등의 효력이나 그 집행 또는 절차의 속행에 영향을 주지 아니한다는 것을 말한다. 이는 국민의 권익구제보다는 행정의 신속성과 실효성을 앞세운 것이라 할 수 있다. 독일에서는 항고소송이 제기되면 처분의 집행을 정지시키는 집행정지의 원칙을 택하고 있다. 이 제도가 국민의 권리구제를 위해서는 보다 더 실효적이다.

(나) 적용범위

취소 및 무효등확인소송에는 적용되나 부작위법확인소송에 적용되지 않는다. 거부처분에 대한 집행정지는 인정되지 않는다는 것이 판례의 태도이다.

(2) 집행정지결정의 요건

취소소송이 제기된 경우에 처분 등이나 그 집행 또는 절차의 속행으로 인하여 생길 회복하기 어려운 손해를 예방하기 위하여 긴급한 필요가 있다고 인정할 때에는 본안이 계속되고 있는 법원은 당사자의 신청 또는 직권에 의하여 처분 등의 효력이나 그 집행 또는 절차의 속행의 전부 또는 일부의 정지를 결정할 수 있다. 다만, 처분의 효력정지는 처분 등의 집행 또는 절차의 속행을 정지함으로써 목적을 달성할 수 있는 경우에는 허용되지 아니한다.

(가) 적극적 요건

1) 적법한 본안소송이 계속 중일 것

집행정지신청은 민사소송에서의 가처분과 달리 본안소송이 계속되어 있을 것을 요한다. 따라서 집행정지 신청은 본안의 소제기 후 또는 동시에 제기되어야 한다. 행정소송 제기가 적법하게 이루어져야 하며 형식적 요건을 그르친 경우는 본안소송이 계속된 것으로 보지 않는다. 본안 자체의 적법여부는 집행정지신청의 요건은 아니지만, 본안소송의 제기 자체는 적법한 것이어야 한다.

2) 처분 등이 존재할 것

집행정지를 위해서는 먼저 집행정지의 대상인 처분 등이 존재하여야 한다.

3) 회복하기 어려운 손해의 예방

처분이나 그 집행 또는 절차의 속행으로 인하여 회복하기 어려운 손해를 예방하기 위한 것이어야 한다. 여기서 회복하기 어려운 손해란 사회통념상 금전으로 보상할 수 없는 손해로서 금전보상이 불능인 경우뿐만 아니라 금전보상으로는 사회통념상 행정처분을 받은 당사자가 참고 견딜 수 없거나 또는 참고 견디기가 현저히 곤란한 경우의 유형, 무형의 손해를 말한다.

4) 긴급한 필요가 있을 것

긴급한 필요가 있다고 인정되어야 한다. 여기서 긴급한 필요란 회복하기 어려운 손해의 발생이 시간적으로 절박하였거나 이미 시작됨으로 인하여 본안판결을 기다릴만한 여유가 없는 경우를 말한다.

(나) 소극적 요건

1) 공공복리에 중대한 영향을 미칠 우려가 없을 것

집행정지는 적극적 요건이 충족된다고 하더라도 공공복리에 중대한 영향을 미칠 우려가 있는 경우에는 허용되지 않는다. 공공복리에 미칠 영향이 중대한지 여부는 절대적 기준에 의하여 판단할 것이 아니라, '신청인의 회복하기 어려운 손해'와 '공공복리' 양자를 비교·교량하여, 전자를 희생하더라도 후자를 옹호하여야 할 필요가 있는지 여부에 따라 상대적·개별적으로 판단되어야 한다.

2) 본안의 청구가 이유 없는 것이 명백하지 않을 것(승소가능성이 있을 것)

본안의 이유유무는 집행정지의 요건이 될 수 없으나 본안청구가 이유 없음이 명백한 경우에는 행정처분의 효력정지를 명할 수 없다. 즉, 본안소송에서의 처분의 취소가능성이 없음에도 불구하고 처분의 효력정지를 인정한다는 것은 제도의 취지에 반하므로, 효력정지사건 자체에 의하여도 신청인의 본안청구가 이유 없음이 명백할 때에는 행정처분의 효력정지를 명할 수 없다(대법원 1994.10.11. 자 94두23 결정).

(3) 주장·소명책임

처분 등의 존재나 그 집행 또는 절차의 속행으로 인한 회복하기 어려운 손해발생 우려 등 적극적요건에 관한 주장·소명책임은 원칙적으로 신청인에게 있고, 공공복리 등 소극적요건에 관한 주장·소명책임은 행정청에게 있다.

(4) 집행정지결정의 절차

본안이 계속되고 있는 법원은 당사자의 신청 또는 직권에 의하여 처분 등의 효력이나 그 집행 또는 절차의 속행의 전부 또는 일부의 정지를 결정할 수 있다. 신청인은 그 신청의 이유에 대하여 주장·소명을 하여야 하고, 피신청인인 행정청은 집행정지의 소극적요건에 대하여 소명하여야 할 것이다. 재판의 형식은 '결정'이며, 변론을 거치지 아니하고 결정할 수 있으나 당사자를 심문할 수도 있다. 집행정지의 관할법원은 본안이 계속된 법원이다.

(5) 집행정지결정의 내용

(가) 처분의 효력정지

효력정지는 구속력·공정력·집행력 등을 잠정적으로 정지시킴으로써 장래를 향하여 처분자체가 존재하지 않는 상태로 두는 것을 말한다. 예컨대 출국명령 등의 처분에 대하여 집행정지결정이 있으면 상대방은 적법하게 국내에 체류하면서 행정심판 등의 절차를 진행할 수 있게 된다. 다만, 처분의 효력정지는 처분의 집행 또는 절차의 속행을 정지함으로써 목적을 달성할 수 있을 때에는 허용되지 아니한다. 따라서 예컨대 강제징수절차와 같은 일련의 계속적인 절차에서 그 절차의 속행을 정지함으로써 압류정지의 목적을 달성할 수 있으므로 과세처분의 효력을 정지할 필요성이 없다.

(나) 처분의 집행정지

집행정지는 처분이 가지는 효력은 유지시키면서 이를 실현하기 위한 집행력의 행사만을 정지하게 하는 것을 말한다. 예컨대 강제퇴거명령을 받은 자에 대한 강제퇴거 조치를 정지하는 경우이다.

(다) 절차의 속행정지

절차의 속행정지는 처분의 효력을 유지시키면서 당해 처분의 후속절차를 잠정적으로 정지하게 하는 것을 말한다. 예컨대 토지수용절차나 행정대집행절차의 경우에 후속적인 절차를 정지하는 행위가 이에 해당한다.

(6) 집행정지결정의 효력

처분 등의 효력정지는 효력 그 자체를 정지시키는 것이므로 행정처분이 없었던 것과 같은 원래 상태를 실현시키는 형성력이 발생한다. 다만, 집행정지결정의 효력은 결정의 주문에 정해진 시기까지 존속한다. 주문에서 정하는 바가 없는 때에는 본안소송의 판결 선고시까지 효력이 존속하며, 또한 집행정지결정은 장래에 대하여 효력을 발생함이 원칙이나 처분의 효력정지의 경우에는 소급효가 인정된다.

(7) 집행정지효력의 소멸

집행정지결정이 확정된 후 집행정지가 공공복리에 중대한 영향을 미치거나 그 정지사유가 없어진 때에는 당사자의 신청 또는 직권에 의하여 결정으로써 집행정지결정을 취소할 수 있다. 이 취소신청은 행정청이 할 것이나 제3자효행정행위에서 수익자가 행정청의 참가인인 경우 취소신청을 할 수 있다. 집행정지결정의 취소결정이 있으면 일단 발생된 집행정지결정의 효력은 소멸되고 그 때부터 정지되었던 처분 등의 효력 및 그 집행절차는 다시 속행된다.

한편, 본안소송의 계속은 집행정지결정의 요건일 뿐만 아니라 그 효력지속의 요건이기도 하므로 비록 집행정지결정이 있더라도 본안의 소가 취하되면 별도의 집행정지취소결정을 할 필요없이 집행정지결정은 실효된다.

(8) 집행정지결정 등에 대한 불복

법원의 집행정지결정, 기각 또는 집행정지결정의 취소결정에 대하여는 즉시 항고할 수 있다. 이 경우 집행정지결정에 대한 즉시항고에는 결정의 집행을 정지하는 효력이 없다. 제3자효행정행위에 있어서 수익자가 행정청의 참가인인 경우에는 집행정지결정에 대한 대항수단으로서 즉시항고를 할 수 있다.

2. 관련 서식

가. 신청취지 기재례

[서식 - 청구취지 기재례]

> 피청구인이 2000. 00. 00. 청구인에게 한 출국명령처분은 재결시(00법원 2022구단 호 출국명령처분취소청구의 소 사건의 판결시)까지 그 효력을 정지한다.
> 라는 결정(판결)을 구합니다.

나. 신청서 작성례

[서식 - 집행정지신청서]

■ 행정심판법 시행규칙 [별지 제33호서식] 〈개정 2012.9.20〉

집행정지신청서

접수번호	접수일	
사건명	출국명령취소처분 취소	
신청인	성명 홍 길 동	
	주소 서울 강남구 역삼동 1-1	
피신청인	서울 출입국 · 외국인청	
신청 취지	신청인에 대한 출국명령 처분은 행정심판 재결 시까지 그 집행을 정지한다.	
신청 원인	청구인에 대한 출국명령 처분은 행정심판 기재 내용과 같이 인도적 사유가 존재하므로 행정심판 재결 시까지 그 집행을 정지할 필요가 있다 할 것이어서 부득이 본건 신청에 이르게 된 것입니다.	
소명 방법	첨부 '행정심판 청구서' 참조	

「행정심판법」 제30조제5항 및 같은 법 시행령 제22조제1항에 따라 위와 같이 집행 정지를 신청합니다.

2022년 10월 31일

신청인   홍 길 동 (서명 또는 인)

중앙행정심판위원회 귀중

첨부서류	1. 신청의 이유를 소명하는 서류 또는 자료 2. 행정심판청구와 동시에 집행정지 신청을 하는 경우에는 심판청구서 사본과 접수증 명서	수수료 없음

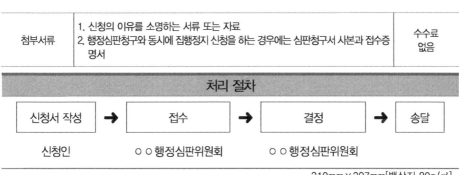

처리 절차		

신청서 작성 ➡ 접수 ➡ 결정 ➡ 송달

신청인   ○○행정심판위원회   ○○행정심판위원회

210mm×297mm[백상지 80g/㎡]

집행정지신청서

청 구 인 ○○○

피청구인 ○○출입국, 외국인청

신청취지

피청구인이 2021. 8. 23. 청구인에게 한 출국명령처분은 재결시(○○법원 2022구
단 호 출국명령처분취소청구의 소 사건의 판결시)까지 그 효력을 정지한다.
라는 결정(판결)을 구합니다.

신청원인

1. 이 사건 처분의 내용

청구인(1986년생, 남)은 ○○○ 국적의 외국인으로서, 2016. 4. 23. 비전문취업(E
-9, 만료일: 2021. 2. 22.) 체류자격으로 입국하여 동 자격으로 체류할 수 있는 4
년 10개월간 체류하였고, 코로나19 상황을 이유로 6차례에 걸쳐 출국기한 유예허
가(유예기간: 2021. 8. 22.)를 받아 체류하다가 2021. 8. 23. 피청구인에게 다시
출국기한 유예허가 신청(이하 '이 사건 신청'이라 한다)을 하자, 피청구인은 같은 날
청구인에게 「출입국관리법」 제17조제1항, 제46조제1항 제8호, 제68조제1항 제1

호에 해당한다는 이유로 출국기한을 2021. 9. 23.까지로 정하여 출국명령(이하 '이 사건 처분'이라 한다)을 하였습니다.

2. 이 사건 처분의 경위

청구인은 청구인에 대한 출국기한 유예허가 유예기간인 2021. 8. 22.이 일요일로서「민법」제161조에 따라 그 익일인 2021. 8. 23. 출국기한 유예허가를 신청하였고「출입국관리법」에는 기간의 계산에 대하여 별도로 규정된 바가 없는데, 피청구인은 청구인의 체류기간이 경과하였다는 이유로 출국기한 유예허가 신청을 거부하고 청구인에게 이 사건 처분을 한 것입니다.

3. 이 사건 처분의 위법·부당 여부

가. 관계법령의 내용

1)「출입국관리법」제2조제1호·제2호에 따르면 '국민'이란 대한민국의 국민을 말한다고 되어 있고, '외국인'이란 대한민국의 국적을 가지지 아니한 사람을 말한다고 되어 있으며, 같은 법 제17조제1항에 따르면 외국인은 그 체류자격과 체류기간의 범위에서 대한민국에 체류할 수 있다고 되어 있고, 같은 법 제46조제1항에 따르면 지방출입국·외국인관서의 장은 이 장에 규정된 절차에 따라 제17조제1항을 위반한 사람(제8호)을 대한민국 밖으로 강제 퇴거시킬 수 있으며, 같은 법 제68조제1항제1호에 따르면 지방출입국·외국인관서의 장은 제46조제1항 각 호의 어느 하나에 해당한다고 인정되나 자기비용으로 자진하여 출국하려는 사람(제1호)에 해당하는 외국인에게는 출국명령을 할 수 있다고 되어 있습니다.

2)「출입국관리법 시행규칙」제33조제1항에 따르면 청장·사무소장·출장소장 또는 외국인보호소의 장은 체류기간연장 등 불허결정통지를 받은 자나 출국권고 또는 출국명령을 받은 자가 출국할 선박등이 없거나 질병 기타 부득이한 사유로 그 기한 내에 출국할 수 없음이 명백한 때에는 그 출국기한을 유예할 수 있다고 되어 있습니다.

3) 「민법」 제152조에 따르면 시기있는 법률행위는 기한이 도래한 때로부터 그 효력이 생기고, 종기있는 법률행위는 기한이 도래한 때로부터 그 효력을 잃는다고 되어 있으며, 같은 법 제159조에 따르면 기간을 일, 주, 월 또는 연으로 정한 때에는 기간말일의 종료로 기간이 만료한다고 되어 있고, 같은 법 제161조에 따르면 기간의 말일이 토요일 또는 공휴일에 해당한 때에는 기간은 그 익일로 만료한다고 되어 있습니다.

4) 「행정기본법」 제6조에 따르면 행정에 관한 기간의 계산에 관하여는 이 법 또는 다른 법령등에 특별한 규정이 있는 경우를 제외하고는 「민법」을 준용하고(제1항), 법령등 또는 처분에서 국민의 권익을 제한하거나 의무를 부과하는 경우 권익이 제한되거나 의무가 지속되는 기간의 계산은 기간을 일, 주, 월 또는 연으로 정한 경우에는 기간의 첫날을 산입하며, 기간의 말일이 토요일 또는 공휴일인 경우에도 기간은 그 날로 만료하되, 국민에게 불리한 경우에는 그러하지 아니하다(제2항)고 되어 있습니다.

나. 이 사건 처분의 위법 부당성
1) 「행정기본법」 제6조제2항은 '국민'의 권익을 제한하거나 의무가 부과되는 기간의 계산에 관하여 규정하고 있으나, 행정에 관한 기간의 계산에 있어 국민과 외국인을 달리 볼 이유가 없으므로, 같은 규정은 외국인에게도 적용된다고 보는 것이 타당합니다.

2) 「행정기본법」 제6조제2항에 따르면 법령등 또는 처분에서 국민의 권익을 제한하거나 의무를 부과하는 경우 권익이 제한되거나 의무가 지속되는 기간의 계산은 같은 규정에 따르고, 위 규정에 따르는 것이 국민에게 불리한 경우에는 그러하지 아니한다고 되어 있는바, 출국기한은 출국을 유예해 주는 것으로서 청구인의 권익을 제

한하거나 의무를 부과하는 것이라고 보기 어렵고, 설령 권익을 제한하거나 의무를 부과하는 기간에 해당한다고 하더라도 출국유예를 신청할 수 있는 기간에도 해당하므로 공휴일에 만료된다고 보는 것은 국민에게 불리한 경우에 해당한다고 보이는 바, 이 사건 기간 계산에 대하여는 「민법」을 준용해야 할 것입니다.

3) 피청구인은 2021. 7. 21. 청구인에게 한 출국기한유예 허가처분에 유예기간 만료일(2021. 8. 22.)이 공휴일이어도 「민법」 제152조제2항에 따라 유예기간 만료일은 '2021. 8. 22.'에 해당한다고 주장하나, 「민법」 제152조제2항에 종기있는 법률행위는 기한이 도래한 때부터 그 효력을 잃는다고 되어 있는데, 같은 법 제161조에 기간의 말일이 토요일 또는 공휴일에 해당한 때에는 기간은 그 익일로 만료한다고 되어 있으므로, 위와 같이 유예기간 만료일이 공휴일이면 그 익일로 만료하는 것으로 보아야 할 것입니다.

그렇다면 피청구인이 2021. 7. 21. 청구인에게 한 체류기한유예 허가의 유예기간은 '2021. 8. 22.'까지이고, 이날은 공휴일로서 「민법」 제161조에 따라 위 유예기간은 그 익일인 '2021. 8. 23.'로 만료하게 되는데, 피청구인은 청구인에 대한 위 체류기간유예 허가기간이 '2021. 8. 22.'에 만료되었다는 이유로 청구인의 출국기한유예 허가신청의 접수를 거부하고 이 사건 처분을 한 것은 관련 규정을 오인한 것으로서 위법·부당하다할 것입니다.

4. 집행정지의 필요성 및 긴급성

위 3.항과 같은 사유로 청구인은 현재 위 처분의 취소를 구하는 행정심판을 제기한 상태이나 그 심판의 심리 및 재결 시까지 수개월이 시간이 소요될 것이 예상되는 상황입니다.

통상 청구인과 같은 출국명령을 받을 경우 출국 시까지 유예기간이 한달여 남짓에 불과하기 때문에, 만일 그 집행이 정지되지 아니한 상태에서 행정심판 재결절차가 진행될 경우 청구인은 제대로 된 방어권의 행사조차 못한 채 출국할 수밖에 없는 긴급한 사정이 있습니다.

또한, 위 3.항에 언급한 바와 같이 이 사건 처분은 처분청이 기간계산의 착오로 인한 결정으로서, 행정심판절차의 결과에 따라서는 그 처분이 취소될 수도 있는 상당한 이유가 존재합니다.

5. 결론

이상과 같은 이유로 청구인은 「행정심판법」 제30조제5항 및 같은 법 시행령 제22조제1항에 따라 위와 같이 집행정지를 신청합니다.

입증방법

1. 행정처분문서

기타자료 첨부

2000. 00. 00.

청구인 0 0 0 (인)

중앙행정심판위원회 귀중

제2절 행정심판

Ⅰ. 행정심판이론 일반

1. 의 의

행정심판은 사법심사 등 위법 또는 부당한 처분 기타 공권력의 행사·불행사 등으로 인하여 권리나 이익을 침해당한 자가 행정기관에 대하여 그 시정을 구하는 절차를 말한다 (법 제1조). 행정심판법에 의한 행정심판 이외에 이의신청, 심사청구, 불복신청, 심판청구 등 개별 법률에서 다양한 명칭과 형태로 운영되고 있다.

2. 행정심판과 유사한 제도와의 구별

가. 이의신청과의 구별

행정심판과 이의신청은 그 심판기관과 대상이 다르다. 즉 행정심판은 ① 원칙적으로 처분청의 직근 상급행정청에 제기하는 쟁송이지만, 이의신청은 처분청 자체에 제기하는 쟁송이다 ② 행정심판은 원칙적으로 모든 위법 또는 부당한 처분에 대하여 인정되지만 이의신청은 각 개별법에서 정하고 있는 처분에 대해서만 인정된다 ③ 동일한 처분에 대하여 행정심판과 이의신청이 함께 인정되는 경우에 보통 양자가 전심(이의신청), 후심 (행정심판)의 관계에 있다. 그러나 양자 중 하나만 허용되는 경우도 있다.

나. 청원과의 구별

청원도 행정청에 대하여 자기반성을 촉구하고 피해의 구제를 도모하기 위한 제도라는 점에서 행정심판과 공통성을 갖는다. 그러나 행정심판은 기본적으로 권리구제를 위한 쟁송제도이지만 청원은 쟁송수단이라기 보다는 국정에 대한 국민의 정치적 의사표시를 보장하기 위한 제도라는 점에서 양자는 그 본질적인 기능면에서 차이를 갖는다.

다. 진정과의 구별

진정도 행정청에 대하여 자기반성을 촉구하고 피해의 구제를 도모하기 위한 제도라는 점에서 공통성을 갖는다. 그러나 진정은 법정의 형식과 절차가 아니라 행정청에 대하여 일정한 희망을 진술하는 행위로서 법의 구속력이나 효과를 발생시키지 않는 사실행위이다. 진정은 행정기관의 회답이 별다른 법적 의미를 가지지 못한다는 점에서 행정심판과 구별된다. 다만 진정이라는 표제를 사용하고 있더라도 그 내용이 일정한 행정행위의 시정을 구하는 것이면 행정심판으로 보아야 한다.

라. 직권재심사와의 구별

직권재심사도 행정작용에 대한 통제수단이라는 점에서 행정심판과 공통성을 갖는다. 그러나 직권재심사는 특별한 법적 근거가 없어도 가능하고 기간의 제약도 받지 않지만, 행정심판은 행정심판법에 의해 여러 가지 법적 제한과 기간의 제약을 받는다. 또한 직권재심사는 행정청 스스로의 판단에 따라 개시되고 불가변력이 발생한 행위에 대해서는 원칙적으로 허용되지 않지만, 행정심판은 개인이 이의제기에 의하여 절차가 개시되고 불가변력이 발생한 처분도 그 대상이 된다는 점에서 양자의 차이가 있다.

마. 국민고충처리와의 구별

국민고충처리제도는 국무총리 소속하에 설치된 국민고충처리위원회가 행정과 관련된 국민의 고충민원에 대하여 상담, 조사 및 처리를 하는 제도이다. 행정심판과는 제기권자, 제기기간, 대상, 절차 및 법적 효과에 있어서 차이가 있다. 국민고충처리절차는 행정소송의 전치절차로서 요구되는 행정심판청구에 해당하는 것으로 볼 수 없다.

바 행정소송과의 구별

(1) 공통점

행정심판과 행정소송의 공통점으로 ① 권리구제 수단으로서의 성질을 갖는 점 ② 일정한 요건을 갖춘 당사자의 신청을 전제로 하여 절차가 개시되는 점 ③ 양당사자가 대등한 입장에서는 대심구조의 형식을 취하고 있는 점 ④ 쟁송사항이 쟁송 제기자와 구별되는 제3자의 기관에 의하여 판정된다는 점 ⑤ 적법한 쟁송의 제기가 있는 한 판정기관은 이를 심리할 의무가 있다는 점 ⑥ 청구의 변경이 인정되고 처분의 집행부정지원칙이 채택되고 있는 점 ⑦ 심리절차에 있어서 직권심리주의, 구술심리, 불이익변경금지의 원칙이 적용되는 점 ⑧ 사정재결, 사정판결이 인정되는 점 ⑨ 쟁송의 원리에 이해관계인의 참여가 인정되는 점 ⑩ 쟁송의 판정행위인 재결, 판결에 일정한 효력이 부여된다는 점 등이 있다.

(2) 차이점

그러나 행정심판과 행정소송에 있어서 행정심판은 약식쟁송이지만 행정소송은 정식쟁송이라는 점, 행정심판은 행정소송보다 행정통제적 측면이 강하다는 점에서 차이가 있다. 이러한 기본적인 차이에서 구체적으로 판정기관, 쟁송사항, 쟁송종류, 쟁송절차 및 심리절차 등에 차이가 있다. 행정심판과 행정소송의 관계는 종래 행정심판을 거치지 않으면 행정소송을 제기할 수 없도록 하는 행정심판전치주의를 취하고 있었으나 임의적 선택주의로 바뀌었다.

3. 행정심판의 법적근거

가. 헌법적 근거

(1) 헌법 제107조 제3항은 '재판의 전심절차로서 행정심판을 할 수 있다. 행정심판의 절차는 법률로 정하되, 사법절차가 준용되어야 한다.'라고 사법절차를 준용하도록 명시하고 있을 뿐만 아니라 행정심판절차의 헌법에 근거를 규정하고 있다. 따라서 이 규정에 의해 행정심판에 관한 일반법으로서 행정심판법이 제정되었다.

(2) 위 헌법 조항은 행정심판절차의 구체적 형성을 입법자에게 맡기고 있지만, 헌법이 직접 행정심판은 재판의 전심절차로서만 기능해야 하고, 행정심판절차에 사법절차가 준용되어야 한다고 규정하고 있으므로 여기에 입법적형성의 한계가 있다. 따라서 ① 입

법자가 행정심판을 전심절차가 아니라 종심절차로 규정함으로써 정식재판의 기회를 배제하거나 ② 어떤 행정심판을 필요적전심절차로 규정하면서도 그 절차에 사법절차가 준용되지 않는다면 이는 헌법 제107조 제3항에 위반된다고 할 것이다.

나. 행정심판법

행정심판에 대한 일반법으로서 행정심판법이 헌법의 근거 하에 제정되어 있다. 행정심판법은 행정심판에 대한 일반법이므로 다른 법률에서 특별행정심판이나 행정심판절차에 대한 특례를 정한 경우에도 그 법률에서 규정하지 아니한 사항에 관하여는 행정심판법에서 정하는 바에 따라야 한다.

다. 특별행정심판

사안의 전문성과 특수성을 살리기 위하여 특히 필요한 경우에는 행정심판을 갈음하는 특별한 행정 불복절차의 경우에는 그 범위 안에서 행정심판법의 적용이 배제된다. 각 개별 법률에서 특별한 절차와 방법을 규정하고 있는 경우에는 특별법으로서 그에 따라야 하기 때문이다. 이러한 특별행정심판에는 해양사고심판, 특허심판, 국세심판, 소청심사청구 등이 있다.

4. 행정심판의 존재이유와 문제점

가. 행정심판의 존재이유

(1) 행정의 자기 통제

행정심판은 행정법관계에 대한 법적 분쟁에 대하여 행정청 스스로가 판정기관이 됨으로써 행정의 자기통제 내지 행정감독의 기회를 부여하는데 그 존재 이유가 있다. 이는 행정작용에 대한 제1차적 통제권은 행정의 자율에 맡기는 것이 합리적이라는 것에 그 의미가 있다.

(2) 사법기능보충

현대 산업사회의 새로운 기술, 경제적인 문제에 대해 일반법은 그 전문성이 부족하고 소송에 있어서도 경제적으로 그 분쟁해결에 많은 시간과 비용이 드는 것이 보통이다. 그러므로 이러한 보완책으로 행정쟁송의 전 단계에서라도 전문적, 기술적 문제의 처리에 적합하게 조직된 행정기관으로 하여금 그 분쟁을 심판하도록 할 필요가 있다.

(3) 행정기능의 보장

사법절차에 의한 행정상의 분쟁심판은 심리와 절차가 공정하고 신중하게 이루어지므로 개인의 권리구제에 충실할 수 있다. 그러나 상당한 시일을 요하기 때문에 행정능률에 배치되는 일이 발생한다. 따라서 오늘날과 같이 신속을 요하는 행정의 수행을 위해서는 사법절차에 앞서 신속, 간편한 행정심판을 인정함으로써 행정법관계에 관한 분쟁의 신속한 해결을 도모할 필요가 있다.

나. 현행 행정심판제도의 문제점

(1) 심판기관의 객관성 보장

행정심판법은 위원회의 객관적 지위확보에도 문제를 안고 있다. 따라서 행정심판절차의 사법화를 도모하는 관점에서 본다면 위원회를 개관적인 공정성이 보장되는 제3기관으로 하는 것이 바람직하다.

(2) 청구인적격의 엄격성

행정쟁송에 있어 행정심판의 경우에는 적법성 및 합목적성이 심판대상이 되지만 행정소송의 경우에는 적법성만이 그 심판대상이 된다. 그럼에도 행정심판의 청구인적격을 행정소송의 원고적격과 같이 법률상 이익이 있는 자로 한정함으로써 실제로 행정심판을 통한 행정구제의 기회를 제한하는 결과를 가져올 우려가 있다.

(3) 사정재결

행정심판법은 청구인의 주장이 이유가 있더라도 이를 적용하는 것이 현저히 공공복리에 반하는 경우에는 그 심판청구를 기각하는 재결을 할 수 있도록 하였다. 이러한 사정재결은 공익의 확보를 위하여 인정되는 수단이라고 하더라도 ① 행정쟁송제도의 극히 예외적 조치로서 법치국가에 반하는 성질을 가진다는 점 ② 공공복리 자체가 극히 불확정한 개념으로서 남용될 가능성이 있다는 점 ③ 권리구제를 위한 행정심판제도에서 지나치게 공익을 강조한다는 점 ④ 행정소송법상 이미 인정되고 있는 사정판결을 생각할 때 따로 행정심판절차에서 인정한다는 점들은 문제가 되고 있다.

(4) 집행부정지 원칙

행정심판법은 원칙적으로 집행부정지의 원칙을 채택하면서 예외적으로 집행정지를 할 수 있는 경우를 규정하고 있다. 그러나 이러한 집행정지를 예외적으로 인정하면서 ① 그 요건에 불확정개념인 회복하기 어려운 또는 공공복리 등으로 규정하여 행정청의 자의에 맡겨 놓고 있다는 점 ② 공공복리에 중대한 영향을 미칠 우려가 있는 경우에는 집행정지를 인정하지 않아 지나치게 제한하였다는 점 ③ 이미 내린 집행정지결정도 취소할 수 있도록 하였다는 점에서 실질적으로 국민의 권익에 장애가 되는 경우가 많다고 한다.

(5) 청구인의 자료 요구권

행정심판법은 당사자의 대립구조를 취하면서 청구인의 자료 요구권을 인정하고 있지 않다는 점이다.

5. 행정심판의 성격

가. 행정처분의 성질

행정심판은 일정한 행정적 의사의 발현으로서 행정법관계의 분쟁을 규율하고 일정한 행정질서를 형성, 유지, 소멸시킴으로서 행정목적의 실현을 도모하는 행정작용에 해당한다. 따라서 행정심판의 재결은 행정처분의 성질을 가지며 행정행위가 갖는 일반적 성질인 공정력, 불가변력, 불가쟁력 등을 갖는다.

나. 이중성

행정심판은 행정행위로서의 성질과 준 사법작용으로서 판단작용으로서의 성질을 갖는다. 행정심판작용과 행정행위로서의 이중성 중에서 어느 편에 더 중점을 둘 것인가는 결국 입법정책문제라 하겠다. 우리 헌법은 '재판의 전심절차로서 행정심판을 할 수 있다. 행정삼판의 절차는 법률로서 정하되, 사법절차가 준용되어야 한다'고 규정하고 있어 심판 작용으로서의 성격이 강조되고 있다.

Ⅱ. 행정심판의 종류

1. 행정심판제도의 유형

가. 대륙형

대륙형 행정심판은 행정청의 작용에 대한 개인의 권익구제제도로서의 의의를 가지면서도 행정의 합목적성 및 적법성을 행정권 스스로의 기관에 의하여 보장함으로써 행정목적을 효과적으로 달성하려는 행정의 자율적 통제내지 감독제도로서의 의의가 강조된 제도이다. 따라서 국민의 권리구제를 위한 판단 작용이라기보다는 원 처분을 상호 보완하는 제2차적인 행정행위로서의 성격을 강하게 가진다. 그 결과 ① 쟁송절차가 소송절차만큼 엄격하지 못하고 ② 서면심리 또는 구술심리를 취하며 ③ 직권주의가 원칙이고 ④ 심판기관의 독립이나 제3자적 지위의 요청도 없었다. 그러나 대륙형 행정심판도 세계 제2차 대전 이후에는 영·미의 예에 따라 행정심판의 권리구제기능을 높이기 위하여 행정심판사항의 확대 및 심리절차의 객관화 등을 위한 입법적 노력을 하였다.

나. 영·미형

영·미형의 행정심판은 사회·경제 상태가 변화됨에 따라 행정 분쟁에 대해 간섭·규제적 작용인 사법절차에 의해서 해결함이 적당하지 않게 되자 이를 대신하기 위해 발달된 제도로서 행정기관의 전문지식을 활용하여 행정상의 분쟁을 저렴하고 신속하게 해결함으로써 보다 실효성 있는 행정구제 제도를 확보하는 사법보완적 기능에 중점이 있는 것이었다. 그 결과 ① 심판기관은 각종 행정위원회로서 통상의 행정조직으로부터 독립성이 보장되고 ② 심리절차가 사법절차와 유사하고 ③ 증거조사 등에 관해 상세한 규정이 있고 ④ 그 사실인정에 종국성을 인정하는 등 국민의 권리를 절차적으로 보장하는 준사법적 절차의 성격을 갖는다.

2. 행정심판의 분류 방법

가. 일반적 분류

행정심판의 종류를 분류할 때 일반적으로 쟁송의 목적에 따라 ① 주관적 쟁송과 객관적 쟁송, 쟁송단계에 따라 ② 시심적 쟁송과 복심적 쟁송, 분쟁의 전제여부에 따라 ③ 실질적 쟁송과 형식적 쟁송, 쟁송주체에 따라 ④ 민중쟁송과 기관쟁송, 형태에 따라 ⑤ 일반행정심판과 특별행정심판, 쟁송의 성질에 따라 ⑥ 항고심판과 당사자심판으로 분류한다.

쟁송성질에 의한 분류

1. 항고 행정심판

이미 시행된 행정처분의 위법·부당을 이유로 그 시정을 구하는 행정심판이다.

행정심판법에서는 행정심판, 개별법에서는 이의신청, 심사청구, 심판청구, 재심청구, 심사청구, 불복신청, 재결신청, 재조사청구 등으로 불리고 있다. 이들은 일괄하여 행정심판이라고도 한다. 모두 복심적 쟁송이다. 이들 행정심판에는 일반행정심판과 특별행정심판이 있다.

2. 당사자 행정심판

가. 의의

당사자심판이란 공권력을 전제로 하지 않고 양 당사자의 대등한 입장에서 행정법관계의 형성 또는 존부에 관하여 다툼이 있는 경우, 일방당사자의 신청에 의하여 권한이 있는 행정기관이 재결을 구하는 행정심판으로 처음부터 소송절차로 행정청의 유권적 판단을 구하는 제도로 시심적 쟁송에 해당한다. 따라서 이는 이미 행하여진 행정처분의 위법 또는 부당을 이유로 그 시정을 구하는 항고심판과는 구별된다.

나. 법적 근거

당사자심판에 있어서 재결신청에 대한 일반법은 없고 개별법에 근거가 존재한다. 그러나 재결의 신청도 행정기관에 심리, 판단의무를 부과하는 것이므로 법적 근거를 필요로 하는 바, 개별법에 근거가 없는 이상 재결신청은 불가능하다.

다. 재결기관

일반행정청이 되는 것이 보통이나 오늘날에는 재결의 신중·공정을 기하기 위하여 특별한 행정위원회를 설치하여 일정한 행정절차를 거치게 하는 경우가 많고, 또 일반행정청이 일정한 심의위원회 또는 조정위원회 등의 의결 또는 심의를 거치는 경우가 있다.

라. 재결의 종류 및 불복

재결에는 확인재결과 형성재결이 있고. 이에 대한 불복은 개별법에서 정한 불복기간 내에 행정소송(당사자소송을) 제기할 수 있다.

마. 민중행정심판과 기관행정심판

민중행정심판은 공익 또는 법규적용의 적정을 도모하기 위하여 선거인 등 일반국민 또는 주민 등이 제기하는 행정심판을 말하며 기관행정심판은 국가 또는 공공단체의 기관 상호간의 분쟁을 해결하기 위해 기관이 당사자가 되어 제기하는 행정심판을 말한다.

나. 우리 행정심판법상 분류

행정심판법 제5조는 ① 취소심판, ② 무효 등 확인심판, ③ 의무이행심판의 3종류를 인정하고 있다. 이들은 모두 항고행정심판에 속한다.

3. 취소심판

가. 의 의

취소심판은 행정청의 위법 또는 부당한 공권력 행사나 거부 그 밖에 이에 준하는 행정작용으로 인하여 권익을 침해당한 자가 그 취소 또는 변경을 구하는 행정심판이다(법 제4조 1항). 취소심판은 공정력 있는 처분의 효력을 다투는 것이므로 일정한 기간 내에 심판청구를 제기하여야 한다.

행정심판법은 행정심판 중 가장 대표적 유형인 취소심판을 중심으로 각 절차적 규정을 마련하고 있다.

나. 성 질

(1) 확인적 쟁송설

취소심판의 성질은 행정행위의 위법성 또는 부당성을 확인하는 확인적 쟁송으로 보는 견해가 있다.

(2) 형성적 쟁송설

취소심판은 일정한 법률관계를 성립시킨 행정행위의 효력을 다툼으로써 당해 행정행위의 취소 또는 변경을 통하여 그 법률관계를 소멸·변경시키는 형성적 쟁송으로 보는 견해가 있다.

(3) 통설 및 판례

형성적 쟁송으로 보는 견해가 통설·판례이다.

다. 재 결

(1) 의 의

재결이란 행정심판청구사건에 대하여 행정심판위원회가 심리의 결과를 판단하는 행위를 말한다.

(2) 성 질

재결은 특정한 처분이나 부작위 등에 관한 분쟁의 제기인 심판청구를 전제로 한 것일 뿐만 아니라 판단의 작용이라는 점에서 준사법행위이고, 준법률행위적 행정행위이며 기속행위이다.

(3) 종 류

1) 각하 또는 기각

취소심판의 청구가 적법하지 않거나 이유 없다고 인정한 때에는 당해 심판청구를 각하 (부적법) 또는 기각(이유 없음)하는 재결을 한다. 이는 다른 유형의 행정심판과 같다.

2) 취소심판 인용

그러나 심판청구가 이유 있다고 인정한 때에는 그 심판청구를 인용하는 재결로서 그 심판청구의 대상이 된 처분을 취소변경 하거나(형성적 재결), 처분청에게 취소, 변경을 할 것을 명할 수도 있다(이행적 재결). 따라서 취소심판인용재결에는 ① 처분취소재결 ② 처분변경재결 ③ 처분취소명령재결 ④ 처분변경명령재결이 있게 된다. 변경재결은 단순히 일부취소재결 뿐만 아니라, 처분내용을 적극적으로 변경하는 재결도 가능하다. 다만 심판청구가 이유 있다고 인정하는 경우에도 이를 인용하는 것이 현저히 공익에 적합하지 않다고 인정할 때에는 그 심판청구를 기각하는 사정재결을 할 수 있다.

라. 취소심판의 특수성

취소심판에는 ① 심판청구기간의 제한(원처분이 있음을 안날부터 90일, 처분이 있은날 부터 180일 이내에 청구) ② 집행부정지원칙 ③ 집행정지 외에 임시처분제도 도입 등 의 특수성을 가진다.

4. 무효 등 확인 심판

가. 의 의

무효 등 확인심판이란 행정청의 처분의 효력 유무 또는 존재 여부에 대한 확인을 구하는 행정심판이다(법제4조 2호). 무효 등 확인심판은 실제로 처분이 무효인지 취소할 수 있는 것인지를 식별한다는 것이 어렵고 처분으로서의 외형이 존재하거나 존재하는 것처럼 오인됨으로써 행정청에 의하여 집행될 우려도 있으며 또한 반대로 유효하게 존재하는 처분을 무효 또는 부존재라 하여 그것을 부인함으로써 상대방의 법률상의 이익을 침해할 수도 있기 때문이다. 무효 등 확인심판에는 구체적으로 ① 무효확인심판 ② 유효확인심판 ③ 실요확인심판 ④ 존재확인심판 ⑤ 부존재확인심판이 포함된다.

나. 적용법규

무효 등 확인심판은 취소심판에서 인정되는 ① 청구기간(제18조 7항), ② 사정재결에 관한 규정(제33조 3항)이 적용되지 아니한다.

다. 성 질

무효 등 확인심판의 성질에 관하여는

학설	내 용
확인적 쟁송설	무효 등 확인심판은 적극적으로 처분의 효력을 소멸시키거나 발생시키는 것이 아니라 처분의 효력 유무나 존재 여부를 공적으로 확인, 선언하는데 그친다고 보는 견해이다.
형성적 쟁송설	무효와 취소의 상대화 이론을 전제로 무효등확인심판도 결국 행정권에 의한 작용의 효력관계를 다투는 것으로서 본질적으로 형성적 쟁송으로서의 성질도 갖는 것으로 본다.
준형성적 쟁송설	무효 등 확인심판은 실질적으로 확인적 쟁송이나 형식적으로는 처분의 효력 유무 등을 직접 소송의 대상으로 한다는 점에서 형성적 쟁송으로서의 성질도 갖는 것으로 본다. 준형성적 쟁송설이 현재의 통설적인 견해이다.

라. 재결의 효력

무효 등 확인심판에 있어서 심판청구가 이유 있다고 인정하는 경우에는 심판청구의 대상이 되는 처분의 유효, 무효 또는 존재, 부존재를 확인하는 재결을 하므로 인용재결에는 ① 처분무효확인재결 ② 처분유효확인재결 ③ 처분실효확인재결 ④ 처분존재확인재결 ⑤ 처분부존재확인재결이 있다.

확인재결은 그 대상인 처분의 성질상 사인간의 법률관계를 확인의 대상으로 하는 것과는 달리 당해 행정심판의 당사자는 물론 제3자에게도 그 효력이 미친다고 할 것이다. 판례도 같은 입장이다(민사관계의 확인판결은 당해 소송당사자 및 관계인에게만 효력이 발생하는 점과 다르다).

5. 의무이행심판

가. 의 의

의무이행심판이란 당사자의 신청에 대한 행정청의 위법 또는 부당한 거부처분이나 부작위에 대하여 일정한 처분을 하도록 하는 행정심판을 말한다. 행정심판법은 행정소송과 달리 소극적인 행정작용으로 인한 국민의 권익침해에 대한 구제수단으로서의 의무이행심판을 규정하고 있다. 이는 행정심판기관이 처분청 또는 상급 감독청이므로 사법권의 권력분립상의 한계에서 자유로울 수 있기 때문이다.

나. 법적 성질

학설	내용
이행쟁송설	행정청에 대하여 일정한 처분을 할 것을 명하는 재결을 구하는 행정심판이므로 이행쟁송의 성질을 가진다고 한다(통설).
이행적쟁송과 형성적 쟁송설	신청에 따른 처분을 하는 재결은 형성재결이고 처분할 것을 명하는 재결은 이행재결이라고 하여 이행적 쟁송과 형성적 쟁송의 성질을 갖는다고 한다(소수설).

다. 장래의 의무이행심판의 가부

학설	내용
통설	의무이행심판은 당사자의 신청에 대하여 피청구인이 일정한 처분을 해야 할 법률상 의무의 이행기가 도래하면서 현실화된 경우에 그 이행의무의 존재를 주장하는 행정심판만이 가능하고 장래의 이행쟁송은 허용되지 않는다는 견해이다.
소수설	민사소송법 제229조의 미리 청구할 필요가 있을 경우에 장래의 의무이행심판이 가능하다는 견해이다.

라. 심판청구의 대상

의무이행심판청구의 대상은 행정청의 위법 또는 부당한 거부처분 및 부작위이다. 거부처분은 개인이 행정청에 대하여 일정한 처분을 신청한 경우 그 신청에 따른 처분을 거부하는 행위로서 소극적 행정행위의 하나이다. 의무이행심판의 대상으로서의 부작위란 행정청이 당사자의 신청에 대하여 일정한 기간 내에 일정한 처분을 하여야 할 법률상 의무가 있음에도 불구하고 이를 하지 아니하는 것을 말한다.

마. 심판청구의 제기

(1) 청구인

의무이행심판청구는 행정청의 거부처분, 또는 부작위에 대하여 일정한 처분을 구할 법률상 이익이 있는 자가 할 수 있다. 여기서의 법률상 이익이란 법률상 보호되는 이익으로 보는 것이 다수설의 입장이다.

(2) 심판청구기간

거부처분에 대한 의무이행심판은 거부처분이 있음을 안날로부터 90일 이내에 제기하여야 하고 처분이 있은 날부터 180일 이내에 제기하여야 한다. 그러나 부작위에 대한 의무이행심판은 처분이 존재하지 아니하므로 그 성질에 비추어 청구기간의 제한이 배제된다.

(3) 문서제출

의무이행심판의 제기는 문서로서 재결청 또는 피청구인 행정청에 제출한다.

(4) 집행정지

의무이행심판의 경우에는 그 성질상 집행정지가 인정되지 않는다.

바. 재 결

(1) 각하재결, 기각재결, 사정재결

위원회는 의무이행심판청구의 제기요건을 결한 경우에는 각하재결, 본안심리의 결과 이유 없다고 인정되는 경우에는 기각재결, 심판청구가 이유가 있다고 인정되는 경우에도 처분을 취소, 변경 시에 사정재결을 하게 된다.

(2) 인용재결

위원회는 심판청구가 이유 있다고 인정할 때에는 지체 없이 신청에 따른 재결을 하는데 의무이행심판에서 재결은 재결 시를 기준으로 내려진다.

1) 처분재결

가) 의의

의무이행심판에서 위원회는 심판청구가 이유 있다고 인정할 때에는 지체 없이 신청에 따른 처분을 하는데 이를 처분재결이라 한다.

나) 성 질

처분재결은 위원회가 스스로 처분을 하는 것이므로 형성재결이다.

2) 처분명령재결

가) 의의

의무이행심판에서 위원회가 심판청구가 이유 있다고 인정하여 처분청에 처분할 것을 명하는 재결을 처분명령재결이라 한다. 처분명령재결에는 청구인의 신청대로 처분할 것을 명하는 ① 특정처분명령재결과 신청을 방치하지 말고 어떠한 처분이든 하도록 명하는 ② 일정처분명령재결로 구분된다.

나) 성질

처분명령재결은 처분청에게 처분을 명하는 재결이므로 이행재결이다.

다) 처분이 재량행위인 경우

이행적 재결에서 주의할 것은 처분행위가 기속행위인 경우에는 청구인의 신청대로 처분을 할 것을 명하는 특정처분명령재결을 할 수 있지만, 재량행위인 경우에는 성질상 어떤 처분을 할 것을 명하는 일정처분명령재결을 할 수 있을 뿐이다.

라) 직접처분권

처분명령재결의 경우에는 당해 행정청은 지체 없이 재결의 취지에 따라 원신청에 대한 처분을 할 의무를 진다. 이 경우 위원회는 당해 행정청이 처분을 하지 아니하는 때에는 당사자의 신청에 따라 그 기간을 정하여 서면으로 시정을 명하고 그 기간에 이행하지 아니하면 직접 처분을 할 수 있다고 하여 보충적으로 위원회의 직접처분권을 인정하였다.

(3) 재결에 대한 불복

심판청구에 대해 재결이 있는 경우에는 당해 재결 및 동일한 처분 또는 부작위에 대하여 다시 심판청구를 제기할 수 없고(행정심판법 제39조), 다만 거부처분에 대해서는 부작위 위법확인소송 또는 재결자체에 고유한 위법이 있으면 재결소송(행정심판법 제19조 단서)으로 다툴 수 있다.

Ⅲ. 행정심판의 대상

1. 행정심판 대상에 관한 입법주의

가. 개괄주의

행정심판대상을 개별화하여 제한하지 아니하고 하자있는 행정행위를 모두 일반적으로 행정심판사항으로 인정하는 주의이다. 남용의 가능성과 운영상의 어려움이 있다.

나. 열기주의

행정심판대상을 개별화하여 열기하고 그 열기된 사항만을 행정심판사항으로 인정하는 주의이다. 개괄주의는 사법제도 국가에서, 열기주의는 행정제도국가에서 채택한 바 있으나, 제2차 세계대전 이후에는 개괄주의를 채택하는 것이 일반적 경향이다.

다. 우리 행정심판법의 개괄주의 채택

행정심판법 제1조 1항은 행정청의 처분 또는 부작위에 대하여 다른 법률에 특별한 규정이 있는 경우를 제외하고는 이 법에 의하여 행정심판을 제기할 수 있다고 규정하여 모든 처분 또는 부작위에 대하여 행정심판을 제기할 수 있는 개괄주의를 채택하고 있다.

2. 행정청

가. 의의

행정청이란 처분 또는 부작위를 할 수 있는 권한을 가진 행정기관을 말하는데 행정청에는 행정조직법적 의미의 행정관청뿐만 아니라 널리 국가 또는 지방자치단체의 행정에 관한 의사를 외부에 결정, 표시할 수 있는 권한을 가진 행정기관이 모두 포함된다. 따라서 공기업 및 공공시설기관도 그 권한의 범위 내에서는 행정청이 될 수 있다. 예를 들어 한국토지공사는 공공용지의 취득 및 손실보상에 관한 특례법에 따라 실시하는 이

주대책 대상자선정행위에서 행정청의 지위를 가진다. 또한 법원이나 국회도 행정처분을 하는 범위 내에서는 행정청에 포함된다. 예를 들어 국회 또는 법원의 직원에 대한 징계, 법원장의 법무사합동법인설립인가 등에 있어서는 법원이나 국회도 행정청의 지위를 가지는 것이다.

나. 권한 위임 등에 의한 행정청

(1) 권한의 위임

권한의 위임이란 행정청이 그 권한의 일부를 하급행정청 또는 보조기관이나 지방자치단체의 장에게 이전하여 수임자의 권한으로 행사하도록 하는 것을 말하는데 권한의 위임에 있어서는 그 권한의 위임의 범위 내에서 당해 권한은 수임기관의 것이 되며 수임기관은 그것을 자기의 권한으로서 그의 명의와 책임으로 행사하게 되는 것이므로 수임기관은 그 수임권한에 관한 행정청이 된다.

(2) 권한의 위탁

권한의 위탁이란 행정청이 그 권한의 일부를 그의 보조기관이나 하급행정청이 아닌 다른 행정기관의 장에게 이전하여 수탁자의 권한으로 행사하도록 하는 것을 말하는데 민간위탁이란 행정사무의 수탁자가 행정기관이 아닌 공공법인, 단체 또는 그 기관이나 사인이 되는 것을 말한다. 이러한 권한의 위탁을 받은 행정기관, 공공단체 및 사인의 처분, 부작위도 행정심판의 대상이 된다. 행정심판법은 해석상 의문을 없애기 위하여 이 법을 적용함에 있어서 행정청에는 법령에 의하여 '행정권한의 위임 또는 위탁을 받은 행정기관, 공공단체 및 그 기관 또는 사인이 포함된다.'라고 명시하고 있다.

다. 권한을 승계한 행정청

행정심판에 있어서의 행정청은 당해 처분 또는 부작위를 한 행정청을 가리키는 것이 원칙이나 처분이나 부작위가 있은 뒤에 그 처분이나 부작위에 관한 권한이 다른 행정청에 승계된 때에는 새로이 그 권한을 승계한 행정청이 처분청 또는 부작위청이 된다(법 17조 1항).

3. 처 분

가. 의의

처분이란 '처분'이란 행정청이 행하는 구체적 사실에 관한 법집행으로서의 공권력의 행사 또는 그 거부, 그 밖에 이에 준하는 행정작용을 말한다(법2조 1항).

나. 처분의 요소

처분은 ① 공권력 발동으로서의 행위(공권력성) ② 국민에 대하여 권리설정 또는 의무의 부담을 명하며, 기타 법률상의 효과를 발생하게 하는 행위(법적 효과성) ③ 국민의 권리의무에 직접 관계가 있는 행위 즉 행정의사를 구체화 하기 위한 일련의 행정과정을 구성하는 행위 중에서 최종적으로 직접적 효과를 발생시키는 행위이고 당해 행위에 의하여 일반적, 추상적인 법상태의 변동이 있는 것만으로는 부족하다는 것(분쟁의 성숙성)을 요소로 들고 있다.

다. 처분의 구체적 내용

(1) 공권력의 행사

1) 의의

구체적 사실에 대한 법집행으로서의 공권력행사란 행정청에 의한 공법행위 내지 우월한 일반적의사의 발동으로 행하는 단독행위를 말한다. 따라서 행정청이 상대방과 대등한 지위에서 하는 공법상계약이나, 행정입법, 공법상합동행위, 행정청의 사법상행위, 대외적으로 아무런 법적효과도 발생하지 않는 내부적 행위, 알선·권유·장려·권장 등 행정지도나 단순한 사실행위 등은 처분적 행위에 해당하지 않는다.

2) 그러나 용도지역변경행위나 개별지가 고시 또는 도시관리계획 결정으로 인하여 특정인의 권리의무에 직접 관계 되는 행정계획, 그리고 일반적·구체적 규율인 일반처분, 또는 다른 집행행위를 기다릴 것 없이 직접 그 자체로서 개인의 권익을 침해하는 결과를 발생케 하는 처분적 법규 및 권력적 사실행위는 행정심판의 대상인 공권력행위에 해당한다.

(2) 거부처분

1) 의의

거부처분은 현재의 법률상태를 변동시키지 않는 의사의 표현으로서 소극적 공권력 행사를 말한다. 소극적 행정행위로서 일정한 적극적 행정행위의 신청이 있는 경우에 그 신청에 따르는 처분을 할 것을 거부하는 내용의 행정행위이다. 거부처분은 신청에 대한 명시적 기각결정은 물론이고, 신청에 대하여 일정기간 내에 처분을 하지 않으면 이를 거부처분으로 본다고 규정하고 있는 경우, 즉 '간주거부'도 이에 포함한다(예를 들어 공공기관의 정보공개에 관한 법률 제9조 제4항). 행정청의 부작위와 구별된다.

2) 처분성 여부

국민의 신청에 대한 행정청의 거부처분이 행정심판의 대상이 되는 행정처분이 되기 위해서는 국민이 행정청에 대하여 그 신청에 따른 행정행위를 해줄 것을 요구할 수 있는 법규상 또는 조리상의 권리가 있어야 한다. 국민이 법령의 규정에 의하여 수익적 처분을 요구하는 경우에 행정청이 신청내용의 당부를 판단하여 신청을 거부하는 처분은 신청자의 권리 이익을 침해하는 것이므로 처분성이 인정된다. 또한 신청내용의 당부를 판단함이 없이 신청절차, 형식 등의 불비를 이유로 신청을 거부하는 절차적 거부처분에 대해서도 행정청의 심사행위를 요구하는 절차적인 신청권이 있는데 불과하지만 그 거부는 신청자의 절차적 이익을 침해하는 것이므로 처분성이 인정된다.

3) 성립시기

거부처분은 행정청이 국민의 처분신청에 대하여 거절의 의사표시를 함으로써 성립되고 그 이후 동일한 내용의 신청에 대하여 다시 거절의 의사표시를 명백히 한 경우에는 새로이 처분이 있는 것으로 보아야 할 것이며 이 경우 행정심판 및 행정소송의 제기기간은 각 처분을 기준으로 진행된다.

(3) 그 밖에 이에 준하는 행정작용

이는 행정작용 중 공권력 행위 작용 또는 거부처분에 해당하지 아니하면서 개인의 권익에 구체적으로 영향을 미치는 행정청의 대외적작용으로 행정구제의 필요성이 인식되는 포괄적 개념이다. 주로 취소심판 및 취소소송의 구제기능의 확대를 중시하여 일정한 행정작용이 엄격한 의미에서 공권력 행사로서의 실체를 갖추지 아니한 것이라고 하더라도 그에 대한 다른 실효적 구제수단이 없는 경우에는 당해 행정작용을 공권력 행사에 준하는 작용으로 보아 그에 대하여는 행정심판의 대상으로 인정하는 것을 말한다. 여기에는 법령이지만 처분적 성질을 갖는 처분적 법령, 권력적 사실행위도 포함된다.

1) 처분적 법령

행정입법은 구체적 사실에 관한 법 집행행위가 아니므로 처분에 해당되지 않지만 다른 행정행위를 기다릴 필요 없이 법규명령 그 자체로서 직접 개인의 권익을 침해하는 효과를 발생시키는 경우에는 그 법규명령, 처분적 법령은 처분으로서 행정쟁송의 대상이 된다.

> 행정청의 위법한 처분 등의 취소 또는 변경을 구하는 취소소송의 대상이 될 수 있는 것은 구체적인 권리의무에 관한 분쟁이어야 하고 일반적, 추상적인 법령이나 규칙 등은 그 자체로서 국민의 구체적인 권리의무에 직접적 변동을 초래케 하는 것이 아니므로 그 대상이 될 수 없다(대법원 1992. 3. 10 91누12639 판결).

2) 일반처분, 고시

가) 일반처분

일반처분은 구체적인 사실에 관하여 불특정 다수인을 대상으로 하는 하나의 구체적인 명령을 내용으로 하는 것으로 법의 집행이라는 점에서 행정행위의 일종이라고 할 수 있다. 일반처분의 예로는 도로통행금지, 입산금지, 도로의 공용개시 및 공용폐지 등을 들 수 있다. 일반처분의 내용이 행정청의 우월적인 의사의 발동을 내포하고 있고 또한 대외적으로 영향력을 가진 최종적인 국가의사의 표시행위이기만 하면 그 형식이 일반처분 내지는 법령형식의 행위일지라도 취소송의 대상으로서의 적격성이 인정된다.

나) 고시

고시는 행정청이 그가 결정한 사항 기타 일정한 사항을 일반에게 알리는 것인데, 원칙적으로 일반국민을 구속하는 것은 아니므로 행정심판의 대상이 되지 않는다. 그러나 고시의 형식으로 일반처분의 성질을 가진 행위가 있을 경우에는 행정심판의 대상이 될 수 있을 것이다.

3) 행정계획

가) 의의

행정계획은 특정한 행정목적의 달성을 실현하기 위해 미래에 있게 될 행위에 대한 체계적인 사전준비과정을 거쳐 나타나는 산물로서 행정활동의 기준을 의미한다.

나) 구속적 행정계획

대부분의 행정계획은 행정기관의 구상 또는 행정의 지침에 불과하며 대외적으로 국민에 대하여 혹은 대내적으로 행정기관에 대하여 법적구속력을 갖지 않는다. 다만 행정행위의 성격을 띠어 법적구속력을 갖는 것이 있는바, 이를 구속적 행정계획이라 한다. 이러한 구속적 행정계획의 수립에 대해서는 처분성을 인정하여 행정쟁송을 할 수 있게 하고 있다.

4) 사실행위

가) 의의

사실행위란 일정한 법률효과의 발생을 목적으로 하는 것이 아니라 직접적으로 사실상의 결과만을 가져오는 행정주체의 행위형식의 전체를 말하며 원칙적으로 행정심판의 대상이 되지 아니한다. 공공시설(도로, 공공건물)등의 설치 유지행위, 예방접종행위,

행정조사, 보고, 경고, 행정지도, 관용차의 운전 등이 이에 해당된다.

나) 권력적 사실행위

그러나 대집행실행행위, 전염병환자의 강제격리, 위법한 관세물품의 영치행위 등은 권력적 사실행위로서 처분성이 인정되므로 행정상 쟁송이 가능하다. 권력적 사실행위는 실제에 있어서는 단기간 내에 행위가 완료되는 경우가 많으므로 행정상 쟁송이 사실상 불가능한 경우가 많다. 그러나 계속적인 권력적 사실행위의 경우에는 행정상 쟁송이 가능하며 계속성이 없는 사실행위라도 집행정지결정을 위한 행정상 쟁송은 가능하다 할 것이다. 행정심판법에는 행정청의 사실행위에 대한 행정심판을 인정하는 명문규정이 없다.

4. 부작위

가. 의의

부작위란 행정청이 당사자의 신청에 대하여 상당한 기간 내에 일정한 처분을 하여야 할 법률상의무가 있는데도 처분을 하지 아니하는 것을 말한다. 즉 부작위가 성립하기 위해서는 적법한 신청의 존재, 상당한 기간의 경과, 처분하여야 할 의무의 존재, 아무런 처분도 하지 않을 것이 있어야 한다.

나. 부작위의 성립요건

(1) 당사자의 적법한 신청의 존재

1) 행정청의 부작위가 성립되기 위해서는 먼저 당사자의 적법한 신청이 있어야 한다. 적법한 신청이 존재해야 하므로 '신청'에는 신청권이 법령에 명문으로 규정한 경우뿐만 아니라, 법해석상 특정인에게 신청이 인정되는 경우도 포함된다. 그러므로 쌍방적 행정행위나 특히 제3자효행정행위(복효적 행정행위)에서 중요한 의미를 갖는다.

2) 예컨대 일정한 건축물을 건축 하고자 하는 경우에는 건축허가를 받아야 한다는 건축

법 제8조의 규정은 해석상 건축허가신청권의 근거가 된다. 그러나 단순히 행정청의 직권발동을 촉구하는 당사자의 신청 예를 들어 독점규제및공정거래에 관한 법률 제49조 제2항의 규정에 의한 공정거래위원회에 대한 위반행위의 신고 등은 이에 해당되지 아니한다. 또한 오로지 행정청의 판단에 따라 그의 책임아래 이루어지는 일방적 행정행위(예를 들어 대집행을 할 것인지의 여부 또는 도시계획결정을 할 것인지의 여부 등)에 대하여는 설혹 그에 대한 신청이 있더라도 그것은 법령에 의거한 적법한 신청이라고는 할 수 없다

(2) 상당한 기간이 경과

1) 부작위가 성립되기 위해서는 당사자의 신청이 있은 후 행정청이 상당한 기간이 지나도록 아무런 처분을 하지 아니하여야 한다. 상당한 기간이란 사회통념상 당해 신청에 대한 처분을 하는데 필요한 것으로 인정되는 기간을 말한다. 응답행위가 지연되는데 대하여 객관적인 정당한 이유가 있으면 이를 참작해야 하지만, 사무량 폭주나 인력부족, 처분결정과 무관한 타사고려를 위한 시일경과는 참작사유가 될 수 없다.

2) 민원사무처리에 관한 법률 제9조에서 민원인의 편의를 위하여 법령, 훈령, 예규, 고시 등에 규정되어 있는 민원사항의 처리기간, 구비서류, 처리절차, 신청방법 등에 관한 사항을 종합한 민원사무처리기준표의 처리기간은 상당한 기간을 판정하는 일응의 기준이 될 수 있을 것이다. 부작위에 대한 의무이행심판을 인정한 현행법 제도하에서는 이들 법정처리기간이 경과된 후에는 특별한 사정이 없는 한 원칙적으로 위법한 부작위가 성립한다고 해야 할 것이다.

(3) 행정청에 일정한 처분을 해야 할 법률상 의무의 존재

1) 처분을 해야 할 법률상 의무
① 법령이 일정요건을 갖춘 때에는 일정한 처분을 할 것을 명하는 뜻의 명문규정이 있는 경우 ② 법령의 취지나 당해 처분의 성질로 보아 기속행위에 해당하는 경우 ③ 재량

권이 영으로 수축되는 경우도 포함된다.

2) 의무의 존재

처분을 해야 할 법률상 의무란 처분행위의 성질이 기속적인가 재량적인가를 불문하고 상당한 기간 내에 인용 또는 처분을 내려야 할 의무만 존재하면 충분하다고 본다. 이렇게 해석해야만 재량행위의 부작위에 대하여 가부간에 조속히 어떤 처분을 내려 달라는 취지의 의무이행심판이 인정되는 것을 올바르게 설명할 수 있게 된다. 따라서 처분을 할 의무를 신청에 대하여 적극적인 인용처분을 할 의무, 즉 기속의무로 해석하여서는 아니 된다. 그러나 일정한 처분을 할 것인지 여부가 오로지 행정청의 판단에 맡겨져 있거나 행정청에게 어떠한 처분을 할 수 있는 권한이 있을 뿐 의무는 없는 재량행위의 경우(예를 들어 행정대집행, 도시계획결정)에는 부작위가 성립되지 아니 한다.

(4) 처분의 부존재

1) 처분

적극적, 소극적 처분을 불문하고 부작위는 행정청이 어떠한 처분도 하지 않는 상태를 말한다.

2) 부존재

따라서 처분이 존재하지 아니한다 함은 인용처분 또는 거부처분이 있었다고 볼 만한 행위자체가 외부적으로 없는 것을 말한다. 처분의 부존재와 구별하여야 할 것으로 처분의 무효와 의제거부(간주거부)가 있다. 즉 처분이 무효인 경우에는 처분은 당초부터 당연히 효력이 없는 것이기는 하지만 처분은 일단 행하여졌고 행위의 외관은 존재한다고 할 것이기 때문에 부작위와 구별된다. 또한 의제거부(사실상으로는 아무런 처분도 존재하지 아니하는 부작위인 때에도 법령이 일정한 상태에서의 부작위를 거부처분으로 의제한 경우)는 법적으로 거부처분이라는 소극적 처분이 있는 것으로 되므로 부작위가 성립되지 아니한다. 따라서 ① 협의의 행정행위의 부존재 ② 무효인행정행위 ③ 거부처분 및 부작위를 거부처분으로 의제한 때(_{간주})에는 부작위가 아니다.

5. 처분 또는 부작위가 위법 또는 부당한 것이어야 한다.

행정청의 처분 또는 부작위가 '위법 또는 부당'한 것이어야 행정심판을 제기할 수 있다. 여기서 '위법'이란 근거법규 위반뿐만 아니라 행정의 일반법원칙 내지 조리에 위반한 경우를 포함하며, 재량권 일탈·남용의 경우에도 위법이 된다. 행정소송은 권력분립 상 오직 위법한 처분만을 대상으로 하지만, 행정심판은 같은 행정부 내의 상급감독청이 행하는 자기 통제적 심판이므로 행정행위의 합법성이 아닌 '합목적성'까지 심판할 수 있도록 한 것이다. 타당성·합목적성까지 심판할 수 있다는 점에서 행정소송에 대한 행정심판의 제도적 가치도 여기에서 찾을 수 있을 것이다.

6. 심판청구에서 제외되는 내용

가. 대통령의 처분이나 부작위

대통령의 처분이나 부작위에 대하여는 다른 법률에서 행정심판을 청구할 수 있도록 정한 경우 외에는 행정심판을 청구할 수 없다(법 제3조 제2항). 이는 대통령의 처분과 부작위는 대통령이 행정부의 수반인 점을 감안하여 다른 법률에 특별규정이 있는 경우를 제외하고는 행정심판의 실익이 없다고 보아 직접 행정소송을 제기하도록 하였다.

나. 행정심판의 재결

심판청구에 대한 재결이 있으면 그 재결 및 같은 처분 또는 부작위에 대하여 다시 행정심판을 청구할 수 없다고 하여 행정심판재청구의 금지를 규정하고 있다(법 제39조).

행정심판의 재결에 대한 불복이 있는 경우에는 원처분의 위법을 이유로 원처분의 취소·변경 청구소송을 제기하거나, 재결자체의 위법을 이유로 직접 재결취소소송을 제기해야 한다. 따라서 종전에 있었던 심판청구에 대한 재결에 대하여 다시 심판청구가 제기된 경우에는 이 심판청구는 부적법한 심판청구로서 각하된다.

다. 다른 법률에 의한 절차

다른 법률에서 특별한 불복절차를 규정하고 있는 경우, 예를 들어 통고처분, 검사의 불기소처분, 공무원에 대한 징계처분, 특허처분 등 행정구제에 관하여 특별규정이 있는 처분은 행정심판대상이 되지 않는 예외사항이다(법 제3조 제1항).

Ⅳ. 행정심판기관

1. 서 설

가. 의 의

행정심판기관이란 행정심판의 청구를 수리하여 이를 심리 재결할 수 있는 권한을 가진 행정기관을 말한다. 행정심판기관을 어떻게 설치할 것인가는 행정조직과 행정심판제도의 취지를 감안하여 결정할 문제이다. 종전에는 행정심판의 객관적인 공정성을 도모함으로서 행정심판의 권리구제제도로서의 실효성을 확보하기 위하여 심리 의결기능과 재결기능을 분리시켜 심리 의결기능은 행정심판위원회에 부여하고 재결기능은 재결청에 부여하고 있었다. 그러나 현재는 행정심판위원회가 행정심판사건에 직접 재결토록하여 재결청의 개념을 없애고 처분청에서 답변서를 행정심판위원회에 바로 송부하도록 하는 등 절차를 간소화하고 창구 일원화의 효과를 극대화하여 신속한 권리구제에 기여할 수 있도록 하고 있다.

나. 행정심판기관의 법적지위

(1) 합의제의결기관

위원회는 심리, 재결의 공정성을 확보하기 위해 합의제의결기관으로 운영된다.

(2) 준 사법절차

헌법 제107조 제3항은 행정심판의 절차에서 사법절차가 준용되어야 한다고 규정하고 있다. 즉 사법절차로서 심판기관의 독립성과 제3기관성이 보장되어야 한다.

2. 행정심판위원회

가. 의 의

행정심판위원회란 행정청의 처분 또는 부작위에 대한 행정심판청구사건을 심리·재결하는 기관이다. 행정심판위원회는 행정심판청구사건의 심리·재결에 대한 중추적 기능을 담당하는 합의체 행정청으로서 심리기관과 재결기관의 성격을 동시에 가진다. 행정심판위원회에는 ① 행정심판위원회와 ② 중앙행정심판위원회가 있다.

나. 행정심판법상의 행정심판위원회

(1) 위원회의 설치

		설치
1	해당 행정청소속의 행정심판위원회(법6조 1항)	1. 감사원, 국가정보원장, 그 밖에 대통령령으로 정하는 대통령 소속기관의 장 2. 국회사무총장 · 법원행정처장 · 헌법재판소사무처장 및 중앙선거관리위원회사무총장 3. 국가인권위원회, 그 밖에 지위 · 성격의 독립성과 특수성 등이 인정되어 대통령령으로 정하는 행정청
2	국민권익위원회에 두는 중앙행정심판위원회	1. 제1항에 따른 행정청 외의 국가행정기관의 장 또는 그 소속 행정청 2. 특별시장 · 광역시장 · 특별자치시장 · 도지사 · 특별자치도지사(특별시 · 광역시 · 특별자치시 · 도 또는 특별자치도의 교육감을 포함한다. 이하 "시 · 도지사"라 한다) 또는 특별시 · 광역시 · 특별자치시 · 도 · 특별자치도(이하 "시 · 도"라 한다)의 의회(의장, 위원회의 위원장, 사무처장 등 의회 소속 모든 행정청을 포함한다) 3. 「지방자치법」에 따른 지방자치단체조합 등 관계 법률에 따라 국가 · 지방자치단체 · 공공법인 등이 공동으로 설립한 행정청. 다만, 제3항제3호에 해당하는 행정청은 제외한다.
3	시·도지사 소속으로 두는 행정심판위원회(법6조 3항)	1. 시 · 도 소속 행정청 2. 시 · 도의 관할구역에 있는 시 · 군 · 자치구의 장, 소속 행정청 또는 시 · 군 · 자치구의 의회(의장, 위원회의 위원장, 사무국장, 사무과장 등 의회 소속 모든 행정청을 포함한다) 3. 시 · 도의 관할구역에 있는 둘 이상의 지방자치단체(시 · 군 · 자치구를 말한다) · 공공법인 등이 공동으로 설립한 행정청
4	해당 행정기관의	제2항제1호에도 불구하고 대통령령으로 정하는 국가행정기관 소속 특별지방행정기관의 장의 처분 또는 부작위에 대한 심판청구에 대하여는 해당 행정

	구성
직근상급행정 기관에 두는 행정심판위원 회(법6조 4항)	청의 직근 상급행정기관에 두는 행정심판위원회에서 심리·재결한다. 여기서 대통령령으로 정하는 국가행정기관 소속 특별지방행정기관"이란 법무부 및 대검찰청 소속 특별지방행정기관(직근 상급행정기관이나 소관 감독행정기관이 중앙행정기관인 경우는 제외한다)을 말한다.

(2) 위원회의 구성

	구성
일반행정심판위원 회(§7)	① 행정심판위원회(중앙행정심판위원회는 제외한다. 이하 이 조에서 같다)는 위원장 1명을 포함하여 50명 이내의 위원으로 구성한다. ② 행정심판위원회의 위원장은 그 행정심판위원회가 소속된 행정청이 되며, 위원장이 없거나 부득이한 사유로 직무를 수행할 수 없거나 위원장이 필요하다고 인정하는 경우에는 1. 위원장이 사전에 지명한 위원 2. 제4항에 따라 지명된 공무원인 위원(2명 이상인 경우에는 직급 또는 고위공무원단에 속하는 공무원의 직무등급이 높은 위원 순서로, 직급 또는 직무등급도 같은 경우에는 위원 재직기간이 긴 위원 순서로, 재직기간도 같은 경우에는 연장자 순서로 한다)의 순서에 따라 위원이 위원장의 직무를 대행한다. 다만 시·도지사 소속으로 두는 행정심판위원회의 경우에는 해당 지방자치단체의 조례로 정하는 바에 따라 공무원이 아닌 위원을 위원장으로 정할 수 있다. 이 경우 위원장은 비상임으로 한다. ③ 행정심판위원회의 위원은 해당 행정심판위원회가 소속된 행정청이 다음 각 호의 어느 하나에 해당하는 사람 중에서 성별을 고려하여 위촉하거나 그 소속 공무원 중에서 지명한다.
중앙행정심판위원 회(§8)	① 중앙행정심판위원회는 위원장 1명을 포함하여 70명 이내의 위원으로 구성하되, 위원 중 상임위원은 4명 이내로 한다. ② 중앙행정심판위원회의 위원장은 국민권익위원회의 부위원장 중 1명이 되며, 위원장이 없거나 부득이한 사유로 직무를 수행할 수 없거나 위원장이 필요하다고 인정하는 경우에는 상임위원(상임으로 재직한 기간이 긴 위원 순서로, 재직기간이 같은 경우에는 연장자 순서로 한다)이 위원장의 직무를 대행한다. ③ 중앙행정심판위원회의 상임위원은 일반직공무원으로서「국가공무원법」제26조의5에 따른 임기제공무원으로 임명하되, 3급 이상 공무원 또는 고위공무원단에 속하는 일반직공무원으로 3년 이상 근무한 사람이나 그 밖에 행정심판에 관한 지식과 경험이 풍부한 사람 중에서 중앙행정심판위원회 위원장의 제청으로 국무총리를 거쳐 대통령

	이 임명한다. ④ 중앙행정심판위원회의 비상임위원은 제7조제4항 각 호의 어느 하나에 해당하는 사람 중에서 중앙행정심판위원회 위원장의 제청으로 국무총리가 성별을 고려하여 위촉한다. ⑥ 중앙행정심판위원회는 심판청구사건중「도로교통법」에 따른 자동차운전면허 행정처분에 관한 사건(소위원회가 중앙행정심판위원회에서 심리·의결하도록 결정한 사건은 제외한다)을 심리·의결하게 하기 위하여 4명의 위원으로 구성하는 소위원회를 둘 수 있다.

(3) 위원회의 운영

구분	운영
행정심판위원회	① 행정심판위원회의 회의는 위원장과 위원장이 회의마다 지정하는 8명의 위원(그 중 제4항에 따른 위촉위원은 6명 이상으로 하되, 제3항에 따라 위원장이 공무원이 아닌 경우에는 5명 이상으로 한다)으로 구성한다. 다만, 국회규칙, 대법원규칙, 헌법재판소규칙, 중앙선거관리위원회규칙 또는 대통령령(제6조제3항에 따라 시·도지사 소속으로 두는 행정심판위원회의 경우에는 해당 지방자치단체의 조례)으로 정하는 바에 따라 위원장과 위원장이 회의마다 지정하는 6명의 위원(그중 제4항에 따른 위촉위원은 5명 이상으로 하되, 제3항에 따라 공무원이 아닌 위원이 위원장인 경우에는 4명 이상으로 한다)으로 구성할 수 있다. ② 행정심판위원회는 제5항에 따른 구성원 과반수의 출석과 출석위원 과반수의 찬성으로 의결한다. ③ 행정심판위원회의 조직과 운영, 그 밖에 필요한 사항은 국회규칙, 대법원규칙, 헌법재판소규칙, 중앙선거관리위원회규칙 또는 대통령령으로 정한다.
중앙행정심판위원회	① 중앙행정심판위원회의 회의(제6항에 따른 소위원회 회의는 제외한다)는 위원장, 상임위원 및 위원장이 회의마다 지정하는 비상임위원을 포함하여 총 9명으로 구성한다. ② 중앙행정심판위원회 및 소위원회는 구성원 과반수의 출석과 출석위원 과반수의 찬성으로 의결한다. ⑧ 중앙행정심판위원회는 위원장이 지정하는 사건을 미리 검토하도록 필요한 경우에는 전문위원회를 둘 수 있다. ③ 중앙행정심판위원회, 소위원회 및 전문위원회의 조직과 운영 등에 필요한 사항은 대통령령으로 정한다.

다. 행정심판법상 위원

(1) 위원의 자격

대한민국 국민이 아닌 사람, 국가공무원법 제33조 각호의 어느 하나에 해당하는 사람은 제6조에 따른 행정심판위원회의 위원이 될 수 없으며, 위원이 이에 해당하게 된 때에는 당연히 퇴직한다(법제9조 4항).

(2) 위원의 임기

1) 행정심판위원회 위원

가) 행정심판위원회의 위원(해당 행정심판위원회가 소속된 행정청이 다성별을 고려하여 위촉하거나, 그 소속 공무원 중에서 지명한)의 경우는 그 직에 있는 동안 재임한다(법제9조 1항).

나) 위촉된 위원(해당 행정심판위원회가 소속된 행정청이 위촉하거나, 중앙행정심판위원회 위원장의 제청으로 국무총리가 성별을 고려하여 위촉한)의 임기는 2년으로 하되, 2차에 한하여 연임할 수 있다. 다만, 제6조제1항제2호에 규정된 기관에 두는 행정심판위원회의 위촉위원의 경우에는 각각 국회규칙, 대법원규칙, 헌법재판소규칙 또는 중앙선거관리위원회규칙으로 정하는 바에 따른다(법제9조 3항).

다) 위촉된 위원은 금고(禁錮) 이상의 형을 선고받거나 부득이한 사유로 장기간 직무를 수행할 수 없게 되는 경우 외에는 임기 중 그의 의사와 다르게 해촉(解囑)되지 아니한다(법제9조 5항).

2) 중앙행정심판위원회 위원

중앙행정심판위원회 상임위원위원(중앙행정심판위원회의 상임위원은 일반직공무원으로서 「국가공무원법」 제26조의5에 따른 임기제공무원으로 임명하되, 3급 이상 공무원 또는 고위공무원단에 속하는 일반직공무원으로 3년 이상 근무한 사람이나 그 밖에 행정심판에 관한 지식과 경험이 풍부한 사람 중에서 중앙행정심판위원회 위원장의 제청으로 국무총리를 거쳐 대통령이 임명한다)의 임기는 3년으로 하며, 1차에 한하여 연임할 수 있다(법제9조 3항).

(3) 위원의 제척·기피·회피

1) 개 설

행정심판법은 위원에 대한 제척, 기피, 회피 제도를 두고 있다. 이는 행정심판청구사건에 대한 위원회의 심판청구사건을 심리·재결함에 있어서 그 공정성을 보장하기 위한 것이다. 민사소송법과 형사소송법의 경우와 같이 행정심판위원회 및 중앙행정심판위원회의 위원에 제척·기피·회피 제도를 두고 있을 뿐만 아니라 위원회의 심리·재결에 관한 사무에 관하여는 '직원'에게도 이를 준용하고 있다(법제10조 7항)

2) 제 척

가) 의 의

제척이란 위원 등이 당사자 또는 사건의 내용과 특수 관계가 있는 경우에 그 사건에 관하여 그 직무집행을 할 수 없도록 하는 것을 말한다.

나) 제척사유

행정심판법은 제척사유로 ① 위원 또는 그 배우자나 배우자이었던 사람이 사건의 당사자이거나 사건에 관하여 공동 권리자 또는 의무자인 경우 ② 위원이 사건의 당사자와 친족이거나 친족이었던 경우 ③ 위원이 사건에 관하여 증언이나 감정(鑑定)을 한 경우 ④ 위원이 당사자의 대리인으로서 사건에 관여하거나 관여하였던 경우 ⑤ 위원이 사건의 대상이 된 처분 또는 부작위에 관여한 경우를 규정하고 있다(법 10조 1항).

다) 제척신청

위원에 대한 제척신청이나 기피신청은 그 사유를 소명(疏明)한 문서로 하여야 한다. 다만, 불가피한 경우에는 신청한 날부터 3일 이내에 신청 사유를 소명할 수 있는 자료를 제출하여야 한다. 제척신청이나 기피신청이 제3항을 위반하였을 때에는 위원장은 결정으로 이를 각하한다(법제10조 3항, 4항).

라) 효과

제척사유가 있는 위원이 관여한 심리, 의결은 본질적인 절차상의 하자가 있으므로 무효가 된다. 제척의 효과는 당사자의 주장 여부나 행정심판위원회의 결정 여부에 관계없이 법률상 당연히 발생한다.

3) 기 피

가) 의 의

기피란 위원에게 법률상 정하여진 제척원인 이외의 심리·의결의 공정을 기대하기 어려운 사정이 있는 경우에 당사자의 신청을 기다려 위원회의 위원장은 위원회의 의결을 거치지 아니하고 결정하여 위원이 심리·재결에서 배제되는 것을 말한다(법10조 2항).

나) 공정을 기대하기 어려운 사정

위원회에게 심리, 의결의 공정을 기대하기 어려운 사정이란 통상인의 판단으로서 위원과 사건과의 관계에서 편파적이고 불공정한 심리, 의결을 하지 않을까 하는 염려를 일으킬 수 있는 객관적 사정을 의미하므로 주관적인 의혹만으로는 기피사유에 해당하지 않는다.

다) 기피신청

위원회에 대한 기피신청은 그 사유를 소명한 문서로 하여야 하며, 위원장은 기피신청의 대상이 된 위원에게서 그에 대한 의견을 받을 수 있다(법제10조 3항, 4항)

라) 효과

위원장이 위원회의 의결을 거치지 아니하고 행하는 기피의 결정은 제척과는 달리 형성적이다.

4) 회 피

가) 의 의

회피란 위원이 스스로 제척 또는 기피의 사유가 있다고 인정하여 자발적으로 당해 사건의 심리·재결을 회피하는 것을 말한다(법제10조 6항).

나) 사유소명

위원장에게 사유소명회의에 참석하는 위원이 회피하고자 하는 위원은 위원장에게 그 사유를 소명하여야 한다(법제10조 6항).

5) 준 용

사건의 심리·의결에 관한 사무에 관하여는 위원 아닌 직원에게도 제척·기피·회피에 관한 규정이 준용된다(법10조 7항).

라. 행정심판위원회의 권한

(1) 개 설

행정심판위원회의 권한으로 중심적인 것은 심판청구사건에 대하여 심리하고 의결하는 권한이다. 그 밖에 심리권에 부수된 권한, 시정조치권, 진술권 등이 있다.

(2) 심 리 권

1) 의의

위원회는 행정청으로부터 송부되거나 제출된 행정심판청구사건에 대한 심리권을 가진다.

2) 심리의 방식

행정심판의 심리는 구술심리나 서면심리로 한다. 다만, 당사자가 구술심리를 신청한 경우에는 서면심리만으로 결정할 수 있다고 인정되는 경우 외에는 구술심리를 하여야 한다(법제40조 1항). 심리는 각 심판청구사건을 단위로 하는 것이 원칙이다. 그러나 필요하다고 인정할 때에는 청구를 병합하거나 분리하여 심리할 수 있다. 이는 심리의 능률성과 합리성을 확보하기 위한 것이다.

(3) 심리권에 부수된 권한

행정심판위원회는 심판청구사건에 대한 심리권을 효율적으로 행사하기 위해 여러 부수적인 권한을 갖는다. 이러한 부수적 권한으로 ① 대표자 선정권고권(청구인들이 선정대표자를 선정하지 아니한 경우에 위원회는 필요하다고 인정하면 청구인들에게 선정대표자를 선정할 것을 권고할 수 있다. 법제15조 1항) ② 청구인의 지위 승계허가권법(심판청구의 대상과 관계되는 권리나 이익을 양수한 자는 위원회의 허가를 받아 청구인의 지위를 승계할 수 있다. 법제16조 5항) ③ 대리인허가권(청구인은 법정대리인 외에 위원회의 허가를 받은 자를 대리인으로 선임할 수 있다. 법제18조1항 5호) ④ 심판참가허가 및 요구권(위원회는 참가신청을 받으면 허가 여부를 결정한다. 법제20조 5항, 위원회는 필요하다고 인정하면 그 행정심판 결과에 이해관계가 있는 제3자나 행정청에 그 사건 심판에 참가할 것을 요구할 수 있다. 법제21조) ⑤청구변경불허가권(위원회는 청구변경 신청에 대하여 허가할 것인지 여부를 결정한다. 법제29조 6항) ⑥ 보정명령권(위원회는 심판청구가 적법하지 아니하나 보정(補正)할 수 있다고 인정하면 기간을 정하여 청구인에게 보정할 것을 요구할 수 있다. 법제32조 1항) 등이 있다.

(4) 의 결 권

1) 재결할 내용을 의결할 권한

행정심판위원회는 심판청구사건에 대한 심리를 마치면 그 심판청구에 대하여 재결한 내용을 의결할 권한을 갖는다. 따라서 부적합한 것인 때에는 각하재결, 이유가 없는 것인 때에는 기각재결, 이유가 있는 것인 때에는 인용재결을 한다. 그리고 취소심판청구의 경우는 취소·변경재결, 무효확인 심판청구의 경우는 무효확인재결, 의무이행심판청구의 경우는 의무이행재결을 한다(법제43조).

2) 그 밖의 의결권

행정심판위원회는 그 밖에 ① 사정재결권(위원회는 심판청구가 이유가 있다고 인정하는 경우에도 이를 인용(認容)하는 것이 공공복리에 크게 위배된다고 인정하면 그 심판청구를 기각하는 재결을 할 수 있다. 법제44조) ②집행정지결정권(위원회는 처분, 처분의 집행 또는 절차의 속행 때문에 중대한 손해가 생기는 것을 예방할 필요성이 긴급하다고 인정할 때에는 직권으로 또는 당사자의 신청에 의하여 처분의 효력, 처분의 집행 또는 절차의 속행의 전부 또는 일부의 정지를 결정할 수 있다. 법제30조 2항) ③ 취소권(법위원회는 집행정지를 결정한 후에 집행정지가 공공복리에 중대한 영향을 미치거나 그 정지사유가 없어진 경우에는 직권으로 또는 당사자의 신청에 의하여 집행정지 결정을 취소할 수 있다. 법 제30조 4항) ④ 임시처분권(위원회는 처분 또는 부작위가 위법·부당하다고 상당히 의심되는 경우로서 처분 또는 부작위 때문에 당사자가 받을 우려가 있는 중대한 불이익이나 당사자에게 생길 급박한 위험을 막기 위하여 임시지위를 정하여야 할 필요가 있는 경우에는 직권으로 또는 당사자의 신청에 의하여 임시처분을 결정할 수 있다. 법제31조)을 갖는다.

(5) 시정조치요구권

중앙행정심판위원회는 심판청구를 심리·재결함에 있어서 처분 또는 부작위의 근거가 되는 명령 등이 법령에 근거가 없거나 상위법령에 위배되거나 국민에게 과도한 부담을 주는 등 현저하게 불합리하다고 인정되는 경우에는 관계행정기관에 대하여 당해 명령 등의 개정·폐지 등 적절한 시정조치를 요청할 수 있다. 시정요청을 받은 관계행정기관은 정당한 사유가 없는 한 이에 따라야 한다.

(6) 증거조사권

행정심판위원회는 심판청구 사건에 대한 심리를 위하여 필요하다고 인정할 때에는 당사자의 신청이나 직권에 의하여 증거조사를 할 수 있는 권한을 가진다. 위원회는 필요하다고 인정할 때에는 위원회가 소속된 행정청의 직원 또는 다른 행정기관에 촉탁하여 증거조사를 하게 할 수 있고(법제36조 2항), 관계행정기관에 대하여 필요한 서류의 제출 또는 의견을 진술할 것을 요구하거나 의견서를 제출할 것을 요구할 수 있다.

(7) 의견제출·진술권

중앙행정심판위원회에서 심리·재결하는 심판청구의 경우는 소관중앙행정기관의 장은
의견서를 제출하거나 위원회에 출석하여 의견을 진술할 수 있다(법제35조 4항).

V. 행정심판의 당사자 및 관계인

1. 행정심판의 당사자

가. 개념

(1) 행정심판도 쟁송이므로 기본적으로 두 당사자의 대립되는 이해관계에 의한다. 행정심판법은 헌법 제107조 3항의 취지에 따라 행정심판절차의 사법화를 도모하기 위하여 대심구조를 취함을 원칙으로 하고 있으므로 행정심판의 절차는 청구인과 피청구인을 당사자로 하여 이들이 어느 정도 대등한 지위에서 심리를 진행한다.

(2) 당사자 적격

특정의 심판사건에서 당사자가 될 수 있는 자격을 말하는 것으로서 유효하게 심판을 수행하고 재결을 받기 위해서는 청구인적격과 피청구인적격이 있어야 한다.

나. 청구인

(1) 의 의

행정심판의 청구인은 심판청구의 대상인 처분 또는 부작위에 불복하여 그의 취소 또는 변경 등을 구하는 심판청구를 제기하는 자를 말한다. 즉, 행정청의 처분 등에 불복하여 그의 취소 또는 변경을, 처분의 효력유무 또는 존재여부에 대한 확인을 , 그리고 거부처분이나 부작위에 대하여는 일정한 처분을 각각 구할 '법률상 이익 있는자'가 청구할 수 있다.

(2) 청구인 능력

청구인은 처분의 상대방 또는 제3자에 관계없이 자연인 또는 법인이어야 한다. 그러나 법인격 없는 사단 또는 재단으로서 대표자나 관리인이 있을 때에는 그 이름으로 청구인이 될 수 있다.

(3) 청구인 적격

1) 의 의
청구인 적격이란 구체적사건의 행정심판절차에서 자신의 권리를 주장하고 심판을 받을 수 있는 정당한 자격을 말한다.

2) 취소심판의 청구인 적격

가) 법률상 이익이 있는 자
취소심판은 처분의 취소 또는 변경을 구할 법률상 이익이 있는 자가 청구인적격을 가진다.

① 학설
여기에서 말하는 '법률상 이익'이 무엇을 의미하는 가에 관하여는 견해가 나뉘고 있다.
㉠ 법률상 보호이익설
실정법규의 해석상 청구인이 주장하는 이익이 당해 법규에 의하여 보호되고 있는 것으로 인정되는 경우라고 보는 견해이다.

㉡ 보호할 가치있는 이익설
청구인이 주장하는 이익이 처분의 근거가 된 실체법규에 의해 보호되는 이익이 아니라도 쟁송절차에 의하여 보호할 만한 이익이 있으면 법률상 이익이 있다고 보는 견해이다.

② 소결
현재는 법률상보호이익설이 통설·판례이나 점차로 보호가치이익설 방향으로 확장추세에 있다. 따라서 법률상 이익이 없는 자가 제기한 취소심판은 부적법한 것으로 그 심판청구는 각하된다.

나) 처분의 효과가 소멸될 때

행정심판법은 처분의 효과가 기간의 경과, 처분의 집행, 그 밖의 사유로 소멸된 뒤에도 그 처분의 취소로 인하여 회복되는 법률상이익이 있는 자에게도 청구인 적격을 인정하고 있다.

따라서 처분의 효과 자체는 이미 소멸되었어도 그 처분의 취소로 인해 회복되는 법률상 이익이 있는 경우에는(예컨대 전에 영업정지처분을 받은 경우에는 추후에 다시 위반행위를 하면 가중사유로 작용하게 된다고 할 경우) 청구인 적격이 인정된다. 다만, 그러한 청구인적격의 인정은 특별한 경우에 해당하므로 청구인이 주장·입증하여야 한다.

3) 무효 등 확인심판의 청구인 적격
가) 확인을 구할 법률상 이익

① 무효등확인심판은 처분의 효력 유무 또는 존재 여부의 확인을 구할 법률상 이익이 있는 자가 청구할 수 있다(법제13조 2항).

② 여기에서 말하는 확인을 구할 법률상 이익이라 함은 처분의 효력 유무 또는 존재 여부에 관하여 당사자 사이에 다툼이 있어서 재결로 공권적인 확정을 하는 것이 청구인의 법적 지위의 불안정상태를 제거하기위해 필요한 경우에 인정된다.

나) 성질

행정심판으로서의 무효 등 확인심판은 민사소송에 있어서의 확인의소와는 달리 항고쟁송의 성질을 갖는다. 그러므로 무효 등 확인심판의 법률상 이익은 그 재결의 결과로서 얻어지는 법적 이익까지 포함하여 종합적 입체적으로 판단하여야 한다는 견해가 있다.

4) 의무이행 심판의 청구인적격
가) 처분을 구할 법률상 이익

의무이행심판은 처분을 신청한 자로서 행정청의 거부처분 또는 부작위에 대하여 일정한 처분을 구할 법률상 이익이 있는 자가 청구할 수 있다(법제13조 3항).

나) 관계법규 및 헌법규정

① 관계법규

이때의 법률상의 이익이 인정되기 위해서는 청구인이 권리로서 일정한 내용의 행정작용을 신청할 수 있는 것이 관계법규에 의해 보장되어야 한다. 그러나 이 경우에도 개인은 행정청에 대하여 특정처분을 구할 수 있는 것은 아니다. 그 신청의 대상행위가 기속행위인 때에는 특정한 처분을 구할 권리가 인정되지만, 재량행위인 경우에는 행정기관의 재량권이 영으로 수축되는 경우 이외에는 단지 어떠한 내용이든 재량행위를 행할 것을 청구할 수 있기 때문이다.

② 헌법규정

이런 한 처분을 구할 법률상 이익은 헌법의 기본권규정에서도 도출될 수 있다는 견해도 있다.

(4) 청구인의 지위승계

1) 당연승계

가) 행정심판을 제기한 후에 청구인이 사망한 경우에는 상속인이나 그 밖에 법령에 따라 심판청구의 대상에 관계되는 권리나 이익을 승계한 자가 청구인의 지위를 승계한다(법제16조 1항).

나) 법인 또는 법인격 없는 사단이나 재단인 청구인이 다른 법인등과 합병한 때에는 합병 후 존속하는 법인 등이나 또는 합병에 의하여 설립된 법인 등이 청구인의 지위를 승계한다(법제16조 2항). 이 경우 승계인의 지위를 승계한자는 위원회에 사망 등에 의한 권리·이익의 승계 또는 합병사실을 증명하는 서면을 첨부하여 관계행정심판위원회에 제출하여야 한다(법제16조 3항).

2) 지위승계의 허가

가) 행정심판이 제기된 뒤에 당해 심판청구의 대상인 처분에 관계되는 권리·이익을 양수한 자는 관계행정심판위원회의 허가를 받아 청구인의 지위를 승계할 수 있다(법제16조 5항).

나) 위원회는 허가여부를 결정하고, 지체 없이 신청인에게는 결정서 정본을, 당사자와 참가인에게는 결정서 등본을 송달하여야 한다.(법제16조 7항).

다) 지위승계에 대한 이의신청

① 지위승계를 허가하지 아니하면 신청인은 결정서 정본을 받은 날부터 7일 이내에 위원회에 이의신청을 할 수 있다(법제16조 8항).
② 이의신청은 그 사유를 소명하여 서면으로 하여야 한다.
③ 위원회가 이의신청을 받은 때에는 이를 지체 없이 위원회의 회의에 상정하여야 한다.
④ 위원회는 이의신청에 대한 결정을 한 후 그 결과를 신청인, 당사자 및 참가인에게 각각 통지하여야 한다(규칙 제13조).

다. 피청구인

(1) 의의

피청구인은 심판청구를 제기 받은 당사자를 말한다. 피청구인인 행정청은 답변서 제출, 답변서에 대한 보충서면 제출, 증거서류 기타 증거물의 제출, 증거조사나, 구술심리의 신청을 할 수 있다.

(2) 피청구인 적격

1) 행정심판은 처분을 한 행정청(의무이행심판의 경우에는 청구인의 신청을 받은 행정청)을 피청구인으로 하여 청구하여야 한다. 다만, 심판청구의 대상과 관계되는 권한이

다른 행정청에 승계된 경우에는 권한을 승계한 행정청을 피청구인으로 하여야 한다.
(법제17조 1항). 행정청은 국가나 지방자치단체의 기관이므로 원칙적으로 국가나 지방자치단체 등(^{권리}_{주체})이 피청구인이 되어야 하지만, 행정소송과 마찬가지로 소송기술상의 편의에서 행정청을 피청구인으로 한 것이다.

2) 행정청은 국가나 지방자치단체의 기관이므로 원칙적으로 국가나 지방자치단체 등이 피청구인이 되어야 하지만, 행정소송과 마찬가지로 소송기술상의 편의에서 행정청을 피청구인으로 한 것이다.

(3) 피청구인의 경정

1) 의 의

청구인이 피청구인을 잘못 지정한 경우 또는 행정심판이 청구된 후에 심판청구의 대상과 관계되는 권한이 다른 행정청에 승계된 경우 당사자의 신청에 의하여 또는 직권으로 위원회는 결정으로써 피청구인을 경정(更正)할 수 있다(법제17조 2항, 5항).

2) 절 차

가) 위원회는 직권으로 또는 당사자의 신청에 의하여 결정으로써 피청구인을 경정(更正)한다.

나) 위원회는 피청구인을 경정하는 결정을 하면 결정서 정본을 당사자(종전의 피청구인과 새로운 피청구인을 포함한다)에게 송달하여야 한다(법제17조 3항).

3) 효 과

이러한 결정이 있으면 종전의 피청구인에 대한 심판청구는 취하되고 새 피청구인에 대한 심판청구가 처음에 심판청구를 한때에 소급하여 제기된 것으로 간주된다. 피청구인의 경정제도는 행정조직의 복잡성으로 정당한 피청구인을 명확히 판단할 수 없는 경우가 많음을 고려하여 청구인의 권리구제의 길을 확보하는데 그 의의가 있다.

4) 이의신청

당사자는 결정서 정본을 받은 날부터 7일 이내에 위원회에 이의신청을 할 수 있다(법제
17조 6항). 이의신청의 처리에 관하여는 제13조, 제14조의 규정을 준용한다(규칙 제1
4조).

2. 행정심판의 관계인

가. 참가인

(1) 의 의

참가인이란 계속 진행 중인 행정심판절차에 당사자 이외의 제3자가 자기의 권리와 이
익을 보호하기 위해 참가하는 것을 말한다. 이때 참가인으로서 참가할 수 있는 자는 심
판결과에 대하여 이해관계 있는 제3자 또는 행정청이다.

1) 이해관계 있는 제3자

이해관계가 있는 제3자란 당해 처분 자체에 대하여 이해관계가 있는 자뿐만 아니라(예
컨대 체납처분으로서의 공매처분의 목적물인 재산의 소유자) 재결내용에 따라서 불이
익을 받게 될 자(예컨대 공매처분의 취소를 구하는 심판청구가 제기된 경우의 당해 공
매재산의 매수자)도 포함된다.

> 소송사건에서 당사자의 일방을 보조하기 위하여 보조참가를 하려면 당해 소송의 결
> 과에 대하여 이해관계가 있어야 할 것인 바, 여기서 말하는 이해관계란 사실, 경제
> 상 또는 감정상의 이해관계가 아니라 법률상의 이해관계를 말한다(대법원 1997. 1
> 2. 26. 96다51714 판결).

2) 행정청

심판청구에 참가할 수 있는 행정청은 당해 처분이나 부작위에 대한 관계행정청을 말한다.

(2) 참가의 방법

1) 신청에 의한 참가

가) 행정심판의 결과에 대하여 이해관계 있는 제3자 또는 행정청은 해당 심판청구에 대한 위원회나 소위원회의 의결이 있기 전까지 그 사건에 대하여 심판 참가를 할 수 있다(법제20조 1항).

나) 심판 참가를 하려는 자는 참가의 취지와 이유를 적은 참가 신청서를 위원회에 제출하여야 한다. 참가 신청서를 받은 위원회는 참가 신청서 부본을 당사자에게 송달하고 참가신청허가여부를 결정해서, 지체없이 신청인에게는 결정서 정본을, 당사자와 다른 참가인에게는 결정서 등본을 송달하여야 한다(법제20조 2항, 3항).

다) 위원회는 기간을 정하여 당사자와 다른 참가인에게 제3자의 참가 신청에 대한 의견을 제출하도록 할 수 있으며, 당사자와 다른 참가인이 그 기간에 의견을 제출하지 아니하면 의견이 없는 것으로 본다(법제20조 4항).

라) 위원회는 참가 신청을 받으면 허가 여부를 결정하고, 지체 없이 신청인에게는 결정서 정본을, 당사자와 다른 참가인에게는 결정서 등본을 송달하여야 한다(법제20조 5항).

마) 이의신청

신청인은 참가허가여부결정에 대하여 송달받은 날부터 7일 이내에 이의 신청을 할 수 있다(법제20조 6항).

2) 요구에 의한 참가

이해관계인의 신청이 없는 경우에도 관계행정심판위원회는 직권으로 이해관계인에 대하여 당해 심판청구에 참가할 것을 요구할 수 있다. 이때 그 요구를 받은 이해관계인은 당연히 참가인이 되는 것이 아니라 참가 여부를 스스로 결정할 수 있으며 그 참가 여부의 의사를 관계행정심판위원회에 통지하여야 한다(법16조 3항).

(3) 참가인의 지위

행정심판절차에서 당사자가 할 수 있는 심판절차상의 행위를 참가인도 할 수 있으므로, 당사자가 위원회에 서류를 제출하거나 위원회가 당사자에게 통지를 할 때에는 참가인에게도 송달되고 통지되어야 한다.

나. 행정심판의 대리인

(1) 의 의

심판청구의 당사자인 청구인이나 피청구인은 대리인을 선임하여 심판청구에 관한 행위를 하게 할 수 있다. 이때 그 대리인을 행정심판의 대리인이라 한다.

(2) 대리인으로 선임할 수 있는 자

1) 청구인의 경우(법제18조 1항)

가) 법정대리인

나) 청구인의 배우자, 청구인 또는 배우자의 사촌이내의 혈족

다) 청구인이 법인이거나 청구인능력 있는 법인 아닌 사단 또는 재단인 경우 그 소속임원직

라) 변호사

마) 다른 법률에 따라 심판청구를 대리할 수 있는 자

바) 그 밖에 위원회의 허가를 받은 자

2) 피청구인의 경우(법제18조 2항)

피청구인은 그 소속직원 또는 변호사, 다른 법률에 따라 심판청구를 대리할 수 있는 자, 그 밖에 위원회의 허가를 받은 자의 어느 하나에 해당하는 자를 대리인으로 선임할 수 있다.

(3) 대리인의 권한

대리인은 심판청구의 취하를 제외하고는 본인을 위하여 당해 사건에 관한 모든 행위를 할 수 있다. 다만 심판청구를 취하하려면 다른 청구인들의 동의를 받아야 하며, 이 경우 동의 받은 사실을 서면으로 소명하여야 한다(법제18조 3항).

Ⅵ. 행정심판청구의 제기

1. 의 의

행정심판은 제기는 ① 청구인 적격이 있는 자가 처분청 등을 피청구인으로 하여 ② 심판청구사항인 구체적인 처분이나 부작위를 대상으로 ③ 청구기간 내에 ④ 소정의 방식을 갖추어 ⑤ 처분청 또는 관할 행정심판위원회에 제기하여야 한다.

> ### 행정청의 잘못된 고지 또는 불고지
>
> 행정청이 처분을 서면으로 하는 경우에는 그 상대방에게 처분에 대하여 행정심판을 청구할 수 있는지, 행정심판을 청구하는 경우의 심판청구절차 및 심판청구기간을 알려주도록 규정하고 있다(법제58조 1항). 그럼에도 불구하고 행정청이 이러한 고지를 하지 않거나 잘못 알려서 청구인이 심판청구서를 다른 행정기관에 제출한때에는 당해 행정기관은 그 심판청구서를 지체없이 정당한 권한 있는 피청구인에게 송부하여야 한다(법제23조 2항). 이 경우에는 처음의 제출기관에 심판청구서가 제출된 때에 심판청구가 제기된 것으로 본다(법제23조 3항). 문제는 고지의 대상이 아닌 자가 다른 행정기관에 심판청구서를 제출한 경우에 대하여는 명문규정이 없다. 그러나 이러한 경우에도 당해 행정기관은 지체없이 정당한 권한 있는 행정기관에 심판청구서를 송부하여야 할 것이고, 그 경우에는 처음의 행정기관에 심판청구서가 제출된 때에 심판청구가 제기된 것으로 보아야 한다(대법원 1975. 12. 24. 선고 74누134 판결).

2. 행정심판의 제기요건

행정심판의 제기요건은 본안심리를 받기 위한 요건으로 이러한 심판청구의 제기요건들은 행정심판을 청구하는 데에 필요한 형식적 요건으로서 요건심리 결과 그 요건들이 충족되지 않는 심판청구는 부적법한 심판청구로서 각하를 받게 된다.

가. 청구인

심판청구의 청구인이 될 수 있는 것은 당해 심판청구에 대하여 법률상 이익이 있는 자로서, 청구인은 당해 심판청구의 대상인 처분이나 부작위의 상대방 또는 제3자에 관계없이 자연인 또는 법인을 모두 포함한다.

나. 심판청구의 대상

(1) 행정청의 위법 또는 부당한 처분

행정청의 처분 또는 부작위에 대하여는 다른 법률에 특별한 규정이 있는 경우 외에는 이 법에 따라 행정심판을 청구할 수 있다. 대통령의 처분 또는 부작위에 대하여는 다른 법률에서 행정심판을 청구할 수 있도록 정한 경우 외에는 행정심판을 청구할 수 없다(법제3조 1항, 2항).

(2) 행정청의 처분

행정청의 처분이란 행정청이 행하는 구체적 사실에 관한 법집행으로서의 공권력행사를 의미하고, 공권력행사란 행정청에 의한 공법행위 내지 우월한 일반적의사의 발동으로 행하는 단독행위를 말하므로 행정청이 상대방과 대등한 지위에서 하는 공법상계약이나, 행정입법, 공법상합동행위, 행정청의 사법상행위, 대외적으로 아무런 법적효과도 발생하지 않는 내부적 행위, 알선·권유·장려·권장 등 행정지도나 단순한 사실행위 등은 행정심판의 대상에 포함되지 않는다.

다. 심판청구기간

(1) 개 설

1) 의 의

행정심판의 청구는 소정의 청구기간 내에 제기하여야 한다. 심판청구기간에 관한 문제는 '취소심판청구'와 '거부처분에 대한 의무이행심판청구'에만 해당된다. 무효등확인심판과 부작위에 대한 의무이행심판청구는 그 성질에 비추어 청구기간의 제한이 배제되기 때문이다.

2) 입법 취지

행정심판법이 처분을 다투는 심판청구에 기간의 제한을 두는 것은 처분은 그 상대방뿐만 아니라 일반대중과 이해관계가 크기 때문에 처분의 효과 등 법률관계를 가능한 빨리 안정시키기 위해서이다.

(2) 원칙적인 심판청구기간

1) 행정심판은 처분이 있음을 알게 된 날부터 90일 이내에 청구하여야 하고(법제27조 1항), 처분이 있었던 날부터 180일이 지나면 청구하지 못한다. 다만, 정당한 사유가 있는 경우에는 그러하지 아니하다(법제27조 3항). 위 90일의 청구기간은 불변기간(不變期間)으로 한다(법제27조 4항). 따라서 직권조사사항이다. 이들 두 기간 중 어느 하나라도 기간이 지나면 행정심판청구를 제기하지 못한다.

2) 처분이 있음을 알게 된 날

가) '처분이 있음을 알게 된 날'이란 통지·공고 기타의 방법에 의하여 그 처분이 있었던 사실을 현실적으로 안 날을 의미 한다.

나) 처분을 서면으로 하는 경우에는 그 서면이 상대방에게 도달한 날, 공시송달의 경우는 서면이 상대방에게 도달한 것으로 간주되는 날을 말한다. 그러나 처분이 공고 또는 고시의 방법으로 통지하는 경우에 상대방이 이러한 처분 또는 공고를 보지 못한 경우라도 고시를 보지 못한 경우에는 행정업무의 효율적 운영에 관한 규정 제6조 3항에서 '특별규정이 있는 경우를 제외하고는 고시 또는 공고가 있은 후에 5일이 경과한 날부터 효력이 발생한다고' 하고 있고, 판례 또한 고시 또는 공고의 효력발생일에 관한 명문규정이 없는 경우에는 사무관리규정이 적용되어 공고·고시에 의한 행정처분은 5일이 경과한 후 알았다고 보아야 한다고 하고 있다.

3) 처분이 있은 날

'처분이 있은 날'이란 처분이 법적으로서 효력을 발생한 날을 말한다(대판1977. 11. 2 2. 77누195 판결).

(3) 예외적인 심판청구기간

1) 불가항력의 경우

청구인이 천재지변, 전쟁, 사변, 그 밖의 불가항력으로 인하여 90일의 기간 내에 심판 청구를 할 수 없었을 때에는 그 사유가 소멸한 날부터 14일(국외에서는 30일) 이내에 행정심판을 청구할 수 있다(법제18조 2항). 이 기간은 불변기간이다.

2) 정당한 사유가 있는 경우

정당한 사유가 있으면 처분이 있은 날로부터 180일을 경과한 뒤에도 심판청구를 제기 할 수 있다(법제18조 3항). 이때의 정당한 사유란 처분이 있었던 날부터 180일 이내에 심판청구를 하지 못함을 정당화할 만한 객관적 사유를 말하며, 불가항력보다 넓은 개념 을 의미한다.

3) 오고지·불고지의 경우

행정청이 서면에 의하여 처분을 하는 경우에 그 처분의 상대방에게 행정심판청구에 관 한 사항을 고지하도록 되어 있는데, 행정청이 심판청구기간을 처분이 있음을 알게 된 날부터 90일보다 긴 기간으로 잘못 알려줘서 그로 인해 청구인이 잘못 알린 기간에 심 판청구를 하게 되면 그 심판청구는 90일 내에 제기된 것으로 본다(법제27조 5항).

(4) 복효적행정행위의 심판청구기간

1) 복효적 행정행위에 있어서 처분의 직접상대방이 아닌 제3자가 행정심판을 제기한 경우에도 심판제기기간은 원칙적으로 처분이 있음을 안 날로부터 90일 이내, 처분이 있은 날로부터 180일 이내로 한다. 따라서 제3자가 처분이 있었음을 안 경우에는 90일의 기간 제한이 적용된다.

2) 그러나 현행법은 처분을 제3자에게 통지하도록 규정하고 있지 않기 때문에 통상적인 경우에는 제3자가 처분이 있었음을 알 수 없다. 따라서 이 경우 행정심판제기기간은 '처분이 있은 날로부터 180일 이내'가 기준이 된다.

3) 행정처분의 직접 상대방이 아닌 제3자는 일반적으로 처분이 있는 것을 바로 알 수 없는 처지에 있으므로 심판청구기간 내에 심판청구를 제기하지 아니하였다고 하더라도 그 기간 내에 처분이 있는 것을 알았거나 쉽게 알 수 있었기 때문에 심판청구를 제기

할 수 있었다고 볼만한 특별한 사정이 없는 한 위 법조항 본문의 적용을 배제할 '정당한 사유가' 있는 경우에 해당한다(대법원 1992. 7. 28. 91누12844 판결).

(5) 특별법상의 심판청구기간

특별법에서는 심판청구기간에 관하여 특별규정을 두는 경우가 많다(국세기본법 등) 이들 특례규정은 행정심판법에 우선한다.

라. 심판청구의 방식

(1) 서면주의

1) 의 의

행정심판청구는 일정한 사항을 기재한 서면(심판청구서)으로 한다. 심판청구를 서면으로만 하게 한 것은 청구의 내용을 명확하게 하고 구술로 하는 경우에 생길 수 있는 지체와 복잡을 피하는데 있다. 따라서 일정사항을 기재하여 서면으로 하는 요식행위이며, 서면심리주의이다. 입법론적으로는 심판청구인의 편의를 위하여 일정한 경우에 구술로 제기하는 특례가 검토되어야 한다는 의견도 있다.

2) 전자정보처리조직을 통한 방식(법제52조)

행정심판 절차를 밟는 자는 심판청구서와 그 밖의 서류를 전자문서화 하고 이를 정보통신망을 이용하여 위원회에서 지정·운영하는 전자정보처리조직(행정심판 절차에 필요한 전자문서를 작성·제출·송달할 수 있도록 하는 하드웨어, 소프트웨어, 데이터베이스, 네트워크, 보안요소 등을 결합하여 구축한 정보처리능력을 갖춘 전자적 장치를 말한다. 이하 같다)을 통하여 제출할 수 있다. 제출된 전자문서는 제출된 것으로 보며, 부본을 제출할 의무는 면제된다. 제출된 전자문서는 그 문서를 제출한 사람이 정보통신망을 통하여 전자정보처리조직에서 제공하는 접수번호를 확인하였을 때에 전자정보처리조직에 기록된 내용으로 접수된 것으로 본다.

3) 기재사항

가) 필요적 기재사항

	내용	비 고
필 요 적 기 재 사 항	① 청구인의 이름 및 주소 또는 사무소 ② 피청구인과 위원회, ③ 심판청구의 대상이 되는 처분의 내용, ④ 처분이 있음을 안게된 날, ⑤ 심판청구의 취지와 이유, ⑥ 피청구인의 행정심판 고지 유무와 그 내용,	부작위에 대한 심판청구의 경우에는 위의 ①②⑤의 사항과 그 부작위의 전제가 되는 신청의 내용과 날짜를 적어야 하며(법제28조3항), 청구인이 법인이거나 능력 있는 비법인사단 또는 재단이거나 행정심판이 선정대표자나 대리인에 의하여 청구되는 것일 때에는 필요적 기재 사항과 함께 그 대표자·관리인·선정대표자 또는 대리인의 이름과 주소를 적어야 한다(법28조4항). 심판청구서에는 청구인·대표자·관리인·선정대표자 또는 대리인이 서명하거나 날인하여야 한다(법28조5항)

① 행정심판 청구서에 비록 행정심판청구서라는 명칭을 사용하지 아니하고 이의 신청 등의 다른 용어를 사용했더라도 적법한 행정심판청구로 보아야 한다. 그리고 심판청구서의 기재사항 등에 결함이 있는 경우에는 행정심판위원회는 상당한 기간을 정하여 그 보정을 요구하거나 직권으로 보정할 수 있다. 그러나 보정명령에 따르지 아니하거나 보정이 불가능한 경우에는 이를 각하 하여야 한다.

② 행정심판청구의 방식은 행정심판법 시행규칙 별지 제30호 서식에 규정되어 있지만, 엄격한 형식을 요하지 아니하는 서면행위이므로 행정청의 위법·부당한 처분으로 인하여 권익을 침해당한 사람이 당해 행정청에 그 처분의 취소나 변경을 구하는 취지의 서면을 제출하였다면 서면의 표제나 형식여하에 불구하고 행정심판청구로 봄이 타당하다(대법원 1999. 6. 22. 99두2772 판결).

나) 임의적 기재사항

청구인에게 유리한 사유나 증거가 있으면 기재할 수 있으나 이를 기재하지 않더라도 문제가 되지 않는다.

마. 심판청구의 제출절차

(1) 제출기관

행정심판을 청구하려는 자는 심판청구서를 작성하여 피청구인이나 위원회에 제출하여야 한다. 이 경우 피청구인의 수만큼 심판청구서 부본을 함께 제출하여야 한다(법제23조). 심판청구 기간을 계산할 때에는 피청구인이나 위원회에 심판청구서가 제출되었을 때에 행정심판이 청구된 것으로 본다.

(2) 피청구인에게 심판청구서가 제출된 경우의 처리

1) 위원회에 답변서 제출

피청구인이 심판청구서를 접수하거나 송부 받으면 10일 이내에 심판청구서와 답변서를 위원회에 보내야 한다. 다만, 청구인이 심판청구를 취하한 경우에는 그러하지 아니하다. 피청구인이 심판청구서를 보낼 때에는 심판청구서에 위원회가 표시되지 아니하였거나 잘못 표시된 경우에도 정당한 권한이 있는 위원회에 보내야 한다. 답변서를 보낼 때에는 청구인의 수만큼 답변서 부본을 함께 보내되, 답변서에는 처분이나 부작위의 근거와 이유, 심판청구의 취지와 이유에 대응하는 답변 사항을 명확하게 적어야 한다(법제24조).

2) 처분의 상대방에게 송달

피청구인은 처분의 상대방이 아닌 제3자가 심판청구를 한 경우에는 지체 없이 처분의 상대방에게 그 사실을 알려야 한다. 이 경우 심판청구서 사본을 함께 송달하여야 한다. 이 경우에 피청구인은 송부 사실을 지체 없이 청구인에게 알려야 한다(법제24조).

3) 중앙행정심판위원회에서 심판하는 경우

중앙행정심판위원회에서 심리·재결하는 사건인 경우 피청구인은 심판청구서를 접수하거나 송부받으면 10일 이내에 심판청구서와 답변서를 위원회에 보내야 하는데, 심판위원회에 심판청구서 또는 답변서를 보낼 때에는 소관 중앙행정기관의장에게도 그 심판청구·답변의 내용을 알려야 한다.

4) 피청구인의 직권취소 등

피청구인이 청구인이나 위원회로부터 심판청구서를 받은 때에 그 심판청구서가 이유 있다고 인정하면 심판청구의 취지에 따라 직권으로 처분을 취소·변경하거나 확인을 하거나 신청에 따른 처분을 할 수 있다. 이 경우 서면으로 청구인에게 알려야 한다. 피청구인이 직권취소 등을 하였을 때에는 청구인이 심판청구를 취하한 경우가 아니면 심판청구서·답변서를 보낼 때 직권취소 등의 사실을 증명하는 서류를 위원회에 함께 제출하여야 한다.

(3) 위원회에게 심판청구서가 제출된 경우의 처리

1) 심판청구서 부본을 피청구인에게 송부

위원회가 심판청구서를 받으면 지체 없이 피청구인에게 심판청구서 부본을 보내야 한다(법제26조 1항).

2) 답변서 부본을 청구인에게 송달

위원회는 피청구인으로부터 답변서가 제출되면 답변서 부본을 청구인에게 송달하여야 한다(법제26조 2항).

(4) 제3자가 심판청구를 한 경우

위원회는 처분의 상대방이 아닌 제3자가 심판청구를 한 경우에는 지체 없이 처분의 상대방에 알려야 하고 이 경우 심판청구서 사본을 함께 송달해야 하며, 위원회는 송부사실을 지체 없이 청구인에게 알려야 한다.

3. 심판청구의 변경 및 취하

가. 심판청구의 변경

(1) 의 의

심판청구의 변경이란 심판청구의 계속 중에 청구인이 당초에 청구한 심판사항을 변경하는 것을 말한다. 행정심판법은 심판청구인은 청구의 기초에 변경이 없는 범위 안에서 청구의 취지 또는 이유를 변경할 수 있으며, 심판청구 후에 처분청인 피청구인이 그 심판 대상인 처분을 변경한 경우에는 청구인은 변경된 처분에 맞추어 청구의 취지 또는 취지를 변경할 수 있도록 규정하고 있다. 이는 당사자 간의 분쟁해결의 편의를 도모하기 위한 것으로 여기에서 청구의 기초에 변경이 없는 범위란 청구한 사건의 동일성을 깨뜨리지 않는 범위를 의미한다.

(2) 청구변경의 형태

청구의 변경에는 추가적 변경과 교환적 변경의 두 가지 형태가 있다. 추가적 변경은 종전의 청구를 유지하면서 거기에 별개의 청구를 추가, 병합하는 것을 말하고 교환적 변경은 종전의 청구 대신에 신규 청구에 관한 심판을 구하는 것으로 이는 추가적 변경과 종전의 청구취소와의 결합 형태이다.

(3) 청구변경의 요건

청구의 변경이 있으면 그 변경의 범위 내에서 신 청구가 생기게 되는 것이므로 그 신 청구에 대하여 심판청구의 일반적 요건을 갖추어야 한다. 그리고 신, 구 청구 사이에는 ① 청구의 기초에 변경이 없는 범위 내에서 하여야 하고 ② 심판청구가 계속 중이고 ③ 행정심판위원회의 의결 전이어야 하고 ④ 위원회의 허가를 얻어야 하는데 위원회는 청구의 변경이 이유 없다고 인정할 때에는 상대방인 당사자의 신청이나 직권에 의하여 결정함으로써 그 변경을 허가하지 아니할 수 있다.

(4) 청구변경의 절차 등

청구의 변경은 서면으로 신청하여야 하며 그 부본을 상대방인 당사자에게 송달하여야 한다. 청구의 변경은 행정심판위원회가 그 허가권을 가지는 점을 고려할 경우 명문의 규정은 없지만 청구변경의 신청은 행정심판위원회에 제기하여야 한다. 위원회는 청구변경 신청에 대하여 허가할 것인지 여부를 결정하고, 지체 없이 신청인에게는 결정서 정본을, 당사자 및 참가자에게는 결정서 등본을 송달하여야 한다. 행정심판위원회는 청구의 변경이 이유 없다고 인정할 때에는 상대방인 당사자의 신청이나 직권에 의해 그 청구의 변경을 불허 할 수 있다. 이 경우에는 피청구인이 답변서를 제출한 후에도 그의 동의를 필요로 하지 않는다. 신청인은 송달받은 날부터 7일 이내에 이의신청을 할 수 있다.

(5) 변경의 효과

청구의 변경결정이 있으면 처음 행정심판이 청구되었을 때부터 변경된 청구의 취지나 이유로 행정심판이 청구된 것으로 본다(법제29조 8항).

(6) 새로운 처분 또는 처분변경으로 인한 변경

행정심판이 청구된 후에 피청구인이 새로운 처분을 하거나 심판청구의 대상인 처분을 변경한 경우에는 청구인은 새로운 처분이나 변경된 처분에 맞추어 청구의 취지나 이유를 변경할 수 있다(법제29조 2항).

나. 심판청구의 취하

(1) 의 의

심판청구의 취하란 청구인과 참가인이 심판청구에 대한 의결이 있을 때까지 심판청구 또는 참가신청을 일방적으로 철회하는 의사표시를 말한다.
참가인은 심판청구에 대하여 제7조제6항 또는 제8조제7항에 따른 의결이 있을 때까지 서면으로 참가신청을 취하할 수 있다(법제42조 2항).

(2) 요 건

심판청구의 취하는 ① 위원회의 의결이 있을 때까지는 언제든지 서면으로 심판청구를 취하할 수 있고 ② 피청구인이 답변서를 제출한 후에도 그의 동의를 요하지 않고 취하할 수 있다. 이점이 민사소송에서의 소의 취하와 다르다. ③ 취하서에는 청구인이나 참가인이 서명하거나 날인하여야 한다(법제42조 3항).

(3) 절 차(법제42조)

1) 서면신청

참가인은 심판청구에 대하여 위원회의 의결이 있을 때까지 서면으로 참가신청을 취하할 수 있다.

2) 서명 또는 날인

취하서에는 청구인이나 참가인이 서명하거나 날인하여야 한다.

3) 피청구인 또는 위원회에 제출

청구인 또는 참가인은 취하서를 피청구인 또는 위원회에 제출하여야 한다.

4) 사실 통보

피청구인 또는 위원회는 계속 중인 사건에 대하여 취하서를 받으면 지체 없이 다른 관계 기관, 청구인, 참가인에게 취하 사실을 알려야 한다.

(4) 효 과

심판청구는 취하로 인해 소급적으로 소멸한다.

4. 행정심판청구의 효과

가. 처분청 및 행정심판위원회에 대한 효과

(1) 처분청의 심판청구서 등 송부의무

1) 피청구인인 처분청은 심판청구가 이유 있다고 인정되는 때를 제외하고 심판청구서를 접수하거나 송부 받으면 10일 이내에 심판청구서(제23조제1항·제2항의 경우만 해당된다)와 답변서를 위원회에 보내야 한다. 다만, 청구인이 심판청구를 취하한 경우에는 그러하지 아니하다(법제24저 1항).

2) 피청구인은 처분의 상대방이 아닌 제3자가 심판청구를 한 경우에는 지체 없이 처분의 상대방에게 그 사실을 알려야 한다. 이 경우 심판청구서 사본을 함께 송달하여야 한다(법제24조 2항).

(2) 위원회의 심리 · 재결의무

위원회는 제출받은 행정심판청구사건에 대하여 심리·재결할 의무를 진다.

나. 처분에 대한 효과

(1) 행정심판법상 규정

행정심판법은 행정의 신속성과 국민의 권리구제 중 행정의 신속성을 중시하여 집행부정지를 원칙으로 하고 예외적으로 국민의 권리보호를 위할 필요가 있는 경우에 집행정지 및 임시처분을 결정할 수 있도록 하고 있다(법제30조).

(2) 집행부정지의 원칙

행정심판법은 원칙적으로 행정소송법과 마찬가지로 '심판청구는 처분의 효력이나 그 집행 또는 절차의 속행(續行)에 영향을 주지 아니한다.'라고 규정하여(법제30조 1항), 집행부정지를 원칙으로 하고 있다.

(3) 집행정지

1) 의 의

행정심판법은 원칙적으로 행정심판이 제기되어도 처분의 효력 등을 정지시키는 효력은 없으나 그 처분의 집행 등으로 인하여 중대한 손해가 생기는 것을 예방할 필요성이 긴급하다고 인정할 때에는 당사자의 권리·이익을 보전하기 위하여 예외적으로 위원회가 처분의 효력이나 그 집행 또는 절차의 속행의 전부 또는 일부를 잠정적으로 정지할 수 있게 하였는데 이를 집행정지라 한다.

2) 정지요건

가) 적극적 요건

① 집행정지대상인 처분의 존재

집행정지의 대상인 처분이 존재해야 한다. 왜냐하면 처분의 집행이 이미 완료되었거나 그 목적이 달성된 경우에는 집행정지 대상인 처분의 실체가 없으므로 집행정지는 불가능하기 때문이다.

② 심판청구의 계속

처분에 대한 집행정지는 취소심판 등 본안 행정심판이 계속 중에 있어야 한다.

③ 회복하가 어려운 손해발생의 가능성

회복하기 어려운 손해발생의 우려가 있어야 한다. 회복하기 어려운 손해란 금전보상이 불능인 경우뿐만 아니라 금전보상으로는 사회통념상 당사자가 참고 견디기 현저히 곤란한 손해를 의미한다.

④ 긴급한 필요의 존재

회복하기 어려운 손해의 발생이 시간적으로 절박하거나 이미 시작되어서 본안 재결을 기다릴 만한 시간적 여유가 없어야 한다.

위와 같은 요건을 갖춘 경우 당사자의 신청 또는 직권에 의하여 위원회가 집행정지결정을 할 수 있다.

나) 소극적 요건
① 공공복리에 중대한 영향을 미칠 우려가 있는 경우
처분의 집행정지는 공공복리에 중대한 영향을 미칠 우려가 있는 경우에는 허용되지 않는다. 공공복리에 대한 영향이 중대한 것인지의 여부는 일반적인 공익개념에 따라 추상적으로 판단할 것이 아니라 공공복리와 청구인의 손해를 비교 형량 하여 개별 구체적으로 판단하여야 한다.

② 본안 청구가 이유 없음이 명백한 경우
본안 소송에서의 처분의 취소 가능성이 없음에도 처분의 효력이나 집행의 정지를 인정한다는 것은 제도의 취지에 반하기 때문이다.

3) 집행정지 결정의 절차
가) 행정심판위원회에 서면제출
집행정지신청을 하려는 당사자는 심판청구와 동시에 또는 심판청구에 대한 위원회나 소위원회의 의결이 있기 전까지, 신청의 취지와 원인을 적은 서면을 위원회에 제출하여야 한다. 다만, 심판청구서를 피청구인에게 제출한 경우로서 심판청구와 동시에 집행정지 신청을 할 때에는 심판청구서 사본과 접수증명서를 함께 제출하여야 한다(법제30조5항).

나) 행정심판위원회의 집행정지 결정
위원회는 처분, 처분의 집행 또는 절차의 속행 때문에 중대한 손해가 생기는 것을 예방할 필요성이 긴급하다고 인정할 때에는 직권으로 또는 당사자의 신청에 의하여 처분의 효력, 처분의 집행 또는 절차의 속행의 전부 또는 일부의 정지를 결정할 수 있다. 다만,

처분의 효력정지는 처분의 집행 또는 절차의 속행을 정지함으로써 그 목적을 달성할 수 있을 때에는 허용되지 아니한다(법제30조 2항).

다) 위원장의 갈음 결정

그러나 위원회의 심리 · 결정을 기다릴 경우 중대한 손해가 생길 우려가 있다고 인정되면 위원장은 직권으로 위원회의 심리 · 결정을 갈음하는 결정을 할 수 있다. 이 경우 위원장은 지체 없이 위원회에 그 사실을 보고하고 추인(追認)을 받아야 하며, 위원회의 추인을 받지 못하면 위원장은 집행정지 또는 집행정지 취소에 관한 결정을 취소하여야 한다(법제30조 6항).

4) 집행정지의 내용과 대상

집행정지결정의 내용은 처분의 효력이나 그 집행 또는 절차의 속행의 전부 또는 일부의 정지이다.

가) 처분의 효력정지

처분의 효력정지란 처분의 효력을 잠시 정지시킴으로서 이후로부터 처분 자체가 존재하지 않은 상태에 두는 것을 말한다(예를 들어 영업허가의 취소나 정지처분에 대한 처분의 효력정지 결정이 있으면 본안 재결 시까지 잠정적으로 영업을 계속할 수 있게 된다). 다만 처분의 효력정지는 처분의 집행 또는 절차의 속행을 정지함으로써 집행정지의 목적을 달성할 수 있는 경우에는 허용되지 않는다.

나) 처분의 집행정지

처분의 집행정지란 예컨대 강제퇴거명령에 집행정지결정에 이루어지면 강제퇴거를 시킬 수 없는 경우와 같이 처분의 집행을 정지시킴으로써 처분의 내용이 실현되지 않는 상태로 두는 것을 말한다.

다) 절차의 집행정지

절차의 집행정지란 당해 처분이 유효함을 전제로 하여 법률관계가 이어질 경우에 그 전제가 되는 처분의 효력을 박탈하여 후속되는 법률관계의 진행을 정지시키는 것을 말한다. 예컨대 행정대집행절차 중 대집행의 계고처분의 효력은 유지시키되 후속절차인 대집행영장에의 통지를 정지시키는 것이다.

5) 정지결정의 효력
가) 형성력

처분의 효력정지는 처분의 여러 구속력을 우선 정지시킴으로써 당해 처분이 없던 것과 같은 상태를 실현 시키는 것이다. 그러므로 그 범위 내에서 형성력을 가지는 것을 볼 수 있다.

나) 대인적 효력

집행정지 결정은 당사뿐만 아니라 관계행정청과 제3자에게도 효력을 미친다고 보아야 한다.

다) 시간적 효력

집행정지결정의 효력은 당해 결정의 주문에 정해진 시기까지 존속한다.

라) 적용영역

집행정지결정의 적용영역은 처분을 그 대상으로 하는 취소심판·무효 등확인 심판에서 인정되고, 거부처분이나 부작위를 그 대상으로 하는 의무이행 심판에는 적용되지 않는다.

6) 집행정지결정의 취소

위원회는 집행정지를 결정한 후에 집행정지가 공공복리에 중대한 영향을 미치거나 그 정지사유가 없어진 경우에는 직권으로 또는 당사자의 신청에 의하여 집행정지 결정을 취소할 수 있다(법제30조 4항). 위원회는 집행정지 또는 집행정지의 취소에 관하여 심리·결정하면 지체 없이 당사자에게 결정서 정본을 송달하여야 한다(법제30조 7항).

(4) 임시처분

1) 개설

가) 의 의

위원회는 처분 또는 부작위가 위법, 부당하다고 상당히 의심되는 경우로서 처분 또는 부작위 때문에 당사자가 받을 우려가 있는 중대한 불이익이나 당사자에게 생길 급박한 위험을 막기 위하여 임시지위를 정하여야 할 필요가 있는 경우에는 직권으로 또는 당사자의 신청에 의하여 임시처분을 결정할 수 있다.

나) 법적 성격

임시처분은 보전의 필요성이 인정되는 범위 내에서 임시지위를 정하는 것으로 가처분의 일종에 해당한다. 민사집행법은 계쟁물에 관한 가처분과 다툼이 있는 권리관계에 대하여 임시지위를 정하기 위한 가처분을 인정하고 있다. 행정심판법은 이러한 임시처분 제도를 도입함으로써 집행정지에 비해 보다 적극적으로 당사자의 임시적 권익보호에 기여할 수 있게 되었다.

2) 임시처분 요건

가) 적극적 요건

처분 또는 부작위가 위법·부당하다고 상당히 의심되는 경우로서 처분 또는 부작위 때문에 당사자가 받을 우려가 있는 중대한 불이익이나 당사자에게 생길 급박한 위험을 막기 위하여 임시지위를 정하여야 할 필요가 있는 경우여야 한다.

나) 소극적 요건

임시처분은 집행정지로 목적을 달성할 수 있는 경우에는 허용되지 아니한다.

3) 임시처분결정절차(법제31조)

가) 위원회가 직권 또는 당사자의 신청에 의하여 심리·결정한다.

나) 위원회는 지체 없이 결정서를 당사자에게 송달하여야 한다.

다) 임시처분결정의 절차에는 집행정지결정의 절차에 관한 규정이 준용된다.

4) 임시처분결정의 효력

가) 임시의 지위를 정하는 가처분

임시의 지위를 정하는 가처분은 당사자 간에 현재 다툼이 있는 권리관계 또는 법률관계가 존재하고 그에 대한 확정판결이 있기까지 현상의 진행을 그대로 방치한다면 권리자에게 뚜렷한 손해 또는 급박한 위험 등 불안한 상태가 발생될 수 있는 경우에 권리자에게 임시의 지위를 주어 그와 같은 손해나 위험을 피할 수 있게 하는 보전처분이다.

나) 청구인과 피청구인뿐만 아니라 관계 행정청과 제3자에게도 미치는 대인적 효력과 결정의 주문에 정한 시기까지 임시처분의 효력이 존속하는 시간적 효력이 있다.

다) 임시처분결정의 적용영역은 처분을 대상으로 하는 취소심판·무효 등 확인심판뿐만 아니라 거부처분이나 부작위를 대상으로 하는 의무이행심판 등 모두 적용되지만, 집행정지로 목적을 달성할 수 있는 경우에는 허용되지 아니한다.

5) 임시처분결정의 취소

위원회는 임시처분을 결정한 후에 임시처분이 공공복리에 중대한 영향을 미치거나 그 정지사유가 없어진 경우에는 직권으로 또는 당사자의 신청에 의하여 임시처분 결정을 취소할 수 있다.

Ⅶ. 행정심판의 심리

1. 개 설

가. 의 의

행정심판의 심리란 재결의 기초가 될 사실관계 및 법률관계를 명백히 하기 위하여 당사자 및 관계인의 주장과 반박을 듣고 증거 그 밖의 자료를 수집·조사하는 일련의 절차를 말한다. 이러한 행정심판의 심리는 행정심판위원회의 권한에 속하고 있다.

나. 심리절차의 사법화 등

행정심판법은 헌법 규정에 따라 행정심판위원회가 제3자적 입장에서 심리를 진행하게 함으로써 심리절차의 사법화를 도모하고 있다.

(1) 헌법규정

헌법 제107조 제3항은 '심판의 전심 절차로서 행정심판을 할 수 있다. 행정심판의 절차는 법률로 정하되 사법절차가 준용되어야 한다.'라고 규정하여 심리·재결 과정에서 공정성과 권리구제를 요구하고 있다.

(2) 행정심판법규정

헌법 제107조 제3항에 따라 행정심판법은 심리 및 재결기관의 공정성을 확보하기 위해 청구인과 피청구인인 행정청을 대립되는 양당사자로 대치시킨 다음, 이들이 각각 공격·방어방법으로 의견진술과 증거 등을 제출할 수 있도록 함으로써 심리·재결절차의 사법화를 도모하였을 뿐만 아니라, 신속한 권리구제를 위해 행정심판위원회가 행정심판사건에 대하여 직접 재결하도록 하고, 행정청의 직근 상급행정기관 등 소속으로 심리·재결기관인 행정심판위원회를 두어 절차간소화를 통해 신속한 권리구제를 구하고 있다.

2. 심리의 내용과 범위

가. 심리의 내용

(1) 요건심리

1) 의 의

요건심리란 행정심판을 제기하는데 필요한 요건을 충족하고 있는가에 관한 심리를 의미한다. '형식적 심리' 또는 '본안전 심리'라고도 한다.

2) 심리 사항

요건심리 사항으로는 행정심판의 대상인 처분 또는 부작위의 존재여부 권한 있는 재결청에의 제기여부, 필요한 절차의 경유여부, 심판청구기간의 준수 여부 및 심판청구기재사항의 구비 여부 등이 있다.

3) 보 정

위원회는 심판청구가 적법하지 아니하거나 보정할 수 있다고 인정하면 기간을 정하여 청구인에게 보정을 요구할 수 있다. 다만, 경미한 사항은 직권으로 보정할 수 있다. 청구인은 보정요구를 받으면 서면으로 보정하여야 한다. 이 경우 다른 당사자의 수만큼 보정서 부본을 함께 제출하여야 하고 위원회는 제출된 보정서 부본을 지체 없이 다른 당사자에게 송달하여야 한다. 이와 같이 보정을 한 경우에는 처음부터 적법하게 행정심판이 청구된 것으로 보며 보정기간은 재결 기간에 산입하지 아니한다.

라) 결 정

요건심리는 본안재결 전까지는 언제든지 가능한데 위원회는 심판청구가 적법하지 아니하면 그 심판청구를 재결로 각하한다. 다만 보정을 요구할 수 있다.

(2) 본안심리

1) 의 의

본안심리란 심판청구인의 청구가 옳은 것인지 그른 것인지에 관하여 심리하는 것으로 요건심리 결과 심판청구를 적법한 것으로 수리한 것을 전제로 당해 심판청구의 취지를 인용할 것인지 아니면 기각할 것인지 판단하기 위한 심리를 말한다.

2) 결 정

위원회는 심판청구가 이유가 없다고 인정하면 그 심판청구를 기각하고, 심판청구가 이유가 있다고 인정하면 그 심판청구를 인용한다. 본안심리는 요건심리의 결과 당해 심판청구가 형식적 요건을 갖추었음을 전제로 하는 것이 원칙이다. 그러나 요건심리가 항상 본안심리보다 시간적으로 선행되어야 하는 것은 아니며 본안심리 도중에도 형식적 요건을 갖추지 못한 것이 판명되는 경우에는 언제든지 각하 할 수 있다.

나. 심리의 범위

(1) 불고불리 및 불이익변경금지 적용여부

행정심판의 심리·재결에 불고불리의 원칙 및 불이익변경금지 원칙이 적용되는가의 여부에 대해 행정심판법은 행정심판의 행정구제적 기능을 살리기 위하여 행정심판의 재결에 이 원칙들의 적용을 인정하였다 따라서 행정심판위원회는 소제기가 없는 사건에 대해 심리할 수 없으며, 소제기가 있는 사건에 대해서도 당사자의 청구범위를 넘어서 심리·재결할 수 없다. 또한 심판청구의 대상이 되는 처분보다 청구인에게 불이익한 재결을 할 수 없다. 다만, 예외적으로 위원회는 필요하면 당사자가 주장하지 아니한 사실에 대하여도 심리할 수 있다.

(2) 법률문제와 사실문제

행정심판의 심리에 있어서 심판청구의 대상이 행정처분이나 부작위에 관한 적법, 위법의 판단인 법률문제뿐만 아니라 당·부당의 재량문제를 포함한 사실문제도 심리할 수 있다. 따라서 행정심판은 당·부당의 문제까지 심리할 수 있다는 점에서 행정소송보다 국민의 권리구제에 더 효과적이다.

(3) 불합리한 법령 등의 시정조치요청

중앙행정심판위원회는 심판청구를 심리·재결할 때에 처분 또는 부작위의 근거가 되는 명령 등이 법령에 근거가 없거나 상위법령에 위반되거나 국민에게 과도한 부담을 주는 등 크게 불합리하면 관계행정기관에 그 명령 등의 개정·폐지 등 적절한 시정조치를 요청할 수 있다. 시정조치요청을 받은 관계행정기관은 정당한 사유가 없으면 이에 따라야 한다.

3. 심리의 절차

가. 심리절차상의 기본원칙

(1) 대심주의

1) 의의

대심주의는 서로 대립되는 당사자 쌍방에게 대등한 공격, 방어방법을 제출할 수 있는 기회를 보장하는 제도를 말한다. 행정심판법은 행정심판절차에 사법절차가 준용되어야 한다는 헌법의 취지에 따라 심판청구의 당사자를 청구인과 피청구인의 대립관계로 정립한 다음 서로 대등한 입장에서 공격 방어 방법을 제출할 수 있게 하고 행정심판위원회가 제3자적 입장에서 심리를 하도록 하는 대심주의를 채택하고 있다.

2) 구체적 내용

가) 자료제출 요구권

위원회는 사건 심리에 필요하면 관계행정기관이 보관중인 관련 문서, 장부, 그밖에 필요한 자료를 제출할 것을 요구할 수 있다.

나) 의견진술 및 의견서제출 요구권

위원회는 필요하다고 인정하면 사건과 관련된 법령을 주관하는 행정기관이나 그 밖의 행정기관의 장 또는 그 소속 공무원에게 위원회회의에 참석하여 의견을 진술할 것을 요구하거나 의견서를 제출할 것을 요구할 수 있으며, 관계행정기관의 장은 특별한 사정이 없으면 위원회의 요구에 따라야 한다. 그리고 중앙행정심판위원회에서 심리·재결하는 심판청구의 경우 소관중앙행정기관의 장은 의견서를 제출하거나 위원회에 출석하여 의견을 진술할 수 있다.

(2) 서면심리주의와 구술심리주의

1) 의 의

행정심판의 심리방식에는 서면심리주의와 구술심리주의가 있다. 행정심판법은 '행정심판의 심리는 구술심리나 서면심리로 한다. 다만, 당사자가 구술심리를 신청한 경우에는 서면심리만으로 결정할 수 있다고 인정되는 경우 외에는 구술심리를 하여야 한다.'고 규정 하고 있다(법제40조).

2) 양자의 관계

이 규정의 의미에 대해 구술심리가 서면심리의 보충적인 것이라고 보는 견해(서면심리 우선설)와 구술심리가 서면심리에 우선하는 것이라는 견해(구술심리 우선설)가 대립하고 있는데 현행 행정심판법은 서면심리의 단점을 보완하기 위해 심판절차에 구술심리를 적극적으로 활용하기 위한 것으로 구술심리를 확대한 것으로 보아야 한다는 견해가 타당하다.

(3) 직권심리주의

행정심판법은 당사자주의를 원칙으로 하면서도 심판청구의 심리를 위하여 필요하다고 인정되는 경우에는 심리기관인 행정심판위원회로 하여금 당사자가 주장하지 않은 사실에 대해서도 심리하고 증거조사를 할 수 있도록 하고 있다. 그러나 행정심판법은 동시에 불고불리의 원칙도 채택하고 있으므로 직권심리라 하더라도 심판청구의 대상이 되는 처분 또는 부작위 이외의 사항에 대하여는 미칠 수 없다 할 것이다.

(4) 비공개주의

비공개주의란 심판청구의 심리·재결을 일반인이 방청할 수 없는 상태에서 행하는 것을 말한다. 행정심판법에는 이에 관한 명문의 규정은 없으나 서면심리주의, 직권심리주의 등을 채택한 동법의 구조로 보아 비공개주의를 원칙으로 한다. 이에 대해서 행정심판이 구술심리를 우선시킨 것으로 보아 공개주의를 채택하고 있다는 입장도 있다.

나. 당사자의 절차적 권리

(1) 답변서 제출권

피청구인은 심판청구서를 접수하거나 위원회로부터 심판청구서부본을 송부 받으면 10일 이내에 심판청구서와 답변서를 위원회에 보내야 한다. 다만, 청구인이 심판청구를 취하한 경우에는 그러하지 아니하다(법제24조 1항).

피청구인은 답변서를 보낼 때에는 청구인의 수만큼 답변서 부본을 함께 보내되, 답변서에는 ① 처분이나 부작위의 근거와 이유 ② 심판청구의 취지와 이유 ③ 처분의 상대방의 이름·주소·연락처와 의무 이행 여부의 답변사항을 명확하게 적어야 한다.

중앙행정심판위원회에서 심리·재결하는 사건인 경우 피청구인은 위원회에 심판청구서 또는 답변서를 보낼 때에는 소관 중앙행정기관의 장에게도 그 심판청구·답변의 내용을 알려야 한다. 위원회는 피청구인으로부터 답변서가 제출되면 답변서 부본을 청구인에게 송달하여야 한다.

(2) 위원·직원에 대한 기피신청권(법제10조)

당사자는 위원에게 공정한 심리·의결을 기대하기 어려운 사정이 있으면 위원장에게 기피신청을 할 수 있다. 위원에 대한 제척신청이나 기피신청은 그 사유를 소명(疏明)한 문서로 하여야 한다. 다만, 불가피한 경우에는 신청한 날부터 3일 이내에 신청 사유를 소명할 수 있는 자료를 제출하여야 한다. 위원장은 제척신청이나 기피신청의 대상이 된 위원에게서 그에 대한 의견을 받을 수 있다. 위원장은 제척신청이나 기피신청을 받으면 제척 또는 기피 여부에 대한 결정을 하고, 지체 없이 신청인에게 결정서 정본(正本)을 송달하여야 한다. 사건의 심의·의결에 관한 사무에 관하여는 위원 아닌 직원에게도 규정을 준용한다.

(3) 구술심리 신청권

행정심판의 심리는 구술심리나 서면심리로 한다. 다만, 당사자가 구술심리를 신청한 경우에는 서면심리만으로 결정할 수 있다고 인정되는 경우 외에는 구술심리를 하여야 한다. 위원회는 구술심리 신청을 받으면 그 허가 여부를 결정하여 신청인에게 알려야 하고 그 통지는 간이통지방법으로 할 수 있다(법제40조).

(4) 보충서면제출권

당사자는 심판청구서·보정서·답변서·참가신청서 등에서 주장한 사실을 보충하고 다른 당사자의 주장을 다시 반박하기 위하여 필요하면 위원회에 보충서면을 제출할 수 있다. 이 경우 다른 당사자의 수만큼 보충서면 부본을 함께 제출하여야 한다. 위원회는 필요하다고 인정하면 보충서면의 제출기한을 정할 수 있다. 위원회는 보충서면을 받으면 지체 없이 다른 당사자에게 그 부본을 송달하여야 한다(법제33조).

(5) 물적 증거 제출권

당사자는 심판청구서·보정서·답변서·참가신청서·보충서면 등에 덧붙여 그 주장을 뒷받침하는 증거서류나 증거물을 제출할 수 있다. 증거서류에는 다른 당사자의 수만큼 증거서류 부본을 함께 제출하여야 한다. 위원회는 당사자가 제출한 증거서류의 부본을 지체 없이 다른 당사자에게 송달하여야 한다(법제34조).

(6) 증거조사 신청권(법제36조)

1) 위원회는 사건을 심리하기 위하여 필요하면 직권으로 또는 당사자의 신청에 의하여
   ① 당사자나 관계인(관계 행정기관 소속 공무원을 포함한다. 이하 같다)을 위원회의 회의에 출석하게 하여 신문(訊問)하는 방법 ② 당사자나 관계인이 가지고 있는 문

서·장부·물건 또는 그 밖의 증거자료의 제출을 요구하고 영치(領置)하는 방법 ③ 특별한 학식과 경험을 가진 제3자에게 감정을 요구하는 방법 ④ 당사자 또는 관계인의 주소·거소·사업장이나 그 밖의 필요한 장소에 출입하여 당사자 또는 관계인에게 질문하거나 서류·물건 등을 조사·검증하는 방법에 따라 증거조사를 할 수 있다.

2) 위원회는 필요하면 위원회가 소속된 행정청의 직원이나 다른 행정기관에 촉탁하여 증거조사를 하게 할 수 있다.

3) 증거조사를 수행하는 사람은 그 신분을 나타내는 증표를 지니고 이를 당사자나 관계인에게 내보여야 한다.

4) 당사자 등은 위원회의 조사나 요구 등에 성실하게 협조하여야 한다.

다. 심리의 병합과 분리

행정심판법은 행정심판사건에 대한 심리의 신속성과 경제성을 도모하기 위하여 심리의 병합과 분리를 인정하고 있다. 행정심판위원회는 필요하면 관련되는 심판청구를 병합하여 심리하거나 병합된 관련청구를 분리하여 심리할 수 있고, 행정심판위원회는 필요하다고 인정할 때에는 병합된 관련청구를 분리하여 심리할 수 있다(법제37조).

VIII. 행정심판의 재결 및 효력

1. 개 설

가. 의의

재결이란 행정심판청구사건에 대하여 행정심판위원회가 심리, 의결한 애요에 따라 행정심판위원회가 행하는 종국적 판단인 의사표시를 말한다.

나. 성질

(1) 확인행위

재결은 행정법상 법률관계에 관한 분쟁에 대하여 위원회가 일정한 절차를 거쳐서 판단, 확정하는 행위이므로 확인행위로서의 성질을 갖는다.

(2) 준사법행위

또한 심판청구를 전제로 한 것일 뿐만 아니라 판단의 작용이라는 점에서 판결과 성질이 비슷하므로 준사법행위에 해당한다고 볼 수 있다. 재결도 하나의 처분이고 행정심판법 제2조 제3호에서 '재결이란 행정심판의 청구에 대하여 제6조에 따른 행정심판위원회가 행하는 판단을 말한다.'라고 정의하고 있으므로 재결자체에 고유한 위법이 있으면 취소소송의 대상이 된다.

2. 재결의 절차

가. 재결기간

재결은 피청구인 또는 위원회가 심판청구서를 받은 날부터 60일 이내에 하여야 한다. 다만, 부득이한 사정이 있는 경우에는 위원장이 직권으로 30일을 연장할 수 있다. 다만 연장할 경우에는 재결 기간이 끝나기 7일 전까지 당사자에게 알려야 한다(법제45조). 위의 재결기간에 보정기간은 산입되지 않는다.

행정심판법이 재결기간을 명문으로 규정한 것은 행정법관계의 조속한 확정과 신속한 심리, 재결을 도모하기 위한 것이다. 그러나 이러한 재결기간은 훈시규정으로 보기 때문에 기간이 경과한 후에 재결이 이루어지더라도 효력을 갖는다.

나. 재결의 형식

재결은 서면으로 하여야 하고 재결서에는 ① 사건번호와 사건명 ② 당사자·대표자 또는 대리인의 이름과 주소 ③ 주문 ④ 청구의 취지 ⑤ 이유 ⑥ 재결한 날짜 등이 포함되어야 하고, 재결서에 적는 이유에는 주문 내용이 정당하다는 것을 인정할 수 있는 정도의 판단을 표시하여야 한다(법제46조). 즉, 재결의 기초가 되는 사실자료를 기초로 증거에 의하여 사실관계를 인정하고 그에 관한 법률의 해석, 적용을 명백히 하고 주문에 나타난 판단의 경로를 구체적으로 표시하여야 한다.

다. 재결의 범위

(1) 불고불리 및 불이익변경금지의 원칙

행정심판법은 불고불리의 원칙과 불이익변경금지의 원칙을 명문화하여 행정심판의 권리구제의 기능을 높였다. 위원회는 심판청구의 대상이 되는 처분 또는 부작위 외의 사항에 대하여는 재결하지 못하고, 위원회는 심판청구의 대상이 되는 처분보다 청구인에게 불리한 재결을 하지 못한다. 다만 여기에 대하여 행정의 자기 통제적 시각에서 적법한 행위를 보장하기 위해서는 청구인에게 불이익한 처분도 가능할 필요가 있음을 지적하는 입장도 있다.

(2) 재량기간에 대한 판단

행정심판은 행정소송과 달리 위법한 처분이나 부작위뿐만 아니라 부당한 처분이나 부작위도 그 대상이 된다. 따라서 위원회는 재량행위와 관련하여 재량의 일탈, 남용 등과 같은 재량권 행사의 위법 여부뿐만 아니라 재량 한계 내에서의 재량권 행사의 당부(當否)에 대해서도 판단할 수 있다.

라. 재결의 송달과 공고 등

(1) 재결의 송달과 효력발생

1) 위원회가 재결을 한 때에는 위원회는 지체 없이 당사자에게 재결서의 정본을 송달하여야 한다. 이 경우 중앙행정심판위원회는 재결 결과를 소관 중앙행정기관의 장에게도 알려야 한다(법제46조 1항).

2) 위원회는 재결서의 등본을 지체 없이 참가인에게 송달하여야 한다(법제46조3항).

3) 처분의 상대방이 아닌 제3자가 심판청구를 한 경우 위원회는 재결서의 등본을 지체 없이 피청구인을 거쳐 처분의 상대방에게 송달하여야 한다(법제46조 4항).

4) 법령의 규정에 따라 공고·고시한 처분이 재결로써 취소되거나 변경되면 처분을 한 행정청은 지체없이 그 처분이 취소 또는 변경되었다는 것을 공고하거나 고시하여야 한다(법제49조 4항)

5) 법령의 규정에 따라 처분의 상대방 외의 이해관계인에게 통지된 처분이 재결로써 취소되거나 변경되면 처분을 한 행정청은 지체없이 그 이해관계인에게 그 처분이 취소 또는 변경되었다는 것을 알려야 한다(법제49조 5항).

6) 재결은 청구인에게 송달되었을 때에 그 효력이 생긴다(법제46조 2항).

(2) 공고

법령의 규정에 따라 공고하거나 고시한 처분이 재결로써 취소되거나 변경되면 처분을 한 행정청은 지체 없이 그 처분이 취소 또는 변경되었다는 것을 공고하거나 고시하여야 한다(법제49조 4항). 법령의 규정에 따라 처분의 상대방 외의 이해관계인에게 통지된 처분이 재결로써 취소되거나 변경되면 처분을 한 행정청은 지체 없이 그 이해관계인에게 그 처분이 취소 또는 변경되었다는 것을 알려야 한다(법제49조 5항).

3. 재결의 종류

가. 각하재결

(1) 의 의

각하재결이란 위원회가 요건심리의 결과 심판청구의 제기요건을 결여(예를 들어 청구인 적격이 없는 자가 행정심판을 청구한 경우)한 부적법한 심판청구라 하여 본안에 대한 심리를 거절하는 재결을 말한다. 흔히 요건 재결이라고도 한다.

(2) 구체적인 예

부적법한 심판청구에 해당하는 경우는 ① 청구인적격 또는 법률상이익이 없는 자가 행정심판을 제기한 경우 ② 법정기간 경과 후에 제기한 경우 ③ 청구의 대상인 행정처분 또는 부작위가 없는 경우 ④ 처분이 소멸한 경우 ⑤ 대통령의 처분·부작위에 관한 심판청구 ⑥ 재심판청구 즉, 행정심판재청구등이다. 다만, 처분이 소멸한 뒤에도 그 처분의 취소로 인하여 회복되는 법률상이익이 있는 경우에는 본안심리를 해야 한다. 본안심리에 들어간 후에도 심판청구의 제기요건이 결여된 것이 인정된 때에는 각하재결을 할 수 있다.

나. 기각재결

이는 본안심리의 결과 그 심판청구가 이유 없다고 인정하여 청구를 배척하고 원처분을 지지하는 재결을 말한다(법제43조 2항). 기각재결은 원처분을 시인하는 것일 뿐 그 효력을 확정하거나 강화하는 것은 아니므로 기각재결이 있은 후에도 위원회는 직권으로 원래의 처분을 취소, 변경할 수 있다. 따라서 재결의 기속력은 기각재결에는 인정되지 않는다.

다. 사정재결

(1) 의의

위원회는 심판청구가 이유가 있다고 인정하는 경우에도 이를 인용(認容)하는 것이 공공복리에 크게 위배된다고 인정하면 그 심판청구를 기각하는 재결을 할 수 있는데 이를 사정재결이라 한다. 이 경우 위원회는 재결의 주문(主文)에서 그 처분 또는 부작위가 위법하거나 부당하다는 것을 구체적으로 밝혀야 한다(법제44조 1항). 정책적인 입장에서 공익과 사익의 조절제도로 기능하는데 예를 들어 댐건설을 위한 하천점용허가처분에 대하여 어업권자로부터 취소심판이 제기된 경우가 그 예에 해당한다.

(2) 요 건

1) 심판청구의 이유가 인정됨에도 공공복리에 부적한 경우

사정재결은 심판청구가 이유 있다고 인정됨에도 불구하고, 당해 행정심판청구를 인용하는 것이 현저히 공공복리에 적합하지 않다고 인정되는 경우여야 한다.

2) 피청구인의 청구 또는 위원회의 직권

사정재결은 피청구인의 청구가 있는 경우는 물론 위원회는 직권으로도 할 수 있다.

3) 재결의 주문에 위법·부당의 명시

사정재결을 할 때에는 재결의 주문에 그 처분 또는 부작위가 위법 또는 부당함을 구체적으로 밝혀야 한다. 이는 사정재결을 하더라도 위법 또는 부당한 처분이 적법처분으로 전환되는 것은 아니라는 것을 명백히 하기 위한 것이다. 동시에 원래의 처분에 대하여 행정소송을 제기하거나 국가배상청구소송을 제기하는 경우에 의미를 갖게 된다.

(3) 구제방법

사정재결을 하는 경우에는 위원회는 청구인에 대하여 상당한 구제방법을 취하거나 상당한 구제방법을 취할 것을 피청구인에게 명할 수 있다(법제44조 2항). 이때의 '명할 수 있다'는 것은 '명하여야 한다.'는 취지로 본다. 따라서 위원회는 재결의 하나로 손해배상·재해시설의 설치 기타의 구제방법을 직접 강구할 수 있고, 일정한 구제방법을 하도록 처분청이나 부작위행정청에 명할 수도 있다. 청구인은 사정재결에 대하여 행정소송을 제기할 수 있음은 물론이다.

(4) 적용범위

사정재결은 취소심판 및 의무이행심판에만 적용되고 무효 등 확인심판에는 인정되지 않는다(법제44조3항).

라. 인용재결

인용재결은 본안심리의 결과 심판청구가 이유 있고, 원처분이나 부작위가 위법 또는 부당하다고 인정하여 청구취지를 받아들이는 내용의 재결이다.

(1) 취소·변경재결

1) 의 의

취소심판의 청구가 이유 있다고 인정하여 당해 처분의 취소나 변경을 위원회가 직접 하거나(처분재결), 피청구인 처분청에게 그 취소 또는 변경을 명하는 내용의 재결(처분명령재결)을 한다.

2) 성 질

취소 변경재결에는 처분취소재결, 처분변경재결과 처분취소명령재결, 처분변경명령재결이 있다. 이 중 처분취소재결, 처분변경재결은 형성적 재결이고, 처분취소명령재결, 처분변경명령재결은 이행적 재결이라 할 수 있다.

3) 내 용

가) 처분을 취소하거나 취소를 명하는 재결은 당해 처분의 전부취소와 일부취소에 관한 것이다.

나) 변경재결은 단순히 소극적인 일부취소는 물론이고, 원처분에 갈음하여 새로운 처분으로 대체한다는 적극적의미의 변경도 포함된다(예컨대 면허취소처분을 면허정지

처분으로 변경). 이러한 해석은 '취소'와 함께 '변경'을 따로 인정함과 아울러 의무이행재결을 인정하고 있는 행정심판법의 취지에 근거한 것이다.

(2) 확인재결

1) 의 의

확인재결이란 처분의 효력유무 또는 존재여부를 확인하는 재결을 말한다. 이러한 확인재결에는 처분유효확인재결, 처분무효확인재결, 처분존재확인재결, 처분부존재확인재결, 처분실효확인재결이 있다.

2) 효력

확인재결은 행정행위의 무효나 부존재 등을 확인하는 것이므로 형성적 효과는 발생하지 않는다.

(3) 이행재결

1) 의무이행재결

가) 의의

의무이행재결이란 의무이행심판의 청구가 이유가 있다고 인정할 때에 신청에 따른 처분을 위원회가 직접 하거나 처분할 것을 피청구인에게 명하는 재결을 말한다(법43조 5항).

나) 종 류

① 처분재결

신청에 따른 처분을 하는 처분재결은 형성적 성질을 가진 이행재결이다. 통설은 신청에 따른 처분은 반드시 청구인의 신청내용대로의 처분이라고 해석하지 않는다.

② 처분명령재결

처분명령재결은 처분청에 처분할 것을 명하는 재결로서 행정청은 지체 없이 그 재결의 취지에 따라 원신청에 대한 처분을 하여야 한다. 처분명령재결에는 특정처분명령재결과 일정처분명령재결이 있다.

2) 처분재결과 처분명령재결 중 어느 것에 의해야 하는지 여부

가) 문제의 소재

당사자의 신청을 거부한 처분이나 부작위로 방치한 처분에 대해 의무이행심판이 청구된 경우에 위원회가 형성적 성질을 가진 처분재결과 이행적 성질을 가진 처분명령재결 중 어떠한 재결을 하여야 하는지에 대하여 견해 대립이 있다.

나) 학 설

학설은 이에 대하여

① 재결청에 재량이 부여되어 있으나 당사자의 신속한 권리구제의 측면에서 재결청이 구체적인 처분을 할 수 있을 정도로 충분한 심사를 한 경우에는 처분재결을 원칙으로 함이 타당하다는 견해와

② 처분청의 처분권을 존중해야 하므로 재결정은 원칙적으로 처분명령재결을 하고 처분청이 동 재결을 따르지 않는 경우에만 예외적으로 처분재결을 해야 한다는 견해

③ 재결청은 법적으로 처분재결과 처분명령재결의 선택에 있어서 재량권을 가지지만 재량행위의 경우에는 처분명령재결을 하여 처분청이 부관을 붙일 수 있는 여지를 주는 것이 타당하다는 견해가 있다.

다) 소 결

처분재결과 처분명령재결 중 어떠한 재결을 하여야 하는가에 관하여는 견해가 대립 되고 있으나 실무상으로는 대부분 처분명령재결을 하고 있고, 처분재결을 하는 예는 극히 드물다.

3) 재결의 내용이 특정한 행위를 대상으로 하는지 여부

가) 문제의 소재

재결청이 특정한 처분을 직접 하거나 처분청에 대하여 특정한 처분을 명하는 경우와 신청을 방치하지 말고 어떠한 처분을 할 것을 명하는 경우가 있는데 재결청이 이 가운데 어느 것을 택할 것인지 문제된다. 특히 청구대상의 행위가 재량행위인 경우에 견해가 대립한다.

나) 기속처분인 경우

청구대상의 행위가 기속행위인 경우에는 위원회는 재결로 청구인의 내용대로 처분을 하거나 처분할 것을 명하여야 한다. 다만, 피청구인이 관계법령에서 정하고 있는 일정한 절차를 거치지 아니한 경우나 또는 예외적으로 위원회가 쟁점에 관한 해명을 한정적으로 정하고 처분청으로 하여금 다시 관련법규의 구체적인 적용을 행하도록 하는 재결이 불가능한 것은 아니라 할 것이다.

다) 재량처분인 겨우

청구의 대상이 행정청의 행위가 재량행위인 경우 학설은 견해가 나뉘고 있다.

① 일정처분명령재결설

재량행위의 경우에는 신청을 방치하지 말고 지체 없이 어떤 처분을 하도록 명하는 재결을 해야 한다는 견해이다.

② 위법·부당 구별설

위법, 부당의 경우를 구별하여 위원회는 행정청의 거부처분 또는 부작위의 위법을 이유로는 청구인의 청구내용대로 처분을 하거나 하도록 명할 수는 없고 부당을 이유로 하는 경우는 청구내용대로의 처분을 하거나 하도록 명할 수 있다고 보는 견해이다.

③ 재량권존중설

재결시를 기준으로 특정처분을 해야 할 것이 명백한 경우에는 신청에 따른 적극적 처분을 하거나 하도록 명하고 명백하지 않다면 처분청의 재량권을 존중하여 재량의 일탈 남용 및 부당을 명시하여 하자 없는 재량행사를 명하는 재결을 해야 한다는 견해이다.

④ 결어

행정청의 거부처분 또는 부작위에 대하여 원칙적으로 일정처분 명령재결을 함이 타당하다. 행정심판의 대상인 재량행위에 대하여 처분청에게 고유의 판단권이 있기 때문이다.

4. 재결의 효력

가. 의의

재결은 위원회가 청구인에게 재결서 정본이 송달되었을 때 효력이 생긴다. 재결의 효력은 당해 심판청구의 대상인 처분이나 부작위에 대하여 발생한다. 행정심판법에 규정된 취소재결, 변경재결 및 처분재결에는 형성력이 발생하고, 재결은 행정행위이므로 재결 일반에 대하여 행정행위에 특수한 효력인 공정력, 불가변력, 불가쟁력 등이 인정된다.

나. 형성력

(1) 형성력의 의의

재결의 형성력이란 재결의 내용에 따라 기존의 법률관계에 변동을 가져오는 효력을 말한다. 처분을 취소하는 내용의 재결이 있으면 처분의 효력은 처분청의 별도의 행위를 기다릴 것 없이 처분시에 소급하여 소멸되고, 변경재결에 의하여 원래의 처분은 취소되고 이를 대신하는 별도의 처분이 이루어진 뒤에도 새로운 처분의 효력을 즉시 발생하게 되는 것은 모두 재결의 형성력의 효과인 것이다. 판례도 형성적 재결이 있은 경우에는 그 대상이 행정처분은 재결자체에 의하여 당연히 취소되어 소멸된다(대법원 1999. 12. 16. 98두18619)고 한다. 형성력에 의한 법률관계는 제3자에게도 미친다. 그러므로 형성력은 대세적 효력이 있다.

(2) 형성력 있는 재결의 종류

형성력 있는 재결에는 취소재결, 변경재결, 처분재결이 있다.

1) 처분취소재결

원처분청에 의한 별도의 취소, 처분 변경 없이 처분시에 소급하여 취소된 처분의 효력이 소멸되고 그에 따른 기존 법률관계가 변동되는 것을 말한다.

2) 변경재결

변경재결로 인한 새로운 처분은 제3자 권익을 침해하지 않는 한 소급하여 효력을 발생하고 원처분은 효력을 상실한다.

3) 의무이행재결 중 처분재결

의무이행재결 중 처분재결은 성질상 소급하지 않기 때문에 장래에 향하여 재처분의 효력이 발생한다.

4) 일부취소재결

취소된 부분에 한하여 소급적으로 효력을 상실하고 취소되지 않은 부분은 효력을 유지한다.

5) 처분취소명령재결, 처분변경명령재결, 처분명령재결

취소·변경명령재결 또는 의무이행명령재결은 형성력은 없고 기속력에 의하여 목적이 달성된다.

(3) 대세적 효력

형성력에 의한 법률관계의 변동은 심판청구의 당사자뿐만 아니라 제3자 등 모든 자에게 효력이 있는바, 이를 대세적 효력이라 한다.

(4) 인용재결에만 인정

형성력 있는 재결은 취소처분·변경처분·의무이행심판에 있어서의 처분재결이다. 따라서 각하·기각재결이 있은 후에도 정당한 사유가 있으면 처분청은 직권으로 원처분을 취소·변경·철회할 수 있다.

다. 불가쟁력과 불가변력

(1) 불가쟁력

재결이 있으면 그 재결 및 같은 처분 또는 부작위에 대하여 다시 행정심판을 청구할 수 없다. 재결에 고유한 위법이 있는 경우에 한하여 행정소송의 제기가 가능하지만(행정소송법 제19조), 그 경우에도 제소기간이 경과하면 더 이상 그 효력을 다툴 수 없게 되는데 이를 재결의 불가쟁력이라 한다.

(2) 불가변력

재결은 다른 일반 행정행위와는 달리 쟁송절차에 의해 이루어진 판단행위이므로 분쟁을 종국적으로 해결하는 효과를 가져야 한다. 따라서 재결이 일단 이루어진 경우에는 그것이 위법 또는 부당하다고 생각되는 때에도 오산, 오기, 기타 이와 유사한 형식상의 오류가 있는 경우를 제외하고는 재결청 자신도 임의로 취소·변경할 수 없는 효력이 발생한다. 이를 재결의 불가변력이라 한다.

라. 기속력

(1) 의 의

심판청구를 인용하는 재결은 피청구인과 그 밖의 관계 행정청을 기속(羈束)한다(법제49조 1항). 재결의 기속력은 이와 같이 피청구인인 행정청이나 관계행정청으로 하여금 재결을 취지에 따라 행동할 의무를 발생시키는 효력을 말한다. 따라서 재결의 기속력을 재결의 구속력이라 부르기도 한다. 기각재결은 청구인의 심판청구를 배척하는데 그치고, 관계행정청에 원처분을 유지할 의무를 부과하는 것은 아니기 때문에 재결의 기속력은 인용재결에 한하고 기각 또는 각하재결에는 인정되지 않는다.

(2) 내 용

1) 반복금지의무(소극적 의무)

청구인용재결이 있게 되면 행정청은 그 재결을 준수해야한다. 그러므로 그 재결에 저촉되는 행위를 할 수 없다. 즉 관계행정청은 당해재결의 내용에 모순되는 내용의 동일한 처분을 동일한 사실관계에 하에 반복할 수 없다는 것이다.

2) 재처분의무(적극적 의무)

가) 내 용

당사자의 신청을 거부하거나 부작위로 방치한 처분의 이행을 명하는 재결이 있으면 행정청은 지체 없이 이전의 신청에 대하여 재결의 취지에 따라 처분을 하여야 한다(법제49조 2항). 이때 기속행위 또는 영으로 수축되는 재량행위의 경우에는 신청한 대로 처분을 하여야 한다. 그러나 일반적으로 재량행위의 경우에는 청구인이 신청한 대로 처분할 필요는 없고, 다시 하자 없는 내용의 재량행위를 발령하는 것이 그 내용이 된다.

나) 거부처분에 대한 재처분의무 문제

① 문제의 소재

현행 행정심판법은 재처분의무를 의무이행심판의 경우에 한정하여 규정하나 거부처분에 대하여는 의무이행심판과 거부처분취소심판을 제기할 수 있다는 점에서, 만약 거부처분에 대하여 의무이행심판을 제기하지 않고 거부처분취소심판을 제기하여 그것이 인용되어 거부처분취소재결이 있는 경우에 처분청의 재처분의무를 인정하는 명시적 규정이 없어서 과연 이를 인정할 수 있는가가 문제된다.

② 긍정설

행정심판법 제49조 제1항은 재결의 기속력에 관한 일반적 규정이고, 재처분의무는 기속력의 일부를 이루는 것으로 볼 수 있으므로, 취소심판에서 거부처분이 취소된 경우에도 처분청은 재결의 취지에 따른 재처분의무를 진다고 보는 견해이다.

③ 부정설

행정심판법 제5조 제3호, 제49조 제2항 및 제3항에서 이행재결, 절차의 위법 또는 부당을 이유로 한 취소재결에 한하여 처분의 의무를 규정하고 있으므로 반대해석에 의해 그 이외의 인용재결의 경우에는 처분의무를 인정할 수 없으며 행정청에게 적극적인 의무를 인정하기 위하여는 명문의 근거가 필요하다는 견해이다.

④ 위법설

행정심판법상 거부처분은 의무이행심판의 대상이지 취소심판의 대상이 아니기 때문에 청구인이 거부처분에 대하여 취소심판을 청구한다면, 위원회는 청구인에게 의무이행심판으로 변경하여 청구하도록 해야 할 것이고 만약 거부처분에 대한 취소심판청구가 있고, 이에 대해 인용재결이 이루어진다면 그러한 인용재결은 위법하다는 견해이다.

3) 직접처분제도

가) 의의

직접처분이란 위원회가 피청구인인 행정청이 처분의 이행을 명하는 재결에도 불구하고 처분을 하지 아니하는 경우에는 당사자가 신청하면 기간을 정하여 서면으로 시정을 명하고 그 기간에 이행하지 아니하면 직접 처분을 할 수 있는 것을 말한다. 다만, 그 처분의 성질이나 그 밖의 불가피한 사유로 위원회가 직접 처분을 할 수 없는 경우에는 그러하지 아니하다(법제50조 1항).

나) 직접처분과 처분재결의 구별

직접처분은 처분청이 이행명령재결을 이행하지 않는 경우에 그 실효성을 확보하기 위하여 위원회가 처분청이 행할 처분을 직접 행하는 것이고, 처분재결은 의무이행심판에 대하여 처음부터 위원회가 재결로써 처분을 행하는 것이다.

다) 요 건
① 처분명령재결이 있었을 것
② 위원회가 당사자의 신청에 따라 기간을 정하여 시정을 명령하였을 것
③ 당해 행정청이 그 기간 내에 시정명령을 이행하지 아니하였을 것

라) 효 과
직접처분을 할 수 있는 범위는 처분청이 의무이행재결 취지에 따라 처분을 하지 않는
모든 경우에 인정된다. 그러나 처분청의 모든 사항을 확인 할 수 없으므로 직접처분에
도 내적인 한계가 있다 예컨대 당해 행정청만이 보유하고 있는 정보의 공개청구에 대해
이행재결 등 당해 처분의 성질 기타 불가피한 사유로 재결청이 처분할 수 없는 경우에
는 지체 없이 당사자에게 그 사실 및 사유를 각각 통지하여야 한다.

마) 자치사무의 직접처분에 대한 불복 문제
지방자치단체가 자치권침해를 이유로 자치사무에 관한 직접처분의 취소를 구할 원고적
격이 있는가에 대하여 견해가 나뉘고 있다.

① 부정설
직접처분은 성질상 처분재결이므로 지방자차단체가 불복할 수 없다는 견해와

② 긍정설
지방자치단체의 자치권을 지방자치단체의 법률상 이익으로 볼 수 있고, 지방자치단체
는 독립된 법주에이기 때문에 자치권의 침해를 이유로 직접처분의 취소를 구할 수 있다
는 견해가 있다.

(3) 기속력의 범위

1) 주관적 범위

재결은 청구인, 참가인, 피청구인과 그 밖의 관계 행정청을 기속(羈束)한다.

2) 객관적 범위

기속력의 객관적 범위는 재결의 주문 및 재결이유 중 그 전제가 된 요건사실의 인정과 처분의 효력의 판단에 미치고, 이와 직접 관계없는 다른 처분에는 영향을 주지 않는다.

3) 기속력의 시간적 범위

통설 판례는 처분의 위법성판단의 기준 시점을 처분 시로 보고 있기 때문에 기속력은 처분 시까지의 사유를 판단의 대상으로 한다. 따라서 처분시 이후의 새로운 법률관계나 사실관계는 재결의 기속력이 미치지 않는다.

5. 재결에 대한 불복

가. 재심판청구의 금지

행정심판법은 심판청구에 대한 재결이 있으면 그 재결 및 같은 처분 또는 부작위에 대하여 다시 행정심판을 청구할 수 없다(법제51조 1항)라고 규정하여 행정심판의 단계를 단일 화 하였다. 따라서 재결에 불복이 있는 경우에는 행정소송에 의한다. 다만, 국세기본법과 같이 각 개별법에서 다단계의 행정심판이 인정되고 있는 경우는 그에 의한다.

나. 재결에 대한 행정소송

재결도 행정행위의 일종인 이상 재결자체에 고유한 위법이 있음을 이유로 재결의 취소, 변경을 구하거나 재결에 무효사유가 있음을 이유로 무효확인을 구하는 행정소송을 제기할 수 있다(행소법 19조). 행정심판 재결에 대하여 불복하는 자는 행정소송을 제기할 수 있는데, 이때 행정소송의 대상은 재결이 아니라 원처분을 대상으로 제기하여야 한다. 재결내용에 불복이 있더라도 원처분의 위법성을 가지고 행정소송에서 다투어야 한다.

Ⅸ. 행정심판 서식례

가. 신청취지 기재례

[서식 - 신청취지 기재례]

> 피청구인이 2023. 00. 00. 청구인에게 한 출국명령을 취소한다.
> 라는 재결을 구합니다.

> 피청구인이 2023. 00. 00. 청구인에게 한 강제퇴거명령을 취소한다.
> 라는 재결을 구합니다.

> 피청구인이 2023. 00. 00. 청구인에게 한 강제퇴거명령 및 보호명령을 취소한다.
> 라는 결정을 구합니다.

> 피청구인이 2016.05.02 청구인에 대하여 한 체류기간연장등 불허결정처분을 취소한다.
> 라는 재결을 구합니다.

나. 신청서 작성례

[서식 - 행정심판청구 : 출국명령취소청구 - 형사처벌]

행정심판청구서

청 구 인   ○○○

피청구인   ○○출입국, 외국인청

출국명령취소 행정심판

청구 취지

피청구인이 2021. 9. 15. 청구인에게 한 출국명령을 취소한다.

라는 재결을 구합니다.

청구이유

1. 이 사건 처분의 내용

청구인은 한국계 ○○인(여, 35세)으로서, 2012. 6. 20. 단기체류(C-3-1) 자격으로 입국하여 2018. 5. 31. 재외동포(F-4-27) 자격으로 체류자격 변경허가를 받아 체류 하던 중 2021. 3. 31. ○○지방법원으로부터 특수상해로 징역 6월에 집행유예 1년을 선고받았고, 피청구인은 2021. 9. 15. 청구인에게 「출입국관리법」 제11조제1항 제3 호·제4호, 제46조 제1항 제3호·제13호 및 제68조제1항 제1호에 따라 2021. 10. 1 5.까지 출국할 것을 명하는 출국명령(이하 '이 사건 처분'이라 한다)을 하였습니다.

2. 이 사건의 경위

청구인은 2020. 12. 13. 마트 바닥에 널린 술병 등을 치우는 문제로 남편과 말다툼

끝에 손찌검을 당하자 화를 참지 못하고 청구인이 치우기 위해 빗자루와 함께 손에 쥐고 있던 소주병을 그만 우발적으로 남편 머리에 내려치고 말았습니다. 당시에는 너무나도 남편이 미웠고 원망스러웠습니다. 코로나로 장사도 안 되고 새벽녘 마트 앞에서 술주정하는 것도 창피하기도 했습니다.

경위야 어찌되었든 폭력은 어떠한 상황에서도 정당화될 수 없고, 청구인 자신도 당시 우발적으로 행한 행동에 대하여 깊이 반성하고 있는 상황입니다.

한편, 청구인은 2012년 입국 후 공장에서 일하며 모은 돈으로 2020년부터 작은 ○○식품마트를 운영 중에 있으며, 남편과 2019년에 만나 아직 자녀는 없지만 현재는 과거보다 더욱 정을 돈독히 하며 지내고 있는 상황입니다. ○○을 떠난 지 10년이 지나 이제는 ○○에 연고나 생계기반이 전혀 없습니다. 사랑하는 이, 그동안 알게 된 이웃과 친구들, 부모님도 모두 이곳에 계시는데 갑자기 한국 내 생활기반을 접고 ○○으로 출국하라는 것은 날벼락 같은 일입니다.

3. 이 사건 처분의 위법 · 부당 여부

가. 관계법령의 내용

「출입국관리법」 제11조제1항 제3호·제4호에 따르면 법무부장관은 대한민국의 이익이나 공공의 안전을 해치는 행동을 할 염려가 있다고 인정할 만한 상당한 이유가 있는 외국인이나 경제질서 또는 사회질서를 해치거나 선량한 풍속을 해치는 행동을 할 염려가 있다고 인정할 만한 상당한 이유가 있는 외국인에 대하여는 입국을 금지할 수 있다고 되어 있고, 같은 법 제46조제1항 제3호 · 제13호 및 제68조제1항 제1호에 따르면 지방출입국·외국인관서의 장은 같은 법 제11조제1항 각 호의 어느 하나에 해당하는 입국금지 사유가 입국 후 발견되거나 발생한 외국인이나 금고 이상의 형을 선고받고 석방된 외국인을 대한민국 밖으로 강제퇴거 시킬 수 있으며, 위와 같은 경우에 해당한다고 인정되더라도 자기비용으로 자진하여 출국하려는 외국인 등에게는 출국명령을 할 수 있다고 되어 있다.

나. 이 사건 처분의 부당성

(1) 피해자인 남편의 탄원

피해자의 남편인 청구외 ○○○은 청구인의 옆에는 오직 남편인 자신밖에 없고, 가게는 그녀의 전재산이며 희망입니다. 청구인이 지금 ○○으로 추방되면 갈 곳도 없으며, 그녀가 유일하게 기댈 수 있는 저, 가게 그리고 거주할 집, 이 모든 것이 대한민국에 있으며 청구인이 자신의 잘못을 깊이 뉘우치고 새로운 가족을 꾸려 열심히 살려는 의사 및 개전의 정이 강력하니 이번에 한하여 한번의 기회를 주시기 간절히 탄원하고 있습니다.

(2) 청구인인 범죄경력없는 초범입니다.

청구인의 범죄는 사실혼 관계인 남편과의 사이에서 우발적으로 일어난 1회성 사건으로 초범인 점입니다. 청구인의 그간의 행적 및 범죄사실로 볼 때 공공의 안전 및 사회질서를 해칠 이유가 전혀 존재하지 않습니다.

(3) 청구인의 반성 및 심리치료

청구인은 이 사건을 깊이 반성하고 있으며, 다시는 이와 같은 잘못을 반복하지 않고자 하는 의지가 강하여 현재 관련 심리치료까지 받고 있는 상황입니다.

4. 결 론

청구인은 위 3항에서 보듯 이 사건을 깊이 반성하고 있으며, 그러한 청구인에 대하여 피해자인 남편도 형이 감경되어 다시 정상적인 부부관계를 회복하기를 탄원하고 있으며, 특히 청구인 초범으로 자신 또한 자신의 행위를 감당하지 못할 정도의 정신적 충격을 받고 현재 심리치료까지 병행하며 건전한 사회인으로 거듭나고자 노력하고 있는 점 등의 제반 사정을 고려할 경우 이 사건 처분은 심히 가혹하여 위법·부당하다할 것입니다.

따라서 청구인은 「행정심판법」 제28조 및 같은 법 시행령 제20조에 따라 위와 같이 행정심판을 청구합니다.

입 증 자 료

1. 탄원서
2. 소견서
기타 자료 첨부

2000. 00. 00.

청구인 ○ ○ ○ (인)

중앙행정심판위원회 귀중

행정심판청구서

청 구 인   ○○○

피청구인   ○○출입국, 외국인청

출국명령처분취소 행정심판

청구 취지

피청구인이 2019. 9. 17. 청구인에게 한 출국명령 처분을 취소한다.

라는 결정을 구합니다.

이 유

1. 사건개요

청구인(1985년생, 여)은 ○○○○○ 국적의 외국인으로서, 2019. 9. 4. 단기방문(C-3) 체류자격으로 입국하여 체류하다가 2019. 9. 16. ○○출입국·외국인청에 난민신청을 하였고, 같은 날 피청구인을 방문하여 체류자격 변경신청을 하였으나 피청구인은 업무가 종료되어 다음 날 방문할 것을 안내하였으며, 청구인이 다음 날인 2019. 9. 17. 피청구인에게 체류자격 변경신청을 하자 피청구인은 당일 청구인에게 체류기간을 도과하여 불법체류를 하였다는 이유로 2019. 12. 16.까지 출국할 것을 명하는 출국명령(이하 '이 사건 처분'이라 한다)을 하였다.

2. 청구인 주장

가. 청구인은 추석명절(2019. 9. 12.~2019. 9. 15.) 및 일요일 다음 날인 2019. 9. 16. 오전에 난민신청서 접수를 위해 ○○출입국·외국인청을 방문하였으나 접수

대기 시간 등으로 많은 시간이 경과한 뒤 난민신청서를 접수하였으며, 접수담당자로부터 난민신청자는 관할 출입국외국인청(사무소·출장소)에 방문하여 출입국관리법에 따른 체류 허가를 받아야 한다는 안내를 받고, 피청구인에게 체류자격 변경허가 신청을 위해 당일 18시 몇 분을 경과하여 도착했는데 피청구인은 업무가 종료되었으니 다음 날 방문하라고 안내하였습니다.

나. 청구인은 다음 날 피청구인에게 체류자격 변경허가 신청을 했으나 피청구인은 체류기한이 1일 도과하였다는 이유로 이 사건 처분을 한 것입니다.

3. 이 사건 처분의 위법 · 부당 여부

가. 「출입국관리법」 제17조제1항에 따르면 외국인은 그 체류자격과 체류기간의 범위에서 대한민국에 체류할 수 있다고 되어 있고, 같은 법 제68조제1항제5호 및 제102조제1항에 따르면 지방출입국 · 외국인관서의 장은 출입국사범에 대한 조사 결과 범죄의 확증을 얻었을 때에는 그 이유를 명확하게 적어 서면으로 벌금에 상당하는 금액을 지정한 곳에 낼 것을 통고할 수 있고, 출국조치하는 것이 타당하다고 인정되는 외국인에게는 출국명령을 할 수 있다고 되어 있으며, 「난민법」 제5조제6항에 따르면 난민신청자는 난민인정 여부에 관한 결정이 확정될 때까지(난민불인정결정에 대한 행정심판이나 행정소송이 진행 중인 경우에는 그 절차가 종결될 때까지) 대한민국에 체류할 수 있다고 되어 있습니다.

나. 이 사건 처분의 위법 부당성

청구인은 체류기간 만료일(2019. 9. 14.)이 추석 연휴기간(2019. 9. 12. (목)~2019. 9. 14. (토))이어서 2019. 9. 16. 월요일 ○○출입국·외국인청을 방문하여 난민인정 신청서를 접수하게 되었고, 이때 관할 출입국외국인청을 방문하여 난민신청자(G-1)로의 체류자격 변경허가를 받아야 한다는 것을 알았고, 특히 청구인은 관할 출입국외국인청인 ●●출입국·외국인사무소 ▲▲출장소에 당일 18시 이후 도착한 점, 피청구인이 2019. 9. 16. 청구인에게 18시가 경과하여 업무가 종료되었으니 다음 날 다시 방문하라고 안내한 점, 피청구인은 청구인이 불법체류 1일을 할 수밖에 없었던 사정을 인지하였음에도 청구인의 체류목적, 불법 체류하게 된 상황 등을 참작하지 않고 이 사건 처분을 한 것은 과도해 보이는 점 등을 종합하여 볼 때, 피청구인의 이 사건 처분은 비례원칙에 위반되고 재량권을 일탈·남용하여 위법·부당하다할 것입니다.

4. 결론

따라서 청구인은 이상과 같은 이유로 청구취지와 같은 결정을 구하고자 이 사건 청구에 이른 것입니다.

입증방법

1. 행정처분문서

기타자료 첨부

2000. 00. 00.

청구인 ○○○ (인)

중앙행정심판위원회 귀중

행정심판청구서

청 구 인   ○ ○ ○
피청구인   ○ ○ ○

출국명령처분취소 행정심판

청 구 취 지

피청구인이 2020. 10. 23. 청구인에게 한 출국명령을 취소한다.
라는 결정을 구합니다.

이 유

1. 사건개요

청구인(1972년생, 남)은 중국 국적의 동포로서 방문취업(H-2) 체류자격으로 체류하
던 자인데, 피청구인은 2020. 10. 23. 청구인에게 「출입국관리법」 제11조제1항제3
호·제4호, 제17조제1항, 제20조, 제46조제1항제3호·제8호 및 제68조제1항제1호
에 따라 출국명령(이하 '이 사건 처분'이라 한다)을 하였다.

2. 청구인 주장

청구인은 대한민국으로 귀화한 누나가 운영하는 회사에서 근무하다가 회사의 대표자
로 취임하는 것이 체류자격 활동범위를 벗어나는 행위인지를 알지 못한 상태에서 그
회사가 100% 투자한 다른 회사의 대표자로 취임하였는바, 청구인은 대한민국에 입국
하여 성실하게 취업활동을 하였고, 별다른 범법행위를 한 사실이 없습니다.

3. 이 사건 처분의 위법·부당 여부

가. 관계법령의 내용

1) 「출입국관리법」 제10조제1항에 따르면 입국하려는 외국인은 대통령령으로 정하는 체류자격을 가져야 한다고 되어 있고, 같은 법 제17조제1항에 따르면 외국인은 그 체류자격과 체류기간의 범위에서 대한민국에 체류할 수 있다고 되어 있으며, 같은 법 제46조제1항제8호에 따르면 지방출입국·외국인관서의 장은 이 장에 규정된 절차에 따라 제17조제1항을 위반한 해당하는 외국인을 대한민국 밖으로 강제퇴거시킬 수 있다고 되어 있고, 같은 법 제68조제1항제1호에 따르면 지방출입국·외국인관서의 장은 제46조제1항 각 호의 어느 하나에 해당한다고 인정되나 자기비용으로 자진하여 출국하려는 외국인에게는 출국명령을 할 수 있다고 되어 있으며, 같은 법 제94조제7호에 따르면 제17조제1항을 위반하여 체류자격이나 체류기간의 범위를 벗어나서 체류한 사람은 3년 이하의 징역 또는 3천만원 이하의 벌금에 처한다고 되어 있습니다.

2) 「출입국관리법 시행령」 제12조에 따르면 법 제10조의2제2호에 따른 장기체류자격의 종류, 체류자격에 해당하는 사람 또는 그 체류자격에 따른 활동범위는 별표 1의2와 같다고 되어 있고, 같은 영 별표 1의2 제29호가목2)에 따르면 방문취업(H-2) 체류자격에 해당하는 사람은 「재외동포의 출입국과 법적 지위에 관한 법률」 제2조제2호에 따른 외국국적동포에 해당하고, 국내에 주소를 둔 대한민국 국민에 해당하는 사람의 8촌 이내의 혈족 또는 4촌 이내의 인척으로부터 초청을 받은 18세 이상인 사람 중에서 나목의 활동범위 내에서 체류하려는 사람으로서 법무부장관이 인정하는 사람[재외동포(F-4) 체류자격에 해당하는 사람은 제외한다]으로 되어 있고, 같은 호 나목에 따르면 방문취업(H-2) 체류자격에 해당하는 사람의 활동범위를 규정하고 있습니다.

나. 이 사건 처분의 위법, 부당성

청구인은 회사의 대표자로 취임하는 것이 체류자격 활동범위 외의 행위인지 알지 못하였고, 특히 청구인은 대한민국에 입국하여 성실하게 취업활동을 하였으며, 별다른 범법행위를 한 사실이 없음에도 이러한 사정을 고려하지 않고 한 이 사건 처분은 청구인에게 지나치게 가혹하여 위법·부당하다할 것입니다.

4. 결론

따라서 청구인은 이상과 같은 사유로 청구취지와 같은 결정을 구하고자 이 사건 청구에 이른 것입니다.

입증방법

1. 행정처분문서

기타자료 첨부

2000. 00. 00.

청구인 ○ ○ ○ (인)

중앙행정심판위원회 귀중

[서식 - 행정심판청구 : 출국명령 - 허위체류지 증명서 제출 등]

행정심판청구

청 구 인   ㅇㅇㅇ

피청구인   ㅇㅇㅇ

출국명령처분 등 취소 행정심판

청 구 취 지

1. 피청구인이 2020. 11. 3. 청구인에게 한 출국명령 및 5년간 입국금지처분을 취소한다.
2. 심판비용은 피청구인의 부담으로 한다.

라는 결정을 구합니다.

이 유

1. 이 사건 처분의 내용

가. 청구인(1983년생, 여)은 ㅇㅇ 국적의 외국인으로서, 2016. 4. 30. 일반연수(D-4) 체류자격으로 입국하여 체류하던 중 2018. 3. 6. 유학(D-2) 체류자격으로 변경허가를 받은 후 3회의 체류기간 연장허가(만료일자: 2020. 7. 31.)를 받고 체류하였다.

나. 청구인은 2020. 4. 23.부터 구직(D-10) 체류자격으로 변경허가(만료일자: 2020. 10. 23.)를 받고 체류하던 중 과거 유학(D-2) 체류자격의 체류기간 연장허가신청 및 구직(D-10) 체류자격 변경허가신청을 할 때 허위의 체류지 증빙서류를 제출한 사실이 적발되었고, 이에 피청구인은 2020. 11. 3. 청구인에게 「출입국관리법」 제11조제1항제3호·제4호·제8호, 제26조제1호, 제46조제1항제3호·제

10호의2, 제68조제1항제1호에 따라 출국기한을 2020. 12. 3.까지로 한 출국명령(이하 '이 사건 처분'이라 한다)을 하였다.

2. 이 사건의 경위

청구인이 ○○○○대학교 대학원에 입학하려고 할 때 청구인의 주소지가 ○○출입국·외국인사무소 관내인 A도 ○○시 또는 ○○○시로 되어 있는 주소지 계약서를 제출해야 입학이 된다고 하여, ○○○시에 있는 고시원에 돈을 준 후 받은 계약서로 입학을 한 후 피청구인에게 구직(D-10) 체류자격 변경허가신청을 할 때에도 위 주소지 계약서를 사용하였는데, 체류자격 변경허가 또는 체류기간 연장허가 신청을 할 때 거주지 주소는 필요조건에 해당하지도 않고, 청구인이 ○○○시로 한 주소지 계약서를 범죄에 사용하거나 경제적 이득을 취하기 위하여 사용한 것도 아닙니다.

3. 이 사건 심판청구의 적법 여부 및 이 사건 처분의 위법·부당 여부

가. 관계법령의 내용

1) 「행정심판법」 제2조제1호 및 제3조제1항에 따르면 행정심판은 행정청의 처분 또는 부작위에 대하여 청구할 수 있는데, 여기에서 '처분'이란 행정청이 행하는 구체적 사실에 관한 법집행으로서의 공권력의 행사 또는 그 거부와 그 밖에 이에 준하는 행정작용을 말하고, '부작위'란 행정청이 당사자의 신청에 대하여 상당한 기간 내에 일정한 처분을 하여야 할 법률상 의무가 있는데도 처분을 하지 아니하는 것을 말한다고 되어 있으며, 같은 법 제5조제1호에 따르면 취소심판은 행정청의 위법 또는 부당한 처분을 취소하거나 변경하는 행정심판을 말한다고 되어 있다.

2) 「출입국관리법」 제11조제1항에 따르면 법무부장관은 대한민국의 이익이나 공공의 안전을 해치는 행동을 할 염려가 있다고 인정할 만한 상당한 이유가 있는 외국인(제3호), 경제질서 또는 사회질서를 해치거나 선량한 풍속을 해치는 행동을 할 염려가 있다고 인정할 만한 상당한 이유가 있는 외국인(제4호) 등에 대해서는 입국을 금지할 수 있다고 되어 있고, 같은 법 제26조에 따르면 누구든지 체류자격 변경허가 신청, 체류기간 연장허가 신청 등과 관련하여 위조·변조된 문서 등을 입

증자료로 제출하거나 거짓 사실이 적힌 신청서 등을 제출하는 등 부정한 방법으로 신청하는 행위(제1호), 제1호의 행위를 알선·권유하는 행위(제2호)를 해서는 아니 된다고 되어 있으며, 같은 법 제46조제1항제10호의2, 제68조제1항제1호에 따르면 지방출입국·외국인관서의 장은 제26조를 위반한 외국인을 대한민국 밖으로 강제퇴거시킬 수 있으나, 자기비용으로 자진하여 출국하려는 외국인에게는 출국명령을 할 수 있다고 되어 있다.

나. 이 사건 처분의 위법 부당성

체류자격 변경허가 또는 체류기간 연장허가 신청을 할 때 거주지 주소는 필요조건에 해당하지도 않고, 청구인이 ○○○시로 한 주소지 계약서를 범죄에 사용하거나 경제적 이득을 취하기 위하여 사용한 것도 아니며, 특히 청구인은 초범이며 이 사건 잘못을 깊이 반성하고 있음에도, 이러한 사실 등에 대한 고려 없이 한 이 사건 처분 및 5년간 입국금지처분은 관련법령을 오인하고 재량권을 일탈·남용하여 위법·부당하므로 취소되어야 합니다.

4. 결론

청구인은 이 사건과 같은 사유로 청구취지와 같은 결정을 구하고자 이 사건 처분에 이른 것입니다.

입증방법

    1. 행정처분문서

    기타문서 첨부

2000. 00. 00.

청구인 ○○○ (인)

중앙행정심판위원회 귀중

행정심판청구서

청 구 인　　　○ ○ ○

피청구인　　　○ ○ ○

출국명령처분취소 행정심판

청구 취지

피청구인이 2021. 1. 19. 청구인에게 한 출국명령처분을 취소한다.

라는 결정을 구합니다.

청구 이유

1. 이 사건 처분의 내용

청구인(1900년생, 여)은 ○○ 국적의 외국인으로, 2015. 2. 12. 일반연수(D-4) 자격으로 입국한 후 2016. 9. 12. 유학(D-2) 체류자격으로 변경하여 체류하던 중 2020. 1. 16. ○○지방법원으로부터 '공문서위조, 위조공문서행사, 사기'로 징역 8월, 집행유예 3년을 선고받았고, 2020. 12. 24. 대법원에서 상고 기각 판결을 받고 최종 확정되었으며, 이에 피청구인은 2021. 1. 19. 위 범죄사실 등을 이유로 청구인에게 2021. 2. 18.까지 출국할 것을 명하는 출국명령(이하 '이 사건 처분'이라 한다)을 하였습니다.

2. 청구인 주장

피청구인이 이 사건 처분과 관련하여 「출입국관리법」 제46조제1항제13호를 확대해서 청구인에게 적용한 것은 위법하고, 청구인은 비록 사기 등의 혐의로 징역 2년, 집행유예 3년의 처분을 받았지만 보이스피싱 사기범죄에 가담한다는 인식이 없었을 뿐 아니라 범죄 수익도 매우 적으므로 청구인을 「출입국관리법」 제11조제3항 및 제4항에 해당하는 대한민국의 공익을 해할 자로 볼 수 없습니다.

3. 이 사건 처분의 위법 · 부당 여부

가. 관계법령의 내용

「출입국관리법」 제11조제1항제3호 · 제4호 · 제8호에 따르면 법무부장관은 대한민국의 이익이나 공공의 안전을 해치는 행동을 할 염려가 있다고 인정할 만한 상당한 이유가 있는 외국인(제3호), 경제질서 또는 사회질서를 해치거나 선량한 풍속을 해치는 행동을 할 염려가 있다고 인정할 만한 상당한 이유가 있는 외국인(제4호), 법무부장관이 그 입국이 적당하지 아니하다고 인정하는 외국인(제8호)에 대하여는 입국을 금지할 수 있다고 되어 있고, 같은 법 제46조제1항제3호 · 제13호 · 제14호에 따르면 지방출입국 · 외국인관서의 장은 제11조제1항 각 호의 어느 하나에 해당하는 입국금지 사유가 입국 후에 발견되거나 발생한 외국인(제3호), 금고 이상의 형을 선고받고 석방된 외국인(제13호), 그 밖에 법무부령으로 정하는 외국인(제14호)을 대한민국 밖으로 강제퇴거 시킬 수 있다고 되어 있으며, 같은 법 제68조제1항제1호에 따르면 지방출입국 · 외국인관서의 장은 제46조제1항 각 호의 어느 하나에 해당한다고 인정되나 자기비용으로 자진하여 출국하려는 외국인에게는 출국명령을 할 수 있다고 되어 있습니다.

나. 이 사건 처분의 위법, 부당성

청구인은 이 사건 범죄가 초범이며, 현재 이 사건을 깊이 반성하며, 다시는 이 사건과 같은 잘못을 저지르지 아니할 것을 깊이 반성하고 있으며, 특히 청구인은 이 사건 범죄에 가담한다는 인식자체가 없었을 뿐만 아니라 현재 대학교에 재학 중인 학생인 점 등의 사정을 고려하면 이 사건 처분은 재량권을 일탈남용한 것으로 위법하다할 것입니다.

4. 결론

따라서 청구인은 이상과 같은 이유로 청구취지와 같은 결정을 구하고자 이 사건 신청에 이른 것입니다.

입증방법

1. 행정처분문서

기타자료 첨부

2000. 00. 00.

청구인 ○ ○ ○ (인)

중앙행정심판위원회 귀중

행정심판청구서

청구 인   ○○○
피청구인   ○○○

출국명령처분취소 행정심판

청구 취지

피청구인이 2020. 11. 19. 청구인에게 한 출국명령을 취소한다.
라는 결정을 구합니다.

이   유

1. 이 사건 처분의 내용

청구인(1900년생, 남)은 중국 국적의 동포로서 방문취업(H-2) 체류자격으로 체류하
던 자인데, 피청구인은 2020. 11. 19. 청구인에게 「출입국관리법」 제11조제1항제3
호·제4호, 제46조제1항제3호·제14호 및 제68조제1항제1호에 따라 출국명령(이하
'이 사건 처분'이라 한다)을 하였다.

2. 이 사건의 경위

청구인은 2000년경 고향 친구가 영업에 따른 수금을 위해 대한민국 통장이 필요하다
고 부탁하여 아무런 피해가 없을 것이라는 다짐을 받고 통장을 만들어 계좌번호, 비
밀번호 및 공인인증서를 전달한 사실이 있는데, 2000년 10월경 수사를 받고 청구인
의 행위가 범죄가 된다는 사실을 알게 되었고, 이로 인해 벌금 300만원의 약식명령을
받은 후 이를 납부하였습니다.

3. 이 사건 처분의 위법 · 부당 여부

가. 관계법령의 내용

「출입국관리법」 제11조제1항제3호·제4호에 따르면 법무부장관은 대한민국의 이익이나 공공의 안전을 해치는 행동을 할 염려가 있다고 인정할 만한 상당한 이유가 있는 외국인이나 경제질서 또는 사회질서를 해치거나 선량한 풍속을 해치는 행동을 할 염려가 있다고 인정할 만한 상당한 이유가 있는 외국인에 대하여는 입국을 금지할 수 있다고 되어 있고, 같은 법 제46조제1항제3호 및 제68조제1항제1호에 따르면 지방출입국·외국인관서의 장은 같은 법 제11조제1항 각 호의 어느 하나에 해당하는 입국금지 사유가 입국 후 발견되거나 발생한 외국인이나 금고 이상의 형을 선고받고 석방된 외국인을 대한민국 밖으로 강제퇴거 시킬 수 있으며, 위와 같은 경우에 해당한다고 인정되더라도 자기비용으로 자진하여 출국하려는 외국인 등에게는 출국명령을 할 수 있다고 되어 있습니다.

나. 이 사건 처분의 위법, 부당성

청구인은 고향 친구가 영업에 따른 수금이 필요하다는 부탁을 받고 범죄가 될 것이라는 생각 없이 전자금융거래법위반 범죄를 저질렀던 것이며, 청구인은 법률에 무지하여 발생한 이 사건 범죄행각에 대하여 경위야 어찌되었던 뼈저리게 반성하며 후회하면서 다시는 이와 같은 잘못을 반복하지 아니하겠다고 깊게 다짐하고 있습니다.

청구인은 본국이나 대한민국에서 이 사건 범죄가 초범이고 그간 외국인으로 대한민국 법률을 준수하고 생활해 왔습니다. 이 와 같은 제반사정을 고려해 볼 때 청구인에 대한 이 사건 처분은 지나치게 가혹하므로 위법 · 부당하다할 것입니다.

4. 결론

따라서 청구인은 청구취지와 같은 결정을 구하고자 이 사건 신청에 이른 것입니다.

입증방법

1. 행정처분문서

2. 반성문

기타 자료 첨부

2000. 00. 00.

청구인 ○○○ (인)

중앙행정심판위원회　귀중

행정심판청구서

신 청 인   ○ ○ ○
피신청인   ○ ○ ○

출국명령처분취소 행정심판

청구 취지

피청구인이 2021. 2. 5. 청구인에게 한 출국명령을 취소한다.

라는 결정을 구합니다.

청구 이유

1. 이 사건 처분의 내용

청구인(1900년생, 남)은 ○○ 국적의 외국인으로, 2014. 4. 9. 재외동포(F-4) 체류 자격으로 입국하여 체류하다가 2020. 12. 8. ○○지방법원으로부터 도로교통법위반 (음주운전)죄로 벌금 700만원의 약식명령을 선고받았고, 피청구인은 2021. 2. 5. 청 구인에게 「출입국관리법」 제11조제1항제3호 · 제4호, 제46조제1항제3호, 제68조제1 항제1호를 이유로 출국명령(이하 '이 사건 처분'이라 한다)을 하였습니다.

2. 청구인 주장

가. 청구인은 대한민국에 입국하여 국가기술자격증을 취득한 후 조경업무를 배워 20
　　19. 2. 13. 조경관련 업체인 '○○조명'(이하 '이 사건 회사'라 한다)을 설립하여
　　운영하고 있는데, 이 사건 회사 직원인 장○○(이하 '장○○'라 한다)의 배우자에
　　게 좋은 일이 생겨 평소 친분이 있던 장○○의 동생인 장□□(이하 '장□□'라 한
　　다) 등과 함께 저녁 식사를 하게 되었고, 장□□가 가족사에 대한 불만과 과음으
　　로 난동을 부리자 청구인이 장□□를 달래려 차에 태운 뒤 히터를 키려 시동을 걸

었으며, 장ㅁㅁ가 문을 열고 뛰쳐나가려고 하자 장ㅁㅁ가 문 옆에 있는 철재 구조물인 자전거 거치대에 부딪혀 다칠 것 같아 거치대를 피하기 위해 1m 정도 운전하였고, 마침 장ㅁㅁ의 난동을 정리 중이던 경찰관의 음주측정 요구로 음주운전이 적발되었습니다.

나. 청구인은 이 사건 회사를 설립한 이후 납품 물건의 만족도가 높아 매출이 증가하였는데, 이 사건 처분으로 2021년도에 발생이 예상되는 약 7억원의 매출이 무산되어 경제적인 손실과 신뢰도 하락 및 장ㅇㅇ의 실직이 발생할 것이며, 청구인의 체류자격에 기인하여 장기간 한국에서 생활하고 있는 청구인의 배우자 및 자녀도 이 사건 처분으로 출국해야 하는 상황에 처하게 됩니다.

3. 이 사건 처분의 위법·부당 여부

가. 관계법령의 내용

「출입국관리법」 제11조제1항제3호·제4호에 따르면 법무부장관은 대한민국의 이익이나 공공의 안전을 해치는 행동을 할 염려가 있다고 인정할 만한 상당한 이유가 있는 외국인이나 경제질서 또는 사회질서를 해치거나 선량한 풍속을 해치는 행동을 할 염려가 있다고 인정할 만한 상당한 이유가 있는 외국인에 대하여는 입국을 금지할 수 있다고 되어 있고, 같은 법 제46조제1항제3호 및 제68조제1항제1호에 따르면 지방출입국·외국인관서의 장은 같은 법 제11조제1항 각 호의 어느 하나에 해당하는 입국금지 사유가 입국 후 발견되거나 발생한 외국인이나 금고 이상의 형을 선고받고 석방된 외국인을 대한민국 밖으로 강제퇴거 시킬 수 있으며, 위와 같은 경우에 해당한다고 인정되더라도 자기비용으로 자진하여 출국하려는 외국인 등에게는 출국명령을 할 수 있다고 되어 있습니다.

나. 이 사건 처분의 위법, 부당성

청구인은 이 사건 당시 과음으로 감정이 격해진 장ㅁㅁ를 차에 태우고 약 1m 정도를 운전한 것이고, 이는 술에 취한 장ㅁㅁ가 차 문을 열고 밖으로 나가려 하자 차문 옆에 있는 철재 구조물로부터 장ㅁㅁ를 보호하려고 운전하였던 것입니다.

위 음주운전으로 다른 피해가 발생하지 아니하였으며, 달리 청구인이 2014. 4. 9. 대한민국에 입국한 후 이 사건 음주운전 외에 다른 범죄사실이 없으며, 특히 청구인이 급박한 상황에서 1m 정도의 음주운전에 대해 벌금 700만원을 선고받은 사실만으로 청구인을 '대한민국의 이익이나 공공의 안전을 해치는 행동을 할 염려가 있다고 인정할 만한 상당한 이유가 있는 사람'이나 '경제질서 또는 사회질서를 해치거나 선량한 풍속을 해치는 행동을 할 염려가 있다고 인정할 만한 상당한 이유가 있는 사람'에 해당한다고 단정하기도 어렵습니다.

한편, 청구인은 대한민국에서 금속재창호기능사 자격을 취득하였고, 2019년도부터 장○○를 고용하여 이 사건 회사를 운영하였으며, 이 사건 회사의 매출이 성장하고 있는 상황이며, 청구인은 방문동거(F-1) 체류자격인 배우자 및 2명의 자녀와 대한민국에서 거주하고 있는 상황 등을 종합하여 보면, 이 사건 처분으로 피청구인이 달성하려는 공익목적보다 청구인이 입는 불이익이 크다 할 것이므로 피청구인의 이 사건 처분은 재량권을 일탈·남용하여 위법·부당하다할 것입니다.

4. 결론
따라서 청구인은 청구취지와 같은 결정을 구하고자 이 사건 청구에 이른 것입니다.

입증방법

1. 행정처분문서
기타 문서첨부

2000. 00. 00.
청구인 ○ ○ ○ (인)

중앙행정심판위원회 귀중

행정심판청구서

청 구 인   ○○○

피청구인   ○○○

출국명령처분취소 행정심판

청구취지

피청구인이 2020. 7. 23. 청구인에게 한 출국명령을 취소한다.

라는 결정을 구합니다.

청구이유

1. 이 사건 처분의 내용

가. 청구인(1960. 2. 2.생, 여)은 한국계 ○○인으로서 김○○(JIN 0000, 1900. 2. 2.생) 명의의 여권(이하 '본인 여권'이라 한다)으로 1991. 12. 14. 입국하여 불법체류하다 1993. 4. 14. 출국하였고, 불법체류 기록이 있어 재입국이 불가하자 불상의 불법입국 알선중개인에게 ○○ 위안화 3만위안을 지불하고 이◆◆(LI 0000, 1900. 3. 8.생) 명의의 여권(이하 '위명여권'이라 한다)을 발급받아 2000. 7. 22. 입국하여 불법체류하다 2005. 8. 28. 출국하였습니다.

나. 청구인은 2006. 6. 5. 본인 여권으로 입국한 후 2016. 4. 5.까지 단기방문(C-3) 및 방문취업(H-2) 체류자격으로 출입국을 반복하다 2016. 4. 20. 방문취업(H-2) 체류자격(만기일: 2021. 2. 20.)으로 재입국하여 체류하던 중, 2020년 7월경 피청구인에게 재외동포(F-4) 체류자격 변경허가 온라인 민원신청을 하였고, 피청구인의 방문요청에 따라 2020. 7. 23. 피청구인을 방문하여 과거 신원 불일치

(위명 여권 행사) 사실에 대하여 신고 및 진술하였으며, 피청구인은 청구인에 대하여 조사 후 같은 날 청구인에게 「출입국관리법」 제7조제1항, 제17조제1항, 제28조제1항, 제46조제1항, 제68조제1항제1호에 해당한다는 이유로 출국기한을 2020. 8. 22.로 하여 출국명령(이하 '이 사건 처분'이라 한다)을 하였습니다.

2. 청구인 주장

가. 청구인은 한국계 ○○ 국적의 동포로서 1991. 12. 15. 한국에 입국하여 1994년 4월경 출국을 하였는데, 그 당시 본인 여권을 사용하여 출입국을 하였고, 2000년 7월경 한국에 입국하려 하였으나 ○○에서 비자발행을 해주지 않아 부득이 위명여권을 발급받아 입국하였으나 위명여권 사용은 이미 21년 전의 일이고 국내 체류하는 동안 어떠한 범법행위도 없었으며, 2006. 6. 5. 본인 여권으로 입국한 후 여러 차례 출입국하면서도 체류과정에서 아무런 위법사항이 없었습니다.

나. 청구인의 남편과 아들은 오래전 연락이 두절되었고, 한국 국적을 취득하여 한국인과 결혼한 딸, 한국 국적을 취득한 며느리, 손자, 손녀 모두 국내에 거주하고 있어 청구인이 오랜 기간 동안 국내에 체류하게 되었는바, 배움도 짧고 별다른 기술도 없는 61세의 청구인이 ○○에 혼자 거주하는 것은 경제적·정서적으로 불가능하여 사지로 내몰리는 상황입니다.

3. 이 사건 처분의 위법·부당 여부

가. 관계법령의 내용

「출입국관리법」제7조제1항 및 제28조제1항에 따르면 외국인이 입국할 때에는 유효한 여권과 법무부장관이 발급한 사증(查證)을 가지고 있어야 하고, 외국인이 출국할 때에는 유효한 여권을 가지고 출국하는 출입국항에서 출입국관리공무원의 출국심사를 받아야 한다고 되어 있으며, 제11조제1항에 따르면 법무부장관은 대한민국의 이익이나 공공의 안전을 해치는 행동을 할 염려가 있다고 인정할 만한 상당한 이유가 있는 외국인(제3호)과 경제질서 또는 사회질서를 해치거나 선량한 풍속을 해치는 행동을 할 염려가 있다고 인정할 만한 상당한 이유가 있는 외국인(제4호)에 대하여는 입국을 금지할 수 있다고 되어 있고, 같은 법 제46조제1항에 따르면 지방출입국·외국인관서의 장은 이 장에 규정된 절차에 따라 제7조를 위반한 사람(제1호), 제11조제1항 각 호의 어느 하나에 해당하는 입국금지 사유가 입국 후에 발견되거나 발생한 사람(제3호)을 대한민국 밖으로 강제퇴거시킬 수 있다고 되어 있으며, 같은 법 제68조제1항제1호에 따르면 지방출입국·외국인관서의 장은 제46조제1항 각 호의 어느 하나에 해당한다고 인정되나 자기비용으로 자진하여 출국하려는 사람에 해당하는 외국인에게는 출국명령을 할 수 있다고 되어 있습니다.

나. 이 사건 처분의 위법, 부당성

청구인의 가족 및 생활의 거점이 국내에 있으며, 청구인이 강제퇴거 대상이나 자진신고 후 출국하려는 점, 청구인은 입국금지 대상자가 아니므로 출국 후 본인의 진정한 신분을 다시 확인 받고 입국목적 등에 따른 적합한 사증을 심사·발급받은 후 대한민국에 입국할 가능성이 열려 있는 점 등의 제반 사정 고려 없이 한 피청구인의 이 사건 처분은 재량권의 일탈·남용하여 위법·부당하므로 취소되어야 합니다.

4. 결론

따라서 청구인은 청구취지와 같은 결정을 구하고자 이 사건 신청에 이른 것입니다.

입증방법

1. 행정처분문서
기타 자료 첨부

2000. 00. 00.

청구인 ○ ○ ○ (인)

중앙행정심판위원회 귀중

행정심판청구서

청 구 인   ○○○

피청구인   ○○○

강제퇴거명령취소 행정심판

청 구 취 지

피청구인이 2020. 12. 1. 청구인에게 한 강제퇴거명령을 취소한다.

라는 결정을 구합니다.

청 구 이 유

1. 이 사건 처분의 내용

가. 청구인(1993년생, 여)은 ○○ 국적의 외국인으로서, 2017. 4. 25. 최초 입국 후
　　체류기간 만료일(2017. 7. 25.)을 경과하여 불법체류를 하던 중 대한민국 국민
　　이○○(1971년생)과 2018. 11. 22. 혼인신고를 하였고, 임신한 상태에서 2019.
　　3. 4. 불법체류 자진신고 후 출국하였으며, 본국으로 출국한 후 3개월이 지난 20
　　19. 6. 4. 사증면제(B-1) 자격으로 국내에 다시 입국하여 2019. 8. 26. 자녀 이
　　○○을 출산하였으나 체류기간 만료일인 2019. 9. 2.까지 결혼이민(F-6) 체류자
　　격으로 체류자격 변경허가를 신청하지 아니하고 불법체류를 하였다.

나. 청구인의 배우자는 2020. 11. 30. 21:29경 아내인 청구인이 불법체류자라는 사
　　실을 112에 신고하였고, 이에 신고를 받고 출동한 경찰관은 배우자의 주거지에서
　　청구인이 체류기간이 도과한 불법체류자 신분임을 확인하고 출입국관리법위반으
　　로 현행범 체포하였고, 2020. 12. 1. 01:24경 청구인의 신병을 피청구인에게 인
　　계하였으며, 피청구인은 2020. 12. 1. 청구인이 「출입국관리법」 제11조제1항제

3호·제4호·제8호, 제17조제1항, 제46조제1항제3호·제8호, 제24조1항, 제25조에 따른 강제퇴거 대상자에 해당한다는 이유로 청구인에게 강제퇴거명령(이하 '이 사건 처분'이라 한다)을 하였다.

2. 이 사건의 경위

가. 청구인은 2017년경 취업비자로 한국에 입국하여 농장에서 일하다가 2018년 6월경 남편인 이○○을 만나서 사귀게 되었고, 2018년 11월에 혼인신고를 하고 동거를 하였으며, 2019년 8월경에 아들 이○○을 출산하였습니다.

나. 청구인은 결혼비자 신청을 하였으나 남편 이○○의 재산 소명이 부족하여 결혼비자를 받지 못하여 2019. 6. 4. 관광비자로 입국하였고, ○○출입국·외국인사무소에서 국제결혼 안내프로그램까지 이수하였으며, 결혼생활을 충실히 잘 해왔는바, 남편의 수입이 거의 없어서 생활비를 벌기 위해 집을 비운 적이 있는데 남편이 그것을 참지 못하고 가출신고를 하여 이 사건 처분을 받게 되었습니다.

다. 청구인의 남편은 가출신고를 한 것을 곧바로 후회하고 청구인과 원만한 가정생활을 영위하기를 바라고 있으며, 특히 아들 이○○이 현재 기관지가 안 좋아서 병원에 계속 다녀야 하고 또 구내염으로 인해 물도 제대로 못 마시는 지경에 있는데, 청구인이 강제퇴거를 당한다면 남편이 갓난아이를 보살펴야하는 점도 문제이거니와 청구인 자신의 인도적인 권리가 크게 침해되는 상황입니다.

3. 이 사건 처분의 위법·부당 여부

가. 관계법령의 내용

「출입국관리법」 제11조제1항에 따르면 법무부장관은 '대한민국의 이익이나 공공의 안전을 해치는 행동을 할 염려가 있다고 인정할 만한 상당한 이유가 있는 사람'(제3호), '경제질서 또는 사회질서를 해치거나 선량한 풍속을 해치는 행동을 할 염려가 있다고 인정할 만한 상당한 이유가 있는 사람'(제4호), 제1호부터 제7호까지의 규정에 준하는 사람으로서 법무부장관이 그 입국이 적당하지 아니하다고 인정하는 사람(제8호) 등에 해당하는 외국인은 입국을 금지할 수 있다고 되어 있고, 같은 법 제46조제1

항에 따르면 사무소장·출장소장 또는 외국인보호소장은 규정된 절차에 따라 제11조 제1항 각 호의 어느 하나에 해당하는 입국금지 사유가 입국 후에 발견되거나 발생한 사람(제3호), 금고 이상의 형을 선고받고 석방된 사람(제13호), 그 밖에 제1호부터 제10호까지, 제10호의2, 제11호, 제12호, 제12호의2 또는 제13호에 준하는 사람으로서 법무부령으로 정하는 사람(제14호) 등에 해당하는 외국인을 대한민국 밖으로 강제퇴거 시킬 수 있다고 되어 있습니다.

나. 이 사건 처분의 위법, 부당성

청구인은 배우자 이○○과 결혼하여 자녀 이○○을 출산하였고, 이○○은 만 2세 미만의 유아로서 친모인 청구인의 돌봄이 필요한 점, 배우자 이○○은 '장애의 정도가 심한 장애인'으로 생계급여, 의료급여 등을 받는 수급자로서 생계유지능력이 있다고 볼 수 없어 청구인이 육아와 경제활동을 병행해야 하는 어려운 사정에 처해 있는 점 등을 종합적으로 고려할 때, 청구인은 자녀양육 등 기타 인도적 고려가 필요한 경우에 해당한다고 볼 수 있고 이 사건 처분으로 인해 피청구인이 달성하려는 공익목적보다 청구인이 입는 불이익이 크다 할 것이므로 피청구인의 이 사건 처분은 부당하다할 것입니다.

4. 결론

청구인은 이상과 같은 이유로 청구취지와 같은 결정을 구하자고 이 사건 청구에 이른 것입니다.

입증방법

1. 갑 제1호증   행정처분통지서
기타자료 첨부

2000. 00. 00.

청구인 ○○○ (인)

중앙행정심판위원회 귀중

행정심판청구

청 구 인   ○ ○ ○
피청구인   ○ ○ ○

강제퇴거명령 등 취소 행정심판

청구 취지

피청구인이 2020. 4. 21. 청구인에게 한 강제퇴거명령 및 보호명령을 취소한다.
라는 결정을 구합니다.

청구 이유

1. 이 사건 처분의 내용

가. 청구인(1984년생, 남)은 중국 국적의 재외동포로서, 2014. 4. 24. 재외동포(F-
4) 체류자격으로 처음 입국하여 체류기간 연장허가(만료일자: 2020. 4. 31.)를
받고 체류하던 중 A○○지방법원으로부터 2018. 12. 13. 「외국환거래법」 위반과
사기방조죄로 징역 1년 및 벌금 2,000만원 등을 선고받고 복역 후 출소하였다.

나. 피청구인은 2020. 4. 21. 청구인에게 강제퇴거명령(이하 '이 사건 처분 1'이라 한
다)을 하면서, 청구인이 강제퇴거명령을 받은 자에 해당한다는 이유로 함께 보호
명령(이하 '이 사건 처분 2'라 한다)을 하였다.

2. 이 사건의 경위

청구인은 중국 ○○에 있는 대학교를 졸업한 후 연로한 부모님을 부양하기 위하여 대

한민국에 입국하였고, 국내에서 중국인 관광객을 상대로 가이드 업무를 하던 중 관광객으로부터 한국 돈을 중국 돈으로 환전하여 중국으로 송금해 달라는 수차례의 부탁을 받고 아무런 의심 없이 위 부탁들을 들어주었으나, 나중에 위 관광객이 보이스피싱 총책으로 체포되면서 청구인도 공범으로 처벌을 받았는데, 청구인은 본의 아니게 억울하게 연루가 되었던 것입니다.

3. 이 사건 처분 1, 2의 위법 · 부당 여부

가. 관계법령의 내용

「출입국관리법」 제11조제1항제3호·제4호에 따르면 법무부장관은 대한민국의 이익이나 공공의 안전을 해치는 행동을 할 염려가 있다고 인정할 만한 상당한 이유가 있는 외국인(제3호)이나 경제질서 또는 사회질서를 해치거나 선량한 풍속을 해치는 행동을 할 염려가 있다고 인정할 만한 상당한 이유가 있는 외국인(제4호)에 대하여는 입국을 금지할 수 있다고 되어 있고, 같은 법 제46조제1항제3호 · 제13호에 따르면 지방출입국외국인관서의 장은 같은 법 제11조제1항 각 호의 어느 하나에 해당하는 입국금지 사유가 입국 후에 발견되거나 발생한 외국인(제3호), 금고 이상의 형을 선고받고 석방된 외국인(제13호)을 대한민국 밖으로 강제퇴거 시킬 수 있다고 되어 있으며, 같은 법 제63조제1항에 따르면 지방출입국 · 외국인관서의 장은 강제퇴거명령을 받은 사람을 여권 미소지 또는 교통편 미확보 등의 사유로 즉시 대한민국 밖으로 송환할 수 없으면 송환할 수 있을 때까지 그를 보호시설에 보호할 수 있다고 되어 있습니다.

나. 이 사건 처분의 위법, 부당성

청구인은 이 사건이 초범이고 그 동안 어떠한 범죄전력 없이 성실이 생활해 왔습니다. 이 사건도 고의적으로 이른 범죄는 결코 아니며 국내에서 중국인 관광객을 상대로 가이드 업무를 하던 중 관광객으로부터 한국 돈을 중국 돈으로 환전하여 중국으로 송금해 달라는 수차례의 부탁을 받고 아무런 의심 없이 위 부탁들을 들어주었던 것이 이 사건에 까지 이른 무지에서 비롯된 범죄입니다. 청구인은 경위야 어찌되었던 이 사건을 깊이 반성하고 있으며 다시는 같은 잘못을 반복하지 아니할 것을 굳게 다짐하고 있습니다.

특히나, 청구인은 노환과 질병으로 거동을 못하는 부친의 치료비 및 병간호 등을 위해서도 경제활동을 계속 해야 함에도, 이러한 정황 등을 고려하지 않고 이루어진 이 사건 처분은 사실관계를 오인하는 등 재량권을 일탈·남용하여 위법·부당하므로 취소되어야 마땅합니다.

4. 결론

이상과 같은 이유로 청구인은 청구취지와 같은 결정을 구하고자 이 사건 청구에 이른 것입니다.

입증방법

    1. 갑 제1호증   행정처분통지서
    기타자료 첨부

2000. 00. 00.

청구인 ○○○ (인)

중앙행정심판위원회 귀중

행정심판청구

청 구 인   ○ ○ ○

피청구인   ○ ○ ○

강제퇴거명령취소 행정심판

청구 취지

피청구인이 2020. 3. 17. 청구인에게 한 강제퇴거명령을 취소한다.

라는 결정을 구합니다.

이 유

1. 이 사건 처분의 내용

청구인(1981년생, 남)은 ○ ○ ○ 국적의 재외동포로서, 2019. 9. 18. ○ ○ ○ ○지방법원으로부터 강제추행죄로 징역 6월의 실형을 선고 받고, 이후 항소 및 상고하였으나, 2020. 3. 13. 상고기각 결정되었고 2020. 3. 17. 형기종료로 ○ ○ ● ●교도소에서 석방되어 피청구인에게 신병이 인계되었으며, 피청구인은 2020. 3. 17. 청구인에게 「출입국관리법」 제11조제1항제3호 및 제4호, 제46조제1항제3호 및 제13호에 따라 강제퇴거를 명하는 강제퇴거명령(이하 '이 사건 처분'이라 한다)을 하였다.

2. 이 사건의 경위

가. 청구인은 1981년 한국에서 태어나 2001년 ○ ○ ○ 시민권을 취득한 재외동포로서, 전과가 없는 초범이었음에도 불구하고 강제추행죄로 징역 6월의 실형을 받고 깊이 반성하며 성실하게 구치소 생활을 마쳤는바, 대한민국의 이익이나 공공의 안전, 사

회질서나 선량한 풍속을 해칠 우려가 없습니다.

나. 특히 청구인은 국내에서 쥬얼리 온라인 사업 및 부동산임대업을 영위하고 있어 삶은 기반은 온전히 한국에 있는데, ㅇㅇㅇ에는 거소나 직업이 없고 축적해 놓은 재산도 없으며 가족 및 친척들이 모두 대한민국에 거주하고 있는바, 이러한 사정을 고려하여 볼 때, 청구인의 물적·인적·사회적 기반을 비롯한 모든 삶의 기반은 온전히 대한민국에 있다고 할 수 있고, 이런 상황에서 강제퇴거 된다면 회복하기 어려운 막대한 손해가 발생할 우려가 상당한 상황입니다.

3. 이 사건 처분의 위법·부당 여부

가. 관계법령의 내용

「출입국관리법」 제11조제1항에 따르면 법무부장관은 '대한민국의 이익이나 공공의 안전을 해치는 행동을 할 염려가 있다고 인정할 만한 상당한 이유가 있는 사람'(제3호), '경제질서 또는 사회질서를 해치거나 선량한 풍속을 해치는 행동을 할 염려가 있다고 인정할 만한 상당한 이유가 있는 사람'(제4호), 제1호부터 제7호까지의 규정에 준하는 사람으로서 법무부장관이 그 입국이 적당하지 아니하다고 인정하는 사람(제8호) 등에 해당하는 외국인은 입국을 금지할 수 있다고 되어 있고, 같은 법 제46조제1항에 따르면 사무소장·출장소장 또는 외국인보호소장은 규정된 절차에 따라 제11조제1항 각 호의 어느 하나에 해당하는 입국금지 사유가 입국 후에 발견되거나 발생한 사람(제3호), 금고 이상의 형을 선고받고 석방된 사람(제13호), 그 밖에 제1호부터 제10호까지, 제10호의2, 제11호, 제12호, 제12호의2 또는 제13호에 준하는 사람으로서 법무부령으로 정하는 사람(제14호) 등에 해당하는 외국인을 대한민국 밖으로 강제퇴거 시킬 수 있다고 되어 있습니다.

나. 이 사건 처분의 위법 부당성

청구인은 전과가 없는 초범이었지만 이 사건 잘못으로 깊이 반성하며 성실하게 수감생활을 마쳤을 뿐만 아니라 다시는 이와 같은 잘못을 반복하지 아니할 것을 굳게 다짐하고 있는바, 향후 대한민국의 이익이나 공공의 안전, 사회질서나 선량한 풍속을 해칠 우려가 없습니다.

또한, 청구인은 국내에서 쥬얼리 온라인 사업 및 부동산임대업을 영위하고 있어 삶은 기반이 온전히 한국에 있고, ○○○에는 거소나 직업이 없고 축적해 놓은 재산도 없으며 가족 및 친척들이 모두 대한민국에 거주하고 있는바, 이러한 사정을 고려하여 볼 때, 청구인의 물적·인적·사회적 기반을 비롯한 모든 삶의 기반은 온전히 대한민국에 있다고 할 수 있고, 이런 상황에서 강제퇴거 된다면 회복하기 어려운 막대한 손해가 발생할 것이므로 피청구인의 이 사건 처분은 위법·부당하여 취소되어야 마땅합니다.

4. 결론

따라서 청구인은 청구취지와 같은 결정을 구하고자 이 사건 청구에 이른 것입니다.

입증방법

1. 갑 제1호증   행정처분통지서

기타자료 첨부

2000. 00. 00.

청구인 ○○○ (인)

중앙행정심판위원회 귀중

[서식 - 행정심판청구 : 체류기간연장 불허가처분취소]

■ 행정심판법 시행규칙 [별지 제30호서식] 〈개정 2012.9.20〉

행정심판 청구서

0

접수번호	접수일	

청구인	성명 000000
	주소 서울특별시 00000
	주민등록번호(외국인등록번호) 00000
	전화번호 010-000000

[ ] 대표자 [ ] 관리인 [ ] 선정대표자 [ ] 대리인	성명
	주소
	주민등록번호(외국인등록번호)
	전화번호

피청구인	서울출입국관리사무소세종로출장소장

소관 행정심판위원회	[☑] 중앙행정심판위원회 [ ] ○○시·도행정심판위원회 [ ] 기타

처분 내용 또는 부작위 내용	피청구인이 2016.05.02.청구인에 대하여 한 체류기간연장등불허처분에 대한 취소청구
처분이 있음을 안 날	2016.05.02
청구 취지 및 청구 이유	별지로 작성
처분청의 불복절차 고지 유무	무
처분청의 불복절차 고지 내용	무
증거 서류	별첨

「행정심판법」 제28조 및 같은 법 시행령 제20조에 따라 위와 같이 행정심판을 청구합니다.

청구인 0000000(서명)

중앙행정심판위원회 귀중

첨부서류	1. 대표자, 관리인, 선정대표자 또는 대리인의 자격을 소명하는 서류(대표자, 관리인,선정대표자 또는 대리인을 선임하는 경우에만 제출합니다.) 2. 주장을 뒷받침하는 증거서류나 증거물	수수료 없음

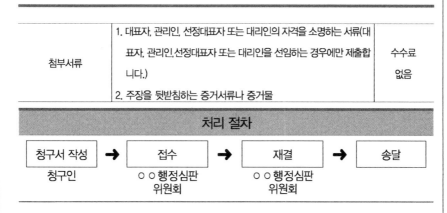

처리 절차

청구서 작성 (청구인) → 접수 (○○행정심판위원회) → 재결 (○○행정심판위원회) → 송달

210mm×297mm[백상지 80g/㎡]

청 구 취 지

"피청구인이 2016.05.02 청구인에 대하여 한 체류기간연장등 불허결정처분을 취소하라" 라는 재결을 구합니다.

청 구 원 인

1. 이 건 처분에 이르게 된 경위

- 청구인은 내국인 박00과 2009.01.01 혼인신고를 하고 2009.04.30 입국하여 거주중 전남편이 나이가 많아 몸이 아픈 날이 많았고, 문화와 성격차이 등으로 인하여 별거 중 이혼을 결심하고 변호사를 선임하여 이혼소송을 제기하던 중 이미 전남편이 청구인 모르게 소송을 제기하여 2015.03.27 공시송달로 이혼 확정판결이 된 것을 알게되었습니다. 청구인의 체류기간은 2016.04.30까지여서 체류기간이 만료되기 전인 2016.03.16 기업투자(D-8)비자로 체류자격변경을 신청하였으나 피청구인은 청구인

이 공동대표가 아님과 자본금출처 불분명으로 2016.05.02 체류기간연장등 불허결정처분을 받음.(증 제1·2·3·4호증 불허결정통지서와 신분확인자료)

2. 이 건 처분의 위법성

가. 공동대표가 아님에 대하여

– 외국인의 체류자격 변경 등은 당초의 체류자격에서 다른 체류자격을 변경하면서 당초의 체류기간을 초과하여 계속 체류할 수 있는 권한을 부여하는 일종의 설권적 행위로서 처분성을 가지는 것이고, 외국인의 출입국 및 체류허가 등과 관련된 행정처분은 국내의 사정 등을 고려하여 합목적적으로 판단할 재량행위에 해당된 사실을 인정하나,

㉮ 하이코리아 20160401체류자격별안내메뉴얼(체류)에서 기업투자(D-8)에 활동범위및 해당자를 보면

1. [외국인투자촉진법]에 따른 외국인투자기업 대한민국법인의 경영·관리또는 생산기술 분야에 종사하려는 필수전문인력(이하 법인에 투자:D-8-1)

2. 지식재산권을 보유하는 등 우수한 기술력으로 [벤처 기업육성에 관한 특별조치법] 제2조의 제1항 제2호다목에 따른 벤처기업을 설립한 사람중에 같은 법 제25조에 따라 벤처기업 확인을 받은 기업의 대표자 또는 기술성이 우수한 것으로 평가를 받은 기업의 대표자(이하 벤처투자:D-8-2)

3. [외국인투자촉진법]에 따른 외국인투자기업인 대한민국국민(개인)이 경영하는 기업의 경영·관리또는 생산기술 분야에 종사하려는 필수전문인력(이하 개인기업에 투자: D-8-3)

4. 학사 이상의 학위를 가진 사람으로서 지식재산권을 보유하거나 이에 준하는 기술력등을 가진 법인 창업자(이하 기술창업: D-8-4)

상기와 같이 기업투자(D-8)비자에는 네 종류의 비자가 있습니다.

네 종류의 기업투자비자 종류중에 **3번 항목인 개인기업투자하는 경우에만** 공동대표자가 필요하며, 이 경우에 사업자등록증상도 공동대표자로 등재가 되어야 합니다. 그러나 1번·2번과4번 항목은 공동대표가 필요가 없습니다. **상기인은 국내에 있는 개인기업에 투자한것이 아니라 대한민국법인의 경영·관리또는 생산·기술 분야에 종사하려는 필수전문인력으로 투자(법인에 투자:D-8-1)했기에 공동대표가 되어야 할 필요가 없습니다.**(증 제15호증 기업투자 D-8안내메뉴얼참고)

㉯. 청구인의 투자에 관련하여 법인의 대표자인 김00와 2016.01.20 서울특별시 종로구 종로38 서울글로벌센터7층 비즈니스 상담창구에서 최00님과 상담을 하였고, 최00 상담자님도 개인기업에 투자하는 경우만 공동대표가 필요하며 법인에 투자하는 경우는 공동대표가 필요치 않는다고 하였으며, 청구인 같은 경우는 기존 법인에 투자를 한 것이기에 기업투자(D-8-1)로 상담을 하여 그 절차대로 투자절차를 완료하였고, 그리고 기업투자(D-8-1) 체류자격변경 목차에 필요한 서류를 안내받고 그대로 진행을 하였습니다.

따라서 상기와 같이 청구인은 개인기업에 투자한 것이 아니고 국내법인에 투자한 것이기에 공동대표가 아님에 근거하여 기업투자(D-8-1)비자불허는 사실관계를 오인하여 투자비자 종류를 잘못 적용한 것이므로 당연히 취소되어야 합니다.

나. 자본금 출처 불분명에 관하여

㉮ 투자경위

청구인은 내국인 박00과 2009.01.01 혼인신고를 하고 2009.04.30입국하여 생활하면서 청구인이 투자한 법인회사인 서울특별시 동대문구 000000에 위치한 00고려인삼에서 아르바이트를 하였으며, 많은 지인들에게 물건구매 소개도 잘하여 상기법인의 감사로 재직했던 김00(현재 법인의 대표자)가 함께 투자하여 법인설립을 제안하여 대표자인 김00가 4천만원, 청구인이 3천만원, 반다오0000(920000-600000, F-6)가 3천만원을 투자하여 2015.11.05 법인설립등기를 마쳤습니다.

그리고 청구인은 국내에서 장기체류하면서 본격적으로 사업을 하고 싶어 베트남현지에서 투자금 1억원을 빌려 투자금액을 증액(총1억3천만원)하였습니다.

㉯ 투자금출처에 대하여

① 청구인은 2015.11.05 법인설립시 투자금 3천만원은 국내 체류시 직장생활하면서 번 수입으로 투자금을 마련하였고, (증 제14호증 과거 외국인투자증명서등)

② 청구인의 2016.02.29 1억원에 대한 투자금의 출처는 다음과 같습니다

- 청구인은 베트남에 있는 친언니 짠00(1985.10.19)에게 부탁하였고,

- 친언니 짠00(1985.10.19)은 남편의 어머니 즉 시어머니(짠티항:1953.11.15)를 통하여 금은방을 운영하고 있는 응000(1973.03.22)를 소개받아 베트남돈 20억동을 빌림

- 응000(1973.03.22)은 친언니의 시어머니(짠00)의 언니(짠00)의 딸임

   (증 제17~23호증 베트남가족관계도 및 관계를 입증하는 확인서와 호적등본)

③ 청구인은 투자금 20억동을 응0000에게 빌릴시 차용증을 작성하였습니다. 청구인이 응000과 차용증을 작성하고 본인이 직접 서명을 해야 하나 청구인이 국내에 체류하고 있어 청구인본인과 돈을 빌려준 사람(응00)의 동의를 얻어 청구인의 친언니(짠00:1985.00.00)가 청구인이름으로 대신 서명한 사실이 있습니다.**(증 제24호증 대주인 응00의 사업자등록증, 증 제25호증 차용증, 증 제26호증 응000의 진술서, 증 제27호증 짠0000의 진술서 참조)**

피청구인은 차용증을 청구인이 서명하는 것이 아니고 친언니가 청구인명의로 서명하여 차용증에 진실성이 없다고 주장하고 있으나 차용증에 대해서 친언니와 돈을 빌려준 사람 응000000이 사실확인서를 작성하여 공증하였고, 그리고 관계도 입증되어 차용증이 진실성이 없다고 하여 기업투자(D-8)비자를 불허함은 재량권을 일탈하거나 남용한 처분으로 취소되어야 한다.

다. 투자의 진정성에 관하여

㉮ 투자절차

① 2016.01.20 서울글로벌센터 비즈니스 상담사인 최00씨와 상담(증 제5호증상담기록부 등 첨부)

② 2016.01.25 투자계약서 작성(증 제6호증 투자계약서)

③ 2016.02.15 USD 90,000.00 인천세관에 외국환신고필(증 제7호증 외국환신고필증)

④ 2016.02.23 하나은행에 신주등의 취득 또는 출연방식에 의한 외국인투자신고(증 제8호증 외국인투자신고서)

⑤ 2016.02.25 농협 00지점에서 환전(USD 42,000.00을 51,569,280 USD 40,000.00을 49,105,600으로) (증 제9호증 법인외화보통예금농협통장사본 및 환전영수증)

⑥ 2016.02.29. 법인등기필(증 제10호증 등기사항전부증명서 및 주식보유현황자료)

⑦ 2016.03.02 임대월세 재계약(증 제11호증 임대월세재계약서)

⑧ 2016.03.11 외국인투자기업등록증명서 발급(증 제12호증 외국인투자기업등록증명서)

㉯ 투자금 지출내역

① 16.02.25 49,105,600원과 51,569,280원 농협통장입금

② 16.02.26 32,000,000원 정00(서울시 동대문구 000(제기동) 00농산의 대표자 32,000,000원지출 – 2016.02.29 발행 계산서 참조

③ 16.02.26 10,000,000와 16.02.27 18,000,000 임00(서울 동대문구 00(제기동) 00물산 대표자 – 2016.02.25 발행 계산서 참조

④ 16.02.29 12,000,000 이00과 (주)00츄럴명의로 송금– 전자세금계산서첨부

⑤ 16.02.29 15,000,000 김00 개인사업자통장으로 이체

⑥ 16.03.03 임대보증금 13,000,000 지출(임대월세 재계약서 확인)

(증 제13호증 법인농협통장사본 및 사업활동자료와 사업장사진)

㉴ 투자의 진정성에 관하여

① 피청구인은 청구인이 과거 한국인과 결혼하여 거주할 당시 결혼의 진정성이 없다고 주장하면서 이혼하지도 않은 상태에서 한국인과 사이의 자녀가 아니고 다른남자 사이에 자녀를 출산하였다고 하는 제보가 있어서 투자금과 투자에 대한 진정성을 없다고 주장하고 있으나

- 청구인은 전남편과 정상적으로 혼인생활을 유지하던 중 전남편이 나이가 많고 몸이 아프고 성격과 문화차이로 인해 별거를 하던 중 2015.08월경에 변호사를 선임하여 이혼하려고 하였으나 2015.03.27 이미 이혼처리가 되었기에 하지 못했습니다.

- 그리고 피청구인은 청구인이 전남편의 소생이 아닌 다른 남자사이에 자녀가 있다는 제보가 있다고 하였으나 제보에 대해서 아무런 증거도 제시하지 못하였고, 그 제보가 허위인지 사실인지에 대해서 종합적으로 조사를 해야 함에도 불구하고 무조건 그런 사실이 있는 것 아니냐고 하면서 사실대로 이야기하지 않으면 절대로 기업투자(D-8)비자를 받을 수 없다고 하였습니다

  그러나 청구인은 전혀 그런 사실도 없습니다. 만약 그런 사실이 있다면 피청구인은 합당한 증거를 제시하여할 것입니다

- 청구인은 과거 한국인과 결혼하여 거주하던 중 이혼하여 정상적으로 처음 3천만원을 정상적으로 투자하였고, 그 이후로도 1억원을 더 투자하기 위해 미리 글로벌투자센터에서 상담을 받았고, 투자 절차대로 이행하였으며, 현재 투자금이 이미 물품대금 등에 사용되는 등 정상적으로 사업을 하고 있음이 확인됩니다.

청구인은 현재 정상적으로 사업을 하고 있어서 사업이 진정성이 있음에도 불구하고 사업의 진정성에 대해서는 제대로 확인절차도 하지 않고 결혼의 진정성이 없다는 추측성 제보만 가지고 기업투자(D-8)비자를 불허함은 행정법상 일반원칙인 부당결부금지 원칙에 반하여 재량권을 일탈하거나 남용한 처분이므로 당연히 취소되어야 한다.

② 또한 피청구인은 청구인이 법인의 대표자인 김00와 연인관계인 것처럼 생각하여

투자금 1억원을 법인의 대표자인 김00가 빌려준 것이 아니냐 라고 판단하고 있으며, 베트남에서 20억동(한화1억원)은 큰돈인데 어떻게 그렇게 큰자본을 빌릴수 있는지 의문이 간다고 하면서 투자금 출처에 대해서 의문을 품고 있으나

- 피청구인이 청구인과 법인의 대표자 김00는 연인관계인 것처럼 진술하는 것과 청구인이 김00한테 돈을 빌린 것처럼 이야기하면서 추측성으로 판단하는 것은 정확한 확인절차 없이 조사가 이루어졌다고 볼 수가 있습니다.

- 피청구인의 조사관은 공무원으로서 청구인에 대하여 **출입국관리법 제80조(사실조사)의 의거하여 조사한 것은 문제가 없으나 사실조사를 할 때에는 확실한 물적증거를 제시하여야 하고, 증거가 없으면 그에 상응한 것으로 하여 조사당사자가 피해를 받지 않도록 하여야 하고, 외국인도 국민과 똑같은 인권이 있어서 외국인의 인권을 무시하는 행위를 해서는 안 됩니다.**

그리고 **행정조사기본법 제4조에 의거** 행정조사는 조사목적을 달성하는데 필요한 최소한의 범위안에서 실시하여 하며, 다른 목적등을 위하여 조사권을 남용하여서는 아니됨에도 불구하고 허위의 제보와 확실한 물적증거없이 추측하여 결정하는 것은 조사목적을 벗어난 행위로 조사권을 남용(행정조사기본법 제4조)한 것으로 볼수가 있습니다. (증 제16호증 행정조사기본법 4조 복사본)

- 외국인이 한국에 투자하여 기업투자(D-8)비자를 받기 위해서는 과거 투자금이 5천만원인 경우 많은 외국인들이 다른사람한테 투자금을 빌려서 회사를 만들고 투자금을 빼서 외국인본인들은 공장등에서 불법취업하는 사례가 많았습니다. 그러나 상기 청구인은 베트남에서 20억동(한화1억원)은 매우 큰 자본으로 한화1억원을 빌려서 한국에 투자하려는 것은 어느정도 위험을 감수하면서도 충분히 투자할 가치가 있어서 투자한 것이며, 현재에도 직접 법인회사에 매일 출근하여 손수 일처리를 하고 있으며 만약 투자를 해놓고 다른 회사에 취업하는 등 불법취업을 하려고 하였다면 1억원이란 큰 돈을 차용하여 투자할 필요가 없을 것입니다

청구인은 직접 베트남 현지에서 베트남 돈 20억동을 빌린 사실이 차용증등으로 확인됨에도 불구하고 과거 한국인과 결혼에 대한 허위제보와 청구인과 대표자와 관계를

추측성으로 판단하여 투자금출처가 불분명하다고 주장하는 것은 정확한 증거와 확인 절차 없이 조사하였다는 증거가 되며, 현재 1억원을 투자하여 투자금이 회사를 설립하고 운영하는 데 사용되어 현재 정상적인 사업을 하고 있음이 확인됨에도 불구하고 (D-8)비자를 불허함은 재량권을 일탈하거나 남용한 처분으로 취소되어야 한다.

3. 결론

상기 청구인이 현재 정상적으로 기업투자(D-8)비자를 받기 위해서 모든 절차를 준수 (법인에 투자:D-8-1)하였고, 자본금도 출처가 확실하여 현재 정상적으로 사업하고 있음이 확인됨에도 불구하고, 피청구인은 청구인이 전남편과 혼인의 진정성이 없다는 허위제보와 투자금 출처에 대해서 확실한 물적 증거없이 근거없는 추측으로만 판단하고 있습니다.

결국 피청구인은 청구인이 신청한 비자(법인에 투자:D-8-1)허가에 필요한 요건이 아닌 공동대표가 아니라는 이유로 또한 자본금 출처와 투자의 진정성에 대해 서류제출과 현장조사 등으로 입증하였음에도 합리적 근거도 없이 막연히 출처가 불분명하다는 이유로 체류기간연장등 불허결정을 한 것은 사실오인과 불필요한 부당결부를 통해 법치행정에 반하여 재량권을 일탈하거나 남용한 처분으로 취소되어야 합니다.

증 거 서 류

1. 증 제1호증   체류기간연장등 불허결정통지서
1. 증 제2호증   여권사본
1. 증 제3호증   외국인등록증사본
1. 증 제4호증   외국인등록사실증명서
1. 증 제5호증   상담기록부
1. 증 제6호증   투자계약서
1. 증 제7호증   외국환신고필증

1. 증 제8호증   외국인투자신고서

1. 증 제9호증   법인외화보통예금농협통장사본 및 환전영수증

1. 증 제10호증   등기사항전부증명서 및 주식보유현황자료 등

1. 증 제11호증   임대월세재계약서

1. 증 제12호증   외국인투자기업등록증명서

1. 증 제13호증   법인보통예금농협통장사본 및 사업화동자료와 사업장사진

1. 증 제14호증   과거 외국인투자기업등록증명서

1. 증 제15호증   기업투자(D-8)안내메뉴얼

1. 증 제16호증   행정조사기본법 제4조 복사본

1. 증 제17호증   베트남가족관계도

1. 증 제18호증   관계확인서(짠00와 짠00)

1. 증 제19호증   관계확인서(응00과 짠00)

1. 증 제20호증   호적등본(대주 응00)

1. 증 제21호증   호적등본(타00의 언니짠00)

1. 증 제22호증   호적등본(친언니 시어머니의 언니 짠00)

1. 증 제23호증   호적등본(친언니 짠00의 시댁식구인 시어머니 짠00항과 남편 다00)

1. 증 제24호증   사업자등록증(대주 응000)

1. 증 제25호증   청구인의 차용증

1. 증 제26호증   진술서(응000)

1. 증 제27호증   진술서(짠0000)

2016. 05. 16

청구인 ㅇ ㅇ ㅇ(인)

중앙행정심판위원회 귀중

제3절 행정소송

Ⅰ. 개념 등

1. 의 의

행정소송은 법원이 공법상의 법률관계에 관한 분쟁에 대하여 행하는 재판절차를 말한다. 공법상의 법률관계에 관한 소송이라는 점에서 국가 형벌권의 발동에 관한 소송인 형사소송이나, 사법상의 법률관계에 관한 다툼을 심판하는 민사소송과 구별되고 독립된 재판기관인 법원에 의한 재판이라는 점에서 행정기관이 하는 행정심판과 구별된다.

2. 구별개념

가. 행정심판과 구별

행정소송은 정식절차에 의한 행정쟁송인 점에서 약식절차에 의한 행정쟁송인 행정심판과 구별된다. 정식소송절차로서의 행정소송의 특색으로는 법원의 독립구조, 대심구조, 심리절차의 공개원칙, 구술변론, 법정절차에 의한 증거조사 등의 소송절차의 특수성과 판결에 대한 실질적 확정력 등 특별한 효력 등을 들 수 있다.

나. 민사소송 및 형사소송과 구별

행정소송은 행정법상 법률관계에 관한 분쟁인 점에서, 사법상의 법률관계에 관한 분쟁인 민사소송과 구별되고, 국가형벌권의 발동을 위한 소송인 형사소송과도 구별된다. 행정소송은 행정심판전치주의, 제소기간의 제한, 행정청을 피고로 하는 것, 집행부정지원칙, 직권심리주의, 사정판결제도 등의 특수성이 인정된다.

3. 행정소송의 종류와 특수성

가. 행정소송의 종류

행정소송법은 행정소송을 내용에 따라 항고소송·당사자소송·민중소송·기관소송으로 구분하고 있다. 항고소송과 당사자소송은 주관적 권리·이익의 보호를 목적으로 하는 주관소송이고, 민중소송과 기관소송은 행정 작용의 적법성 확보를 목적으로 하는 객관 소송이다. 한편 행정소송은 성질에 따라 형성의 소·이행의 소·확인의 소로 나눌 수 있다. 항고소송 중 취소소송은 행정청의 위법한 처분 등의 취소·변경을 구하는 소송이 므로 형성의 소에 속하고, 행정청의 부작위에 대한 의무이행소송이나 이행명령을 구하 는 당사자소송은 이행의 소에 속하며, 항고소송 중 무효등확인소송·부작위위법확인소 송이나 공법상의 법률관계의 존부를 확인받기 위한 당사자소송은 확인의 소에 속한다.

(1) 항고소송

항고소송이란 행정청의 처분 등이나 부작위에 대하여 제기하는 소송, 즉 행정청의 적극 적 또는 소극적인 공권력행사에 의하여 발생한 위법한 법상태를 제거함으로써 주관적 권리·이익을 보호하기 위한 소송을 말한다. 행정소송법이 명문으로 규정하고 있는 항 고소송의 종류로는 취소소송, 무효등확인소송 및 부작위위법확인소송의 3가지이다.

(가) 취소소송

취소소송은 행정청의 위법한 처분 등을 취소 또는 변경하는 소송을 말한다. 본래 행정 처분은, 행정법관계의 안정과 행정의 원활한 운영을 도모하기 위하여, 그것이 위법하다 하더라도 당연 무효가 아닌 이상, 정당한 권한을 가진 기관(처분청, 감독청, 재결청, 법 원)이 취소하기 전까지는 일단 유효한 것으로 취급되는 효력인 이른바 행정행위의 공정 력을 가지는 바, 취소소송은 이러한 효력을 배제하기 위한 소송이다. 한편 원처분주의 를 취하므로 행정심판 재결의 취소소송은 당해 재결자체에 고유한 위법이 있을 때에만 인정된다. 취소소송의 소송물은 처분의 위법성 일반이다.

1) 취소소송의 소송물

소송물이란 원고의 청구취지 및 청구원인에 의해 특정되고 법원의 심판대상과 범위가 되는 소송의 기본단위로서, 소송의 목적물 내지 소송의 객체를 말한다. 소송물은 심판의 대상으로서 소송절차의 모든 국면에서 중요한 기능을 하는 바, 소송절차의 개시와 관련하여 심판의 대상과 범위를 특정 하는 기준이 되고, 소송절차의 진행과정에서는 소송물의 범위 내에서만 소의 변경과 청구의 병합이 가능하고, 동일소송물에 대한 중복소송이 금지되며, 심리의 범위가 정해지고, 처분사유의 추가·변경, 처분권주의의 위배여부에 대한 판단도 소송물의 범위 내에서만 할 수 있으며, 소송절차의 종결과 관련하여 판결주문의 작성, 기판력의 객관적 범위, 소취하 후의 재소금지 등을 정함에 있어서 기준이 된다. 피고적격, 제3자의 소송참가 등에 있어서도 중요한 의미를 갖는다.

2) 관할

행정법원 명칭	관할구역
서울행정법원	서울시, 의정부시, 동두천시, 남양주시, 구리시, 고양시, 양주시, 파주시, 연천군, 포천시, 가평군, 강원도 철원군
	위 지역을 제외한 구역의 행정소송은 관한 지방법원 본원을 제1심으로 관할

가) 심급관할

행정법원은 지방법원급에 해당한다. 행정법원은 행정소송법에서 정한 행정사건과 다른 법률에 의하여 행정법원의 권한에 속하는 사건을 제1심으로 심판한다. 행정법원의 재판에 대하여는 고등법원에 항소할 수 있고, 고등법원의 재판에 대하여는 대법원에 상고할 수 있다.

나) 토지관할

취소소송의 제1심 관할법원은 피고의 소재지를 관할하는 행정법원으로 한다. 다만 중앙행정기관 또는 그 장이 피고인 경우의 관할법원은 대법원소재지의 행정법원으로 한다. 행정법원이 설치되지 않은 지역에서 행정법원의 권한에 속하는 사건은 해당 지방법원이 관할하도록 되어 있기 때문에 현재는 행정법원이 설치되어 있는 서울을 제외하고는 피고의 소재지를 관할하는 지방법원본원이 제1심 관할법원이 된다. 다만, 토지의 수용 기타 부동산 또는 특정의 장소에 관계되는 처분 등에 대한 취소소송은 그 부동산 또는 장소의 소재지를 관할하는 행정법원에 이를 제기할 수 있다.

다) 사물관할

사물관할이란 사물의 경중 또는 성질에 의한 제1심 관할의 분배로서 소송사건의 제1심을 지방법원합의부와 단독 판사 간에 분담시킨 것을 말한다. 행정법원의 심판권은 판사 3인으로 구성된 합의부에서 이를 행한다. 다만, 행정법원에 있어서 단독판사가 심판할 것으로 행정법원 합의부가 결정한 사건의 심판권은 단독판사가 이를 행한다.

3) 당사자

가) 원고적격

행정소송의 원고적격도 민사소송의 원고적격에서와 마찬가지로 소의 이익의 문제의 하나이다. 민사소송에서 본안판결을 받기 위해서는 형식적·절차적 요건 외에 당해 분쟁에 관하여 국가의 재판제도를 이용하여 자기를 위하여 그 분쟁을 해결할만한 필요성 내지 이익이 원고에게 존재하여야 하는바, 이를 실체적 소송요건인 소의 이익이라고 한다. 소의 이익은 광의로는 당사자가 본안판결을 받을만한 정당한 이익을 가지고 있을 것(원고적격), 청구의 내용이 본안판결을 받기에 적합한 자격을 가지고 있을 것(권리보호의 자격), 원고의 청구가 소송을 통하여 분쟁을 해결할만한 현실적인 필요성이 있을 것(권리보호의 필요)의 세 가지를 포함하고 있으나, 협의로는 권리보호의 필요만을 의미한다.

나) 피고적격

취소소송은 다른 법률에 특별한 규정이 없는 한 그 처분 등을 행한 행정청을 피고로 한다. 행정청이란 행정주체의 의사를 내부적으로 결정하고 이를 외부적으로 표시할 수 있는 권한을 가진 행정기관을 말하나 여기서 행정청은 기능적인 의미로 사용되어 법원행정처장이나 국회사무총장 역시 행정청의 지위를 갖고 있으며, 지방의회도 처분(제명의결 등)을 발하는 경우에는 행정청의 지위를 갖는다. 처분청이 공정거래위원회와 같은 합의제관청인 경우에는 당해 합의제행정관청이 피고가 된다. 다만 노동위원회법에 따라 중앙노동위원회의 처분에 대한 소송은 중앙노동위원장을 피고로 하여야 한다. 취소소송의 피고적격은 처분이나 재결의 효과가 귀속되는 국가나 지방자치단체가 갖는 것이 원칙이나 행정소송법은 소송수행의 편의를 위하여 국가나 지방자치단체 등의 기관으로서의 지위를 갖는 행정청에게 피고적격을 인정하고 있다.

4) 취소소송의 대상

취소소송은 행정청의 위법한 처분 등의 취소변경을 구하는 소송이므로 취소소송을 제기함에는 취소의 대상인 행정청의 처분 등이 존재하여야 한다. 여기서 "처분 등"이라 함은 "행정청이 행하는 구체적 사실에 관한 법집행으로서의 공권력의 행사 또는 그 거부와 그 밖에 이에 준하는 행정작용 및 행정심판에 대한 재결"을 말한다.

5) 기간

처분이 있음을 안 날 또는 행정심판의 재결서를 송달받은 날부터 90일 이내 또는 처분이 있은 날로부터 1년이다. 여기서 처분이 있은 날이란 당해 처분이 대외적으로 표시되어 효력을 발생한 날을 말한다. 위 기간 중 어느 한 기간이 만료되면 제소기간은 종료된다. 제소기간의 도과여부는 법원의 직권조사사항이다.

6) 취소소송제기의 효과

취소소송이 제기되면 실체법적 효과로서 법률상의 기간 준수 효과가 발생하고, 취소소송의 제기에 의하여 처분 등의 효력에 영향을 미치지 아니한다는 집행부정지원칙이 적용된다.

(나) 무효등확인소송

무효등확인소송이란 행정청의 처분 등의 효력유무 또는 존재여부를 확인하는 소송을 말한다. 무효등확인소송에는 처분이나 재결의 무효확인소송, 유효확인소송, 존재확인소송, 부존재확인소송, 실효확인소송이 있다. 이 중 처분 등에 원래부터 중대하고 명백한 하자가 있어 당연 무효임을 확인해 달라는, 처분 등 무효확인소송이 대부분이고, 드물게 처분 등의 실효확인소송과 처분 등 부존재확인소송도 찾아볼 수 있으나, 처분 등 유효확인소송, 처분 등 존재확인소송은 실무상 거의 쓰이는 경우가 없다. 무효등확인소송의 소송물은 처분 등의 유·무효 또는 존재·부존재이고, 청구취지만으로 소송물의 동일성을 특정하므로 당사자가 청구원인에서 무효 등 사유로 내세운 개개의 주장은 공격방어방법에 불과하다.

(다) 부작위위법확인소송

부작위위법확인소송이란 행정청의 부작위가 위법하다는 것을 확인하는 소송을 말한다. 즉, 행정청이 당사자의 신청에 대하여 상당한 기간 내에 신청을 인용하는 적극적 처분 또는 각하하거나 기각하는 등의 소극적 처분 등의 일정한 처분을 하여야 할 법률상의무가 있음에도 불구하고 이를 하지 아니하는 경우에 그 위법의 확인을 확인함으로써 행정청의 응답을 신속하게 하여 소극적 위법상태를 제거하고자 하는 소송이다. 행정청의 위법한 부작위에 대한 가장 직접적이고 바람직한 구제수단은 적극적인 의무이행소송일 것이지만 행정소송법은 행정권과 사법권의 영역을 준별한다는 차원에서 적극적 의무이행소송을 인정하지 않고 그 대신 우회적인 권리구제수단으로 부작위위법확인소송을 인정하고 있다. 부작위위법확인소송의 소송물은 처분의 부작위의 위법성이고, 부작위위법확인소송에 대한 인용판결이 있는 경우에는 행정청은 판결취지에 따른 재처분의무가 있으며, 간접강제제도로 재처분의무의 이행을 담보하고 있다.

(2) 당사자소송

당사자소송이란 행정청의 처분 등을 원인으로 하는 법률관계에 관한 소송, 그 밖에 공법상 법률관계에 관한 소송으로서 그 법률관계의 한쪽 당사자를 피고로 하는 소송을 말한다. 일반적으로 당사자소송은 처분 등의 효력에 관한 다툼이라는 점에서 항고소송의 실질을 가지나 행정청을 피고로 하지 않고 실질적 이해관계를 가진 자를 피고로 하는 형식적 당사자소송과 대등한 대립 당사자간의 공법상 권리 또는 법률관계 그 자체를 소송물로 하는 실질적 당사자소송으로 나뉜다. 형식적 당사자소송은 일반적으로 인정되는 것은 아니고 개별법에 특별한 규정이 있는 경우에만 허용된다는 것이 다수설인데 현행법상 인정되는 형식적 당사자소송의 예로는 보상금 증액 또는 감액을 구하는 소송, 특허무효심판청구에 관한 심결 취소소송 등의 특허소송 등이 있다. 실질적 당사자소송은 공법상의 신분이나 지위의 확인에 관한 소송, 공법상의 사무관리나 계약에 관한 소송 및 공법상의 금전지급청구에 관한 소송 등이 있다.

※ 당사자소송과 항고소송의 비교

구분	당사자 소송	항고소송
소의 대상	처분등을 원인으로 하는 법률관계 공법상의 법률관계	행정청의 처분등과 부작위
종류	실질적 당사자소송 형식적 당사자소송	취소소송 무효등확인소송 부작위위법확인소송
원고적격	행정소송법에 규정 없음	법률상 이익이 있는자
피고적격	국가, 공공단체 그 밖의 권리 주체	처분청 등
제소기간	원칙적으로 제소기간의 제한 없음	처분 등이 있음을 안 날로부터 90일, 처분 등이 있은 날로부터 1년 이내
행정심판전치	행정심판전치주의가 적용되지 않음	원칙적으로 행정심판임의주의 적용됨
판결의 종류	기본적으로 취소소송과 동일 다만 사정판결제도 없음	소송판결, 본안판결

(3) 민중소송

민중소송이란 국가 또는 공공단체의 기관이 법률에 위반되는 행위를 한 때에 직접 자기의 법률상 이익과 관계없이 그 시정을 구하기 위하여 제기하는 소송을 말한다. 이러한 민중소송은 법률의 명시적인 규정이 있는 경우에 법률에 정한 자에 한하여 제기할 수 있다. 현행법상 인정되는 민중소송의 예로는 선거소송, 당선소송, 국민투표무효소송, 주민소송 등이 있다.

(4) 기관소송

기관소송이란 국가 또는 공공단체의 기관 상호간에 있어서의 권한의 존부 또는 그 행사에 관한 다툼이 있을 때에 이에 대하여 제기하는 소송을 말한다. 다만, 헌법재판소법 제2조의 규정에 의하여 헌법재판소의 관장사항으로 되어 있는 소송, 즉 국가기관 상호간, 국가와 지방자치단체간, 지방자치단체 상호간의 권한쟁의에 관한 심판은 법원의 관할이 아니다. 이러한 기관소송은 법률의 명시적인 규정이 있는 경우에 법률에 정한 자에 한하여 제기할 수 있다. 현행법상 인정되는 기관소송의 예로는 지방의회의 의결 또는 재의결 무효소송이나 교육위원회의 재의결무효소송, 주무부장관이나 상급지방자치단체장의 자치사무에 관한 명령 또는 처분의 취소나 정지에 대한 이의소송, 위임청의 직무이행명령에 대한 이의소송 등이 있다.

※ 행정소송의 종류

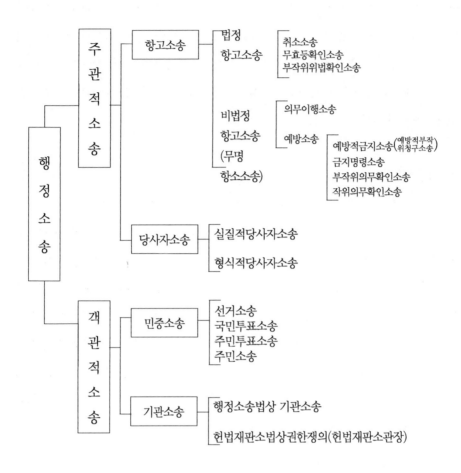

4. 행정소송의 특수성

가. 서 설

우리 헌법은 행정소송을 사법작용의 일부로 하여 행정구제 내지 권리구제기능의 면을 중시하고 있으나, 또 한편으로 대륙법계적 영향을 받은 결과 행정통제기능이라는 면도 있으므로 행정소송의 행정작용의 성질을 부정할 수 없고, 민사소송과 다른 특수성을 인정하지 않을 수 없다. 이러한 특수성은 행정처분의 위법을 다투는 항고소송에서 특히 현저히 나타난다.

나. 항고소송의 특수성

(1) 행정소송의 종류상 특수성

행정소송법은 행정소송의 종류를 항고소송, 당사자소송, 민중소송, 기관소송으로 대별·다양화하였고, 항고소송은 다시 취소소송, 무효등확인소송, 부작위위법확인소송으로 구분하여 그 각각에 대하여 적용 법조를 명시적으로 규정하고 있다. 이는 그만큼 개인의 권익보호라는 법치주의 이념을 실현하는 방법·수단에 있어서의 다양성을 제도적으로 마련하기 위한 것이다.

(2) 행정소송의 제기상 특수성

(가) 소의 이익·원고적격확대

소송제기의 범위와 관련하여 소의 이익의 특질을 들 수 있는데, 이러한 소의 이익에 관해서 행정소송법은 원고적격으로서 법률상 이익을 명문으로 규정하고 있다. 그리고 행정소송법은 처분 등이 소멸된 뒤에도 원고적격을 인정하고 있다.

(나) 임의적 행정심판전치주의

행정소송법은 행정소송을 제기함에 있어서 당해 처분에 대한 행정심판을 제기할 수 있는 경우에도 이를 거치지 아니하고 바로 취소소송을 제기할 수 있어 임의적 행정심판전치주의를 원칙으로 하고, 다만, 다른 법률에 당해 처분에 대한 행정심판의 재결을 거치지 아니하면 취소소송을 제기할 수 없다는 규정이 있는 때에는 예외적으로 필요적 행정심판 전치주의를 취하고 있다. 이는 행정내부의 자율적 통제와 신속한 권리구제를 도모하기 위한 것이다.

(다) 관할법원의 특수성
행정소송법은 행정소송의 제1심 관할법원을 행정법원으로 하고 있다. 행정법원이 설치되지 않은 지역에 있어서의 행정법원의 권한에 속하는 사건은 행정법원이 설치될 때까지 해당 지방법원본원 및 춘천지방법원 강릉지원이 관할한다.

(라) 행정법원설치 및 행정소송의 3심제채택
서울특별시에 서울행정법원을 설치하고, 종래의 2심제와 달리 1심 지방법원급인 행정법원→고등법원→대법원의 3심제를 취하고 있다.

(마) 제소기간의 제한
취소소송은 처분 등이 있음을 안 날부터 90일, 처분 등이 있은 날부터 1년 이내에 제기해야 한다. 행정심판을 거치는 경우는 재결서 정본을 송달받은 날부터 90일 이내에 제기해야 한다.

(바) 피고의 특수성
항고소송의 피고는 국가나 지방자치단체와 같은 권리·의무의 주체인 행정주체가 아니라 처분 등을 행한 행정청을 피고로 한다.

(사) 관련청구의 병합
항고소송에는 그 청구와 관련되는 원상회복, 손해배상 기타의 청구를 동종절차가 아닌 경우에도 병합할 수 있는 관련청구의 병합을 인정하고 있다. 민사소송법은 여러 개의 청구가 동종소송절차에 따르는 경우에 한하여 인정된다.

(아) 집행부정지원칙

항고소송이 제기되어도 그로 인하여 처분 등의 효력이나 그 집행 또는 절차의 속행에 영향을 주지 아니하는 처분의 집행부정지원칙이 인정된다.

(자) 제3자 및 다른 행정청의 소송참가 명문화

권리 또는 이익침해를 받은 제3자 및 타행정청을 소송에 참가시킬 수 있다.

(3) 행정소송의 심리상 특수성

(가) 행정심판기록의 제출명령제도

행정소송상 입증방법에 있어서 원고의 지위를 보장하기 위해 행정심판기록 제출명령제도를 인정하고 있다.

(나) 직권심리주의 요청

행정소송상 심리는 일반 민사소송에 비하여 직권심리·직권탐지주의가 요청된다.

(4) 행정소송의 판결상 특수성

(가) 사정판결제도

법원은 원고의 청구가 이유 있는 경우라도, 즉 행정행위가 위법인 경우라도 그 처분 등을 취소·변경함이 현저하게 공공복리에 적합하지 아니하다고 인정되는 때에는 원고의 청구를 기각할 수 있다.

(나) 판결의 기속력

처분 등을 취소하는 확정판결은 제3자에 대하여도 효력이 있고 그 사건에 관하여 당사자뿐만 아니라 그 밖의 관계 행정청을 기속하는 효력이 있다.

(다) 판결의 실효성보장

소극적 처분에 대한 인용판결의 적극적 효력과 간접강제제도를 인정하고 있다.

(라) 제3자의 재심청구

제3자의 책임 없는 사유로 소송에 참가하지 못한 경우에 재심청구를 인정하고 있다.

Ⅱ. 행정법원

1. 일반법원으로서의 행정법원

행정소송법은 행정소송의 제1심 관할법원을 행정법원으로 하고 있다. 행정법원이 설치되지 않은 지역에 있어서의 행정법원의 권한에 속하는 사건은 행정법원이 설치될 때까지 해당 지방법원본원 및 춘천지방법원 강릉지원이 관할한다. 서울특별시에 서울행정법원을 설치하고, 종래의 2심제와 달리 1심 지방법원급인 행정법원→고등법원→대법원의 3심제를 취하고 있다.

2. 행정법원관할의 전속성 여부

가. 행정사건의 행정법원 전속

전속관할제도를 명문화하고 있는 가사소송법과(가사소송법 제2조)는 달리 행정소송법에는 행정사건이 행정법원의 전속관할에 속함을 밝히는 규정이 없어 행정사건이 행정법원의 전속에 속하는 가에 대한 논란의 여지가 있다. 그러나 실무에서 성질상 행정사건은 행정법원의 전속관할에 속한다. 따라서 행정법원의 관할에 속하는 행정사건을 지방법원이나 가정법원이 행함은 전속관할 위반이 되고 이는 절대적 상고이유가 된다.

다만, 행정법원이 설치되지 아니하여 지방법원 본원이 행정법원의 역할까지 하는 지역에서, 지방법원 본원이 행정사건으로 취급하여야 할 것을 민사사건으로 접수하여 처리하였을 경우 이는 단순한 사무 분담의 문제일 뿐 관할위반의 문제는 아니다. 그러므로 행정소송법이 정한 절차에 의한 심리를 하지 아니한 경우, 절차 위반의 문제가 발생할 뿐 전속관할 위배라 할 수는 없다. 따라서 행정소송법상의 당사자소송으로 제기하여야 할 사건을 민사소송으로 잘못 제기한 경우에 수소법원이 그 당사자소송에 대한 관할도 동시에 가지고 있다면 행정소송법이 정하는 절차에 따라 이를 심리하면 된다.[22]

---

22) 대법원 2014. 10. 14. 자 2014마1072 결정.

나. 관할의 지정제도

관할이 불분명할 경우 전속관할이 인정되는 가사소송법의 경우 직근 상급법원의 관할 지정제도를 두고 있다. 그러나 행정소송법에서는 이러한 관할지정제도가 마련되어 있지 아니하다는 점에 유의할 필요가 있다.

다. 행정법원의 민사사건처리

행정소송법은 행정법원이 행정사건과 병합하여 관련 민사사건을 처리할 수 있음을 명시하고 있다. 이러한 경우를 제외하고는 행정법원이 행정사건과 분리하여 독립적으로 민사사건을 처리할 수 있는지에 관하여 견해가 대립되지만 이를 굳이 금지할 필요가 없다는 것이 대법원의 입장이다.

【판시사항】

구 공익사업을 위한 토지 등의 취득 및 보상에 관한 법률 제91조에 규정된 환매권의 존부에 관한 확인을 구하는 소송 및 같은 조 제4항에 따라 환매금액의 증감을 구하는 소송이 민사소송에 해당하는지 여부(대법원 2013. 2. 28. 선고 판결)

【판결이유】

민사소송인 이 사건의 소가 서울행정법원에 제기되었는데도 피고는 제1심법원에서 관할위반이라고 항변하지 아니하고 본안에 대하여 변론을 한 사실을 알 수 있는바, 공법상의 당사자소송 사건인지 민사사건인지 여부는 이를 구별하기가 어려운 경우가 많고 행정사건의 심리절차에 있어서는 행정소송의 특수성을 감안하여 행정소송법이 정하고 있는 특칙이 적용될 수 있는 점을 제외하면 심리절차면에서 민사소송 절차와 큰 차이가 없는 점 등에 비추어 보면, 행정소송법 제8조 제2항, 민사소송법 제30조에 의하여 제1심법원에 변론관할이 생겼다고 봄이 상당하다.

Ⅲ. 토지관할

1. 항고소송의 토지관할

가. 보통재판적

항고소송의 제1심 관할법원은 피고의 소재지를 관할하는 행정법원이다. 다만, 중앙행정기관 또는 그 장이 피고인 경우의 관할법원은 대법원 소재지의 행정법원이다. 행정법원이 설치되지 않은 지역에서 행정법원의 권한에 속하는 사건은 해당 지방법원이 관할하도록 되어 있기 때문에 현재는 행정법원이 설치되어 있는 서울을 제외하고는 피고의 소재지를 관할하는 지방법원본원이 제1심 관할법원이 된다.

나. 특별재판적

토지의 수용 기타 부동산 또는 특정의 장소에 관계되는 처분 등에 대한 취소소송은 그 부동산 또는 장소의 소재지를 관할하는 행정법원에 이를 제기할 수 있다. 여기서 토지의 수용에 관계되는 처분이란 토지수용법상의 국토교통부장관의 사업인정, 토지수용위원회의 재결·이의재결 등의 처분을 말한다. 부동산에 관계되는 처분이란 광업권에 관한 처분, 농지·산지의 보전개발을 위한 규제·해제에 관한 처분, 토지구획정리사업으로 인한 환지처분, 토지거래허가에 관한 처분, 부동산에 관한 권리행사의 강제·제한·금지를 명하거나 직접 실현하는 처분 등을 말한다. 특정의 장소에 관계되는 처분이란 자동차운수사업면허, 택지조성사업에 관한 처분 등과 같은 특정지역에서 일정한 행위를 할 수 있는 권리 등을 부여하는 처분이나 특정지역을 정하여 일정한 행위를 제한·금지하는 처분 등을 말한다.

2. 당사자소송의 토지관할

당사자소송의 제1심 관할법원은 항고소송의 경우와 같이 피고의 소재지를 관할하는 행정법원이 된다. 다만, 국가 또는 공공단체가 피고인 경우에는 관계행정청의 소재지를 피고의 소재지로 본다. 또한 토지의 수용 기타 부동산 또는 특정의 장소에 관계되는 처분 등에 대한 당사자소송은 그 부동산 또는 장소의 소재지를 관할하는 행정법원에 이를 제기할 수 있다.

3. 토지관할의 성질

행정소송법은 제소의 편의를 위하여 항고소송이나 당사자소송의 토지관할에 관하여 전속관할로 규정하지 아니함으로써 임의관할임을 간접적으로 밝히고 있다.[23] 그러므로 당사자의 합의에 의한 합의관할이나 변론관할도 생기며, 항소심에서는 관할 위반을 주장할 수 없다.

다만, 행정법원의 역할을 할 수 있는 것은 지방법원 본원으로서, 지방법원 지원(춘천지방법원 강릉지원 제외)은 비록 합의지원이라 하더라도 행정사건을 다룰 수 없고, 합의관할 등이 생길 여지도 없다.

---

23) 대법원 1994. 1. 25. 선고 93누18655 판결.

Ⅳ. 사물관할

사물관할이란 사물의 경중 또는 성질에 의한 제1심 관할의 분배로서 소송사건의 제1심을 지방법원합의부와 단독 판사간에 분담시킨 것을 말한다. 행정사건은 원칙적으로 판사 3인으로 구성된 합의부에서 재판하여야 하는 합의사건이다. 다만, 합의부가 단독판사가 재판할 것으로 결정한 사건에 대하여는 단독판사가 재판할 수 있다. 재량권남용 여부만이 문제되는 사건 등 간단한 사건에 대하여 단독판사가 신속히 처리할 수 있는 길을 열어 둔 것이다.

V. 심급관할

종래 항고소송과 당사자소송의 제1심 법원을 고등법원으로 함으로써 행정사건에 2심제를 택하여 왔다. 그러 1998. 3. 1.부터 시행된 개정 행정소송법은 지방법원급인 행정법원을 제1심 법원으로 하고 그 항소심을 고등법원, 상고심을 대법원이 담당하도록 함으로서 3심제를 원칙으로 하고 있다.[24]

---

24) 그러나 개별법규 중에는 서울고등법원을 제1심으로 규정함으로써 2심제를 채택하고 있는 것들이 있다. 보안관찰법 23조, 독점규제및공정거래에관한법률 55조, 위 독점규제법 55조를 준용하고 있는 약관의규제에관한법률 30조의2 및 하도급거래공정화에관한법률 27조 등이 그 예이다.

Ⅵ. 민중소송 및 기관소송의 재판관할

민중소송이나 기관소송과 같은 객관적소송의 재판관할 역시 개별법에서 정한다. 대법원이 1심이며 종심인 것이 대부분이다. 그런데, 지역구 시·도 의원선거, 자치구·시·군의원 선거 및 자치구·시·군의 장 선거에 있어서는 그 선거구를 관할하는 고등법원으로 되어있다. 또한 교육위원선거에 있어서는 고등법원으로 되어 있으나 교육감의 선거에 있어서는 대법원이다.

Ⅶ. 사건의 이송

1. 이송의 의의

사건의 이송 제도는 관할위반의 경우 소를 각하하기보다는 관할권이 있는 법원에 이송함으로써 다시 소를 제기할 때 들이는 시간, 비용, 노력을 절감하게 하고, 소제기에 의한 제척기간 등 제소기간 준수의 효력을 유지시켜 소송경제를 도모하기 위하여 보다 편리한 법원으로 옮겨 심판할 수 있도록 하거나 서로 관련되는 사건 간 판결의 모순, 저촉을 피하기 위하여 하나의 법원에서 심판할 수 있도록 하자는 취지이다.

이렇듯 사건의 이송이라 함은 어느 법원에 일단 계속된 소송을 그 법원의 재판에 의하여 관할권이 있는 다른 법원에 이전하는 것을 말한다. 여기서 이송은 법원간의 이전이므로 동일 법원 내에서 담당재판부를 바꾸는 것은 이송에 속하지 아니하고 사무분담의 문제이다.

2. 이송할 경우

가. 관할위반으로 인한 이송

행정소송의 경우 그 소송의 특수성으로 인하여 민사소송에 비해 관할 위반을 하여 소송을 제기할 가능성이 매우 높다. 그럼에도 만일 이를 부적법 각하처리 한다면 제소기간 경과 등으로 다시 제소할 수 없는 경우가 발생하여 국민의 권리에 중대한 장해가 될 수 있다. 따라서 이를 각하하기 보다는 관할법원으로 이송하는 것이 당사자의 권리구제나 소송경제의 측면에서 더 바람직하다.

이에 따라 우리 행정소송에서도 민사소송법 제34조 제1항이 준용되어 법원은 소송의 전부 또는 일부에 대하여 관할권이 없다고 인정하는 경우에는 결정으로 이를 관할 법원에 이송하도록 하고 있다.

따라서 만일 원고가 고의 또는 중대한 과실 없이 행정소송으로 제기하여야 할 사건을 민사소송으로 잘못 제기한 경우, 수소법원으로서는 만약 그 행정소송에 대한 관할도 동시에 가지고 있다면 이를 행정소송을 심리, 판단하여야 하고, 그 행정소송에 대한 관할을 가지고 있지 아니하다면 행정소송으로서의 소송요건을 결하고 있음이 명백하여 행정소송으로 제기되었더라도 어차피 부적법하게 되는 경우가 아닌 이상 이를 부적법한 소라고 하여 각하할 것이 아니라 관할법원에 이송하여야 한다.[25]

나. 편의에 의한 이송

(1) 민사소송법 35조의 준용에 의한 이송

행정소송에도 민사소송법 35조가 준용되어 법원은 그 관할에 속한 소송에 관하여 현저한 손해 또는 지연을 피하기 위한 필요가 있을 경우 직권 또는 당사자의 신청에 의하여 소송의 전부나 일부를 다른 관할법원에 이송할 수 있다. 다만, 전속관할이 정해져 있는 소의 경우에는 그러하지 아니한다. 한편 행정소송의 경우 관할법원이 여럿 있는 경우가 드물어 이 규정에 따른 이송을 할 경우는 흔하지 않다.

다. 관련청구소송의 이송

(1) 취 지

항고소송, 특히 취소소송에서는 한편으로는 위법한 처분 등의 취소 또는 변경을 구하고 다른 한편으로는 그와 관련되는 손해배상이나 부당이득반환 등을 청구할 필요가 있는 경우가 적지 않다. 이 경우 취소소송은 처분청을 피고로 제기하여야 하는데 대하여, 손해배상·원상회복청구소송 등은 공법상 당사자소송 또는 민사소송으로서 국가 또는 공공단체를 피고로 하게 되며, 그 관할법원에 있어서도 차이가 있게 된다. 이러한 경우에 취소소송과 이와 관련되는 수개의 청구를 병합하여 하나의 소송절차에서 통일적으로 심판하게 되면 심리의 중복이나 재판의 모순·저촉을 피하고 당사자나 법원의 부담을 경감할 수 있는바, 이러한 취지에서 행정소송법은 관련청구소송의 이송과 병합을 인정하고 있다.

---

25) 대법원 1997. 5. 30. 선고 95다28960 판결.

(2) 관련청구소송의 범위

(가) 당해 처분 등과 관련되는 손해배상 · 부당이득반환 · 원상회복 등 청구 소송

여기서 당해 처분 등과 관련된다는 것은 처분이나 재결이 원인이 되어 발생한 청구 또는 그 처분이나 재결의 취소 · 변경을 선결문제로 하는 경우를 말한다.

(나) 당해 처분등과 관련되는 취소소송

여기에는 당해 처분과 함께 하나의 절차를 구성하는 다른 처분의 취소를 구하는 소송, 당해 처분에 관한 재결의 취소를 구하는 소송 또는 재결의 대상인 처분의 취소소송, 당해 처분이나 재결의 취소 · 변경을 구하는 제3자의 취소소송이 포함된다.

(3) 관련청구소송의 이송

(가) 관련청구소송의 이송의 의의

관련청구소송의 이송이란 취소소송과 관련청구소송이 각각 다른 법원에 계속되고 있는 경우에 관련청구소송이 계속된 법원이 상당하다고 인정하는 때에는 당사자의 신청 또는 직권에 의하여 이를 취소소송이 계속된 법원으로 이송할 수 있음을 말한다.

(나) 관련청구소송의 이송의 요건

ⅰ) 취소소송과 관련청구소송이 각각 다른 법원에 계속되어 있을 것

ⅱ) 법원이 상당하다고 인정하는 경우일 것

ⅲ) 당사자의 신청 또는 직권에 의하여 관련청구소송을 취소소송이 계속된 법원에로 이송결정이 있을 것 등이다.

(다) 이송결정의 효과

ⅰ) 소송을 이송 받은 법원은 이송결정에 따라야 하며, 따라서 이송 받은 법원은 사건을 다시 다른 법원에 이송하지 못한다.

ⅱ) 이송결정이 확정되면 관련청구소송은 처음부터 이송 받은 법원에 계속된 것으로 본다.

ⅲ) 이송결정을 한 법원의 법원사무관 등은 그 결정의 정본을 소송기록에 붙여 이송 받을 법원에 보내야 한다.

Ⅷ. 당 사 자

제1관 개설

행정소송도 원고와 피고가 대립하는 대심구조를 취하여 구체적 사건을 다룬다는 점에서 민사소송과 본질적으로 다르지 않다. 그러나 항고소송 특히 취소소송의 경우 원고는 자신의 권익보호를 위하여 처분 등의 위법을 이유로 그의 취소·변경을 구하는 반면 피고인 행정청은 자신의 권익을 주장하는 것이 아니라 법적용에 있어서 위법이 없다는 것을 주장하는데 그친다. 여기서 행정청은 국가 또는 지방자치단체의 기관으로서 그 자체로서는 피고의 자격을 가지는 것이 아니지만 편의상 피고의 지위가 인정되는 점, 그리고 자신의 이익을 주장하고 방어하는 것이 아니라 공익을 위하여 소송에 임한다는 점 등의 특수성을 갖고 있다.

제2관 당사자능력

당사자능력이란 소송의 주체가 될 수 있는 능력 또는 자격을 말한다. 민법 기타 법률에 의하여 권리능력을 가지는 자는 당사자능력을 갖는다. 그러므로 자연인, 법인, 법인격 없는 사단 또는 재단도 행정소송에 있어서 당사자능력을 갖는다.

당사자능력은 소송요건으로 당사자능력이 없는 자가 제기한 소나 당사자능력이 없는 자를 상대로 한 소송은 부적법하다.

한편 항고소송에서 있어 피고능력에 관한 부분에 있었서는 민사소송의 경우와는 달리 당사자능력이 없는 행정청이 당사자능력을 갖는다는 점에 특색이 있다. 이와 같이 행정청이 피고능력을 갖는 것은 행정소송법상의 특별규정 때문이므로, 그러한 규정이 없는 영역 즉, 항고소송의 원고나 당사자소송의 원피고에서는 행정청에게 당사자능력이 없다. 그 외 객관적 소송(민중소송, 기관소송 등)의 당사자능력은 각 개별법이 정한 바에 따른다.

제3관 당사자적격

1. 원고적격

가. 취소소송의 원고적격

(1) 법률상의 이익을 가진 자

행정소송의 원고적격도 민사소송의 원고적격에서와 마찬가지로 소의 이익의 문제의 하나이다. 민사소송에서 본안판결을 받기 위해서는 형식적·절차적 요건 외에 당해 분쟁에 관하여 국가의 재판제도를 이용하여 자기를 위하여 그 분쟁을 해결할만한 필요성 내지 이익이 원고에게 존재하여야 하는바, 이를 실체적 소송요건인 소의 이익이라고 한다. 소의 이익은 광의로는 당사자가 본안판결을 받을만한 정당한 이익을 가지고 있을 것(원고적격), 청구의 내용이 본안판결을 받기에 적합한 자격을 가지고 있을 것(권리보호의 자격), 원고의 청구가 소송을 통하여 분쟁을 해결할만한 현실적인 필요성이 있을 것(권리보호의 필요)의 세 가지를 포함하고 있으나, 협의로는 권리보호의 필요만을 의미한다.

(2) 법률상 보호이익설의 내용

행정소송법 제12조 제1문은 "취소소송은 처분 등의 취소를 구할 법률상 이익이 있는 자가 제기할 수 있다"라고 규정하고 있는바 여기서 법률상 이익이 무엇을 의미하는지 문제된다. 판례는 법률상 이익의 의미를 당해 처분의 근거 법규 및 관련 법규에 의하여 보호되는 개별적·직접적·구체적 이익으로 보고 있다.[26]

---

26) 대법원 2006. 3. 16. 선고 2006두330 판결, 대법원 1989.5.23. 선고 88누8135 판결, 대법원 1995.9.26. 선고 94누14544 판결, 대법원 2007.6.15. 2005두9736 판결 참조.

(3) 구체적인 예

(가) 원고적격을 인정한 예

1) 특허산업 등의 경업자

경업자란 신규 허가로 인하여 이익의 몫이 감소되는 경우처럼 이익분할관계에 있는 자를 말한다. 경업자소송이란 새로운 경쟁자에 대하여 신규허가를 발급함으로써 경업자(예, 자동차운송사업면허에 대한 당해 노선의 기존업자, 직행형 시외버스운송사업자에 대한 사업계획인가처분에 대한 기존 고속형 시외버스운송사업자)가 제기하는 소송을 말한다.

2) 경원자

경원자란 대체로 일방에 대한 허가가 타방에 대한 불허가로 귀결될 수밖에 없는 배타적인 경우처럼 단수 또는 특정수의 이익만 성립될 수 있어 그 이상의 추가 진입이 불가능한 「이익대체관계」에 있는 자를 말한다. 경원자소송이란 특허나 인·허가 등의 수익적 처분을 신청한 수인이 서로 경쟁관계에 있어서 일방에 대한 면허나 인·허가 등의 행정처분이 타방에 대한 불허가로 귀결될 수밖에 없는 경우에 인·허가 등을 받지 못한 경원자가 타방이 받은 인·허가 등에 대하여 제기하는 소송(예, 같은 공유수면을 대상으로 하는 공유수면매립면허처럼 단수의 진입만 가능한 경우)을 말한다.

3) 근거법률 등에 의하여 보호되는 이익이 침해된 주민

주거지역 내에 설치할 수 없는 공장이나 공설화장장을 설치함으로써 주민의 안녕과 생활환경을 침해받는 주민이 제기하는 소송을 말한다.

4) 제2차 납세의무자 등

원납세의무자에 대한 과세처분에 대하여 납부통지서를 받은 제2차 납세의무자 및 물적 납세의무자, 납세보증인 등이 제기하는 소송을 말한다.

5) 소비자단체소송

소비자단체소송이란 사업자가 소비자의 권익증진관련기준의 준수규정을 위반하여 소비자의 생명·신체 또는 재산에 대한 권익을 직접적으로 침해하고 그 침해가 계속되는 경우 소비자단체소송을 제기할 수 있는 단체가 법원에 소비자권익침해행위의 금지·중지를 구하는 소송을 말한다.

6) 개인정보단체소송

인정보단체소송이란 개인정보처리자가 개인정보보호법 제49조에 따른 집단분쟁조정을 거부하거나 집단분쟁조정의 결과를 수락하지 아니한 경우 개인정보단체소송을 제기할 수 있는 단체가 법원에 권리침해 행위의 금지·중지를 구하는 소송을 말한다.

(나) 원고적격을 부정한 예

1) 경찰허가를 받은 경업자

목욕탕영업허가에 대하여 기존 목욕탕업자 및 약사들에 대한 한약조제권 인정에 대하여 한의사들에 대하여는 원고적격을 부정한다.

2) 반사적 이익을 침해받은 자

개인적공권의 침해와 달리 도로용도폐지처분에 의하여 산책로를 이용할 이익을 침해받은 자나 주택건설사업계획승인처분에 의하여 문화재를 향유할 이익을 침해받는 경우와 같은 단순 반사적 이익의 침해는 원고적격을 부정한다.

3) 단체와 그 구성원 등

단체구성원 개인에 대한 처분에 대하여 그 소속 단체 및 법인이나 비영리사단에 대한 처분에 대하여 그 임원이나 구성원, 주식회사에 대한 주류제공면허취소처분에 대한 그 회사의 대주주 등은 원고저격을 부정한다.

그 외 4) 간접적 이해관계인 5) 압류부동산을 매수한 자 등 6) 채권자대위권자 등의 경우 원고적격을 부정한다.

나. 무효등확인소송의 원고적격

무효등확인소송은 처분의 효력유무 또는 존부의 확인을 구할 법률상 이익이 있는 자가 제기할 수 있다. 여기서 법률상이익이 무엇을 의미하는지에 관하여 견해가 대립되는데, 무효등확인소송은 취소소송과 마찬가지로 주관적 소송으로서 근거법률에 의하여 직접적이고 구체적으로 보호되는 이익이 침해되었다고 주장하는 경우에만 원고적격이 인정된다고 할 것이다.

다. 부작위위법확인소송의 원고적격

부작위위법확인소송은 처분의 신청을 한 자로서 부작위의 위법확인을 구할 법률상의 이익이 있는 자만이 제기할 수 있다(행소법 36조). 즉, 처분의 신청을 현실적으로 한 자만이 제기할 수 있고, 처분의 신청을 하지 않은 제3자 등은 제기할 수 없다.

라. 당사자소송의 원고적격

행정소송법은 당사자소송의 원고적격에 관한 규정을 별도로 두고 있지 않다. 따라서 일반소송의 원고적격에 관한 규정을 그대로 준용하여 공법상 법률관계에 있어서 권리보호이익 또는 권리보호의 필요성을 가지는 자는 누구나 원고가 될 수 있다고 보아야 할 것이다.

마. 객관적소송(민중소송과 기관소송)의 원고적격

객관적 소송은 법률에 정한 자에 한하여 제기할 수 있다. 예컨대 선거소송에 있어서는 선거인 · 소청인 또는 후보자, 지방자치법상 기관소송에 있어서는 지방자치단체의장이 각각 원고가 된다.

2. 협의의 소의 이익

가. 개설

소의 이익은 직권조사사항이므로 당사자의 이의가 없더라도 직권으로 조사하여 그 흠결이 밝혀지면 소를 각하하여야 한다. 사실심 변론종결시는 물론 상고심에서도 존속하여야 하며, 상고심 계속 중 소의 이익이 없게 되면(예컨대, 처분효력기간의 경과) 부적법한 소가 되어 직권 각하된다(대법원 1996. 2. 23. 선고 95누2685 판결 등).

나. 취소소송에 있어서의 소의 이익

(1) 원칙

취소소송은 위법한 처분 등에 의하여 발생한 위법상태를 배제하여 원상으로 회복시킴으로써 그 처분으로 침해되거나 방해받은 권리와 이익을 구제하고자 하는 소송이므로, 처분 등의 효력이 존속하고 있어야 하고, 그 취소로서 원상회복이 가능하여야 한다.

(2) 예외

처분 등의 효과가 기간의 경과, 처분 등의 집행 등 사유로 인하여 소멸된 뒤에도 그 처분 등의 취소로 인하여 회복되는 법률상의 이익이 있으면 소의 이익이 있다.

(3) 인가처분 취소소송

행정청이 제3자의 법률행위에 동의를 부여하여 그 행위의 효력을 완성시켜주는 행정행위인 강학상의 인가처분은 보충행위에 불과하여 기본행위가 불성립 또는 무효인 경우에는 인가가 있더라도 아무런 효력이 발생하지 아니한다.

(4) 재결취소의 소

행정심판재결 자체에 고유한 위법이 있어 원처분취소의 소와 그것을 유지한 재결취소의 소가 함께 제기된 경우, 원처분이 위법하다 하여 취소하는 판결이 확정된 때에는 재결취소의 소를 유지할 소의 이익이 없게 된다.

다. 무효등확인소송

무효확인소송의 대상도 취소소송과 마찬가지로 처분 등, 즉 행정청이 행하는 구체적 사실에 관한 법집행으로서의 공권력행사 또는 그 거부와 그 밖에 이에 준하는 행정작용 및 행정심판에 대한 재결이 그 대상이다. 무효등확인소송에는 행정심판전치주의에 관한 규정이 없으나 임의로 행정심판을 전치시킬 수 있으므로 행정심판의 재결도 대상이 될 수 있다. 그러나 재결을 소송대상으로 하는 경우에는 재결자체에 고유한 위법만을 주장할 수 있고 원처분의 위법은 주장할 수 없다. 법규범의 무효확인이나 문서의 진위 등의 사실관계의 확인은 무효등확인소송의 대상이 아니다.

라. 부작위위법확인소송

부작위위법확인소송에 있어서도 취소소송에서 일반적으로 요구되는 소의 이익이 그대로 타당하다. 따라서 신청 후 사정변경으로 부작위위법확인을 받아 보았자 침해되거나 방해받은 권리·이익을 보호·구제받는 것이 불가능하게 되었다면 소의 이익이 없고, 소제기의 전후를 통하여 판결시까지 행정청이 신청에 대하여 적극 또는 소극의 처분을 함으로써 부작위 상태가 해소된 때에도 소의 이익이 없다(대법원 1990. 9. 25. 선고 89누4758 판결).

마. 당사자소송

당사자소송에서의 소의 이익은 민사소송에서와 같다. 가령 계약직 공무원에 대한 채용계획해지에 관하여 그 해지가 무효라고 하더라도 이미 계약이 만료되었다면 해지무효확인소송을 제기할 소의 이익이 없다.

바. 객관적 소송

객관적 소송은 원래 개인의 권익구제에 목적이 있는 소송이 아니라 행정의 적법성 보장에 그 목적이 있으므로 통상의 경우는 소의 이익이 문제되지 않으나, 예를 들면, 당선인이 임기개시 전에 사퇴하거나 사망하여 어차피 재선거를 실시할 수밖에 없는 때는 선거무효소송을 제기할 소의 이익이 없는 등 소의 이익을 별도로 고려하여야 할 특수한 경우가 있다.

3. 피고적격

가. 항고소송의 피고적격

(1) 처분청 원칙

항고소송은 다른 법률에 특별한 규정이 없는 한 그 처분 등을 행한 행정청을 피고로 한다(행소법 13조 1항, 38조 1항). 따라서 '처분'에 대하여는 처분 행정청이, '재결'에 대하여는 재결청이 각각 피고로 된다. 부작위위법확인소송에 있어서는 국민으로부터 일정한 행위를 하여 줄 것을 신청받은 행정청이 피고가 된다.

(2) 행정청

(가) 의 의

행정청이란 행정주체의 의사를 내부적으로 결정하고 이를 외부적으로 표시할 수 있는 권한을 가진 행정기관을 말하나 여기서 행정청은 기능적인 의미로 사용되어 법원행정처장이나 국회사무총장 역시 행정청의 지위를 갖고 있으며, 지방의회도 처분(제명의결 등)을 발하는 경우에는 행정청의 지위를 갖는다.

한편, 외부적 의사표시기관이 아닌 내부기관은 실질적인 의사가 그 기관에 의하여 결정되더라도 피고적격을 갖지 못한다(대법원 1994. 12. 23. 선고 94누5915 판결 등). 예를 들면, 사법시험 불합격처분은 합격자발표를 외부적으로 한 법무부장관이 피고가 되어야 하고 사법시험위원회는 피고적격을 갖지 못한다.

(나) 합의제 기관일 경우

처분청이 공정거래위원회와 같은 합의제관청(국가배상심의회, 중앙토지수용위원회, 감사원, 선거관리위원회, 금융감독위원회 등)인 경우에는 당해 합의제행정관청이 피고가 된다. 다만, 노동위원회법에 따라 중앙노동위원회의 처분에 대한 소송은 중앙노동위원장을 피고로 하여야 한다.

(다) 공법인 등

공법인이나 개인(공무수탁사인)도 국가나 지방자치단체의 사무를 위임받아 행하는 범위 내에서 '행정청'에 속하며 항고소송의 피고적격을 가진다. 공무원연금관리공단, 국민연금관리공단, 근로복지공단, 농업기반공사, 한국자산관리공사, 대한주택공사 등이 그 예이며, 이 경우 행정권한을 위임받은 자는 공법인 자체이지 그 대표자가 아니므로 처분은 공법인의 이름으로 행하여지고, 그에 대한 항고소송의 피고도 공법인이 되어야 하고 그 대표자가 되는 것이 아니다.

(라) 지방의회

지방의회는 지방자치단체 내부의 의결기관이지 지방자치단체의 의사를 외부에 표시하는 기관이 아니므로, 항고소송의 피고가 될 수 없음이 원칙이다. 그러므로 지방의회가 의결한 조례가 집행행위의 개입 없이도 그 자체로서 직접 국민의 권리의무에 영향을 미쳐 항고소송의 대상이 되는 경우에도 그 피고는 조례를 공포한 지방자치단체의 장(교육·학예에 관한 조례는 시·교육감)이 되어야 하고, 지방의회가 될 수 없다. 다만, 지방의회에 대한 징계의결이나 취소나 무효확인을 구하는 소, 지방의회의장에 대한 의장선출이나 불신임결의의 피고는 모두 지방의회이다.

(3) 처분을 한 행정청

(가) 개 설

여기서 처분 등을 행한 행정청이란 원칙적으로 소송의 대상인 행정처분등을 외부적으로 그의 명의로 행한 행정청을 의미한다.

(나) 권한이 위임·위탁된 경우

행정청의 권한의 위임·위탁의 경우에는 권한이 수임청·수탁청에게 넘어가기 때문에 이들이 피고가 된다. 사인도 공무수탁사인이 피고가 된다. 반면 내부위임의 경우에는 권한이 이전되는 것이 아니므로 위임청이 피고로 된다. 다만, 판례는 내부위임의 경우 수임기관의 명의로 처분을 한 경우에는 수임기관이, 위임기관의 명의로 처분을 하였다면 위임기관이 피고가 된다고 한다. 다만, 권한의 대리인 경우는 권한이 이전되는 것도 아니고 법적효과도 직접 피대리관청에 귀속하는 것이므로 피대리관청이 피고가 된다는 점에 차이가 있다.

(다) 정당한 권한 유무

외부적으로 그의 이름으로 행위를 한 자가 피고적격을 갖고, 그에게 실체법상 정당한 권한이 있었는지 여부는 본안 판단사항일 뿐 피고적격을 정함에 있어 고려할 사항이 아니다. 그리하여 내부위임이나 대리권을 수여받는 데 불과하여 원행정청 명의나 대리관계를 밝히지 아니하고는 그의 명의로 처분 등을 할 권한이 없음에도 불구하고, 행정청이 착오 등으로 권한 없이 그의 명의로 처분을 한 경우, 그 처분은 권한이 없는 자가 한 위법한 처분이 될 것이지만, 이 경우에도 피고는 정당한 권한이 있는 행정청이 아니라 권한 없이 처분을 한 행정청이 되어야 하는 것이 원칙이다(대법원 1994. 6. 14. 선고 94누1197 판결 등).

(4) 특별법에 의한 예외

(가) 행정청이 대통령인 경우

국가공무원법의 적용을 받는 공무원에 대한 징계등 불리한 처분이나 부작위의 처분청이나 부작위청이 대통령인 때에는 소속장관을 피고로 한다.

(나) 행정청이 국회의장인 경우

국회의장이 행한 처분에 대한 행정소송의 피고는 사무총장으로 한다.

(다) 행정청이 대법원장인 경우

대법원장이 행한 처분에 대한 행정소송의 피고는 법원행정처장으로 한다.

(라) 행정청이 헌법재판소장인 경우

헌법재판소장이 행한 처분에 대한 행정소송의 피고는 헌법재판소사무처장으로 한다.

(마) 행정청이 중앙선거관리위원장인 경우

중앙선거관리위원장이 행한 처분에 대한 행정소송의 피고는 중앙선거관리위원회사무총장을 피고로 한다.

(바) 행정청이 중앙노동위원회인 경우

중앙노동위원회의 처분에 대한 소는 중앙노동위원회 위원장을 피고로 한다.

(5) 피고적격자의 변경

(가) 피고를 잘못 지정한 때

원고가 피고를 잘못 지정한 때에는 법원은 원고의 신청에 의하여 결정으로써 피고의 경정을 허가할 수 있다. 구법에서는 피고를 잘못지정한데 대한 원고의 고의 또는 과실이 없는 경우에만 피고경정이 허용되었으나, 현행행정소송법은 그러한 규정을 삭제하였다.

(나) 행정청의 권한 변경이 있는 경우

행정소송이 제기된 후 처분 등에 관한 권한이 타행정청에 승계된 경우 또는 행정조직의 개편으로 처분행정청이 없어진 경우에는, 법원은 당사자의 신청 또는 직권에 의하여 권한을 승계한 행정청 또는 처분 등에 관한 사무가 귀속되는 국가 또는 공공단체로 경정한다.

(다) 소의 변경이 있는 경우

소의 변경으로 인하여 피고의 경정이 필요한 경우에도 인정된다.

(라) 피고경정의 효과

피고경정결정이 있는 때에는 새로운 피고에 대한 소송은 처음에 소를 제기한 때에 제기된 것으로 보고, 종전의 피고에 대한 소송은 취하된 것으로 본다.

나. 당사자소송의 피고적격

항고소송과 달리 당사자소송에서는 국가·공공단체, 그 밖의 권리주체를 피고로 한다. 한편, 국가를 당사자로 하는 소송의 경우에는 국가를 당사자로 하는 소송에 관한 법률에 의거하여 법무부장관이 국가를 대표한다. 지방자치단체를 당사자로 하는 소송의 경우에는 당해 지방자치단체의 장이 당해 지방자치단체를 대표한다. 피고의 경정에 관한 취소소송의 규정 역시 준용된다.

다. 민중소송과 기관소송의 피고적격

객관적 소송인 민중소송 및 기관소송의 경우 피고는 원고와 마찬가지로 민중소송이나 기관소송을 인정하는 당해 법률이 정한 바에 따른다. 현행법상 국민투표무효소송의 피고는 중앙선거관리위원장, 선거무효소송에 있어서는 당해 선거구선거관리위원장을 피고로 하여야 하고, 당선무효소송에 있어서는 사유에 따라 당선인 또는 당선인을 결정한 중앙 또는 관할선거구 선거관리위원장이나 국회의장이 피고가 되도록 되어 있다. 또한, 지방의회와 교육위원회의 의결무효소송의 경우는 지방의회나 교육위원회가 피고가 되고 주무부장관이나 상급지방자치단체장의 감독처분에 대한 이의소송의 피고는 주무부장관이나 상급지방자치단체장이 된다.

제4관 당사자의 변경

1. 개 설

가. 개 념

소송계속 중에 종래의 당사자 대신에 새로운 당사자가 소송에 가입하거나 기존의 당사자에 추가하여 새로운 당사자가 소송에 가입하는 것을 당사자변경이라 한다. 이러한 당사자의 변경은 당사자의 동일성이 바뀌는 것이므로, 당사자의 동일성을 해하지 않는 범위 내에서 당사자의 표시만을 정정하는 당사자 '표시정정'과 구별된다.

나. 종 류

당사자의 변경은 크게 '소송승계'와 '임의적 당사자변경'으로 나누어진다. 전자는 소송 중에 분쟁의 주체인 지위가 제3자에게 이전됨에 따라 새로이 주체가 된 제3자가 당사자가 되어 소송을 속행하는 경우이며, 후자는 분쟁의 주체인 지위의 변경과는 상관없이 새로이 제3자가 소송에 가입하는 경우이다.

2. 소송승계

가. 포괄승계와 특정승계(민사소송법의 준용에 의한 승계)

원고의 사망, 법인의 합병, 수탁자의 임무종료 등에 의한 당연승계, 계쟁물의 양도(예컨대 영업양도)에 의한 특정승계에 관한 민사소송법의 규정은 행정소송의 경우에도 원칙적으로 준용된다. 당사자소송의 경우는 물론, 항고소송의 경우도, 이를테면 과세처분 취소소송 중에 원고가 사망한 경우 상속인들이 승계하여 소송을 수행하게 되고, 공무원 면직처분 취소소송 계속 중 원고가 사망한 경우 급료청구권을 상속하는 상속인들이 소송을 승계하게 되며, 건축물철거명령 취소소송 계속 중 그 건축물을 양수한 자는 승계 참가를 할 수 있다.

다만, 행정청의 승계허가나 승계신고 수리를 받아야만 지위승계가 인정되는 영업에 관한 처분 등에 관한 소는 행정청의 승계허가나 승계신고수리가 있어야만 소송승계가 가능하며, 각종 자격취소처분 등 순수 대인적 처분이나 일신 전속적인 권리·이익을 침해하는 처분의 취소소송 중 원고가 사망한 경우는 소송은 승계되지 아니하고 그대로 종료되고,[27] 이에 관하여 다툼이 있으면 소송종료 선언절차에 따라 처리하면 된다.

나. 권한청의 변경으로 인한 피고경정

항고소송의 피고는 권리의무의 주체가 아닌 처분 행정청이므로 처분의 취소 등을 구하는 항고소송의 제기 후, 그 처분 등에 관계되는 권한이 다른 행정청에 승계될 때는 당사자의 신청 또는 직권에 의하여 피고를 새로 권한을 가지게 된 행정청으로 변경하고, 승계할 행정청이 없게 된 때에는 그 처분 등에 관한 사무가 귀속되는 국가 또는 지방자치단체로 변경한다. 이는 직권에 의하여서도 가능하다는 점을 제외하고는 경정결정의 절차, 불복, 효과 등은 피고를 잘못 지정한 경우의 경정과 거의 같다.

3. 임의적 당사자 변경

가. 의 의

임의적 당사자변경이란 소송계속 중 당사자의 임의의 의사에 당사자가 교체 또는 추가되는 것을 말한다. 이는 당사자의 동일성이 바뀌는 것이므로, 동일성이 유지되는 범위 내에서 소장 등에 기재된 당사자의 표시만을 정정한 '당사자 표시정정'과 구별된다.

나. 원고의 변경

동일성이 유지되는 범위 내에서 단순히 표시를 정정하는 표시 정정 외에, 임의적 원고 변경은 허용되지 않는다. 가령 처분 상대방이 법인인데 법인의 대표자를 처분 상대방으로 보고 법인의 대표이사 개인을 원고로 하여 제기된 소에서 원고를 해당 법인으로 변경하는 정정신청은 원고를 변경하는 것으로서 허용되지 않는다. 다만 고유필수적 공동

---

27) 대법원 2003. 8. 19. 선고 2003두5037 판결.

소송인 중 일부가 누락된 채 소가 제기된 경우, 신청에 의하여 누락된 원고를 추가할 수는 있다.[28]

다. 잘못 지정한 피고의 경정

(1) 민사소송과의 이동

(가) 도입취지

행정소송의 경우 행정청을 피고로 하기 때문에 민사소송의 경우보다 피고를 잘못 지정하는 경우가 빈번히 발생하기 때문에 만일 피고경정을 허용하지 아니할 경우 국민의 권리구제에 중대한 장해를 가져오게 된다. 이러한 연유로 행정소송법은 오래전부터 피고경정을 허용해 오고 있으며, 피고경정에 관한 규정은 취소소송 이외의 항소소송이나 당사자소송, 객관적 소송에도 준용된다.

(나) 민사소송법상 피고경정과의 차이점

행정소송법상 피고경정과 민사소송법상의 피고경정은 첫째 민사소송의 경우 피고가 본안에 관하여 준비서면을 제출하거나 변론준비기일에서 진술하거나 변론을 한 뒤에는 그의 동의가 있는 경우에 한하여 피고경정이 가능한 반면, 행정소송의 경우에는 그러한 제한이 없으며, 둘째 민사소송의 경우 서면에 의한 신청을 요하나, 행정소송에 경우 구두신청도 가능하고, 셋째 민사소송의 경우 제1심에서만 가능한 데 비하여, 행정소송에서는 제2심에서도 가능하다고 해석된다는 점 등에서 차이가 있다.

(2) 요 건

피고경정이 인정되기 위해서는 첫째 사실심에 계속 중이어야 하고(법률심인 대법원에서는 피고경정이 허용되지 아니함), 둘째 피고로 지정된 자가 정당한 피고적격을 가지

---

28) 이미 사망한 자가 원고가 되어 제기된 소는 부적법하고, 원칙적으로 경정이나 소송수계가 불가능하나, 피상속인이 과세처분에 대하여 심판청구를 한 후 심판청구 계속 중 사망하여, 조세심판소장으로부터 피상속인을 청구인으로 표시한 기각결정문이 송달되었는데, 상속인들이 이에 불복하여 과세처분취소소송을 제기하면서 망인 명의로 소를 제기하였다가 후에 상속인들 명의로 수계신청을 한 경우, 이를 다만 원고 표시를 잘못한 데 불과한 것이어서 당사자표시정정에 해당한다고 보아 허가한 예가 있다(대법원 1994. 12. 2. 선고 93누12206 판결).

지 않는다는 것이 객관적으로 인식되어야 하며(피고를 잘못 지정하였을 것), 셋째 원칙적으로 피고를 경정하는 것은 원고의 권한 및 책임이므로 새로운 피고가 피고적격자인지 여부에 관계없이 법원으로서는 피고경정을 허가 할 수 있고,[29] 넷째 원고의 고의·과실이 없을 것을 요하지 않으며,[30] 다섯째 신·구 피고의 동의를 요하지 않는다.[31]

(3) 신청절차

(가) 신 청

피고경정신청은 원고의 신청에 의하며, 이때 신청은 구두 또는 서면으로 가능하며, 만일 구두에 의할 경우는 법원사무관 등의 면전에서 진술하여 그 취지를 조서에 기재한 후 법원사무관 등이 기명날인한다.

(나) 피고경정의 촉구

원고가 피고의 지정을 잘못하였을 경우, 법원으로서는 석명권을 행사하여 원고로 하여금 이를 시정할 기회를 주어야 한다. 만일 그러한 기회를 주지 않고 바로 소를 각하함은 위법이다. 그러나 법원이 피고적격에 관하여 석명할 수 있는 충분한 기회를 부여하였음에도 불구하고 피고경정을 하지 아니한 경우에는 그 소는 부적법하여 각하될 수 있다.[32]

(다) 결 정

피고경정요건을 갖추었을 경우 법원은 피고경정허가결정을 한다. 각하결정이 있으면 새로운 피고에 대하여 신소의 제기가 있는 것으로 된다. 이때 허가법원은 신소에 관한 관할권이 있으면 소장부본 및 기일통지서 등을 결정정본과 함께 송달하여야 하고, 피고

---

29) 법원이 피고경정을 허가하였다 하여 그 피고가 정당한 피고적격자로 확정되는 것이 아니며, 정당한 피고적격이 있는지 여부는 사후 종국판결에서 따로 판단될 사항이다.
30) 원고의 고의나 중과실에 의한 경우에도 피고경정은 허용되나, 소송지연 등을 목적으로 피고를 다르게 지정하는 경우와 같은 때에는 피고경정을 허가하지 않을 수도 있다.
31) 피고가 본안에서 준비서면을 제출하거나 준비절차에서 진술하거나 변론을 한 후에도 종전 또는 새로운 피고의 동의 없이 피고 경정이 가능하다.
32) 대법원 2004. 7. 8. 선고 2007두16608 판결.

경정으로 법원이 신소에 대한 관할권을 상실하면, 관할법원으로 이송절차를 취한다.

(라) 불 복

신청인은 만일 법원이 경정신청각하결정을 할 경우 즉시항고를 할 수 있다(행소법 14 조 3항). 다만 경정허가결정에 대하여는 신청인이 불복할 수 없다.[33] 한편, 이때 경정 허가결정은 새로운 피고에 대한 관계에서 중간적 재판의 성질을 갖는 것이므로 새로운 피고는 자신에게 피고적격이 없다고 생각되더라도 본안에서 다투면 되고 특별항고 등 으로도 불복할 수 없다.[34]

(4) 효 과

(가) 새로운 피고에 대한 신소 제기

피고경정결정이 있으면 새로운 피고에 대한 소송은 처음에 소를 제기한 때에 제기한 것 으로 보는데, 이는 제소기간을 준수하지 아니함으로 인한 불이익 등을 배제하기 위한 것이다.

(나) 종전 피고에 대한 소 취하

피고경정결정이 있으면, 종전 피고에 대한 소송은 취하된 것으로 본다.

(다) 종전 소송자료 등의 효력

경정허가결정이 있는 경우 새로운 피고가 종전 피고의 소에 구속될 이유가 없기 때문에 당사자가 종전의 소송자료를 이용하려면 원칙적으로 그 원용이 필요하다. 다만, 행정청 의 권한변경에 의한 피고경정의 경우 신·구 피고가 실질적으로 같다고 평가되는 경우 에는 원용조차도 필요치 않다.

---

33) 경정전의 피고는 항고제기의 방법으로 불복할 수 없고 다만 특별항고(민소법 449조)가 허용될 뿐이다.
34) 대법원 1994. 6. 29.자 93프3 결정.

라. 소의 변경에 수반되는 피고경정

소의 변경에는 항고소송 상호간, 항고소송에서 당사자소송으로, 당사자소송에서 항고소송을 변경하는 소의변경 및 청구의 기초에 변경이 없는 범위 내에서 청구취지 원인을 변경하는 경우 등이 있다.

전자의 경우 행정소송법 제21조의 규정[35])에 따라 허용되며, 후자의 경우에는 논란의 여지가 있지만 행정소송법 제14조의 규정[36])에 따라 법원의 허가를 받아 피고경정이 가능하다. 예를 들면, 징계위원회를 피고로 하여 징계의결의 취소를 구하다가 징계처분의 취소를 구하는 것으로 청구취지를 변경함과 아울러 징계처분권자로 피고를 변경하거나, 원처분주의에 반하여 재결청을 상대로 재결의 취소를 구하다가 취소의 대상을 원처분으로 바꾼 뒤 피고를 원처분청으로 경정하는 것은 일반 소의 변경의 요건을 갖춘 이상 허용된다.

마. 필수적 공동소송에서의 누락된 당사자의 추가

행정소송에도 민사소송법 68조가 준용되어, 필수적 공동소송인 중 일부가 누락된 경우, 원고의 신청에 의하여 결정으로 누락된 원·피고를 추가할 수 있다. 이는 제1심 변론종결시까지만 가능하고, 원고의 추가는 그 추가될 자의 동의를 요한다. 또한 공동소송인의 추가가 있는 경우 처음의 소가 제기된 때에 추가된 당사자와의 사이에 소가 제기된 것으로 보므로 제소기간 준수여부 등도 처음 소제기 당시를 기준으로 한다.

---

35) 제21조(소의 변경)
① 법원은 취소소송을 당해 처분등에 관계되는 사무가 귀속하는 국가 또는 공공단체에 대한 당사자소송 또는 취소소송외의 항고소송으로 변경하는 것이 상당하다고 인정할 때에는 청구의 기초에 변경이 없는 한 사실심의 변론종결시까지 원고의 신청에 의하여 결정으로써 소의 변경을 허가할 수 있다.
② 제1항의 규정에 의한 허가를 하는 경우 피고를 달리하게 될 때에는 법원은 새로이 피고로 될 자의 의견을 들어야 한다.
③ 제1항의 규정에 의한 허가결정에 대하여는 즉시항고할 수 있다.
36) 제14조(피고경정)
① 원고가 피고를 잘못 지정한 때에는 법원은 원고의 신청에 의하여 결정으로써 피고의 경정을 허가할 수 있다

바. 관련청구를 병합하는 경우

항고소송에서는 관련청구소송을 병합하여 제기할 수 있다. 이때 그 병합은 원시적 또는 후발적 병합 모두 가능하다. 한편 피고 외의 자를 상대로 하는 관련청구소송의 후발적 병합의 경우에는 당연히 피고 추가가 수반되므로, 이 경우에는 다른 경우와 달리 법원의 피고경정결정을 받을 필요가 없다.[37]

---

37) 대법원 1987. 10. 27. 자 89두1 결정.

제5관 소송참가인

1. 의 의

소송참가란 타인간의 소송 계속 중에 소송외의 제3자가 소송의 결과에 따라 권익침해를 받을 경우에 자기의 이익을 위하여 그 소송절차에 참가하는 것을 말한다. 행정소송법은 제3자의 소송참가와 행정청의 소송참가를 규정하고 있다. 행정소송, 특히 항고소송에 있어서는 그 소송의 대상인 처분 등이 다수의 권익에 관계되는 일이 많을 뿐만 아니라 경업자·경원자·인인 등 제3자효행정행위의 경우처럼 처분의 상대방 이외의 제3자의 권익에 영향을 미치는 경우가 있으므로 소송참가의 필요성이 매우 크다. 특히 행정소송법은 취소판결의 제3자효를 규정하고 있으므로, 이와 관련해서도 제3자의 이해관계의 보호를 위한 제도적 보장이 요청된다. 따라서 행정소송법은 민사소송과는 별도로 제3자의 소송참가를 명문화함과 동시에 피고가 되는 외에는 그 자체로서 당사자적격을 가지지 않는 행정청의 소송참가제도를 규정하게 되었다. 소송참가제도는 취소소송 이외의 항고소송 및 당사자소송과 민중소송, 기관소송에도 준용된다.

2. 소송참가의 형태

가. 행정소송법 제16조에 의한 제3자의 소송참가

(1) 의의

법원은 소송의 결과에 따라 권리 또는 이익의 침해를 받을 제3자가 있는 경우에는 당사자 또는 제3자의 신청 또는 직권에 의하여 결정으로써 그 제3자를 소송에 참가시킬 수 있다. 이는 실질적인 당사자로서의 지위를 갖는 제3자에게 소송에 있어 공격·방어방법을 제출할 기회를 제공하여 권익을 보호하게 하고, 아울러 적정한 심리·재판을 실현함과 동시에 제3자에 의한 재심청구를 사전에 방지하기 위한 의미도 갖고 있다.

(2) 요 건

(가) 타인간의 행정소송이 계속 중일 것

적법한 소송이 계속되어 있는 한 심급을 묻지 않으나, 소가 적법하여야 한다.

(나) 소송의 결과에 따라 권익침해를 받을 제3자가 있을 것

권익침해는 법률상이익의 침해를 말하고 단순한 사실상의 이익 내지 경제적 이익의 침해는 해당되지 않는다. 여기서 소송의 결과란 판결주문에 있어서의 소송물 자체에 대한 판단을 말하며, 단순히 이유 중의 판단은 이에 해당되지 않는다. 그리고 '제3자'란 당해 소송당사자이외의 자를 말하는 것으로, 국가 및 공공단체는 이에 포함되나 행정청은 해당되지 않는다. 또한 제3자란 취소판결의 형성력 그 자체에 의하여 권익침해를 받을 제3자뿐만 아니라 판결의 기속력을 받는 관계행정청의 새로운 처분에 의하여 권익침해를 받을 제3자도 포함된다. 예컨대 A와 B가 경원자로서 허가 신청을 하였는데 A는 허가를 받고 B가 거부됨으로써 B가 허가거부처분취소소송을 제기하여 승소할 경우 그 판결이 곧 A에 대한 허가처분까지 소멸시키는 것은 아니지만, 처분청은 그 판결에 기속되어 A에 대한 허가를 취소하지 않을 수 없으므로 이 경우 A는 권익침해를 받을 제3자로서 참가인이 될 수 있다.

(3) 절 차

제3자의 소송참가는 당사자 또는 제3자의 신청 또는 직권에 의한다. 참가의 신청방법은 민사소송법 제72조가 준용된다. 참가신청이 있으면 법원은 결정으로써 허가 또는 각하의 재판을 하고, 직권에 의한 소송참가의 경우는 법원은 결정으로써 제3자에게 소송참가를 명한다. 법원이 참가결정을 하고자 할 때에는 미리 당사자 및 제3자의 의견을 들어야 하며, 제3자가 신청한 경우 그 신청이 각하되면 각하 결정에 즉시항고 할 수 있다.

(4) 참가인의 지위

행정소송법은 제3자의 소송참가의 경우는 참가인의 지위에 관한 민사소송법 제67조의 규정을 준용하고 있으므로, 제3자는 계속 중인 취소소송에서 필수적 공동소송인에 준하는 지위가 주어진다. 그러므로 제3자는 피참가인의 소송행위와 저촉되는 행위를 할 수 있다. 그러나 제3자는 어디까지나 참가인이며 당사자에 대하여 독자적 청구를 하지 못한다는 점에서 일종의 공동소송적 보조참가와 비슷하다는 것이 통설이다.

나. 행정청의 소송참가

(1) 의의 및 취지

행정청은 본디 권리의무의 주체가 아니어서 특별히 행정소송법에 의하여 항고소송의 피고능력과 행정소송법 17조의 규정에 의한 참가능력 이외에는 당사자능력이 없는 존재이므로 민사소송법에 의한 보조참가 등은 할 수 없다(대법원 2002. 9. 24. 선고 99두1519 판결). 그러나 법원은 다른 행정청을 소송에 참가시킬 필요가 있다고 인정할 때에는 당사자 또는 당해 행정청의 신청 또는 직권에 의하여 결정으로써 그 행정청을 소송에 참가시킬 수 있다. 관계행정청도 취소판결에 기속되는데 따르는 조치이다. 다른 행정청의 협력을 요하는 행위에 의미를 갖는다. 따라서 공공성과 관계되는 취소소송의 적정한 심리 · 재판을 도모하기 위하여 관계 행정청으로 하여금 직접소송에 참가하여 공격 · 방어방법을 제출할 수 있도록 행정청의 소송참가 제도를 명문화 한 것이다.

(2) 요 건

(가) 타인간의 소송이 계속 중일 것

행정청의 소송참가도 소송참가의 일종이므로 타인간에 행정소송이 계속되어 있을 것을 필요로 한다. 상고심 및 재심절차에서도 가능하다.

(나) 피고 행정청 이외의 다른 행정청이 참가할 것

여기서 다른 행정청이란 피고인 행정청 이외의 모든 행정청이 아니라 계쟁대상인 처분이나 재결과 관계있는 행정청에 한정된다. 또한 행정청에는 법인격을 달리하는 행정주체의 행정도 포함한다. 피고 행정청 이외의 다른 행정청인 이상, 그 산하의 행정청이라도 참가하지 못할 이유가 없으나, 행정청 참가제도의 취지에 비추어 볼 때, 피고 행정청의 지휘·감독하에 있어 피고 행정청이 쉽게 필요한 자료를 얻을 수 있는 경우에는 참가의 필요성이 없을 것이다.

(다) 참가의 필요성이 있을 것

참가시킬 필요가 있다고 인정될 때란 관계행정청을 소송에 끌어들여 공격·방어에 참가시킴으로써 사건의 적정한 심리재판을 실현하기 위하여 필요한 경우를 의미한다.

(3) 절 차

행정청의 소송참가는 당사자 또는 당해 행정청의 신청이나 법원의 직권에 의한다. 신청에 의하든 직권에 의하든 법원은 참가여부의 결정을 하기에 앞서 당사자 및 당해 행정청의 의견을 들어야 한다. 그러나 그 의견에 기속되는 것은 아니다.

참가의 허부재판은 결정으로 한다.[38]

(4) 참가인의 지위(보조참가인)

행정소송법은 행정청의 소송참가의 경우 참가 행정청의 지위에 관하여 민사소송법 제76조의 규정을 준용하고 있으므로, 관계 행정청은 보조참가인에 준하는 지위가 주어진다. 따라서 참가 행정청은 참가 당시의 소송 정도에 따라 공격·방어수단을 제출할 수 있고, 이의신청·상소도 가능하나, 피참가인에 불리한 소송행위는 할 수 없다. 따라서 참가인의 소송행위가 피참가인의 소송행위와 저촉되는 때에는 효력을 상실하게 된다.

---

[38] 참가를 명하는 결정이 있게 되면, 실제 참가인으로서 아무런 소송행위를 하지 않더라도 참가인으로 취급된다. 한편 참가허부의 결정에 대하여는 당사자나 참가행정청 모두 불복할 수 없다.

제6관 행정소송의 대상

제1항 원칙 등

1. 원 칙

행정소송법에는 소송대리에 관한 특별한 규정이 없으므로 행정소송대리에 관하여는 원칙적으로 민사소송법상의 규정이 적용된다. 따라서 법정대리나 임의대리에 관한 규정이 그대로 적용되지만 항고소송의 경우는 행정청의 장이 그 소속 직원 등을 소송수행자로 지정하여 소송수행을 할 수 있는 점이 민사소송의 경우와 다른 특징이다.

2. 소송수행자

행정소송법에는 소송대리에 관한 특별한 규정이 없으므로 행정소송대리에 관하여는 원칙적으로 민사소송법상의 규정이 적용된다. 다만, 국가를 당사자로 하는 소송에 관한 법률에 의하면 국가를 당사자 또는 참가인으로 하는 소송에서는 법무부장관이 국가를 대표한다. 법무부장관과 행정청의 장은 법무부의 직원, 각급검찰청의 검사, 공익법무관, 또는 소관행정청의 직원 등을 지정하여 국가소송 또는 행정소송을 수행하게 할 수 있고, 변호사를 소송대리인으로 선임하여 국가소송 또는 행정소송을 수행하게 할 수 있다.

3. 소송수행자의 권한

소송수행자는 그 소송에 관하여 대리인의 선임 외에 모든 재판상의 행위를 할 수 있다(위 법 7조). 따라서 특별수권이 없더라도 유효하게 소송탈퇴, 상소제기 또는 취하 등을 할 수 있다.

제2항 항고소송의 대상

1. 개 설

행정소송법은 취소소송의 대상을 '처분 등', 즉 행정청이 행하는 구체적 사실에 대한 법집행으로서의 공권력의 행사 또는 그 거부와 그 밖에 이에 준하는 행정작용 및 행정심판에 대한 재결이라고 규정하고(행소법 19조, 2조 1호), 이를 무효등확인소송 및 부작위위법확인소송에도 준용함으로써(행소법 38조 1, 2항), 항고소송의 대상이 '처분'과 '재결'임을 명시함과 아울러, 소송의 대상에 관하여 열거주의가 아닌 개괄주의를 택하였다.

2. 처 분

가. 개 념

취소소송은 행정청의 위법한 처분 등의 취소변경을 구하는 소송이므로 취소소송을 제기함에는 취소의 대상인 행정청의 처분 등이 존재하여야 한다. 여기서 '처분 등'이라 함은 '행정청이 행하는 구체적 사실에 관한 법집행으로서의 공권력의 행사 또는 그 거부와 그 밖에 이에 준하는 행정작용 및 행정심판에 대한 재결'을 말한다. 행정소송법상의 처분의 개념은 행정심판법상의 처분의 개념에 행정심판의 재결을 추가한 것이 특징이다.

나. 요 소

(1) 행정청의 행위

(가) 행정청의 행위가 항고소송의 대상이 될 수 있다.

행정청은 원칙적으로 단독제 기관이지만, 방송법상의 방송위원회, 독점규제 및 공정거래에 관한 법률의 공정거래위원회, 각급 노동위원회, 각급 토지수용위원회, 교원지위향상을 위한 특별법의 교원소청심사위원회와 같이 합의제 기관인 경우도 있다. 여기서 행정청은 기능적인 의미로 사용되고 있다. 따라서 국회나 법원의 기관도 실질적인 의미의 행정에 관한 처분을 하는 경우에는 행정청의 지위를 갖는다. 또한 행정소송법은 '법령에 의하여 행정권한의 위임 또는 위탁을 받은 행정기관, 공공단체 및 그 기관 또는 사인'을 행정청에 포함시키고 있다. 행정권한의 위임 또는 위탁을 받은 행정기관은 위임행정청의 하급행정청이나 보조기관 또는 그 밖의 행정청이나 공공단체 및 그 기관을 포함하며, 사인은 공무수탁사인으로서 행정권한이 부여된 사법인 또는 자연인을 의미한다. 행정청에는 단독기관은 물론 합의제관청도 포함된다.

(2) 공권력적 행위

행정행위는 행정청의 법적 행위 중에서 공법행위에 제한된다. 이에 따라 사법의 규율을 받는 행정청의 사법행위와 구별된다. 따라서 물자를 조달하거나 일반 재산을 관리하는 국고지원활동이나 또는 공적인 임무수행행위이기는 하나 사법계약의 형식을 취하는 행정사법작용은 행정행위에 해당하지 않는다. 판례는 잡종재산인 국유림대부행위, 입찰보증금의 국고귀속조치, 창덕궁안내원들의 근무관계등은 모두 국가가 사경제주체로서 상대방과 대등한 위치에서 행하는 사법상 법률행위라는 점을 이유로 그 처분성을 부인하고 있다.[39] 행정행위는 공법행위 중에서도 우월한 일방적인 의사의 발동으로써의 단독행위만을 의미한다. 따라서 양 당사자의 의사표시의 합치를 요구하는 공법상의 계약이나 합동행위와 구별된다. 그러나 상대방의 동의나 신청을 요건으로 하는 이른바 협력을 요하는 행정행위는 어디까지나 일방적인 공권력행사에 해당되기 때문에 행정행위에 해당한다.

(3) 구체적 집행행위

구체적 사실에 대한 법집행으로서 공권력의 행사란 개별적·구체적 규율로서 외부적

---

39) 반면에, 관리청이 국유재산법 72조와 공유재산 및 물품관리법 81조에 의하여 국·공유재산(잡종재산도 포함)의 무단 점유자에 대하여 하는 변상금부과처분, 국·공유 행정처분의 사용허가나 그에 따른 사용료부과처분(예 : 도로점용허가와 도로점용료부과처분)은 행정주체가 우월적 지위에서 행하는 것으로서 항고소송의 대상이 된다.

효력을 갖는 법적 행위로서 강학상의 행정행위를 의미한다. 법집행행위이므로 법선언행위인 사법행위, 법정립작용인 행정입법과 구별된다. 이러한 행정행위는 행정주체와 행정의 상대방인 개인 간의 관계에 있어서의 행위이기 때문에 행정조직 내부의 행위는 행정행위가 아니다. 즉 훈령 및 통첩 등의 일반적·추상적 규율인 행정규칙은 물론이고 지시와 같이 상관의 부하공무원에 대한 개별적인 직무명령은 내부적 효과만을 가지고 있기 때문에 행정행위가 아니다. 그러나 행정내부영역인 특별신분관계에 있어서 구성원의 법적 지위에 관한 개별적·구체적 규율, 즉 공무원관계에 있어서 해임, 파면, 감봉조치, 전직명령 및 국공립학교재학관계에 있어서 퇴학, 정학, 유급조치 등은 외부적 효력을 갖기 때문에 행정행위에 해당한다.

(4) 국민의 권리의무에 직접 영향이 있는 법적 행위

항고소송은 국민의 권리나 이익 구제를 위한 것이다. 그러므로 어떤 행정청의 행위의 효과가 국민의 권리의무에 영향을 미치는 것이라면 비록 처분의 근거나 효과가 법규가 아닌 행정규칙에 규정되어 있더라도 항고소송의 대상이 될 수 있고, 아예 법적근거 없는 처분일지라도 항고소송의 대상이 될 수 있다. 그러나 국민의 권리의무에 영향이 없는 단순한 행정청 내부의 중간처분, 의견, 질의 답변, 또는 내부적 사무처리 절차이거나, 알선, 권유, 행정지도 등 비권력적 사실행위 등은 항고소송의 대상이 될 수 없다(대법원 2005. 2. 17. 선고 2003두10312 판결).

3. 행정심판의 재결

가. 개 설

재결이란 행정심판청구사건에 대하여 행정심판위원회가 심리, 의결한 내용에 따라 행정심판위원회가 행하는 종국적 판단인 의사표시를 말한다. 이때의 재결은 원처분과 함께 행정청의 공권력적 행위로서 다 같이 항고소송의 대상이 된다.

한편, 행정소송법은 19조 단서, 38조는 원처분과 아울러 재결에 대하여도 취소소송이나 무효확인소송 등 항고소송을 제기할 수 있도록 하면서, 단지 재결에 대한 소송에 있어서는 원처분의 위법을 이유로 할 수 없고, 재결자체에 고유한 위법이 있음을 이유로 하는 경우에 한하도록 함으로써, 원칙적으로 원처분주의를 택하고 있고, 예외적으로 개별법률이 재결주의를 택하고 있는 경우가 있다.

나. 원처분주의와 재결주의

(1) 원처분주의

원처분주의란 원처분과 재결에 대하여 다 같이 소를 제기할 수 있도록 하면서 원처분의 위법은 원처분취소(무효)소송에서만 주장할 수 있고, 재결취소(무효)소송에서는 원처분의 하자가 아닌 재결에 고유한 하자에 대하여만 주장할 수 있도록 하는 제도를 말한다.

(2) 재결주의

재결주의란 원처분에 대하여는 제소 자체가 허용되지 아니하고 재결에 대하여서만 제소를 인정하되 재결 자체의 위법뿐만 아니라 원처분의 위법도 그 소송에서 주장할 수 있도록 하는 제도를 말한다.

다. 재결 자체에 고유한 위법

(1) 의 의

재결자체의 고유한 위법이란 재결자체에 주체·절차·형식·내용상의 위법이 있는 경우를 말한다. 여기서 재결 자체에 고유한 위법이란 원처분에는 없고 재결에만 있는 흠을 말하는 것으로, 주체의 위법은 권한이 없는 행정심판위원회가 재결을 하거나 행정심판위원회의 구성에 하자가 있거나 의사정족수·의결정족수가 흠결된 경우를 말하며, 행정심판법상의 심판절차를 준수하지 않은 경우나 송달에 흠결이 있는 경우를 말한다. 또한 형식상 위법이란 문서에 의하지 않은 재결, 재결에 주문만 기재가 되고 이유가 전혀 기재되어 있지 않거나 이유가 불충분한 경우 또는 재결서에 기명날인을 하지 않은 경우 등을 말하며 내용의 위법{행정심판청구가 적법함에도 실체 심리를 하지 아니한 채 각하하거나(대법원 2001. 7. 27. 선고 99두2970 판결) 부당하게 사정재결을 하여 기각한 경우 또는 제3자의 행정심판청구에서 위법·부당하게 인용재결을 한 경우(대법원 1997. 9. 12. 선고 96누14661 판결)} 등을 말한다.

(2) 각하·기각재결

적법한 심판청구인데도 실체심리를 하지 아니한 채 각하한 재결의 경우 실체심리를 받을 권리를 박탈당한 것이므로, 그 재결은 취소소송의 대상이 된다. 또한, 원처분을 정당하다고 유지하고 청구를 기각한 경우는 원칙적으로 내용상의 위법을 주장하여 제소할 수 없다. 다만, 행정심판법 제47조에 위반한 재결은 재결고유의 하자가 있으므로 그 취소를 구할 수 있고, 「사정재결」에 대하여는 원처분을 취소하더라도 현저히 공공복리에 적합하지 않는 것이 아니라는 등의 이유를 들어 그 취소를 구할 수 있다.

(3) 인용재결

취소심판에 대하여 인용재결이 나온 경우 심판청구인은 취소소송을 제기할 필요가 없을 것이다. 다만 제3자효 행정행위에 대한 인용재결과 일부인용재결 및 수정재결이 나온 경우에 이들이 재결취소소송의 대상이 될 수 있는지 문제된다.

(가) 제3자효 행정행위에 대한 인용재결

제3자효를 수반하는 행정행위에 대한 행정심판청구에 있어서 인용재결로 인하여 불이익을 입은 자는 그 인용재결로 인하여 비로소 권리·이익을 침해받게 되는 자이므로 그 인용재결에 대하여 다툴 필요가 있고 그 인용재결은 원처분과 내용을 달리하는 것이므로 원처분에 없는 재결에 고유한 하자를 주장하는 소송이 된다.

(나) 일부인용재결과 수정재결

일부인용재결의 경우 원처분과 재결 사이에는 질적인 차이가 없고 양적인 차이만 존재한다고 볼 것이다. 이에 따라 원래의 처분 중 재결에 의하여 취소된 일부분을 제외하고 남은 원처분을 소의 대상으로 삼아야 한다. 수정재결은 일부인용재결과 달리 질적인 차이가 있으나 제재처분의 강도를 감경하는 것에 불과하다는 점에서 일부인용재결과 다르지 않다. 예를 들어, 공무원에 대한 파면처분이 소청절차에서 해임으로 감경된 경우, 원처분청을 상대로 해임처분으로 수정된 원처분을 다투어야 하고, 재결에 대하여 다툴 수는 없다고 보아야 한다.

(다) 이행재결

형성재결에 고유한 위법이 있는 경우에는 형성재결이 취소소송의 대상이 되나 이행재결에 의하여 취소·변경처분이 내려지고 이행재결에 고유한 위법이 있는 경우 이행재결을 취소소송의 대상으로 할 것인지, 이행재결에 따른 취소·변경처분을 취소소송의 대상으로 할 것인지 문제된다. 이행재결에 따른 취소·변경처분은 재결의 기속력에 의한 부차적 처분에 지나지 않는다는 점을 고려할 때 재결만이 소의 대상이 될 것이나 국민에 대한 구체적인 권익침해는 재결에 따른 처분이 있어야 발생한다는 점을 강조하면 취소·변경처분도 소의 대상으로 함이 타당하다.

라. 원처분주의에 대한 예외

(1) 개 설

행정소송법이 취하고 있는 원처분주의에 대한 예외로서, 개별법이 재결주의를 채택하는 경우가 있다. 재결주의를 채택하는 경우에는 행정소송법 제19조 단서와 같은 제한이 없으므로 원고는 재결취소소송에서 재결 고유의 위법뿐만 아니라 원처분의 위법도 다툴 수 있다. 심결에서 판단되지 않은 처분의 위법사유를 심결취소소송에서 주장할 수 있다. 그러나 재결주의가 적용되는 처분이라 하더라도 당해 처분이 당연무효인 경우에는 그 효력은 처음부터 발생하지 않는 것이므로 원처분 무효확인 소송도 제기할 수 있다. 재결의 취지에 따른 취소처분이 위법할 경우 그 취소처분의 상대방은 이를 항고소송으로 다툴 수 있다. 재결자체의 효력을 다투는 별소가 계속 중인 경우 재결취지에 따른 취소처분의 취소를 구하는 항고소송사건을 심리하는 법원이 그 청구의 당부를 판단할 수 있다. 인용재결의 취소를 구하는 당해 소송은 그 인용재결의 당부를 그 심판대상으로 하고 있고, 그 점을 가리기 위하여는 행정심판청구인들의 심판청구원인 사유에 대한 재결청의 판단에 관하여도 그 당부를 심리·판단하여야 할 것이므로, 법원은 재결청이 원처분의 취소 근거로 내세운 판단사유의 당부뿐만 아니라 재결청이 심판청구인의 심판청구원인 사유를 배척한 판단 부분이 정당한가도 심리·판단하여야 한다.

(2) 재결주의가 채택되어 있는 예

(가) 노동위원회의 처분

중앙노동위원회의 처분도 재결주의의 예에 해당하므로 중앙노동위원회 위원장을 피고로 하여 처분의 통지를 받은 날부터 15일 이내에 재심판정 취소의 소를 제기하여야 한다.

(나) 감사원의 변상판정

감사원법 36조, 40조에 따르면 원처분에 해당하는 회계관계직원에 대한 감사원의 변상판정은 행정소송의 대상이 되지 못하고, 재결에 해당하는 재심의 판정에 대하여만 감사원을 당사자로 하여 행정소송을 제기할 수 있다.

(다) 중앙해양심판원의 재결

지방심판원의 재결에 대해서는 소송을 제기할 수 없고, 중앙행정심판의 재결에 대하여서만 중앙심판원장을 피고로 하여 재결서 정본을 송달받은 날부터 30일 이내에 소송을 제기하되 대법원의 전속관할로 하고 있다.

(라) 특허심판의 재결

특허출원에 대한 심결에 대한 소 및 심판청구서나 재심청구서의 각하 결정에 대한 소는 특허법원의 전속관할로 하고 특허청장을 피고로 하여야 한다.

(마) 교원소청심사위원회에 의한 사립학교교원이 신청한 재심결정

사립학교교원에 대한 해임처분에 대한 구제방법으로는 학교법인을 상대로 한 민사소송

이외에도 교원지위향상을 위한 특별법 제7조 내지 제10조에 따라 교육부내에 설치된 교원소청심사위원회에 소청심사 청구를 하고 교원소청심사위원회의 결정에 불복하여 결정서 송달을 받은 날부터 90일 이내에 행정소송을 제기할 수도 있다. 이 경우 행정소송의 대상이 되는 행정처분은 교원소청심사위원회의 결정이다.

(바) 중앙토지수용위원회의 이의재결

현행 토지보상법은 구 토지수용법과는 달리 이의신청 전치주의를 폐지하고, 신속한 권리구제 및 조속한 분쟁해결을 위하여 임의적 행정심판주의를 도입하였다. 따라서 지방토지수용위원회의 수용재결에 대하여 불복이 있는 때에는 피보상자는 이의신청을 거치지 않고도 행정소송을 제기할 수 있고, 중앙토지수용위원회에 이의신청을 제기하여 중앙토지수용위원회의 이의재결에 대하여 불복하는 경우에도 원처분주의가 적용되어 이의재결이 아니라 수용재결이 행정소송의 대상이 된다. 물론 이의재결에 고유한 위법이 있다면 이의재결을 다툴 수도 있다.

4. 부작위위법확인소송의 대상

가. 개 설

부작위위법확인소송의 대상은 행정청의 부작위이고, 부작위란 행정청이 신청에 대하여 상당한 기간 내에 일정한 처분을 하여야 할 법률상 의무가 있음에도 불구하고 이를 하지 않는 것을 말한다.

나. 요 건

(1) 당사자의 신청

행정청의 부작위가 성립되기 위하여서는 당사자의 신청이 있어야 한다. 그 신청은 법규상 또는 조리상 일정한 행정처분을 요구할 수 있는 자가 하였어야 한다. 그러한 신청권이 없는 자의 신청은 단지 행정청의 직권발동을 촉구하는데 지나지 않는 것이어서 그 신청에 대한 무응답은 부작위위법확인소송의 대상이 될 수 없다(대법원 1993. 4. 23.

선고 92누17099 판결). 신청절차와 방식 등이 부적법하더라도 행정청이 이를 무시하여 응답하지 않을 수는 없고, 보정을 명하거나 각하하여야 하는 것이므로 신청절차 등이 부적법하다는 이유로 응답하지 않은 경우도 부작위위법확인의 소의 대상이 된다. 즉응답을 하지 아니하는 이상 무응답의 이유 여하는 묻지 아니한다.

(2) 처분을 하여야할 법률상 의무존재

부작위는 행정청이 당사자의 신청에 대하여 일정한 처분을 하여야 할 법률상 의무가 있음에도 불구하고 처분을 하지 않는 경우에 성립한다. 여기서 법률상 의무란 처분의 요건이 충족된 경우에 상대방의 신청에 따라 처분을 하여야만 하는 기속행위뿐만 아니라 하자없는 재량을 행사하여야 할 의무가 있는 재량행위에도 존재한다고 보아야 할 것이다.

(3) 상당한 기간

신청에 대하여 상당한 기간 내에 일정한 처분을 하지 아니하여야 한다. 여기서 상당한 기간이란 사회통념상 당해 신청에 대한 처분을 하는데 필요한 것으로 인정되는 기간을 말한다. 이는 획일적 · 일의적으로 결정될 수 없으며, 그 처분의 성질 · 내용 등을 참작하여 합리적으로 판단해야 할 것이다. 상당한 기간 내의 판단에 있어서 처분의 지연에 정당한 사유가 있으면 이를 고려해야 할 것이다 행정절차법에 따라 공표된 처리기간을 도과하였다고 하여 곧바로 상당한 기간이 경과하였다고 보기는 어렵다. 법률상 일정한 기간을 정하여 준 경우 그 기간 내에 처분을 하지 아니하면 거부한 것으로 간주되는데, 간주거부의 경우는 거부처분이 있는 것으로 보고, 이에 대하여는 취소소송을 제기해야 할 것이다.

(4) 처분의 부존재

부작위는 행정청의 처분으로 볼만한 외관 자체가 존재하지 않은 상태를 말하므로, 신청을 각하 · 기각하는 거부처분은 취소소송의 대상인 거부이며 부작위는 아니다. 또한 중대하고 명백한 하자로 인하여 효력은 없으나 외관적 존재는 인정되는 무효인 행정행위도 부작위가 되지 않는다. 더 나아가 법령이 일정한 상태에서 부작위를 거부처분으로 규정을 둔 경우에는 법적으로는 거부처분이라는 소극적 처분이 있는 것으로 되므로 부작위가 성립되지 않는다. 판례는 부작위위법확인소송을 주위적 청구로 하고 거부처분 취소소송을 예비적 청구로 한 소송에서 부작위가 거부처분으로 발전된 경우에는 부작위위법확인을 구하는 주위적 청구를 소의 이익의 결여를 이유로 각하하고 거부처분의 취소를 구하는 예비적 청구를 본안에 나아가 심리·판단하여야 한다고 판시한바 있다.40)

---

40) 대법원 1990. 9. 25. 선고 89누4758 판결.

제3항 당사자소송의 대상

1. 개 설

당사자소송이란 행정청의 처분 등을 원인으로 하는 법률관계에 관한 소송 그 밖에 공법 상 법률관계에 관한 소송으로서 그 법률관계의 한 쪽 당사자를 피고로 하는 소송을 말 한다. 예컨대 행정처분등의 결과로 생긴 법률관계에 관한 소송, 공무원의 신분이나 지 위의 확인에 관한 소송, 공법상금전지급청구소송, 공법상계약에 관한 소송 및 각종 사 회보장급부청구소송 등이 이에 해당한다.

2. 당사자 소송의 예

가. 형식적 당사자소송

(1) 의 의

형식적 당사자소송이란 행정청의 처분 등이 원인이 되어 형성된 법률관계에 다툼이 있 는 경우에 그 원인이 되는 처분 등의 효력에 불복하는 것이 아니라, 그 처분 등의 결과 로써 형성된 법률관계에 대해서 제기하되 처분청을 피고로 하지 않고 그 법률관계의 한 쪽 당사자를 피고로 하여 제기하는 소송을 말한다. 즉, 소송의 실질은 처분 등의 효력 을 다투는 것이지만, 소송의 형식은 당사자소송인 것이 형식적 당사자소송이다. 예컨대 토지수용에 대한 토지수용위원회의 재결과 관련하여 그 보상액에 관한 부분을 토지소 유자 등과 사업시행자가 각각 원·피고로 하여 다투는 소송이 이에 해당한다.

(2) 공익사업을 위한 토지 등의 취득 및 보상에 관한 법률 85조 2항의 보상금 증감에 관한 소송

공익사업을 위한 토지 등의 취득 및 보상에 관한 법률 제85조 제2항은 토지수용의 재 결 또는 이의신청의 재결에 대한 행정소송이 보상금증감소송인 경우에는 원고가 토지소유자 또는 관계인인 때에는 사업시행자를, 사업시행자인 때에는 토지소유자 또는 관계인을 각각 피고로 하여 소송을 제기할 수 있도록 함으로써 구 토지수용법 제75조의2 제2항과는 달리 토지수용위원회를 피고에서 배제시켜, 당해 소송이 형식적 당사자소송의 성격을 갖고 있음을 명확히 하고 있다.

(3) 특허관계소송 등

특허법 제187조는 항고심판의 심결을 받은 자가 제소할 때에는 특허청장을 피고로 하여야 하나, 특허무효항고심판·권리범위항고심판 등의 경우에는 청구인 또는 피청구인을 피고로 하여야 한다고 규정하고 있으며, 동법 제191조는 보상금 또는 대가에 관한 불복의 소송에 있어서 보상금을 지급할 관서 또는 출원인특허권자 등을 피고로 하여야 한다고 규정하고 있다. 특허법 제191조는 디자인보호법 제167조, 상표법 제85조의 4 등에도 준용되고 있다.

나. 실질적 당사자소송

(1) 의 의

실질적 당사자소송이란 본래의미의 당사자소송으로 대립하는 대등 당사자 간의 공법상 법률관계에 관한 분쟁이 있고, 이 분쟁의 한쪽 당사자를 피고로 하는 소송을 말한다. 이러한 분쟁은 처분 등을 원인으로 하는 법률관계뿐만 아니라 그 밖에 공법상 법률관계에서도 발생할 수 있다. 당사자소송의 대부분이 실질적 당사자소송에 속한다.

(2) 처분 등을 원인으로 하는 법률관계에 관한 소송

행정처분의 원인이 되어 그 결과로서 형성된 법률관계에 다툼이 있을 때에는 그 원인인 행정처분에 대하여서가 아니라, 결과로서 형성된 법률관계의 당사자가 권리보장을 위하여 소송을 제기하는 경우이다. 예컨대 처분 등의 무효·취소를 전제로 하는 공법상 부당이득반환청구소송, 공무원의 직무상 불법행위로 인한 국가배상청구소송 등이 있다.

(3) 그 밖의 공법상의 법률관계에 관한 소송

(가) 공법상 신분·지위 등의 확인

예컨대 국회의원, 지방의회의원, 공무원, 국립학교 학생 등의 신분·지위확인소송 등을 들 수 있다. 공법상 법률관계의 존부확인소송 등도 당사자소송의 대상이 된다.

(나) 공법상 각종 급부 청구

의원세비, 공무원보수, 손해배상청구, 손실보상청구, 공법상 사무관리비용, 행정주체 간의 비용부담청구소송, 연금지급청구 등을 들 수 있다. 손실보상청구권의 성질에 관하여 대법원은 전통적으로 사권설의 입장에서 민사소송으로 다루어 왔으나, 하천편입토지소유자의 보상청구권에 기하여 손실보상금의 지급을 구하거나 손실보상청구권의 확인을 구하는 소송을 당사자소송으로 판시하고 있다.[41]

(다) 공법상 계약에 관한 소송

행정사무위탁계약, 임의적 공용부담 계약, 의무교육 대상자 취학입학, 토지보상법상 토지소유자가 기업자에 대해 제기하는 보상금지급청구소송, 지방전문직공무원 채용계약 해지의 의사표시 서울특별시립무용단단원의 위촉과 해촉, 광주광역시 합창단원 재위촉 거부, 공중보건의사 전문직공무원채용계약의 해지등도 당사자소송의 대상이 된다.

(라) 국가배상청구

일반적으로 행정법학자들은 국가배상청구소송을 당사자소송의 예로 들고 있으나 대법원은 일관하여 국가배상사건을 민사사건으로 보고 있고, 하급심에서도 예외 없이 이를 민사소송에 의하여 처리하고 있다.

(마) 공법상 권리의 범위 확인

비관리청이 당해 항만시설을 무상사용하는 것은 일반인에게 허용되지 아니하는 특별한

---

41) 대법원 2006. 11. 9. 선고 2006다23503 판결.

사용으로서, 이른바 공물의 특허사용에 해당한다. 비관리청이 당해 항만시설을 무상사용할 수 있는 기간은 총사업비에 의하여 결정되므로, 관리청이 적법한 기준에 미달하게 총사업비를 산정하였다면, 그 금액과 적법한 기준에 의한 총사업비의 차액에 따른 기간만큼 무상사용기간이 단축되므로, 그 차액에 해당하는 기간에 관하여는 비관리청이 무상사용할 수 없게 된다는 법적 불안·위험이 현존한다고 보아야 한다. 따라서 이를 제거하기 위하여 국가를 상대로 공법상의 당사자소송으로 권리범위의 확인을 구할 필요나 이익이 있으며, 이러한 방법이 가장 유효·적절한 수단이라고 할 것이다.[42]

(바) 행정주체 상호간의 비용부담청구 등

법령에 의하여 관리주체와 비용부담자체가 다르게 정하여져 있는 경우 관리주체가 비용을 청구하는 소송이나 비용부담주체가 과불금의 반환을 청구하는 소송 및 비용부담자가 공무원의 선임·감독자에 대하여 행하는 구상금청구소송 등은 행정주체가 당사자가 되는 소송으로서 공법상의 권리관계에 관한 소송이므로 당사자소송에 해당한다고 볼 것이나, 판례는 민사소송사항으로 보고 있다.[43]

---

42) 대법원 2001. 9. 4. 선고 99두10148 판결.
43) 대법원 1998. 7. 10. 선고 96다42819 판결.

제4항 민중소송과 기관소송의 대상

객관적 소송은 법률에 특별한 규정이 있는 경우에 가능한 것으로, 그 대상도 당해 법률이 정한 바에 의하여 개별적으로 파악할 수밖에 없다. 선거의 무효를 주장하는 소송은 선거의 효력을, 당선의 무효를 주장하는 소송은 당선의 효력 또는 당선인 결정처분을 각 소송의 대상으로 한다. 판례는 지방자치법 107조 3항과 172조 3항의 규정에 의한 조례무효소송의 대상을 재의결 자체를 소송의 대상으로 보고 있다.

1. 기관소송

가. 의 의

기관소송이란 국가 또는 공공단체의 기관 상호 간에 있어서의 권한의 존부 또는 그 행사에 관한 다툼이 있을 때 이에 대하여 제기하는 소송을 말한다. 다만 헌법재판소법 제2조의 규정에 의하여 헌법재판소의 관장사항으로 되는 소송은 제외한다. 행정소송법상의 기관소송은 행정기관사이의 소송에 한정되며, 행정주체와 행정주체간의 소송은 행정소송법상의 기관소송에 포함되지 아니한다. 행정주체와 행정주체간의 권한쟁의에 관한 소송, 국가기관 상호간, 국가기관과 지방자치단체간 및 지방자치단체상호간의 권한쟁의에 관한 심판은 헌법재판소의 관장사항으로 행정소송으로서의 기관소송에서 제외된다. 그리고 기관소송은 동일한 행정주체(별주)에 속하는 행정기관 상호간의 권한분쟁에 관한 소송이다.

나. 유 형

(1) 지방자치법상 기관소송

(가) 지방자치법 제107조 제3항에 의한 기관소송

지방자치단체의 장은 지방의회의 의결이 월권이거나 법령에 위반되거나 공익을 현저히 해친다고 인정되면 그 의결사항을 이송받은 날부터 20일 이내에 이유를 붙여 재의를 요구할 수 있고, 재의결된 사항이 법령에 위반된다고 인정되면 재의결된 날로부터 20일 이내에 대법원에 그 무효확인의 소를 제기할 수 있다.

(나) 지방자치법 제172조 제3항에 의한 기관소송

지방의회의 의결이 법령에 위반되거나 공익을 현저히 해친다고 판단되면 시·도에 대하여는 주무부장관이, 시·군 및 자치구에 대하여는 시·도지사가 재의를 요구하게 할 수 있고, 재의요구를 받은 지방자치단체의 장은 의결사항을 이송받은 날부터 20일 이내에 지방의회에 이유를 붙여 재의를 요구하여야 하며, 지방자치단체의 장은 재의결된 사항이 법령에 위반된다고 판단되면 재의결된 날부터 20일 이내에 대법원에 소를 제기할 수 있다.

(다) 지방자치법 제169조 제2항에 이한 기관소송

지방자치단체의 사무에 관한 그 장의 명령이나 처분이 법령에 위반되거나 현저히 부당하여 공익을 해친다고 인정되면(자치사무에 관한 명령이나 처분에 대하여는 법령을 위반하는 것에 한한다) 시·도에 대하여는 주무부장관이, 시·군 및 자치구에 대하여는 시·도지사가 기간을 정하여 서면으로 시정할 것을 명하고, 그 기간에 이행하지 아니하면 이를 취소하거나 정지할 수 있고, 지방자치단체의 장은 자치사무에 관한 명령이나 처분의 취소 또는 정지에 대하여 이의가 있으면 그 취소처분 또는 정지처분을 통보받은 날부터 15일 이내에 대법원에 소를 제기할 수 있다.

(2) 지방교육자치에 관한 법률 제28조 제3항에 의한 기관소송

교육감은 교육·학예에 관한 시·도의회의 의결이 법령에 위반되거나 공익을 현저히 저해한다고 판단될 때에는 그 의결사항을 이송받은 날부터 20일 이내에 이유를 붙여 재의를 요구할 수 있고, 재의결된 사항이 법령에 위반된다고 판단될 때에는 교육감은 재의결된 날부터 20일 이내에 대법원에 제소할 수 있다.

2. 민중소송

(1) 의의

민중소송이란 국가 또는 공공단체의 기관이 법률에 위반되는 행위를 한때에 일반국민이나 주민 등이 직접 자기의 법률상이익과 관계없이 그 시정을 구하기 위하여 제기하는 소송을 말한다.

(2) 유형

민중소송은 법률의 명시적인 규정이 있는 경우에 법률에 정한 자에 한하여 제기할 수 있다. 현행법이 인정하고 있는 민중소송은 공직선거법상 민중소송, 국민투표법상 민중소송, 주민투표법상 민중소송, 지방자치법상 민중소송이 있다.

제5항 행정소송의 제기

사건관리 개요도

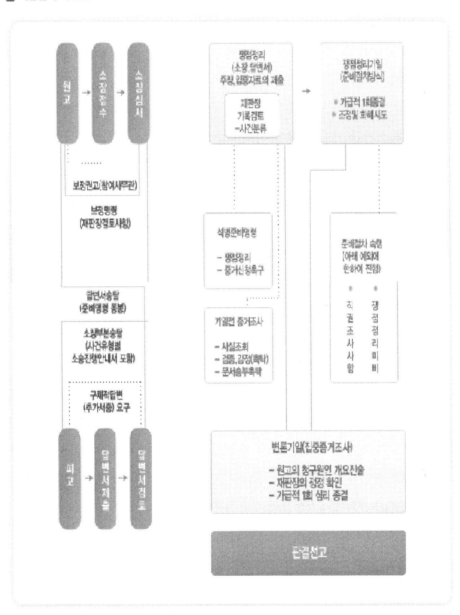

1. 개 설

행정소송법 20조는 취소소송을 일정기간 내에 제기하도록 일반 제소기간을 두고 있으며 그 밖의 개별법에서도 행정소송법과 다른 특별 제소기간을 두고 있는 경우가 많다. 행정소송법의 규정 또는 개별법의 규정에 따라 제소기간이 정하여져 있는 소송에서는 제소기간의 준수는 소송요건이다. 따라서 이는 직권조사사항이며, 그 경과여부를 명백히 한 다음 본안판결을 하여야 하고, 만일 제소기간을 도과하여 소장을 접수할 시 법원은 이를 각하한다.

2. 제소기간 제한을 받지 아니하는 소송

가. 무효등확인의 소송 및 부작위위법확인 소송

행정법관계의 조속한 안정이 필요하다 하더라도 처분에 존속하는 하자가 중대하고 명백하여 처음부터 그 효력이 없는 무효인 처분까지도 일정기간이 지나면 그 효력을 다툴 수 없다고 하는 것은 법치행정의 원리상 허용될 수 없다. 그러한 이유로 제소기간의 제한은 원칙적으로 취소소송에만 적용되고, 같은 항고소송이라도 무효등확인소송에는 적용되지 않는다. 다만, 무효선언을 구하는 의미의 취소소송은 형식상 취소소송에 속하기 때문에 제소기간의 제한을 받는다.[44]

부작위위법확인의 소는 비록 행정소송법 38조 2항이 제소기간에 관한 같은 법 제20조를 준용하도록 규정하고 있지만, 그 성질상 부작위 상태가 계속되는 한 언제라도 소를 제기할 수 있고 부작위 상태가 해소되면 소의 이익이 소멸되는 소송이므로 원칙적으로 제소기간의 제한을 받지 않는다고 할 것이다. 다만, 필요적 전치가 적용되는 처분의 부작위위법확인의 소에 있어서는, 취소소송의 경우와 마찬가지로 행정심판 재결서를 송달받은 날로부터 일정기간 내에 소를 제기하여야 한다.

---

44) 대법원 1984. 5. 29. 선고 84누175 판결.

나. 당사자소송

당사자소송에 관하여는 법령에 특별히 제소기간을 제한하고 있지 않는 한 제소기간의 제한을 받지 않는다. 제소기간의 정함이 있는 경우 그 기간의 성질은 불변기간이다.

3. 취소소송의 제소기간

가. 개 설

행정소송은 민사소송과는 달리 제소기간을 제한하고 있는바 이는 행정법관계는 직접 공익과 관련되어 있어서 오랫동안 불확정상태로 둘 수 없고 조속히 안정시킬 필요성이 있기 때문이다. 취소소송의 제소기간에 관하여 행정소송법은 처분 등이 있음을 안 날로 부터 90일, 처분 등이 있은 날로부터 1년 이내로 하면서, 행정심판청구를 한 경우에 있어서는 위 각 기간의 기산일을 재결서정본을 송달받은 날을 기준으로 하도록 함으로써 행정심판청구를 한 경우와 하지 않은 경우의 두 가지로 나누어 정하고 있다.

한편, 각 개별법에 제소기간에 관하여 특별 규정을 두는 때가 있고, 이러한 때에는 각 개별법이 행정소송법에 앞서 적용된다.

나. 행정심판 청구를 하지 않은 경우

(1) 제소기간

취소소송은 처분 등이 있음을 안 날로부터 90일, 처분이 있은 날로부터 1년 내에 제기하여야 한다. 위 두 기간 중 어느 것이나 먼저 도래한 기간 내에 제기하여야 하고, 어느 하나의 기간이라도 경과하게 되면 부적법한 소가 된다. 기간의 계산은 행정소송법에 특별한 규정이 없으므로 초일을 산입하지 않는 등 민법의 규정에 따른다.

(2) 처분 등이 있음을 안 날로부터 90일

(가) 처분 등이 있음을 안 날

처분이 있음을 안 날이란 당해 처분의 존재를 현실적으로 알게 된 날을 말하고, 이 기간은 불변기간이므로 법원은 이를 직권으로 단축할 수 없다. 다만 원격지에 주소·거소를 둔 자를 위하여 부가기간을 정하거나, 당사자가 책임질 수 없는 사유로 인하여 이 기간을 준수할 수 없는 경우 그 사유가 없어진 날부터 2주 이내에 소송행위의 추완을 허용할 수 있을 뿐이다. 여기서 당사자가 책임질 수 없는 사유란 당사자가 그 소송행위를 하기 위하여 일반적으로 하여야 할 주의를 다하였음에도 불구하고 그 기간을 준수할 수 없었던 사유를 말한다.45)

또한, 처분이 있음을 알았다고 하기 위해서는 처분의 존재가 전제되어야 하므로, 아직 외부적으로 성립되지 않은 처분이나, 상대방 있는 행정처분이 상대방에게 통지되지 않은 경우 등은 비록 원고가 그 내용을 어떠한 경로를 통하여 알게 되었다 하더라도 제소기간이 진행될 수 없다.46)

(나) 앎의 추정

처분이 있음을 알았다고 하려면 단순히 행정처분이 적법하게 송달되어 상대방이 알 수 있는 상태에 놓인 것만으로는 부족하다. 그러나 적법한 송달이 있게 되면 특별한 사정이 없는 한 그때 처분이 있음을 알았다고 사실상 추정된다. 특별한 사정이 있어 당시에 알지 못하였다고 하는 사정은 원고가 이를 입증하여야 한다.47)

(다) 수령 거절

처분의 상대방이나 정당한 수령권자가 합리적 이유 없이 처분서의 수령을 거절하거나 또는 일단 수령하였다가 반환한 경우에는 적법하게 송달된 것으로 보아야 하며, 특별한 사정이 없는 이상 그때부터 제소기간이 기산되어야 한다.

(라) 대리인이 안 경우

처분에 대한 처리권한을 명시적으로 제3자에게 위임하였을 때는 물론이고, 장기간의 여행 등으로 그 권한을 묵시적으로 가족 등에게 위임하였다고 볼 수 있을 때에는 그 수

---

45) 대법원 2005. 1. 13. 선고 2004두9951 판결.
46) 대법원 2004. 4. 9. 선고 2003두13908 판결.
47) 대법원 1999. 12. 28. 선고 99두9742 판결.

임인의 수령시부터 제소기간이 개시된다.

(마) 처분의 상대방이 아닌 제3자의 경우

행정처분의 상대방이 아닌 제3자인 경우에는 일반적으로 처분이 있는 것을 바로 알 수 없기 때문에 처분 등이 있음을 안 날로부터 진행되는 제소기간의 제한은 받지 않는다. 그러나 제3자가 어떤 경위로든 행정처분이 있음을 알았거나 쉽게 알 수 있는 등 심판청구가 가능하였다는 사정이 있을 때는 그 때부터 90일 내에 소를 제기하여야 한다.

(바) 고시·공고 등에 의하여 효력이 발생하는 처분

불특정 다수인에 대한 처분으로서 관보·신문에의 고시 또는 게시판에의 공고의 방법으로 외부에 그 의사를 표시함으로서 그 효력이 발생하는 처분은 공고 등이 있음을 현실로 알았는지 여부를 불문하고, 근거법규가 정한 처분의 효력발생일48)에 처분이 있음을 알았다고 본 후 그 때부터 제소기간을 기산한다.49)

다만, 특정인에 대한 처분으로서 주소불명이나 송달불가능으로 인하여 게시판·관보·공보·일간신문 중 어느 하나에 공고하는 방법으로 처분서를 송달하는 경우에는 원래 고시·공고에 의하도록 되어 있는 처분이 아니므로, 공고일로부터 14일이 경과한 때에 송달의 효력이 발생하지만, 그 날에 처분이 있음을 알았다고 볼 수는 없다.50)

사) 기간의 성질

취소소송의 제기기간 90일은 불변기간이다. 따라서 당사자가 책임질 수 없는 사유로 기간을 준수할 수 없었을 때에는 추후 보완이 허용되므로 그 사유가 소멸된 때로부터 2주 내에 소를 제기하면 된다.

---

48) 근거법규가 효력발생일을 정하지 아니한 경우에는 공고 후 5일이 경과한 날.
49) 공고 등에 의하여 효력이 발생하도록 되어 있는 행정처분은 그 효력이 불특정 다수인에게 동시에 발생하고, 제소기간을 일률적으로 정함이 상당하기 때문이다(대법원 2006. 4. 14. 선고 2004두3847 판결 등).
50) 대법원 2006. 4. 28. 선고 2005두14851 판결.

(3) 처분이 있은 날로부터 1년

(가) 처분이 있은 날

'처분이 있은 날'이란 당해 처분이 대외적으로 표시되어 효력이 발생한 날 즉, '처분이 효력을 발생한 날'을 의미한다. 때문에 처분이 단순히 행정기관 내부적으로 결정된 것만으로는 부족하고, 외부에 표시되어 상대방 있는 처분의 경우에는 상대방에게 도달됨을 요한다.[51]

(나) 도 달

'도달'이란 상대방이 현실적으로 그 내용을 인식할 필요는 없고, '상대방이 알 수 있는 상태 또는 양지할 수 있는 상태'면 충분하다. 따라서 처분서가 본인에게 직접 전달되지 않더라도 우편함에 투입되거나, 동거하는 친족, 가족, 고용원 등에게 교부되어, 본인의 세력범위 내 또는 생활지배권 범위 내에 들어간 경우에는 도달되었다고 보아야 한다. 한편 도달은 우편법상의 배달과는 다른 개념으로 우편법 31조에 따른 적법한 배달이 있었다 하여 '도달'되었다고 단정(추정)할 수 없다.[52]

그 외 송달방법 및 장소, 수령인 등에 대하여는 처분의 근거법률에 특별 규정이 있는 경우는 그에 따라야 적법한 것이 되고,[53] 그와 같은 특별한 규정이 없을 경우 행정절차법 14조, 15조의 송달에 관한 규정에 의하면 되고, 행정절차법에 규정하지 않고 있는 부분에 대하여는 민법의 일반원칙에 의하면 된다.

1) 송달장소

일반적으로 송달장소는 당사자의 주소, 거소, 영업소 또는 사무소 등을 말한다. 그 외 송달 받을 장소가 아닌 곳에서의 송달은 그 곳이 가족 혹은 친척 등이라 하더라도 본인으로부터 수령권한을 위임받지 아니하는 한 그 효력이 인정되지 아니한다.[54]

---

51) 대법원 1990. 7. 13. 선고 90누2284 판결.
52) 대법원 1993. 11. 26. 선고 93누17478 판결.
53) 행정심판법 57조는 서류의 송달에 관하여 민사소송법을 준용하게 되어 있으며, 국세기본법 8조 내지 12조는 송달에 관하여 특별히 규정하고 있다.
54) 대법원 1986. 10. 28. 선고 86누553 판결.

2) 재소자 등에 대한 송달

송달에 관하여 민사소송법의 규정을 준용하는 규정이 없는 통상의 처분에 대하여는, 군사용의 청사 또는 선박에 속하는 자, 교도소·구치소에 구속되어 있는 자에 대한 송달에 관한 민사소송법 181조, 182조가 적용되지 아니하므로, 특별한 사정이 없으면 이들에 대한 송달을 주소지로 하여도 적법하다.[55]

3) 수송달자

본인 및 대리인뿐만 아니라 동거하는 가족이나 고용원이 수령한 경우 적법한 송달로 보아야 한다. 가족이라 하더라도 별거하는 경우 적법한 수령인이 될 수 없는 반면, 비록 친척이 아니더라도 생계를 같이 하여 동거하는 경우는 수령인이 될 수 있다고 보아야 한다.

4) 서면행위

문서에 의할 필요가 없는 행위는 구술에 의한 통지도 무방하다. 그러나 일정한 서면에 의한 행위는 그 서면이 상대방에게 도달하여야 효력이 발생함이 원칙이며, 상대방이 객관적으로 행정처분의 존재를 인식할 수 있었다거나, 그 처분에 따른 행위를 한 바 있더라도[56] 부적법한 송달의 하자(무효사유)가 치유되지 아니한다.[57]

(다) 예외 – 정당한 사유가 있는 때

정당한 사유가 있는 때에는 처분이 있은 날로부터 1년이 경과하였더라도 제소할 수 있다. 여기서 정당한 사유란 불확정개념으로서 그 존부는 사안에 따라 개별적, 구체적으로 판단하여야 할 것이나, 불변기간에 관한 민사소송법 173조의 '당사자가 그 책임을 질 수 없는 사유'나 행정심판법 27조 2항 소정의 '천재·지변·전쟁·사변 그 밖에 불가항력적인 사유'보다 넓은 개념으로, 제소기간 도과의 원인(처분이 공시송달된 경우나

---

55) 대법원 1999. 3. 18. 선고 96다23184 판결.
56) 예를 들면 적법한 고지서가 발부되지 않았음에도 세금을 일부 납부한 경우.
57) 대법원 1997. 5. 28. 선고 96누5308 판결.

행정청 또는 담당 공무원의 잘못된 교시 등) 등 여러 사정을 종합하여 지연된 제소를 허용하는 것이 사회통념상 상당하다고 할 수 있는가에 의하여 판단하여야 한다.[58] 또한, 행정처분의 상대방 아닌 제3자는 처분이 있음을 알았다고 볼 수 있는 특별한 사정이 없는 한(알았다면 그 때부터 90일의 제소기간이 적용된다), 원칙적으로 제소기간을 지키지 못한 데 정당한 사유가 있다고 보아야 한다.

다. 행정심판 청구를 한 경우

(1) 제소기간 등

(가) 제소기간

행정심판청구를 한 경우 그 재결서정본을 송달받은 날로부터 90일, 재결이 있는 날로부터 1년 내에 소를 제기하여야 한다. 이 두 기간 중 어느 하나의 기간이라도 경과하게 되면 제소기간이 지난 뒤에 제소한 것이 되어 부적법 하다. 이때 재결서정본 받은 날로부터 90일의 기간은 불변기간이고, 재결이 있는 날로부터 1년의 기간은 정당한 사유가 있을 때는 연장된다.

(나) 행정심판을 청구한 경우

행정심판청구를 한 경우란, ⅰ) 필요적으로 행정심판절차를 거쳐야 하는 처분(행소법 18조 1항 단서에 해당하는 처분)뿐만 아니라 ⅱ) 임의적으로 행정심판절차를 거칠 수 있는 처분(행소법 18조 1항 본문에 해당하는 처분) ⅲ) 또는 비록 법령상은 행정심판청구가 금지되어 있으나 행정청이 행정심판청구를 할 수 있다고 잘못 알린 처분에 대하여 행정심판청구를 한 모든 경우를 포함한다.

(다) 임의적 전치사건 및 필요적 전치사건

임의적 전치사건에 있어서는 행정심판청구를 하였다 하더라도 재결을 기다릴 필요 없이 소를 제기할 수 있다. 또한 필요적 전치사건에 있어서도 행정심판을 한 후 60일이

---

58) 대법원 1991. 6. 28. 선고 90누6521 판결.

지나도록 재결이 없을 때는 바로 소송을 제기할 수 있다. 그러나 이렇듯 바로 소를 제기할 수 있다고 하여 그 때부터 제소기간이 진행되는 것이 아니며, 재결서정본을 송달받을 때까지는 제소기간이 진행되지 아니한다. 따라서 위 어느 경우에도 재결서정본을 송달받을 날로부터 90일, 재결이 있은 날로부터 1년이 경과되기 전까지는 소를 제기할 수 있다.

(2) 재결서의 정본을 송달받은 날 등의 의미

재결서의 정본을 송달 받은 날이란 재결서정본을 본인이 직접 수령한 경우를 비롯하여 보충송달, 유치송달, 공시송달 등 민사소송법이 정한 바에 따라 적법하게 송달된 모든 경우를 포함된다. 한편 행정심판재결은 심판청구인에게 재결서의 정본이 송달된 때에 그 효력이 발생하는 것이므로, 재결이 있은 날이란 결국 재결서정본이 송달된 날을 의미하게 된다. 따라서 통상 재결이 있은 날[59)]과 재결서정본을 송달받은 날은 동일하고, 재결서정본을 송달받은 날로부터 90일이 경과하면 제소기간은 도과하게 되므로, 결국 재결이 있은 날로부터 1년 내라는 제소기간은 거의 무의미하다고 볼 수 있다.

(3) 적법한 행정심판 청구

취소소송 제기기간을 처분기준시가 아니라 재결서를 송달받은 날을 기준으로 기산하기 위해서는 행정심판의 청구가 적법하여야 한다. 행정심판청구 자체가 행정심판 청구기간을 도과되어 청구되는 등 부적법한 경우는 재결을 기준으로 하여 제소기간을 기산할 수 없다.[60)] 따라서 이럴 경우에는 행정심판청구의 적법여부는 재결청의 의사에 구애받음이 없이 법원이 판단하여야 한다.

(가) 행정심판의 청구기간

행정심판청구의 제기기간은 원칙적으로 처분이 있음을 안 날로부터 90일(행소법 27조

---

59) '재결이 있은 날'이란, 재결이 내부적으로 성립한 날을 말하는 것이 아니라, '재결의 효력이 발생한 날'을 말한다(대법원 1990. 7. 13. 선고 90누2284 판결).
60) 대법원 1992. 7. 28. 선고 91누12905 판결.

1항), 처분이 있은 날로부터 180일 내이다. 여기서 처분이 있음을 안 날이란 당해 처분의 존재를 현실적으로 알게 된 날을 말하고, 처분이 있은 날이란 당해 처분이 대외적으로 표시되어 효력을 발생한 날을 말한다.

다만, 행정청이 처분을 하면서 심판청구기간을 행정심판법 27조 1항에 규정한 기간보다 길게 잘못 알려 준 경우 즉, 오고지의 경우에는 그 잘못 알린 기간 내에 제기하면 되고, 심판청구기간을 고지받지 못한 처분 즉, 불고지의 경우에는 처분이 있은 날로부터 180일 내에 청구하면 되는 점이 행정소송의 제소기간과 다르다.

(나) 특별 행정심판의 제소기간

1) 개설

행정심판에 관한 일반법인 행정심판법 외에 처분의 내용·성질에 따라 각 개별법에서 특별행정심판절차를 규정하고 있는 경우가 있는데, 만일 그러한 특별규정이 있는 경우에는 그 특별절차에 따라야 적법한 행정심판청구라 할 수 있다.

특별 행정심판절차를 규정한 예로는, 수용재결에 대한 이의신청(공익사업을위한토지등의취득및보상에관한법률 83조), 사용료·수수료·분담금의 부과·징수처분에 대한 이의신청(지방자치법 140조 3항), 표준공시지가 및 개별공시지가, 표준주택가격 및 개별주택가격, 공동주택가격에 대한 각 이의신청(부동산가격공시및감정평가에관한법률 8조, 12조, 16조 8항, 17조 8항), 광업법상의 처분에 대한 이의신청(광업법 90조), 주민등록사항의 정정·말소 등에 대한 이의신청(주민등록법 21조), 보조금교부결정 등에 관한 이의신청(보조금의예산및관리에관한법률 37조), 급여 또는 급여변경신청 등에 관한 이의신청(국민기초생활보장법 38조, 40조), 국민연금에 관한 처분에 대한 심사청구·재심사청구(국민연금법 108조, 110조), 공무원연금결정에 대한 심사청구(공무원연금법 80조), 산업재해보상보험결정에 대한 심사청구 및 재심사청구(산업재해보상보험법 6장), 자동차등록에 대한 이의신청(자동차관리법 28조) 등이 있다. 이상의 특별 행정심판절차는 각 개별법에서 반드시 그것을 거쳐 제소하여야 한다는 명문규정을 두지 않고 있으므로 모두 임의적 전치절차이다.

2) 감사원의 심사청구 등

감사원법(1999. 8. 31. 법률 제5999호로 개정된 것) 46조의2는 감사원의 감사를 받은 행정기관의 직무에 관한 처분에 대하여 감사원법 43조, 46조의 심사청구와 결정절차를 거친 날로부터 90일 이내에 행정소송을 제기할 수 있다고 규정하여 감사원법에 의한 심사청구절차를 감사원의 감사를 받는 모든 행정청의 처분에 대한 일반적인 행정심판 절차로 보고 있다. 그러므로 일반처분은 물론이고, 위 1)에서 본 바와 같은 특별행정심판절차가 따로 마련되어 있는 처분에 대하여도 감사원법상의 적법한 심사청구를 한 후, 심사결정의 통지를 받은 날로부터 90일 내에 소를 제기할 수 있다.

3) 국민고충처리위원회에 대한 고충민원 신청

국민고충처리위원회의 설치 및 운영에 관한 법률에 의한 국민고충처리위원회에 대한 고충민원의 신청은 행정소송의 전심으로서의 행정심판청구에 해당하지 않는다. 다만, 그 고충민원신청이 내용상 행정처분의 시정을 구하는 것임이 명백한 경우에는 이를 행정심판청구로 보되 행정심판청구가 처분청이나 재결청이 아닌 다른 행정기관에 제출된 경우에 해당하므로 행정심판 청구기간 내에 국민고충처리위원회에 의하여 처분청이나 재결청에 와야만 적법한 행정심판청구로 될 것이다.

라. 제소기간과 관련된 특수한 문제

(1) 소제기 전 처분의 변경과 제소기간

단순히 처분을 정정한 경우에는 당초처분을 기준으로 하고, 처분의 내용을 변경한 경우에는 그 동일성이 유지되는가의 여부에 따라 원처분 또는 변경된 처분을 대상으로 제소기간의 준수여부를 판단하여야 한다.

다만, 감액경정처분의 경우는 당초처분의 일부취소에 해당하고 소송의 대상이 되는 것은 일부 취소되고 남은 당초처분으로, 당초처분을 기준으로 제소기간의 준수여부를 따져야 한다. 이에 반해 반대로 증액경정처분의 경우 당초처분은 후의 증액경정처분에 흡수되고 경정처분만이 소송의 대상이 되므로 제소기간의 준수 여부도 경정처분을 기준으로 하여야 한다.

(2) 소의 변경과 제소기간

(가) 개념 등

1) 개념

소의 변경이란 소송의 계속 중에 원고가 심판의 대상인 청구를 변경하는 것을 말한다. 청구의 변경이 아닌 공격·방어방법의 변경은 소의 변경이 아니다. 소의 변경에는 구청구에 갈음하여 신청구를 제기하는 교환적변경과 구청구를 유지하면서 신청구를 추가하는 추가적변경이 있다. 소의 변경은 종래의 소에 의하여 개시된 소송절차가 유지되며, 소송자료가 승계되는 점에 의의가 있다. 행정소송법은 소의 종류의 변경과 처분변경에 따른 소의 변경을 규정하고 있다. 행정소송법상 소의 변경은 민사소송법상 소의 변경을 배척하는 취지가 아니므로 처분의 변경을 전제로 하지 않고 소송의 종류를 변경하지도 않는 청구의 변경도 가능하다.

2) 원칙

소송계속 중에 민사소송법의 준용에 의하여 소를 변경하는 경우에는 원칙적으로 제소기간 내에 하여야 한다.[61] 소송계속 중 소송의 대상인 처분이 변경됨으로써 그 변경된 처분을 대상으로 하는 소변경은 처분변경이 있음을 안 날로부터 60일 내에 하여야 한다. 그 기간을 도과한 경우에는 90일 내에 별소를 제기할 수 있다. 소송계속 중 관련청구소송으로서 취소소송을 병합 제기할 수 있는바, 이 경우도 병합 제기된 때를 기준으로 관련청구의 제소기간 준수여부를 살펴야 한다.

3) 요건 및 절차

가) 취소소송이 계속되고 있을 것

나) 사실심의 변론종결시까지 원고의 신청이 있을 것

　　상고심은 법률심이므로 상고심에서는 소의 변경은 허용되지 않는다.

다) 청구의 기초에 변경이 없을 것

---

61) 대법원 2004. 11. 25. 선고 2004두7023 판결.

청구의 기초란 신·구 청구간의 관련성을 뜻하고, 청구의 기초에 변경이 없어야 한다는 것은 청구의 기초가 동일함을 말하며, 청구의 기초가 동일하다는 것은 원고가 취소소송에 의하여 구제 받고자 하는 법률상이익의 동일성이 유지되어야 한다는 것을 의미한다.

라) 법원의 허가

법원은 소의 변경이 상당하다고 인정하는 때에는 결정으로 허가할 수 있다. 소의 변경이 피고의 변경을 수반하는 것일 때에는 법원은 변경허가 결정에 앞서 새로이 피고 될 자의 의견을 들어야 한다. 법원은 허가결정의 정본을 신피고에게 송달하여야 한다.

(나) 예 외

행정처분 등으로 인하여 불이익을 받은 자가 그에 불복할 의사를 나타내어 소까지 제기하였음에도 법을 잘 알지 못하여 소송형식 등을 잘못 택하였다거나 청구취지변경 등을 늦게 하였다는 이유로 제소기간을 도과한 부적법한 소라고 보는 것은 당사자에게 가혹한 경우가 적지 아니하다. 이에 따라 행정소송법은 제소기간의 소급을 인정하는 몇 가지 구제규정을 두고 있고, 또한 해석상 제소기간의 소급을 인정하여야 할 경우가 있다.

1) 피고의 경정과 추가

피고를 잘못 지정한 소에 관하여는 당사자의 신청으로 피고를 경정할 수 있다. 이와 같이 피고를 경정할 경우 새로운 피고에 대한 소는 처음에 소를 제기한 때에 제기한 것으로 보기 때문에 제소기간 준수여부 또한 처음의 피고를 상대로 한 제소시를 기준으로 한다. 필수적 공동소송인 중 일부가 탈루되어 추가하는 경우, 추가된 당사자와의 사이의 소도 처음 소가 제기된 때에 제기된 것으로 보기 때문에 이 또한 처음의 소제기 시를 기준으로 제소기간 준수여부를 판단하여야 한다.

2) 소송 종류의 변경

무효등 확인소송이나 부작위위법확인소송을 취소소송으로, 당사자소송을 취소소송으로, 항고소송을 당사자소송으로 각 변경하는 경우 모두 변경전 소 제기 당시를 기준으로 제소기간 준수여부를 판단한다.

3) 감액경정처분

감액경정처분은 당초 처분의 일부 취소의 성질을 가지는데 지나지 않고, 소의 대상은 감액처분으로 감액된 당초의 처분이므로, 당초의 처분에 대한 소가 적법한 제소기간 내에 이루어진 이상, 경정처분에 따른 소의 변경시기는 문제되지 않는다.

4) 변경 전·후의 청구가 밀접한 관계가 있는 경우

변경 후의 청구가 변경 전의 청구와 소송물이 실질적으로 동일하거나 아니면 밀접한 관계가 있어 변경 전의 청구에 이미 변경 후의 청구까지 포함되어 있다고 볼 수 있는 등 특별한 사정이 있는 때에는, 당초의 소제기 시를 기준으로 제소기간의 준수여부를 살핌이 상당하다.

제6항 행정소장 작성례

가. 청구취지 기재례

[서식 - 청구취지 기재례]

> 1. 피고가 2023. 00. 00. 원고에게 한 출국명령을 취소한다.
> 2. 소송비용은 피고의 부담으로 한다.
> 라는 판결을 구합니다.

> 1. 피고가 2023. 00. 00. 원고에게 한 강제퇴거명령을 취소한다.
> 2. 소송비용은 피고의 부담으로 한다.
> 라는 판결을 구합니다.

> 1. 피고가 2023. 00. 00. 원고에게 한 강제퇴거명령 및 보호명령을 취소한다.
> 2. 소송비용은 피고의 부담으로 한다.
> 라는 판결을 구합니다.

나. 소장 작성례

[서식 – 행정소장 : 출국명령 – 위명여권 사용]

소장

원고 ○○○

피고 ○○○

출국명령처분취소 청구의 소

청구 취지

1. 피고가 2013. 4. 10. 원고에게 한 출국명령처분을 취소한다.

2. 소송비용은 원고의 부담으로 한다.

라는 판결을 구합니다.

청구 이유

1. 이 사건 처분의 내용

원고는 중화인민공화국(이하 '중국'이라 한다) 국적자로서 2008. 10. 21. 방문취업(H
-2) 자격으로 대한민국에 입국하였는데 이후 취업개시신고와 관련하여 서울출입국관
리소를 방문하였다가 입국금지가 해제되지 않은 사실이 밝혀졌고, 피청구인은 2013.
4. 10. 청구인에게 입국이 금지된 자라는 이유로 출국명령처분(이하 '이 사건 처분'이
라 한다)을 하였다.

2. 이 사건의 경위

원고는 조카딸의 초청으로 2008. 10. 21. 적법하게 대한민국에 입국한 이후 단 한 번도 위법한 행위를 한 적이 없고, 신분을 세탁하기 위해서가 아니라 생계를 유지할 수 없을 정도로 어려운 상황에서 벗어나기 위하여 위명여권을 사용하여 입국하였던 것 뿐이며 고된 노동으로 인해 중풍, 고혈압, 당뇨 등이 발병하여 치료 받고 있는데, 과거에 위명여권을 사용했다는 이유만으로 이 사건 처분에 받게 된 것입니다.

3 이 사건 처분의 위법 · 부당 여부

가. 관계법령의 내용

「출입국관리법」제7조 제1항에 따르면 외국인이 입국할 때에는 유효한 여권과 법무부장관이 발급한 사증을 가지고 있어야 한다고 되어 있고, 같은 법 제7조의2에 따르면 누구든지 외국인을 입국시키기 위해 거짓된 사실의 기재나 거짓된 신원보증 등 부정한 방법으로 외국인을 초청하거나 그러한 초청을 알선하는 행위 또는 거짓으로 사증 또는 사증발급인정서를 신청하거나 그러한 신청을 알선하는 행위를 하여서는 아니된다고 되어 있으며, 같은 법 제68조 제1항에 따르면 사무소장 · 출장소장 또는 외국인보호소장은 제46조 제1항에 따라 제7조, 제7조의2를 위반하거나 제11조 제1항 각호에서 정하는 사유로 강제퇴거 대상에 해당하는 자 중 자기비용으로 자진하여 출국하려는 외국인에게는 출국명령을 할 수 있다고 되어 있습니다.

나. 이 사건 처분의 위법 부당성

원고는 조카딸의 초청을 받고 적법하게 대한민국에 입국한 이래 지금껏 위법한 행위를 한 적이 없는 즉, 전과관계 없는 초범이며, 경위야 어찌되었던 이 사건 잘못에 대하여도 깊이 반성하며 다시는 이와 같은 잘못을 범하지 아니할 것을 굳게 다짐하고 있습니다.

특히, 원고는 현재 중풍, 고혈압, 당뇨 등의 치료를 받고 있는 상황이, 생계를 유지할 수 없을 정도로 어려운 상황을 벗어나기 위해 과거 위명여권을 사용하여 입국하였던 것일 뿐 일체의 범죄행위에 연계되지 아니하였음에도 불구하고, 이러한 제반 사정은 전혀 고려하지 않고 한 피고의 이 사건 처분은 위법 · 부당하여 취소되어야 마땅하다할 것입니다.

4. 결론

따라서 원고는 이상과 같은 사유로 청구취지와 같은 판결을 구하고자 이 사건 청구에 이른 것입니다.

입증방법

1. 갑 제1호증   행정처분통지서

기타자료 첨부

2000. 00. 00.

원고 ○ ○ ○ (인)

○○행정법원   귀중

관할법원	※ 아래(1)참조	제소기간	※ 아래(2) 참조
청 구 인	피처분자	피청구인	행정처분을 한 행정청
제출부수	소장 1부 상대방수 만큼의 부본 제출	관련법규	행정소송법 9 ~ 34조
비 용	·인지액 : ○○○원(☞민사접수서류에 붙일 인지액 참조) ·송달료 : ○○○원(☞적용대상사건 및 송달료 예납기준표 참조)		
불복방법 및 기간	·항소(행정소송법 8조, 민사소송법 390조) ·판결서가 송달된 날로부터 2주일내(행정소송법 8조, 민사소송법 396조)		

※ (1) 관할법원(행정소송법 9조)

1. 취소소송의 제1심 관할법원은 피고의 소재지를 관할하는 행정법원임. 다만, 중앙행정기관, 중앙행정기관의 부속기관과 합의제행정기관 또는 그 장, 국가의 사무를 위임 또는 위탁받은 공공단체 또는 그 장이 피고인 경우 대법원 소재지의 행정법원에 이를 제기할 수 있음

2. 토지의 수용 기타 부동산 또는 특정의 장소에 관계되는 처분 등에 대한 취소소송은 그 부동산 또는 장소의 소재지를 관할하는 행정법원에 이를 제기할 수 있음

(2) 제소기간(행정소송법 20조)

1. 취소소송은 처분 등이 있음을 안 날부터 90일 이내에 제기하여야 함. 다만, 다른 법률에 당해 처분에 대한 행정심판의 재결을 거치지 아니하면 취소소송을 제기할 수 없다는 규정이 있는 때와 그밖에 행정심판청구를 할 수 있는 경우 또는 행정청이 행정심판청구를 할 수 있다고 잘못 알린 경우에 행정심판 청구가 있는 때의 기간은 재결서의 정본을 송달받은 날부터 기산함.

2. 취소소송은 처분 등이 있은 날부터 1년(제1항 단서의 경우는 재결이 있은 날부터 1년)을 경과하면 이를 제기하지 못함. 다만, 정당한 사유가 있는 때에는 그러하지 아니함

[서식 - 행정소장 : 출국명령 - 외국환거래법위반]

소장

원고 　　　○○○

피고 　　　○○○

출국명령처분취소 청구의 소

청 구 취 지

1. 피고가 2015. 10. 21. 원고에게 한 출국명령처분을 취소한다.
2. 소송비용은 원고의 부담으로 한다.

라는 판결을 구합니다.

이　유

1. 이 사건 처분의 내용

원고는 현재 특별한 직업이 없는 중화인민공화국(이하 '중국'이라 한다) 국적자로서, 단기방문(C-3) 체류자격으로 국내에 입국하여 체류하다가 2010. 12. 28. 방문동거(F-1) 체류자격 변경허가를 받아 체류 중(만료일: 2015. 12. 23.) 2015. 8. 28. 「외국환거래법」 위반으로 벌금 30만 원의 약식명령을 받았고, 동 약식명령이 그대로 확정되자, 피청구인은 2015. 10. 21. 청구인이 「출입국관리법」 제11조제1항 제3호 위반을 이유로 2015. 11. 20.까지 출국할 것을 명하는 출국명령처분(이하 '이 사건 처분'이라 한다)을 하였다.

2. 이 사건의 경위

원고는 아버지의 허리디스크수술비 등의 치료비와 병원비로 쓰기 위하여 중국화 85,0
00위안을 휴대하였던 것이었고, 이러한 원고의 휴대 경위는 원고가 「외국환거래법」 위
반으로 입건될 당시에도 이미 확인된 것으로 그 결과 벌금 30만 원의 비교적 경미한
처벌을 받았던 것입니다. 그럼에도 피고는 청구인의 「외국환거래법」 위반의 경위와 목
적, 행위태양과 그 방법, 법위반에 대한 처벌의 종류와 경중 등을 개별적·구체적·종
합적으로 판단하여야 함에도, 이러한 고려 없이 가장 강한 제재수단인 이 사건 처분을
한 것입니다.

3. 이 사건 처분의 위법·부당 여부

가. 관계법령의 내용

「출입국관리법」 제11조제1항제3호 및 제4호에 따르면, 법무부장관은 대한민국의 이
익이나 공공의 안전을 해치는 행동을 할 염려가 있다고 인정할 만한 상당한 이유가 있
는 외국인과 경제질서 또는 사회질서를 해치거나 선량한 풍속을 해치는 행동을 할 염
려가 있다고 인정할 만한 상당한 이유가 있는 외국인에 대하여는 입국을 금지할 수 있
다고 되어 있고, 같은 법 제46조제1항제3호에 따르면, 사무소장·출장소장 또는 외국
인보호소장은 이 장에 규정된 절차에 따라 제11조제1항 각 호의 어느 하나에 해당하는
입국금지 사유가 입국 후에 발견되거나 발생한 사람을 대한민국 밖으로 강제퇴거시킬
수 있다고 되어 있으며, 같은 법 제68조제1항제1호에 따르면, 사무소장·출장소장 또
는 외국인보호소장은 제46조제1항 각 호의 어느 하나에 해당한다고 인정되나 자기비
용으로 자진하여 출국하려는 사람에 해당하는 외국인에게는 출국명령을 할 수 있다고
되어 있다.

나. 이 사건 처분의 위법, 부당성

원고는 그간 범죄경력 없는 초범이며, 이 사건도 원고의 법률무지에 비롯된 사건일 뿐
고의적으로 외환관리법을 위반할 의사는 전혀 없었습니다. 경위야 어찌되었던 원고는
자신의 행위를 깊이 반성하고 있으며 다시는 같은 내용의 잘못을 반복하지 아니겠다는

굳은 다짐을 하고 있습니다.

특히 원고가 외환거래법위반으로 문제가 된 돈은 원고는 아버지의 허리디스크수술비 등의 치료비와 병원비로 쓰기 위한 돈일뿐 일반 원환거래법에서 문제가되는 환치기 등의 범죄행각과는 전혀 그 성격이 다른 사안입니다. 그럼에도 피고는 원고의 「외국환거래법」 위반의 경위와 목적, 행위태양과 그 방법, 법위반에 대한 처벌의 종류와 경중 등을 개별적 · 구체적 · 종합적으로 판단이 없이 이 사건 처분에 이르렀는바, 이는 결국 원고의 행복추구권(「헌법」 제10조)과 거주 · 이전의 자유(「헌법」 제14조)를 침해한 것이고, 비례원칙을 위반한 위법, 부당한 처분이므로 취소되어야 마땅합니다.

4. 결론

따라서 원고는 이상과 같은 사유로 청구취지와 같은 판결을 구하고자 이 사건 청구에 이른 것입니다.

입증방법

1. 갑 제1호증   행정처분통지서
기타자료 첨부

2000. 00. 00.
청구인 ○ ○ ○ (인)

○○행정법원 귀중

[서식 - 행정소장 : 출국명령 - 교통사고 후 도주]

소 장

원 고　　　　○○○

피 고　　　　○○○

출국명령처분취소의 소

청 구 취 지

1. 피고가 2020. 2. 4. 원고에게 한 출국명령을 취소한다.
2. 소송비용은 원고의 부담으로 한다.

라는 판결을 구합니다.

이 유

1. 이 사건 처분의 내용

원고는 ○○○ 국적자(1980년생, 남성)로, 비전문취업(E-9) 사증으로 입국하여 체류하다가 운전 중 교통사고를 일으켜 피해자에게 상해를 가하고, 재물을 손괴하였음에도 필요한 사고조치 없이 도주하였다는 혐의로 2018. 12. 21. ○○지방법원 ○○지원으로부터 벌금 500만원 선고를 받았고, 피고는 2020. 2. 4. 「출입국관리법」 제11조제1항제3호·제4호, 제46조제1항제3호, 제68조제1항제1호에 해당한다는 이유로 원고에게 출국명령(이하 '이 사건 처분'이라 한다)을 하였다.

2. 이 사건의 경위

원고는 한국 여성과 사실혼 상태이며 혼인신고절차만 앞두고 있는 상황입니다. 그러던 중 뜻하지 아니하게 교통사고를 일으켜 피해자에게 상해를 가하고, 재물을 손괴하였음에도 필요한 사고조치 없이 도주하였다는 혐의로 2018. 12. 21. ○○지방법원 ○○지원으로부터 벌금 500만원 선고를 받게 되었습니다.

3. 이 사건 처분의 위법·부당 여부

가. 관계법령의 내용

「출입국관리법」 제11조제1항에 따르면 법무부장관은 대한민국의 이익이나 공공의 안전을 해치는 행동을 할 염려가 있다고 인정할 만한 상당한 이유가 있는 사람(제3호), 경제질서 또는 사회질서를 해치거나 선량한 풍속을 해치는 행동을 할 염려가 있다고 인정할 만한 상당한 이유가 있는 사람(제4호) 등의 어느 하나에 해당하는 외국인에 대하여는 입국을 금지할 수 있다고 되어 있고, 같은 법 제46조(강제퇴거의 대상자)제1항에 따르면 지방출입국·외국인관서의 장은 이 장에 규정된 절차에 따라 법 제11조제1항 각 호의 어느 하나에 해당하는 입국금지 사유가 입국 후에 발견되거나 발생한 사람(제3호) 등의 어느 하나에 해당하는 외국인을 대한민국 밖으로 강제퇴거시킬 수 있다고 되어 있으며, 같은 법 제68조(출국명령)제1항에 따르면 지방출입국·외국인관서의 장은 법 제46조제1항 각 호의 어느 하나에 해당한다고 인정되나 자기비용으로 자진하여 출국하려는 사람(제1호) 등의 어느 하나에 해당하는 외국인에게는 출국명령을 할 수 있다고 되어 있다.

나. 이 사건 처분의 위법, 부당성

원고는 초범이고, 현재 이 사건을 깊이 반성하며 다시는 같은 잘못을 되풀이 하지 아니하겠다고 다짐하고 있어 향후 공공의 안전을 해치는 행동을 할 염려도 없을 뿐만 아니라 경제질서 또는 사회질서를 해치거나 선량한 풍속을 해치는 행동을 할 염려가 전혀 없습니다.

특히, 원고는 현재 한국 여성과 사실혼 상태이며 혼인신고절차만 앞두고 있는 상황이며, 현행 「출입국관리법」상 출국명령에 해당하는 벌금 기준은 없고, 원고의 죄목에 대해서는 「출입국관리법」 제11조제1항 제3호와 4호를 적용할 수 없습니다. 따라서 이 사건 처분은 과잉금지의 원칙, 평등의 원칙, 명확성의 원칙에 위배되고, 원고의 제반 사정이 고려되지 아니하여 위법, 부당하다는 위법이 있습니다.

4. 결론

따라서 원고는 이상과 같은 사유로 청구취지와 같은 결정을 구하고자 이 사건 청구에 이른 것입니다.

입증방법

1. 갑 제1호증   행정처분문서
기타문서 첨부

2000. 00. 00.
원고 ○ ○ ○ (인)

○○행정법원 귀중

소 장

원 고   ○○○
피 고   ○○○

출국명령처분취소의 소

청 구 취 지

1. 피고가 2020. 3. 16. 원고에게 한 체류자격 취소처분 및 출국명령을 취소한다.
2. 소송비용은 피고의 부담으로 한다.

라는 판결을 구합니다.

청 구 이 유

1. 이 사건 처분의 내용

원고(1900년생, 여)은 ○○ 국적 취득을 사유로 2009. 8. 27. 대한민국 국적을 상실하였고, 2018. 11. 8.부터 재외동포(F-4) 체류자격으로 체류하였는데, 2019. 12. 9. 미국에서 대한민국 인천공항을 통하여 입국하는 과정에서 마약류(대마오일 1병, 이하 '이 사건 마약'이라 한다)를 소지한 사실이 적발되어 2020. 2. 28. A지방검찰청으로부터 '기소유예' 처분을 받자, 피고는 2020. 3. 16. 원고에게 「출입국관리법」 제11조제1항제3호 · 제4호, 제46조제1항제3호, 제68조제1항제1호에 따라 2020. 4. 15.까지 출국할 것을 명하는 출국명령(이하 '이 사건 처분'이라 한다)을 하였다.

2. 이 사건의 경위

원고가 미국에 갔다가 건강식품매장에서 가족에게 선물할 영양제 등을 사는 과정에서 마약 성분이 있는 줄 모르고 이 사건 마약을 구매하였는바, 결코 법을 어기려고 의도한 것이 아닌 실수였음에도 획일적으로 내부 지침에 따라 원고의 체류자격을 취소하고 출국명령을 하였습니다.

3. 이 사건 처분의 위법 · 부당 여부

가. '체류자격 취소처분'에 대한 판단

「행정심판법」 제3조 및 제5조에 따르면 행정청의 처분 또는 부작위에 대하여 행정심판을 청구할 수 있고, 취소심판은 행정청의 위법 또는 부당한 처분을 취소하거나 변경하는 심판을 말합니다.

나. '출국명령'에 대한 판단

「출입국관리법」 제11조제1항제3호·제4호에 따르면 법무부장관은 대한민국의 이익이나 공공의 안전을 해치는 행동을 할 염려가 있다고 인정할 만한 상당한 이유가 있는 외국인이나 경제질서 또는 사회질서를 해치거나 선량한 풍속을 해치는 행동을 할 염려가 있다고 인정할 만한 상당한 이유가 있는 외국인에 대하여는 입국을 금지할 수 있다고 되어 있고, 같은 법 제46조제1항제3호 · 제13호 및 제68조제1항제1호에 따르면 지방출입국·외국인관서의 장은 같은 법 제11조제1항 각 호의 어느 하나에 해당하는 입국금지 사유가 입국 후 발견되거나 발생한 외국인이나 금고 이상의 형을 선고받고 석방된 외국인을 대한민국 밖으로 강제퇴거 시킬 수 있으며, 위와 같은 경우에 해당한다고 인정되더라도 자기비용으로 자진하여 출국하려는 외국인 등에게는 출국명령을 할 수 있다고 되어 있습니다.

다. 이 사건 처분의 위법부당성

이 사건 처분의 공익목적을 고려하더라도 원고는 이 사건 이전에 아무런 범죄전력이 없는 초범이며, 또 부주의하게 발생한 이 사건을 깊이 반성하고 차후로 같은 잘못을 되풀

이하지 않겠다고 다짐하고 있어 향후 대한민국의 경제질서 또는 사회질서를 해치거나 선량한 풍속을 해치는 행위를 할 염려가 전혀 없으며, 특히 한국에 계신 시어머니와 친정 부모님을 봉양해야 하는 원고의 제반사정들을 종합하여 살펴볼 때 원고가 이 사건 처분으로 입게 되는 불이익과 비교형량 볼 경우 그 불이익이 지나치게 크다고 할 것이어서, 이 사건 처분은 재량권을 일탈·남용한 것으로서 위법하므로 취소되어야 한다.

4. 결론

따라서 원고는 이상과 같은 사유로 청구취지와 같은 판결을 구하고자 이 사건 청구에 이른 것입니다.

입증방법

1. 갑 제1호증   행정처분문서
기타문서 첨부

2000. 00. 00.

원고 ○○○ (인)

○○행정법원 귀중

소 장

원 고   ○○○

피 고   ○○○

강제퇴거명령 등 취소청구의 소

청 구 취 지

1. 피고가 2000. 00. 00. 원고에게 한 강제퇴거명령 및 보호명령을 취소한다.

2. 피청구인은 청구인에게 결혼이민(F-6)으로 체류자격변경을 허가하라.

3. 소송비용은 피고의 부담으로 한다.

라는 판결을 구합니다.

청 구 원 인

1. 이 사건 처분의 내용

가. 원고는 ○○○ 국적인 자로서 1992. 3. 6. 사증면제 자격으로 대한민국에 입국한 후 불법으로 체류를 하다가 2002. 5. 17. 자진신고를 하고 2003. 8. 31.까지 출국유예조치를 받았으나 유예기한 내에 출국하지 않고 다시 불법체류를 하던 중 2009. 5. 1. 서울출입국관리사무소에 난민인정신청을 하였고, 이를 인정받지 못하자 이의신청을 하였으나 기각되었으며, 이에 불복하여 난민인정 불허처분 취소소송을 제기하였으나 2011. 1. 20. 대법원에서 기각되었다.

나. 청구인은 2012. 10. 31. 대한민국 국민인 박선정과 혼인신고를 하고 2013. 4. 30. 피청구인에게 결혼이민 자격으로 체류자격 변경허가를 신청하였으나, 피청구인

은 청구인이 출국유예기간에 출국하지 아니하였다는 이유로 「출입국관리법」제46조
제1항제8호, 제63조 및 제68조제4항에 따라 청구인에게 강제퇴거명령 및 보호명
령(이하 '이 사건 처분'이라 한다)을 하였다.

2. 이 사건의 경위

원고는 2002년경부터 교회에 다니기 시작하여 2005. 3. 27. 세례를 받은 자로서 원고
의 개종사실이 이미 본국인 OOO의 가족과 동네주민에게까지 알려져 있어 박해와 생명
의 위협 등으로 인해 출국을 하지 못하고 있고 원고의 개종으로 인해 가족들조차도 위
협을 받고 있는 상태이며, 대한민국에 체류하던 중 배우자를 만나 결혼을 하였는데 장
인어른은 고령으로 거동이 불편하고 장모님은 정신장애 2급, 자궁경부암, 정신과적 질
병 등으로 건강상태가 매우 악화되어 힘들게 배우자의 부모님을 모시고 열심히 생활하
면서 불법체류에 대해 자진신고를 하고 결혼이민 자격으로 체류자격 변경허가를 신청
하였으나 피고는 동 신청에 대한 적절한 심사나 절차를 거치지 않고 청구인의 특별한
사정에 대한 인도적 고려도 없이 이 사건 처분을 하였던 것입니다.

3. 이 사건 심판청구의 적법여부

가. 관계법령의 내용

1) 「행정심판법」 제13조제1항, 제3항에 따르면 취소심판은 처분의 취소 또는 변경을
   구할 법률상 이익이 있는 자가 청구할 수 있고, 의무이행심판은 처분을 신청한 자로
   서 행정청의 거부처분이나 부작위에 대하여 일정한 처분을 구할 법률상 이익이 있
   는 자가 청구할 수 있다고 되어 있습니다.

2) 「출입국관리법」 제17조제1항, 제24조제1항에 의하면 외국인은 그 체류자격과 체류
   기간의 범위에서 대한민국에 체류할 수 있고, 대한민국에 체류하는 외국인이 그 체
   류자격과 다른 체류자격에 해당하는 활동을 하고자 할 때에는 미리 법무부장관의
   체류자격 변경허가를 받아야 한다고 되어 있으며, 같은 법 제92조제1항 및 같은 법
   시행령 제96조제1항에 따르면 법무부장관은 체류자격 변경허가에 대한 사항을 사

무소장·출장소장 또는 외국인보호소장에게 위임한다고 되어 있습니다.

나. 이 사건 처분의 위법 부당성

원고는 대한민국에 거주하며 지금껏 어떠한 범죄행각을 저지를 사실이 없을 정도로 관련 법규를 충실히 준수하며 생활해 왔으며, 특히 원고의 본국은 ○○○이 국교인 나라로서 원고가 개종 후 본국에 입국할 경우 박해와 생명의 위협 등이 있고, 대한민국에 체류하던 중 배우자를 만나 결혼을 하였는데 장인어른은 고령으로 거동이 불편하고 장모님은 정신장애 2급, 자궁경부암, 정신과적 질병 등으로 건강상태가 매우 악화되어 힘들게 배우자의 부모님을 모시고 열심히 생활하면서 불법체류에 대해 자진신고를 하고 결혼이민 자격으로 체류자격 변경허가를 신청하기도 하였을 만큼 대한민국의 관련 법규정을 치대한 준수하였고 노력하였음에도 피고는 그러한 원고의 특별한 사정에 대한 인도적 고려도 없이 이 사건 처분을 하였던 것인바, 이는 위법·부당하므로 취소되어야 마땅합니다.

4. 결론

원고는 이상과 같은 이유로 청구취지와 같은 판결을 구하고자 이 사건 청구에 이른 것입니다.

입증방법

1. 갑 제1호증 행정처분통지서

2000. 00. 00.

원고 ○ ○ ○ (인)

○○행정법원 귀중

소 장

원 고   ○○○

피 고   ○○○

강제퇴거명령 취소청구의 소

청구 취지

1. 피고가 2000. 00. 00. 원고에게 한 강제퇴거명령을 취소한다.

2. 소송비용은 피고의 부담으로 한다.

라는 판결을 구합니다.

청구 이유

1. 이 사건 처분의 경위

원고는 000 국적자로서, 2002. 9. 1. 단기상용 체류자격으로 대한민국에 입국한 후 불법으로 체류하다가 2003. 9. 16. 자진신고를 하고 비전문 취업 체류자격으로 변경 허가를 받았으며, 이후 2005. 8. 12. 결혼이민 자격으로 변경허가를 받고 체류하던 중 2013. 1. 24. 피청구인에게 체류기간 연장허가를 신청하였으나 피청구인은 「출입국관리법」 제11조 제1항의 입국금지대상 외국인에 해당한다는 이유로 2000. 00. 00. 청구인에게 강제퇴거명령(이하 '이 사건 처분'이라 한다)을 하였다.

2. 이 사건의 경위

원고는 대한민국에 입국한 후 10년의 체류기간 동안 정상적으로 경제활동을 하면서 생계기반을 마련하여 왔고, 2009년과 2010년에 발생한 사건도 가족과 직장에 빨리 복귀하기 위해 피해자와 합의하여 각각 공소기각 처리되었으며, 그 동안 출입국관리법 규정상 금고이상의 형을 선고받고나 관련 법규의 위반으로 문제된적 없이 관련 법규를 준수하며 성실히 생활해 왔습니다.

3. 이 사건 처분의 위법·부당 여부

가. 관계법령의 내용

「출입국관리법」 제17조 제1항에 따르면 외국인은 그 체류자격과 체류기간의 범위에서 대한민국에 체류할 수 있다고 되어 있고, 같은 법 제11조 제1항 제3호 및 제4호에 따르면 법무부장관은 대한민국의 이익이나 공공의 안전을 해치는 행동을 할 염려가 있다고 인정할 만한 상당한 이유가 있는 외국인이나 경제질서 또는 사회질서를 해치거나 선량한 풍속을 해치는 행동을 할 염려가 있다고 인정할 만한 상당한 이유가 있는 외국인의 입국을 금지할 수 있다고 되어 있으며, 같은 법 제46조 제1항 제3호에 따르면 사무소장·출장소장 또는 외국인보호소장은 위와 같은 입국금지 사유가 입국 후에 발견되거나 발생한 외국인을 대한민국 밖으로 강제퇴거 시킬 수 있다고 되어 있다.

나. 이 사건 처분의 위법 부당성

원고는 대한민국에 입국한 후 10년의 체류기간 동안 정상적으로 경제활동을 해왔고, 2009년과 2010년에 발생한 사건도 가족과 직장에 빨리 복귀하기 위해 피해자와 합의하여 각각 공소기각 처리되었으며, 그 동안 출입국관리법 규정상 금고이상의 형을 선고받고나 관련 법규의 위반으로 형을 받고 석방된 사실도 없으며, 달리 법을 위반한 사실도 없음에도 원고의 이러한 사실들을 전혀 고려하지 않고 한 피고의 이 사건 처분은 위법·부당한바 취소되어야 마땅합니다.

4. 결론

따라서 원고는 청구취지와 같은 판결을 구하고자 이 사건 청구에 이른 것입니다.

입증방법

1. 갑 제1호증 행정처분통지서

기타자료 첨부

2000. 00. 00.

원고 ○ ○ ○ (인)

○○행정법원 귀중

출입국사범 단속과정의 적법절차 및 인권보호 준칙

[시행 2015. 9. 1.] [법무부훈령 제1003호, 2015. 8. 28., 일부개정]

법무부(이민조사과), 02-2110-4083

제1장 총칙

제1조(목적) 이 준칙은 출입국사범에 대한 단속업무 등을 수행하는데 있어서 적법절차를 준수하고 인권을 보호하기 위하여 출입국관리공무원이 지켜야 할 기본준칙을 정함을 목적으로 한다.

제2조(출입국관리공무원의 책무) ① 출입국관리공무원은 출입국사범에 대한 단속업무 등을 수행하는 때에는 「출입국관리법」(이하 '법'이라 한다) 및 이 훈령에서 정하는 절차를 준수하고, 외국인 및 고용주 등(이하 '외국인 등'이라 한다)의 인권보호를 위하여 노력하여야 한다.

② 출입국관리사무소장 · 출입국관리사무소 출장소장 또는 외국인보호소장(이하 '사무소장'이라 한다)은 단속업무 담당직원 등의 준법정신 함양과 인권의식 향상을 위하여 노력하여야 한다.

제3조(직무수행의 기본원칙) 출입국관리공무원은 출입국사범에 대한 단속 업무 등을 수행하는 때에는 적법절차를 준수하고 다음 각 호의 기본원칙에 따라야 한다.

　1. 외국인 등에 대하여 폭언이나 가혹행위 또는 차별적 언행을 하여서는 아니 된다.

　2. 직무는 공정하고 투명하게 수행해야 하며, 주어진 권한을 자의적으로 행사하거나 남

용하여서는 아니 된다.

3. 외국인 등의 사생활이나 인격을 존중하여야 하며, 직무상 알게 된 비밀을 공표하거나 누설하여서는 아니 된다.

4. 직무을 수행할 때에는 그 권한을 표시하는 사법경찰관리신분증 또는 공무원(이하 '증표'라 한다)을 휴대 및 제시하여야 하며, 직무수행의 목적을 설명하여야 한다.

5. 외국인 등이 언어소통의 문제로 불이익을 받지 않도록 노력하여야 한다.

6. 보호장비 및 보안장비의 사용 등 강제력의 행사는 필요한 경우에 한하여 최소한의 범위 내에서 하여야 한다.

7. 제3자의 주거지, 영업장소에서의 단속은 불가피한 경우에 한하여 최소한도로 실시하여야 한다.

제2장 출입국사범 단속

제1절 준비단계

제4조(단속반 편성) 조사과장 또는 조사과장의 직무을 수행하는 자(이하 '조사과장'이라 한다)가 단속반을 편성하는 때에는 다음 각 호를 반영하여야 한다.

1. 준법의식이 투철하고 상황 대처 능력이 뛰어난 직원을 단속반장으로 지정

2. 여성 외국인의 단속에 대비하여 원칙적으로 여직원을 포함

3. 적법절차 시비 또는 인권침해 논란에 대비하여 현장채증 전담직원 지정

4. 기타 단속의 안전 및 효율성 확보를 위해 필요한 사항

제5조(단속계획서 작성) ① 단속반장은 단속을 시작하기 전에 관련 정보 및 자료를 수집하여 단속대상, 유의사항 등이 포함된 별지 제1호 서식의 출입국사범 단속계획서(이하 "단속계획서"라 한다)를 작성하여 조사과장의 결재를 받아야 한다. 다만, 법 제46조제1항 각 호에 해당된다고 의심되는 외국인(이하 '용의자'라 한다)을 우연히 발견하는 등 단속계획서를 작성할 여유가 없을 때에는 그러하지 아니하다.

② 조사과장은 권역별 합동단속, 야간단속 등 주의를 요하는 사안에 대하여는 단속반장에

게 미리 현장을 답사하게 한 후 안전 확보 방안이 포함된 단속계획서를 작성하게 하여 사무소장의 결재를 받아야 한다.

③ 단속반장은 단속에 필요한 보호장비 및 보안장비를 파악하여 단속계획서에 기재하여야 한다.

제6조(단속직원 교육) 조사과장은 단속을 하기 전에 단속반원에게 단속계획을 설명하고 적법절차준수, 인권보호, 안전사고 예방, 보호장비 및 보안장비의 사용기준, 기타 유의사항에 대한 교육을 실시한 후 단속계획서에 그 내용을 기재하여야 한다. 다만, 제5조제2항의 규정에 의한 단속의 경우에는 사무소장이 교육을 실시함을 원칙으로 한다.

제2절 실시단계

제7조(단속복장 및 증표) ① 단속반원은 출입국사범에 대한 단속업무를 수행하는 때에는 외국인 등이 출입국관리공무원임을 인식할 수 있는 복장을 착용하여야 한다. 다만, 긴급을 요하거나 직무의 성질을 고려하여 필요하다고 인정되는 때에는 사복을 착용할 수 있다.

② 제1항의 직무를 수행하는 때에는 증표를 휴대 및 제시하여야 한다.

제8조(여권 등 제시 요구) 단속반원은 법 제27조의 규정에 따라 외국인에 대하여 여권, 외국인등록증, 외국인입국허가서, 난민여행증명서 등(이하 '여권 등'이라 한다)의 제시를 요구할 수 있다.

제9조(여권 등 미소지자에 대한 조치) ① 여권 등을 미소지 한 자가 합법체류자로 판명된 경우에는 법 제98조의 규정에 의한 처벌대상임을 고지하고, 여권 등 미소지 사실확인서를 징구할 수 있다.

② 여권 등을 미소지 한 자가 불법체류자로 판명된 경우에는 제11조에 준하여 처리한다.

제10조(외국인 등 방문조사) ① 단속반원은 법 제81조의 규정에 따라 외국인이 적법하게 체류하고 있는지 여부를 조사하기 위하여 외국인, 그 외국인을 고용한 자, 그 외국인의 소

속단체 또는 그 외국인이 근무하는 업소의 대표자와 그 외국인을 숙박시킨 자를 방문하여 질문을 하거나 기타 필요한 자료의 제출을 요구할 수 있다.

② 단속반원이 제1항의 규정에 의한 조사를 하는 때에는 단속반장이 주거권자 또는 관계자에게 증표를 제시하면서 소속과 성명을 밝히고 조사목적 등을 알려야 한다.

제11조(용의자 긴급보호) ① 단속반원은 외국인이 제8조의 규정에 의한 여권 등 제시요구 또는 제10조의 규정에 의한 방문조사에 정당한 이유 없이 불응하고 도주하거나 도주할 염려가 있는 경우 긴급을 요하여 사무소장으로부터 보호명령서를 발부받을 여유가 없는 때에는 그 취지를 알리고 법 제51조제3항의 규정에 의한 긴급보호서를 발부하여 그 외국인을 보호할 수 있다. 이 때 용의자의 도주방지나 안전확보를 위해 필요한 때에는 제4장에서 정한 바에 따라 보호장비 및 보안장비를 사용할 수 있다.

② 제1항의 규정에 의해 용의자를 긴급보호 하는 때에는 구두 또는 별지 제2호 서식의 미란다원칙 등 고지문(이하 '고지문'이라 한다)으로 용의자에게 진술거부권과 변호인선임권이 있고 보호에 대해 이의신청을 할 수 있음을 알려야 한다.

③ 단속반원이 제1항의 규정에 따라 긴급보호서를 발부하는 때에는 긴급보호서를 용의자에게 내보이고 그 여백에 서명을 받아야 한다. 다만, 용의자가 서명을 거부하는 경우에는 그 사유를 기재하여야 한다.

제12조(긴급보호서 기재사항) ① 제11조의 규정에 의한 긴급보호서에는 용의자 인적사항, 긴급보호의 사유, 보호장소 및 보호일시 등을 기재하여야 한다. 다만, 진술거부 또는 허위진술 등으로 인적사항 확인이 곤란한 경우에는 그 사유를 기재하고 '신원불상'으로 표시한다.

② 긴급보호서의 기재내용은 사무소 도착 즉시 출입국관리정보시스템에 전산입력을 하여야 하며, 이 때 보호시간은 현장에서 실제 긴급보호 한 시간으로 한다.

제13조(상황발생에 따른 조치) ① 단속반장은 조사 또는 단속과정에서 다음 각 호의 사유가 발생하는 경우 즉시 조사과장 또는 사무소장에게 보고 한 후 지시를 받아 필요한 조치를 취하여야 한다. 다만, 긴급한 경우에는 단속반장이 상황을 합리적으로 판단하여 우선 조치

할 수 있다.

1. 단속반원 또는 외국인 등의 부상 등 안전사고가 발생한 경우

2. 외국인 등이 흉기 사용 또는 다중의 위력으로 단속을 방해하는 경우

3. 기타 조사 또는 단속과 관련된 적법절차 위반, 인권침해, 대민피해 등이 발생한 경우

② 단속반장은 주거권자 또는 관계자가 단속반원의 정당한 직무상의 행위를 저지할 목적으로 단속반원을 폭행 또는 협박하는 때에는 공무집행방해죄로 처벌 받을 수 있음을 고지하고, 현장채증 등 증거확보를 위해 노력하여야 한다.

제13조의2(외국인 차량내 장시간 보호방지 등) ① 단속반장은 단속된 외국인을 5시간 이상 단속차량에 보호조치를 하여서는 아니된다. 다만, 단속된 외국인의 신병치료, 현지 교통사정 등으로 5시간 이상 보호조치가 불가피한 경우에는 사전에 조사과장의 구두승인을 받아 보호조치 할 수 있다.

② 단속반장은 차량 탑승정원 내에서 단속반원 또는 단속 외국인을 차량에 탑승시켜야 한다. 탑승인원이 초과되는 경우에는 사무소 차량지원 등을 요청하거나 다른 교통편을 이용하도록 한다.

제14조(단속활동보고서의 작성) 단속반장은 출입국사범에 대한 단속을 실시한 때에는 제11조 내지 제13조의2에 정한 사항의 이행여부 또는 특이사항을 포함한 별지 제3호 서식의 출입국사범 단속활동보고서를 지체없이 작성하여야 한다.

제3장 법 위반사실 심사

제15조(용의자 신문) ① 출입국관리공무원은 법 제48조의 규정에 의해 용의자의 혐의사실에 대해 신문할 수 있다.

② 제1항에 의한 신문을 하는 때에는 용의자가 행한 진술은 용의자신문조서에 기재하여야 한다.

제16조(진술거부권의 고지) 출입국관리공무원은 제15조의 규정에 의한 용의자신문을 시작하기 전에 용의자에게 구두 또는 서면으로 진술을 거부할 수 있음을 알리고, 그 사실을 용의자신문조서에 기재하여야 한다.

제17조(변호인의 참여) ① 출입국관리공무원은 신문을 하는 때에는 용의자에게 변호인을 참여하게 할 수 있음을 미리 알려주어야 한다.

② 출입국관리공무원은 용의자 또는 변호인이 신청할 경우에는 용의자신문에 변호인의 참여를 허용하여야 한다.

③ 변호인이 신문을 방해하거나 조사기밀을 누설하는 경우 또는 그 염려가 있는 경우 등 정당한 사유가 있는 때를 제외하고는 제2항의 규정에 의한참여를 불허하거나 퇴거를 요구할 수 없다.

제18조(가족 등의 참관) 출입국관리공무원은 용의자가 다음 각 호의 어느 하나에 해당하는 때에는 본인의 의사에 반하지 않는 한 가족, 기타 신뢰관계 있는 자를 신문에 동석하게 할 수 있다.

    1. 용의자가 사물 변별능력이나 의사결정 능력이 미약한 때

    2. 용의자의 심리적 안정과 원활한 의사소통을 위해 필요한 때

제19조(신문과정의 영상녹화) ① 출입국관리공무원은 불법입국 알선자, 위·변조여권 행사자, 밀입국자, 기타 중요사범에 대해서는 신문과정을 영상녹화 할 수 있다.

② 제1항의 규정에 의한 영상녹화를 하는 때에는 용의자 또는 변호인에게 미리 그 사실을 알려주어야 하며 신문을 시작하는 때부터 종료 시까지 전 과정을 영상녹화 하여야 한다. 다만, 참고인에 대해 영상녹화를 하고자 하는 때에는 미리 참고인의 동의를 받아야 한다.

③ 제1항, 제2항의 규정에 의한 영상녹화가 완료된 때에는 용의자 또는 변호인 앞에서 지체 없이 그 원본을 봉인하고 용의자로 하여금 기명날인 또는 서명하게 하여야 한다.

제20조(참고인 등과의 대질) 출입국관리공무원은 사실을 발견함에 필요하다고 인정되는

때에는 용의자와 다른 용의자 또는 참고인과 대질하여 신문할 수 있다.

제21조(통역제공 등) ① 출입국관리공무원은 용의자를 신문함에 있어 국어에 통하지 못하는 자나 청각장애인 또는 언어장애인의 진술에는 통역인으로 하여금 통역하게 하여야 한다. 다만, 청각장애인 또는 언어장애인에게는 문자로 묻거나 진술하게 할 수 있다.
② 용의자의 진술 중 국어 아닌 문자 또는 부호가 있는 때에는 이를 번역하게 하여야 한다.

제22조(심사결정서 작성) ① 사무소장은 법 제58조의 규정에 의해 출입국관리공무원이 용의자에 대한 신문을 마친 때에는 지체없이 심사결정을 하고, 심사결정서를 작성하여야 한다.
② 사무소장은 심사결과 법 위반사실이 여권 또는 서류 등에 의하여 명백히 인정되고 처분에 다툼이 없는 출입국사범에 대하여는 제15조의 규정에 의한 용의자신문조서나 제1항의 규정에 의한 심사결정서를 작성하지 아니하고 출입국사범심사결정통고서의 작성으로 이에 갈음할 수 있다.
③ 제1항 및 제2항의 규정에 의한 심사결정서 및 출입국사범심사결정통고서는 용의자가 이해할 수 있는 언어로 읽어 주거나 열람하게 한 후 오기가 있고 없음을 물어 용의자가 그 내용에 대한 증감 또는 변경 청구를 한 때에는 그 진술을 심사결정서 및 출입국사범심사결정통고서에 기재하여야 한다.
④ 사무소장은 심사결과 법 위반사실에 대한 증거가 불충분하다고 판단되는 경우에는 출입국관리공무원에게 법 제52조제1항에서 정한 보호기간 내에 증거를 보완하도록 지시하고, 이를 보완하지 못한 때에는 즉시 보호를 해제하여야 한다.

제23조(심사결정 후 절차) ① 사무소장은 제22조의 규정에 의한 심사결정서 또는 출입국사범심사결정통고서에 지체없이 용의자의 기명날인 또는 서명을 받아야 한다. 다만, 용의자가 기명날인 또는 서명을 거부하는 때에는 그 사유를 심사결정서 또는 출입국사범심사결정통고서에 기재할 수 있다.
② 사무소장은 용의자가 법 제46조제1항 각 호의 하나에 해당된다고 인정되어 강제퇴거명령서를 발부하는 경우에는 용의자에게 구두 또는 고지문으로 법무부장관에게 이의신청을

할 수 있음을 알려야 한다.

③ 제15조 내지 제23조의 규정은 단속에 적발된 자 이외의 출입국사범에 대한 심사에 준용한다.

제4장 보호장비 및 보안장비 사용

제24조(종류) 출입국관리공무원이 직무 수행 시 사용할 수 있는 보호장비 및 보안장비의
종류는 다음 각 호와 같다.

   1. 보호장비 : 수갑, 포승, 머리보호장비

   2. 보안장비 : 경찰봉, 가스분사용 총, 전자충격기

제25조(사용시기 및 사용 시 유의사항) ① 출입국관리공무원은 직무를 수행함에 있어 다
음 각 호의 경우에 보호장비 및 보안장비를 사용할 수 있다.

   1. 도주하거나 도주하고자 하는 때

   2. 자살 또는 자해행위를 하려는 때

   3. 다른 사람에게 위해를 가하거나 가하고자 하는 때

   4. 출입국관리공무원의 직무집행을 정당한 사유없이 거부 또는 기피하거나 방해하는 때

   5. 기타 공공의 안전과 질서를 현저히 해치는 행위를 하거나 하려는 때

② 제1항의 규정에 의하여 보호장비 또는 보안장비를 사용하는 때에는 다음 각 호에 유의
하여야 한다.

   1. 미리 경고를 발한 후에 사용하여야 한다.

   2. 다른 억제 수단이 없는 경우에 보충적으로 사용하여야 한다.

   3. 상대방의 피해를 최소화 하는 수단과 방법을 선택하여야 한다.

   4. 상황이 종료되거나 안전이 확보된 때에는 사용을 중지하여야 한다.

   5. 노약자, 환자, 장애인 등 사용하는 것이 바람직하지 않다고 인정되는 자에 대해서는
      사용하여서는 아니 된다.

제26조(사용방법) 출입국관리공무원은 보호장비 및 보안장비를 사용하는 때에는 다음의

방법에 의하여야 한다.

1. 수갑 : 개인별로 양손을 몸 앞으로 사용함을 원칙으로 하되 부득이한 경우 2인 이상이 함께 사용하게 할 수 있으나, 이 경우도 가급적 동성끼리 사용하게 하여야 한다. 또한, 팔목을 압박하지 않도록 팔목보다 크게 하여 사용하여야 한다. 다만, 다음 각호 어느 하나에 해당하는 경우로서 수갑을 양손 몸 앞으로 사용하는 방법으로는 사용목적을 달성할 수 없다고 인정되면 수갑을 양손 몸 뒤로 사용 할 수 있다

   가. 도주 · 자살 · 자해 또는 다른 사람에 대한 위해의 우려가 큰 때

   나. 위력으로 출입국관리공무원의 정당한 직무집행을 방해하는 때

   다. 보호차량, 보호장비 등을 손괴하거나 그 밖에 안전을 해칠 우려가 큰 때

2. 포승 : 수갑의 사용만으로는 상대방을 제압하기 곤란하다고 인정되는 경우에 수갑과 함께 사용하거나 또는 포승만을 사용할 수 있으며, 혈맥이 통하지 않도록 하여서는 아니 된다.

3. 머리보호장비 : 극렬히 저항하거나 자살, 자해의 우려가 있는 경우에 사용할 수 있으며, 호흡에 장애를 받지 않도록 수시로 점검하여야 한다.

4. 경찰봉 : 상대방이 공격해 오거나 위험한 물건을 소지하고 버릴 것을 명령하였음에도 이에 따르지 않을 경우에 사용하며 필요한 한도를 초과하여 위험하게 사용하여서는 아니 된다.

5. 가스분사용 총 : 가스와 함께 발사되는 고무마개에 의해 실명 등의 위험이 있으므로 2m이내의 근거리에서 얼굴을 직접 대상으로 사용하여서는 아니 된다.

6. 전자충격기 : 순간적인 충격에 의해 심장발작 등을 일으킬 수 있으므로 심장을 직접 대상으로 하여서는 아니 되며, 경찰봉, 가스분사용 총으로 제압할 수 없는 경우에 극히 제한적으로 사용하여야 한다.

제27조(관리책임자) ① 조사과장은 보호장비 및 보안장비의 관리를 위한 정책임자가 되며, 소속직원 중에서 부책임자를 지정, 운영할 수 있다.

② 정책임자 또는 부책임자가 교체되는 경우에는 보호장비 및 보안장비를 인수 · 인계하고, 동향조사장비관리대장(체류외국인동향조사지침 별지 제21호 서식)에 그 사실을 기록하고

서명하여야 한다.

제28조(보관 및 수불) ① 관리책임자는 보호장비 및 보안장비를 문서나 기타 비품 등과 혼합 보관하여서는 아니 되며, 지정된 보관장소를 이용하거나 잠금장치가 부착된 별도의 용기나 함을 사용하여 안전하게 보관하여야 한다.

② 관리책임자는 단속반장의 요구에 따라 보호장비 및 보안장비를 지급하거나 사용 후 반납 받은 때에는 '별지 제4호 서식의 보호장비 및 보안장비 수불대장'에 기재하여야 한다.

제29조(점검) ① 관리책임자는 월 1회 이상 동향조사장비관리대장과 실제 보유 현황을 비교하여 이상유무를 직접 점검하여야 한다.

② 관리책임자는 점검결과 보호장비 및 보안장비의 수리, 교체 등을 통하여 상시 사용가능한 상태로 보존·관리하여야 한다.

제5장 기타

제30조(재검토기한) 법무부장관은 「훈령·예규 등의 발령 및 관리에 관한 규정」에 따라 이 훈령에 대해여 2016년 1월 1일 기준으로 매 3년이 되는 시점(매 3년째의 12월 31일까지를 말한다)마다 그 타당성을 검토하여 개선 등의 조치를 하여야 한다.

부   칙 〈제687호,2009.5.13〉

제1조(시행일) 이 훈령은 2009년 6월 15일부터 시행한다.

제2조(경과조치) "불법체류외국인 단속지침"(2005.11.7.체류심사과—4855)은 이 훈령 시행일로부터 폐지한다.

부   칙 〈제723호,2009.8.28〉

제1조(시행일) 이 훈령은 2009년 9월 1일부터 시행한다.

부   칙 〈제826호,2011.6.22〉

제1조(시행일) 이 훈령은 2011년 7월 1일부터 시행한다.

부   칙 〈제862호,2012.8.17〉

제1조(시행일) 이 훈령은 2012년 9월 1일부터 시행한다.

부   칙 〈제1003호,2015.8.28〉

제1조(시행일) 이 훈령은 2015년 9월 1일부터 시행한다.

찾아보기

ㅅ

ㅇ

서식색인

저자

행 정 사 · 법학박사 김 동 근

　숭실대학교 법학과 졸업
　숭실대학교 대학원 법학과 졸업(행정법박사)

현, 　숭실대학교 초빙교수
　　　행정사 사무소 청신호 대표행정사
　　　행정심판학회 학회장
　　　국가전문자격시험 출제위원
　　　대한행정사회 대의원
　　　대한행정사회 중앙연수교육원 교수
　　　대한탐정협회 교육원장
　　　YMCA병설 월남시민문화연구소 연구위원

전, 　서울시장후보 법률특보단장
　　　공인행정사협회 법제위원회 법제위원장
　　　대한부동산학회 이사
　　　공인행정사협회 행정심판전문가과정 전임교수
　　　중앙법률사무교육원 교수

저서, 　사건유형별 행정소송 이론 및 실무(법률출판사)
　　　　사건유형별 행정심판 이론 및 실무(진원사)
　　　　한권으로 끝내는 운전면허 취소 · 정지구제 행정심판(법률출판사)
　　　　한권으로 끝내는 영업정지 · 취소구제 행정심판(법률출판사)
　　　　한권으로 끝내는 공무원·교원소청심사청구(법률출판사)
　　　　한권으로 끝내는 행정심판, 행정소송 실무 외 65권

최나리 변호사

성균관대학교 법학과
대법원 사법연수원 수료(41기)
인천지방검찰청 부천지천 검사직무대리
수원지방법원 민사조정위원

현, 대법원 등 국선변호인

한권으로 끝내는

출입국사범심사 이론 및 실무

2022년 12월 20일   1판 1쇄 인쇄
2023년 1월   3일   1판 1쇄 발행

저　　자 김동근
　　　　　최나리
발 행 인 김용성
발 행 처 법률출판사
　　　　　서울시 동대문구 휘경로 2길3, 4층
　　　　　☎ 02) 962-9154　　　　팩스 02) 962-9156
등 록 번 호　　제1-1982호
ISBN :　　978-89-5821-411-3　13360
e-mail :　lawnbook@hanmail.net